U0936560

珍藏本·增订本

纪念版

汉译世界学术名著丛书

越南通史

〔越〕陈仲金 著

戴可来 译

商务印书馆
SINCE 1897
The Commercial Press

Trần Trọng Kim

Việt Nam sử lược

(*Histoire du Việt-Nam*)

据西贡新越出版社1954年第5次修订版译出

汉译世界学术名著丛书
（120年纪念版·珍藏本）
增订本出版说明

2017年10月，为纪念商务印书馆创立120周年，本馆推出“汉译世界学术名著丛书”（120年纪念版·珍藏本），计七百种。近五六年来，仰赖学界同人倾力支持，订正旧译，增补新译，拓展新著，积累日多。为满足读者需要，本馆在七百种的基础上，继续推出“汉译世界学术名著丛书”（120年纪念版·珍藏本·增订本）三百种。至此，“汉译世界学术名著丛书”累计出版已达千种。

今后，本馆将继续推进丛书的翻译出版工作，在积累单本名著的基础上陆续分辑刊行，汇印出版。为促进中外文明互鉴、推动我国学术发展，使“汉译世界学术名著丛书”这项对我国学术文化有基本建设意义的重大工程发挥更大作用，诚望海内外学术界、翻译界继续给予支持，帮助我们把这套丛书出得更好。

商务印书馆编辑部

2024年2月

汉译世界学术名著丛书
（120年纪念版·珍藏本）
出 版 说 明

2017年2月11日，商务印书馆迎来120岁的生日。120年前，商务印书馆前贤怀揣文化救国的理想，抱持“昌明教育，开启民智”的使命，立足本土，放眼寰宇，以出版为津梁，沟通中西，为中国、为世界提供最富智慧的思想文化成果。无论世事白云苍狗，潮流左右激荡，甚至战火硝烟弥漫，始终践行学术报国之志，无改初心。

迻译世界各国学术名著，即其一端。早在20世纪初年便出版《原富》《天演论》等影响至今的代表性著作，1950年代后更致力于外国哲学和社会科学经典的译介，及至1980年代，辑为“汉译世界学术名著丛书”，汇涓为流，蔚为大观。丛书自1981年开始出版，历时三十余年，迄今已推出七百种，是我国现代出版史上规模最大、最为重要的学术翻译工程。

丛书所选之书，立场观点不囿于一派，学科领域不限于一门，皆为文明开启以来，各时代、各国家、各民族的思想与文化精粹，代表着人类已经到达过的精神境界。丛书系统译介世界学术经典，引领时代思想，为本土原创学术的发展提供丰富的文化滋养，为推动中国现代学术和现代化进程做出了突出的贡献。

为纪念商务印书馆成立120周年，我们整体推出“汉译世界学术名著丛书”120年纪念版的珍藏本，寄望既利于文化积累，又便于研读查考，同时向长期支持丛书出版的译者、编者和读者致以敬意。

两甲子后的今天，商务印书馆又站在了一个新的历史时间节点上。我们不仅要铭记先辈的身影和足迹，更须让我们的步伐充满新的时代精神。这是商务人代代相传的事业，更是与国家和民族的命运始终紧密相连的事业。我们责无旁贷，必须做好我们这代人的传承与创造，让我们的努力和成果不仅凝聚成民族文化的记忆，还能成为后来人可以接续的事业。唯此，才能不负前贤，无愧来者。

商务印书馆编辑部

2017年10月

中译本序言

越南已故历史学家陈仲金（1882—1953年）所著《越南通史》（原名《越南史略》）在越南史学界是一部有影响的历史专著。

该书是一部按王朝体系编写的简明通史。它主要取材于越南官修史书《大越史记全书》及《钦定越史通鉴纲目》，大体上为越南历史勾勒了一个轮廓。由于作者受到阶级和时代的局限，有些观点和提法我们甚难苟同。但比起那些历史赝造者，他的写作态度要严肃多了。

此书在越南民间甚得好评。1946年在西贡（今胡志明市）举行的越南书籍著作比赛会上，“经大众评议，《越南史略》竟压倒《金云翘传》而膺冠军，其为人重视至如何程度可知矣”[①]。

作者在序言中曾表述自己的愿望。他说：编写此书的主要目的，是“要先让我国今天的少年们都能够知道一点祖国的历史，以免有愧于国魂”。他祈求越南交好运，“希望有朝一日也能建立起一个强盛的国家”。这种愿望是好的，但他的晚年行动却与此背道而驰。

1945年侵占印度支那的日军，于德、意、日法西斯面临覆灭的

① 李文雄：《越南杂记》，1948年，堤岸出版。

前夕，进行垂死挣扎，在越南发动“三·九”政变。同年4月17日，组成保大（阮永瑞）傀儡政权，陈仲金出任“首相”4个月。同年8月，日本宣布无条件投降。在8月革命风暴的打击下，顺化小朝廷土崩瓦解。1953年，陈仲金病死。

本书作者自称“隶臣”，表明他是一个地地道道的阮朝遗老。他成为日本侵略军和阮氏小朝廷的殉葬品，并非偶然。

尽管作者晚年大节有亏，但不能因人废言。翻译出版这本书对于我国读者了解越南历史，是有一定帮助的。

可来同志从事越南历史研究多年，成绩斐然。他在繁忙的教学之余，焚膏继晷，把此书译成汉文，洋洋30余万言，译笔流畅，又对原书做了许多考订注释，殊为认真，是译者的又一可喜收获。

承译者雅嘱，为本书作序，欣然命笔，勉缀数语以陈。

陈玉龙

1985年初夏于燕园三苑堂

译者的话

本书原名《越南史略》，为了避免与生活·读书·新知三联书店1958年出版的明峥的《越南史略（初稿）》相混淆，根据全书内容及其所附的法文译名（*Histoire du Việt-Nam*），译作《越南通史》。

作者陈仲金（1882—1953年），是河静省人，出生在一个儒生的家庭，自幼深受汉文化的熏陶。年轻时，曾就读于河内翻译学校，毕业后赴法国入默伦（Melun）师范学校留学。学成回国，在"保护学校"（今河内朱文安学校）和河内师范等校任教，并担任过河内督学（1935年）。他精通汉文和法文，是越南现代第一流的汉学家、史学家和伦理学家。他的著述主要有《初学师范科要略》（1916年）、《越南语法》、《伦理教科书》、《儒教》（1930—1933年）、《佛录》（1940年）、《佛教今昔》、《宇宙大观》（1939—1943年）、《人生观》、《王阳明》、《越南文范》、《越南诗学》、《翠翘传》（校注）、《幸蜀歌》（注释）、《唐诗》（翻译）、《黎朝四十七条教化》（译为法文）以及本书等十余种，还在《南风》杂志和其他刊物上发表过许多篇学术论文。[1]

① 据《陈仲金传》，载《越南作家传略》，越文版，第121—123页。

陈仲金的一生，主要从事学术活动。但在晚年，却参与了反动的政治活动。1945年侵占印度支那的日军，在越南发动“三·九”政变，一脚踢开残存的法国殖民政权，独霸印度支那。同年4月17日，日帝扶植越南阮朝末代皇帝保大（阮永瑞）在顺化组成傀儡政府，陈仲金当了4个月的“首相”。同年8月，日本宣布无条件投降。在越南8月革命风暴的打击下，顺化小朝廷土崩瓦解。但是，陈仲金拒绝与胡志明主席领导的新政府合作，继续从事反革命活动，直至1953年12月2日病死于大叻。

尽管作者晚年失节，但不能因人废言。他的这部书，写于1917年，初名《初学安南史略》，次年再版时，改名《越南史略》，是现代越南人用“国语字”（拼音文字）自编的第一部通史。作者在生前，曾对该书进行过多次增补和修订。这本书是越南的史学名著，在越南国内外都有广泛的影响。前南越政权的新闻部部长陈文宣在悼念陈仲金的文章中，把这本书誉为“无可比拟之杰作”，并说此书的问世使作者“跻于越南史学家、博学家第一流人物之林”[①]。北越的学者也不能忽视该书的影响，他们不仅经常加以参考和引用，甚至抄袭它的错误。例如，明峥的《越南史略（初稿）》把元代的昔戾基王误作昔戾、基玉两个人，就蹈袭本书照录了《钦定越史通鉴纲目》的错误做法，而失于详考。[②]早在20世纪50年代，越南著名史学家陈辉燎就曾在《越南文史地研究集刊》

① 陈文宣：《陈仲金先生——越南人文主义者及政治家》，载《亚细亚中文季刊》，1954年9月第1号，第29页。

② 明峥：《越南史略（初稿）》，生活·读书·新知三联书店1958年版，第100页。

杂志上发表专文，批判该书的观点，但他不能不承认，这本书是“第一次世界大战后的法属时期最为流行通用的史书。而且直到今天，仍未被完全淘汰。因此，它的作用和影响非同小可。许多人在苦心孤诣地批判它的时候，却不得不使用它，因为没有别的堪与匹敌的史书可以代替它”①。外国研究越南史的学者，也熟知此书，并把它列为研究越南史的重要读物。1987年3月，在新加坡出版的《南洋与中国——南洋学会四十五周年纪念论文集》中，收有著名越南史专家、现任日本创价大学亚洲研究所所长的陈荆和教授的《越南文明开化之步骤——阮长祚与陈仲金》一文，对陈仲金的《越南史略》给予很高的评价。陈荆和说：这本书“以实证主义与科学之方法为准则，除历朝之政治、征战外，官制、丁田、学制也概略说明，更将有问题之处加以短评以提供读者参考。总之，此书是以客观之立场，可以信赖之史实，用越南文字写成的最早之越南通史，在越南史学上具有划时代之意义”②。

这本书之所以受到多方面的重视，不是偶然的。它具有自己的突出的优点。

第一，这本书简明扼要，用不多的文字为两千多年的越南历史勾勒出一个基本轮廓。作者把越南史概括为五个时代，分为五卷五十三章来写。

第一卷，上古时代，起于鸿庞氏，止于赵（佗）朝。这是越南的

① 陈辉燎：《驳斥陈仲金〈越南史略〉一书中的殖民主义和封建主义观点》，载《越南文史地研究集刊》，1955年3—4月的第6期，第21页。

② 《南洋与中国——南洋学会四十五周年纪念论文集》，南洋学会出版，第112页。

传说时代。

第二卷，北属时代，自汉武帝平南越，止于五代越南吴氏自立，建立自主封建国家。这就是中国在越南设置郡县直接统治时期。作者认为，在长达1000多年的北属时期，越南深深濡染了中国文明，这种影响年深日久，已变成越南自己的“国粹”，今天也无从消除它。

第三卷，自主时代（统一时间），起自吴朝，止于后黎初叶。自此之后，越南摆脱了中国的直接统治（仍保持藩属关系）而成为一个独立的国家。丁、黎初立，为巩固独立，大修武备，文化未得到应有重视。到了李朝（1010—1225年）、陈朝（1225—1400年），社稷巩固，文化发展，越南已成为一个“北可抗拒中国、南可开疆扩土”的强大国家，经受住了元朝几次入侵的严峻考验。及至陈末，胡季犛篡位，明朝借机进军越南，一度重建短暂的郡县统治。黎利起兵，驱逐明人，建立后黎朝。后黎初叶的百余年，越南较为强大。特别是光顺（1460—1469年）、洪德（1470—1497年）年间越南达于鼎盛。但后来昏君庸主当政，朝廷腐败，奸臣作乱，君、王争权，酿成南北分裂的局面。

第四卷，自主时代（南北纷争时期），起自莫氏篡位，止于阮朝统一越南。先是南黎、北莫，后则南阮、北郑，各霸一方，国土分裂，互相攻伐，人民涂炭。虽则如此，但北方的改革颇有建树，南方并占城，侵真腊，开扩了疆域。平地一声巨雷，西山邑一阵狂飙，摧垮了君位主业。但西山兄弟驰骋天下不到20年，阮朝中兴，创建了统一的王朝。

第五卷，近今时代，起自阮世祖（阮福映），止于法国的“保护政府”，即越南最后一个王朝——阮朝时期（1802—1945 年）。阮世祖初与法国人交涉，是为了借助他们的势力讨伐西山。但是，后来其子孙诸王改变政策，严禁天主教，并不准外国进入贸易。其廷臣大多心胸狭窄，目光短浅，刚愎自用，不能因时而变，对外国经常制造不和，迫使法国不得不用兵保护自己的利益。由于这种政策，才造成现今的保护制度。[①]

以上就是作者在本书中所分的五个时代和他所概括的越南史的梗概。不难看出，作者的观点是不足取的。但是，作者在每个时代之中，都按王朝体系，写得脉络清楚，条理分明，便于检索。每个朝代还开列了“世谱”。书后附有大事年表，使读者一目了然。

第二，史料翔实，内容丰富。作者主要取材于《大越史记全书》、《钦定越史通鉴纲目》、《大南一统志》、《大南实录》等越南官修汉文史书和中国的正史以及有关越南的专著。除此以外，还参阅了不少野史、传说、家谱等资料，吸收了法国学者的研究成果。越南汉文史书在我国并不多见，作者所搜集的这些材料，对我们来说是相当宝贵的。作者对于这些史料还进行过一番整理考订的工作，“屏弃其荒诞不经之说”，史料堪称翔实，远比当前流行的越南社会科学委员会编著的《越南历史》那种空泛之作充实得多。作者对每朝每代的典章制度和南北纷争时期南阮、北郑的情况以及它们之间的战争，都有详细的记载，这也是当前越南史学家的著作中少见的。越南的史籍大多用汉文写成，译成现代越

① 见本书序言。

语后往往有误。作者充分注意到了这个特点，在本书中所有重要引文及人名、地名和专有名词，都附有汉文原文，且经我们查对基本正确无误。

第三，作者对2000多年的越南历史，重客观叙述，少有空论，对一些历史事件的评价，远比当前某些有关的历史著作要严肃得多，公允得多。目前某些有关的历史著作不顾历史实际，根据一些不可靠的神话传说，将越南古代史尽量提前。他们把传说中的“文郎国”说成是信史。而陈仲金对这个问题却比较客观。他根据旧史所载，“文郎国”从壬戌年（公元前2879年）到癸卯年（公元前258年），共存在2622年，君王凡二十易，指出：“若取长补短平均计算，每位君王在位约150年！虽系上古时代之人，也难有这么多人如此长寿。”据此而看，“文郎国”之说难以确信。他还认为，“文郎国”遭到中国殷朝军队侵略的说法，“实属荒谬”。中国殷朝位于今河南、直隶、陕西、山西之黄河流域一带，而长江流域一带则仍为蛮夷之地。从长江到北越相隔甚为遥远的路途，倘若当时越南有鸿庞氏为王，肯定不会有什么纪纲可言，无非像芒族的一位郎官而已。这样，他与殷朝毫无往来，更没有交战的可能。而且，中国历史也没有记载此事。因此，“有什么理由说殷寇就是中国殷朝之人呢？”这只是传说，不能信以为真。[①]

当前某些有关历史著作，一方面严厉批判中国封建王朝对越南的侵略，另一方面，缄口不谈越南封建统治者对其周围邻国的侵略，反而把越南对柬埔寨和老挝的侵略说成是什么“特殊的友

① 参阅本书第一卷第一章。

谊”，为封建统治者的侵略行动辩护。这样做显然不妥。陈仲金的著作不是这样。陈仲金说：“我们越南人的苗裔日益繁衍增多，而在北面已有强盛的中国，西面则山多林密，交通不便，因此才沿海岸逐渐南下，攻林邑，灭占城，占领真腊之地，开拓出今日的疆域。”他在书中用不少篇幅比较实事求是地叙述了越南封建统治者对占城和柬埔寨、老挝的侵略过程，明确承认：“观今南越六省之地，是夺取真腊国的土地。”书中还记述了阮朝对真腊的侵略、控制和迫使其朝贡的史实。特别是明命时期（1820—1840年），越南曾在真腊驻兵和设置府县进行直接统治，承认“我越南官吏在那里做了许多不合理的事情，骚扰民间”，引起“真腊之民人人怨恨”，而引发了起义，使“官军被迫放弃镇西城，撤回安江”，遭到可耻失败。他说：“此亦是因为我国之人不知维护弱者，只知以贪残之心欺凌他人，所以招致耗损兵粮，将士疲惫，惨遭失败，给自己的国家带来很大损害。”[①]

历史是复杂的。当西山农民起义推翻黎朝封建统治而招致清军干涉时，起义领袖阮惠率兵抗击清军无疑是正义的。但是，当阮惠成为西山王朝的皇帝，蜕变成新的封建统治者时，对他的所作所为，也必须做出实事求是的评价。当前的越南史学著作，却不是这样，而有意为前人讳。他们为阮惠掩盖罪责，对他攻占万象、侵略老挝[②]并准备进攻中国两广的活动只字不提。这一点，他们又不如陈仲金。他在书中辟有专节，记述阮惠企图进攻中国的

① 参见本书第五卷第三章第十节。

② 《大南正编列传初集》卷三十《伪西列传》记载，阮惠的军队曾攻入万象，“获其象与钲鼓”，并“长驱至暹罗界”。

情况：“前此，光中帝（即阮惠。——引者）向中国求和并接受封号，主要是为了等待有足够力量之时而进攻复仇。因此，当国内安定之后，便日夜筹划进攻中国。”[①] 为了进攻中国，他征集士兵，命令各地“攒造丁田簿籍”，实行“信牌制度”。根据《大南正编列传初集》卷三十《伪西列传》载：“簿民人给一牌，号曰信牌（著姓名、贯址，押手指为记，内印‘天下大信’四大字）。无牌者为漏民，给充房役而罪其里长。吏役因缘为奸，四出搜捕小民，至有藏穴以避，不胜其苦。”丁田簿籍编定，规定三丁抽一，招募了大批兵士。军队分为道、奇、队，令其常加训练。诸事准备妥当，到壬子年（1792 年），“惠令修表如清求婚，以探清帝意，亦欲借此为兵端”。只是因为阮惠“遭疾”，方“不果行”。陈仲金据此如实介绍了这一情况。并说明，阮惠蜕变为新的封建统治者后，不仅开始侵略扩张，而且还压迫农民。忽视和有意掩盖这些事实，便不可能对阮惠做出恰如其分的评价。一味地宣扬阮惠抗清，而曲意为他遮丑，更不是严肃的治史态度。

陈仲金是资产阶级的历史学家，在这本书中贯穿资产阶级唯心主义史学观点，是无足为怪的。诸如他颂扬帝王将相，把越南历史上的起义农民视为“盗寇”等。自然也不能指望他完全正确地阐述历史上的越南同其诸邻国的关系。他往往是站在狭隘民族主义的立场上来阐述这些问题的。凡此等等，不胜枚举。我们认为，本书应该着重加以批判的，有以下几点：

陈仲金在书中认为越南社会发展的动力，不是生产力的发展

① 参阅本书第四卷第十一章第十三节。

和由此引起的生产力和生产关系的矛盾运动，而是“卓越人物”的思想动机。“好像任何历史事件都是按‘卓越人物’的愿望而实现出来的。”[①] 例如，他认为，明朝之所以能在越南建立短暂的郡县统治，就是因为胡季犛有篡位夺权的“贪心”。如果胡季犛能“始终如一辅佐陈朝”，就不会出现这种状况。

由于阶级立场的局限，陈仲金不能正确阐释越南历史上无数农民起义的真正原因。他在阐述越南历史上最大的一次农民起义——西山起义的原因时说：“阮岳曾任云屯巡卞吏，因此后来人们常称其为卞岳。然因性喜赌博，花光税钱，恐被惩处，遂入山为盗。”[②] 如果阮岳不是如此，而是一个好的官吏，似乎就不会有“西山起兵”，越南历史就会改观。事实上，到了16至18世纪，越南的封建社会已陷入严重的危机。南北两个封建集团——先是南黎北莫，后则南阮北郑——连年不断的战争，给农民带来无穷的灾难。仅就南方而论，北方移民和战俘开垦出来的土地，被阮氏封建集团的大小官吏所掠夺，成为他们的“官田庄”和“官屯庄”。强迫农民作他们的佃户，进行奴隶式的劳动。此外，农民还要负担名目繁多的苛捐杂税，要服沉重的劳役和兵役。在阮氏集团的重压下，农民无以为生。在这种历史条件下，阮岳三兄弟振臂一呼，南北方的农民群起响应，才爆发了越南历史上规模最大的一次农民起义。

西山农民起义如此，越南历史上大大小小300多次农民起义无不如此。但是，陈仲金却做出了错误的归纳。他写道：“倘若读

① 翦伯赞：《中国通史简编》，人民出版社，第3编，第2册，第6页。
② 见本书第四卷第八章第二节。

书之人因某种原因而未考中，做不成官，便铤而走险，转为盗寇，以寻求显荣之法，所以国内常有盗寇。”[①] 换句话说，历史上的农民起义和农民革命，并非由生产力和生产关系的矛盾，由封建统治阶级对农民残酷剥削和压迫所造成，而是由科举或者官场失意的知识分子所挑起。陈仲金的这种论断，是抓住了农民起义有知识分子参加的表面现象，而完全掩盖了封建统治阶级的残酷压迫、剥削农民的罪恶事实。

陈仲金在本书中最严重的错误，莫过于他为法国殖民主义辩护的论点。我们知道，随着西方资本主义的发展，他们为了寻求商品销售市场、廉价劳动力和原料供给地，开始对亚洲、非洲、拉丁美洲和澳洲地区进行野蛮的殖民掠夺。早在 18 世纪末，法王路易十六就根据百多禄主教的奏议，制订了变越南为法国殖民地的“法兰西东方帝国”计划，并采取了侵占越南的一系列实际步骤。继百多禄之后接踵而至的传教士、商人、探险家，都在积极推行这个侵略计划。到了 19 世纪，法国殖民者通过一系列殖民战争，把越南变为它的殖民地。但是，陈仲金完全歪曲了这个历史进程，把法国对越南的侵略，归咎于顺化朝廷的“禁教”和“禁止与外国通商”。他在本书序言中说：因为阮朝严禁天主教，不准外国来越贸易，并常常制造不和，“迫使法国不得不用兵来维护其自身的利益。由于这种政策，才造成现今的保护制度”。这就根本颠倒了侵略者与被侵略者的位置，完全站到法国殖民者的立场上，为侵略者辩护。

由于陈仲金站在殖民主义者的立场上，他必然反对反抗殖民

---

① 参见本书第五卷第六章第三节。

主义的爱国斗争。在法国殖民主义武力侵占越南的过程中，有一部分不愿做亡国奴的士大夫，在“忠君爱国”的旗帜下，领导农民武装抗法，掀起了轰轰烈烈的文绅运动（1885—1896年）。陈仲金把这一斗争称为“文绅作乱”。他写道：“我国不像别国那样开化，也是因为士大夫固守旧习，不愿因势而变。现在，国势衰弱已是明摆着的事实，而仍执迷不悟，不愿正视现实，又因一时之怒，而做出浅薄悖慢之事，增添了损失。这样，士大夫对于国家的罪状，岂不是甚大吗？”[①] 按照陈仲金的逻辑，反抗法国的殖民侵略是犯罪，越南人民和他们的知识分子应该俯首贴耳听任法国殖民者的摆布和宰割，祈求他们赐予“开化”，才是因势而变的“识时务”者。他在书中专辟一章，来歌颂法国殖民者在越南发展政治、经济和文化的“功业”，称赞法国历届总督和钦使修铁路、开工厂、办学校、建医院等“丰功伟绩”，却掩盖了法国殖民者强占越南人民的土地，掠夺原料，钳制民族工商业的发展，实行愚民政策，剥夺人民的自由，用鸦片麻醉和毒害人民，以及残酷镇压一切革命运动的滔天罪行。历史已经证明，法国殖民者长达80年的殖民统治，并没有给越南人民带来“开化”和“文明”，反而正是越南社会停滞落后的根本原因。

对于陈仲金的《越南通史》我们必须持严肃的批判态度。只有去其糟粕，才能供我们更好地使用。

本书所引用的史料，作者仅于书前做了总的说明，并未一一标明出处。对此，译者都尽量加以查核，并做了必要的注释，标

① 参见本书第五卷第十章第一节。

明“译者”二字，以与原注区别。正文中括号内是译者所补作者漏引的史料或纠正作者错引的史料。考虑到越南汉文史籍在国内并不多见，译者把一些有关典章制度和历史事件的重要史料，节录出一部分，补入译注之中，以供研究参考。

为了阅读方便和为今后越南史籍的翻译提供便利条件，译者根据商务印书馆编辑部的建议，基本上按照本书1971年版所附索引编制了译名对照表，附于书后。

在本书翻译过程中，深得我的老师、北京大学东语系的颜保、昌瑞颐、陈玉龙三位教授以及外交部亚洲司的李家忠同志的大力协助，为我解决了许多疑难问题，昌瑞颐教授还校阅了全书，在此一并致谢。

由于译者水平有限，错误之处在所难免，敬希读者不吝赐教。

戴可来

1987年9月于郑州大学历史系印度支那史研究室

目　录

第一卷　上古时代

第二卷　北属时代

第三卷　自主时代（统一时期）

第四卷　自主时代（南北纷争时期）

第五卷　近今时代

序

史书不仅是载录那些已经过去的事情，而且还必须推究人们已做过的那些事情的始末，探究其根源，以便弄清一个国家的兴衰治乱和一个民族的进化程度。它的主要目的是提供一面永恒的镜子，使国人世世代代照一照，从而知道前人怎样劳心劳力地生活，才在此天底之下获得一席地位。

国人通晓本国的历史，才会有爱国爱家之心，才知道努力学习，尽力工作，以便为祖先已经建立并留传给自己的社会添砖加瓦。因此，凡是制度完善、国家独立的任何民族，都有自己的历史。我们越南国从 13 世纪的陈朝开始有历史记载。自此之后，无论谁人称帝，都重视编纂历史。但是，我们修史的方法是按照中国的编年体，即某年某月发生什么重要的事情，则史家便把它载入书中。载录极其简略，主要是记录这件事罢了，而不解释这件事的始末以及它和其他事的关系如何。

纂修历史者同时又是做官的人，皇帝委派他负责纂修历史，因此历史的记载肯定不能自由，经常有意偏袒皇帝，在所修史书中只载录有关皇帝的事件，而很少载录有关国内人民进化的事件。况且，自古以来我们就接受了专制主义，认为皇帝之事就是国家大事。全国最重要的是一姓称帝，因此史官总是遵循这个主义来编纂历史，使得某朝的历史只局限于讲述那个朝代的帝王而已。因之观乎我国的史书实在是太乏味了，往往对于学问无所裨益。

本国史既修得不好，国人又无几个懂得历史。这是由于学习方式不对，使得国人不可能懂得自己国家的历史。不管是大人小孩，谁去上学都只学中国历史，而不学本国史。诗赋文章也要取典于中国历史，对本国之事则是只字不提。国人把本国历史看成微不足道，认为知之无用。这也是由于自古以来自己没有国文，终生只借助于他人的语言、他人的文字而学，什么事情都受人家感化，而自身无任何特色，形成像俗话所说“嫌里媚外”的那种状况。

自己的学问如此，国人的感情如此，为国为民的精神怎能得到发扬?

但是，不管怎样，我们的国家毕竟是有了自己的历史，并可以由此而得知我国过去的事情，而且可以据此而考究出自古至今涉及我国命运的许多事件是如何演变的。令人担心的是，我国的历史都是用汉字写成的，而汉字在我国的地位从今以后必然是日益减弱。现在能阅读汉文的人数还多，而国内知道祖国历史的却寥寥无几，加之今后不再学汉字，那么研究祖国的历史不知要困难多少!

今值我国的学术已发生变化、国语字已在全国普及之时，没有什么比用祖国语言来讲述祖国故事更好的了。因此我们编纂出一部依次排列，分出若干时代，章节分明的《越南通史》，旨在让人人能看历史，个个可以通晓故事，使我们的历史学习较前称便。

在这部《越南通史》中，作者分出五个时代。第一个时代是上古时代，从鸿庞氏到赵氏结束。在这个时代之中，除第三章论述先秦时代的中国社会外，其他多为荒唐无稽、不足取信的故事。从前的历史编纂家们也是依据民间传说而载录，并无考证确凿的任何遗迹可寻。虽然如此，笔者还是根据旧史来写，然后稍加批判，以使读者知道：这些故事不应视为是确实的。

第二个时代是北属时代，从汉武帝取赵氏的南越之地起直到五代时期为止。那时在我国有曲氏和吴氏倡导独立。有关这个时代的史料，我国旧史载之尤为简略。因为北属时代国人尚未进化，学问很差，没有载籍，所以后来我国的史学家们写到这个时代也无从深究，只能据中国史书来写。而且当时的中国人还认为我国是一块野蛮的边地，没有人注意到它，因而载入史书中的事件也甚为简略，大抵仅仅是载录了有关治理与战乱之事，至若其他事件则未及备述。

北属时代长达1000多年，而这个时代我国的人情世俗如何，现在我们不甚了然。但有一点我们应该知道的是，从此以后国人濡染中国文明非常之深，尽管后世摆脱了附属中国的桎梏，但国人仍不得不受中国的影响。这种影响年深日久且已成了自己的国粹，即使今天想清除它，也不易一时涤荡干净。那些锐意推陈出新的政治家也应该注意这件事，方能使改革奏效。

第三个时代是自主时代，从吴朝、丁朝到后黎初叶。我国从这个时代以后是一个独立的国家，虽然对中国仍必须称臣纳贡，但实际上是没有谁来侵犯我们的自主权的。

起初，丁氏、黎氏新立，还必须建立稳固的自主基础，不得不考虑整修武备对抗仇敌，因此文化未能大力发展。后至李朝、陈朝时期，国内工作已走上轨道，外敌也不敢再行攘扰，又出现许多明君贤臣相继临朝当政，所以自此之后政治、宗教和文化日益开化，使我国成为一个北可抗拒中国、南可开疆扩土的有势力的国家。李朝和陈朝还有缔造强大国魂之功，致使到了陈朝末年，中国乘胡氏作乱企图兼并我国时，国人懂得同心协力重新恢复了社稷。及至黎朝，在开头的大约100年间，我国也堪称盛世。尤其是光顺（1460—1469年）和洪德（1470—1497年）年间，文治武功已达相当光辉灿烂之境。但是后来遇到昏君庸主，朝政腐败，奸臣作乱。由此激起干戈，国人相互攻杀，造成南北分裂，王、主争权。这确乎是国内一大变故。

第四个时代是南北纷争时期，从莫氏篡位直到西山朝。前为南黎、北莫，后则南阮、北郑，角逐日益激烈，嫉恶日甚一日。君臣之义淡漠，忽视纲常之道：国既有王又有主。南北各自一个江山，各地自行其是。虽则如此，北方的改革也不乏好事，而南方的开垦确乎是有利的。但是成败谁敢逆料，一阵狂飙开始从西山袭来，摧垮了王位和主业。西山兄弟纵横天下不足20年，则本朝阮氏中兴，一统江山，形成今日我越南国之情形。

第五个时代是近今时代，起自本朝世祖皇帝至现在的保护制度。世祖起初与法兰西交涉，是为了借助其势力来讨伐西山。但是后来其子孙诸王改行别的政策，严禁天主教，并闭关不准外国进入贸易。其廷臣中许多人目光短浅，刚愎自用，不能因时而变。对于外洋诸国，常常制造不和，迫使法国不得不用兵来维护其自身的利益[1]。由于这种政策，才造成现今的保护制度。

以上就是笔者在本书中依据若干时代而设置的大纲的梗概，笔者努力翻检和搜集中、法文[2]记载以及散见于野史的材料，然后摒弃其荒诞不经之说而编成此书，目的主要是为了使我同邦之人得知祖国历史，而不妄信无稽之谈。对于某一时代的某一人物和某种思想，作者力图保持冷静以探究事实。间或有些地方作者把自己个人的见解商诸读者，例如有关西山朝名号的讨论，这是窃以为历史乃为国人所共有，绝非某家某姓之私，因此才应以公理为标准来评断每一件事情而不缘私情以违背这个公理。

读者也应知道，这本书是本“史略”，只叙述那些重要的事件，以期有助于好学君子，总可谓聊胜于无。至若编出一部非常得体，研究和评论都极其详尽的历史，则要留待日后有才之士做出努力，以对我国的史学工作有所贡献。目前，我们是没有丝衣暂着布服，虽不雅观，却可御寒。也就是说，我们要先让我国今天的少年们都能够知道一点祖国的历史，以免有愧于国魂。这就是作者的目的，仅此而已，岂有他哉！如果这个目的可以达到，窃以为此书堪称有益之作。

陈仲金

① 作者在书中掩盖西方殖民主义者的侵略，甚至为他们的侵略辩解，观点是错误的。——译者

② 凡作者所引之书，将在别的地方单另注出，以便读者对某条材料发生怀疑时可找原书核实。——译者

参 考 书 目

（Liste des ouvrages consulte's par l'auteur）

一、汉文和国语书

（1）吴士连:《大越史记》。

（2）《钦定越史通鉴纲目》。

（3）《陈朝世谱行状》。

（4）《平元功臣实录》。

（5）《皇黎一统志》。

（6）潘辉注:《历朝宪章类志》。

（7）《大南实录前编》。

（8）《大南实录正编》。

（9）《大南通志》。

（10）《大南正编列传》。

（11）杜文心:《大南典礼撮要》。

（12）《明命政要》。

（13）高春育:《国朝史撮要》。

（14）《清朝史记》。

（15）《中国历史》。

（16）阮若氏:《幸蜀歌》。

二、法文书

（1）Cours d'Histoire Annamite, par Trương Vĩnh Ký.（张永记:《安南史记》）

（2）Notion d'Histoire d'Annam, par Maybon et Ruissior.（梅本和茹西埃尔:《安南历史知识》）

（3）Pays d'Annam, par E. Luro.（E. 吕罗:《安南国志》）

（4）L'Empire d'Annam, par Gosselin.（戈塞林:《安南帝国》）

（5）Abrégé de l'Histoire d'Annam, par Shreiner.（西雷内:《安南史纲》）

（6）Histoire de la Cochinchine, par P. Cultru.（P. 居尔特吕:《交趾支那史》）

（7）Les Origines du Tonkin, par J. Dupuis.（J. 涂普义:《东京［问题］的由来》）

（8）Le Tonkin de 1872 à 1886, par J. Dupuis.（J. 涂普义:《1872年至1886年间的东京》）

（9）La Vie de Monseigneur Puginier, par E. Louvet.（E. 鲁弗:《皮吉尼埃主教传》）

（10）L'insurrection de Gia-định, par J. Silvestre. [Revue Indochinoise, Juillet-Août1915]（J. 西尔韦斯特:《嘉定叛乱记》，载《印度支那评论》，1915年7—8月号）

越南国家

一、国号　二、位置和面积　三、地势　四、种类
五、起源　六、越南人　七、疆域开拓　八、越南历史

一、国号

我越南国于鸿庞之时（公元前 2879—前 258 年）称为文郎，蜀安阳王时（公元前 257—前 207 年？）称瓯貉，至秦朝（公元前 246—前 206 年？）[①] 略定南方，则置为象郡。后来汉朝（公元前 202—公元 220 年）灭赵氏，析象郡为交趾、九真和日南三郡。到东汉末，献帝改交趾为交州。唐朝（618—907 年）又置为安南都护府。

自从丁氏（968—980 年）平定十二使君之乱，建立起一个自主国家，遂改国号为大瞿越。李圣宗改为大越，至李英宗时，中国宋朝才承认为安南国。

至嘉隆皇帝统一南北之时（1802 年），以南即安南、越即越裳为理由，方建国号曰越南。明命帝又改为大南。

我国的国号曾经变更过多次，虽然今天我们仍习惯于用安南二字，但是因为这两个字包含有必须臣服于中国的意思，所以我

---

① 由于本书撰写年代较早，一些关于时间的概念与当下通行观点有出入，这里为尊重原著，保持原书用法，不做修改，请读者识之。——再版注

们应该以越南之名来称呼我们的祖国。

二、位置和面积

越南位于亚细亚洲的东南部，横窄、竖长，弯曲如“S”形，北部和南部鼓胀，中部狭窄。

东面和南面濒临中国海（即南海）；西接老挝和柬埔寨；北与中国接壤，毗连广东、广西和云南三省。

全国面积约 312000 平方公里，划分如下：北越 105000 平方公里；中越 150000 平方公里；南越 57000 平方公里。

三、地势

我国现分为北越、中越和南越三个区域。北越地区有红河（即珥河）和太平江。上面的地区称为上游，山岭重叠，森林密布，人烟稀少。下面的地区称为中州，即平原之地，人烟稠密。

中越地区，只在沿海有一长条地带，而在内地则有长山山脉从北越绵延到靠近南越，因而人们只能在沿海地区居住。

南越地区，位于湄公河（即九龙江）的下游，又有同耐河流经其上方，因而土质好，田地广，民间富庶，最容易谋生。

四、种类

越南有许多民族。居住于北越上游地区的有泰人（即土人）、芒人、僾人和苗人；居住于中越山林地区的，有獏人[①]和占人（即赫罗依人）；居住于南越地区的则有獏人、占人、爪哇人和客人[②]等。居住于三个地区内的这些民族总数不到100万人。其余的全部是越南族。

居住于三个地区的越南人的人数可以划分如下：北越：8700000人；中越：5650000人；南越：4616000人。总计有近1900万人。[③]

五、起源

根据法国学者们的意见，越南人和泰人都是从西藏高原来的。越南人沿红河而下东南方，建立了现在我们的越南国，而泰人则沿湄公河而下，建立了暹罗国和寮人诸国。

又有许多中国人和越南人说：原来在古代的时候，在中国的国土上有三苗人居住，后来居住于西北面的汉人（即现在的中国人）来把三苗人赶跑，占据黄河流域建立中国，随后逐渐南下，三苗人不得不退避山林或下到今天我们的越南地区。

这些见解都是推测出来的，并无确凿的佐证。我们仅仅知道：从前我们越南人有两个大脚趾，且相交[④]，因此中国人才把我们叫

① 意指文化与生活落后的少数民族，是封建和殖民时代对少数民族的蔑称，此处应指占人以外的中部各个少数民族。——校者注

② 客人指中国人，即华侨或华人。下同。——译者

③ 此数系根据H.茹西埃尔先生的《地理》一书（1939年）所载，不一定符合我国的人数。

④ 此种说法系误传，根据陈荆和先生1952年的解释，“交趾”应为“蛟止”或“蛟阯”，即“蛟居之地”或“鳄鱼之乡”。——校者注

作“交趾”。而看其他民族，并无脚趾相交的现象，所以我们是单另一个民族，绝非是三苗之类。

无论我们属于哪一个种类，但由于后来中国统治我国1000多年，有时还派40多万士兵，则必然是我们旧的苗裔与中国人混血之后，才形成今天的越南人。

六、越南人

越南人属于黄种，但是下地干活经受雨淋日晒的人，则肤色黝黑；而殷富闲散之人，常居家中，则其肤色微白，如老旧象牙之色。

一般来说，越南人比中国人矮小，壮实而不粗胖。脸面清瘦，看上去有点扁平，额头高而宽，眼珠色黑，眼角微翘，颧骨高，鼻子扁，唇厚，牙齿大而且染成黑色。胡须稀少，头发则多而长，黑且硬。步履轻盈，看上去却稳重大方。

衣服肥长，男子则束发且缠头[①]，衫长过膝，袖子狭窄，裤管则宽。北越和中越北部的女子戴头巾，在城市里的穿裤子，而在乡下则常穿裙。中越南部和南越的女子，全都穿裤子，束发，从不戴头巾。

在智慧和性情方面，越南人好坏脾气都有。越南人大都明慧，理解力强，手脚灵巧，聪明伶俐，记忆力好，又好学习，重学识，贵礼节，崇尚道德，并以仁、义、礼、智、信为待人接物之“五

① 所缠头巾也称为“Mũ mấn”，喃字写作“帽幔”。——校者注

常”。虽然如此，仍有点耍小聪明，有时也很诡谲，并喜欢冷嘲热讽。平时胆小怕事，希望和平，但一旦上了战场，也有胆量，懂得守纪律。

心地浅薄，喜欢蛮干，没有耐心，爱吹牛和修饰外表，好名望，喜游荡，沉迷赌博。好信鬼事魔，崇祭祀，而又不热心皈依于任何一种宗教。骄傲和夸口侈谈，但有仁心，知道同情人并喜怀恩感德。

妇人善于劳作和操持家务，巧手灵脚，能做各种事情而又知以家道为重，对丈夫温存柔顺，悉心养育子女，常能保持节、义、勤、俭等十分高贵的德行。

从北到南的越南人，都只有一种风俗，讲一种语言[①]，共同保持一种信仰，确乎表现出了一个民族的同一性。

七、疆域开拓

我们越南人的苗裔日益繁衍增多，而在北面已有强盛的中国，西面则山多密林，交通不便，因此才沿海岸逐渐南下，攻林邑，灭占城，占领真腊之地，开拓出今日的疆域。

八、越南历史

自从越南人立国至今，计有几千年，其间数度受中国人的统

① 虽然各地有一些方言土音以及讲话时口音轻重有所不同，但大抵仍是一种语言。

治，可是后来却能重建自主基业，并且仍然能够保持住本民族的特性，这就足以证明：我们的力量还不算很弱。虽然我们没有像别人那样建立过光辉的业绩，但是我们希望有朝一日也能建立起一个强盛的国家。

因此，记载我们祖国已经过去了的那些艰难岁月和变化，并且记述我国人民世世代代已做过的那些事业，使国人人人知之，就是这部越南历史的任务。

为了便于研究，现在我们按照时代把这部越南历史分作如下五卷：

第一卷：上古时代。

第二卷：北属时代。

第三卷：自主时代（统一时期）。

第四卷：自主时代（南北纷争时期）。

第五卷：近今时代。

第一卷

上古时代

第一章　鸿庞氏

（公元前2879—前258年）

一、鸿庞氏

俗传帝明为神农帝三世孙，南巡至五岭（属今湖南省），遇一位仙女，与其结婚生子名禄续。后来帝明传位于长子帝宜，令其治北方；又封禄续为王，治南方，称为泾阳王，国号赤鬼。

此时赤鬼国疆域，北抵洞庭湖（湖南），南接胡孙国（占城），西抵巴蜀（四川），东夹南海。[①]

泾阳王为王赤鬼国，于壬戌年间（公元前2879年？）娶洞庭

---

① 此处所载疆域，纯属"侈大之辞"。越南阮朝的官修史书《钦定越史通鉴纲目》（前编，卷一）说："陈、黎以前疆域，东至于海，西界云南，南界占城，北界广西，东北界广东，西南界老挝，参之天下郡国舆地诸书所载，安南东至海，西至云南、老挝，南至占城，北至广西，大略相同。逮我国朝列圣肇基南服，奉我世祖高皇帝大定神州，奄有全越，东际大海，西接云南，南接高蛮，北接两广，幅员之大，前此未之有也。然与洞庭、巴蜀相距尤在绝远，乃旧史载文郎国西抵巴蜀、北至洞庭，无乃过其实欤！夫洞庭地夹两湖，实在百粤之北；巴蜀犹隔嶲滇（今属云南），不相接壤，旧史侈大其辞，殆与后蜀王之事皆属传虚，而未之考也。况所分十五部皆交趾、朱鸢以内，全无一部在北，可证其诬也。"——译者

君之女曰龙女，生崇缆，继位为王，称貉龙君。

貉龙君娶帝来女曰妪姬，一胎生百男[①]。一日貉龙君谓妪姬曰："我是龙种，你是仙种，〔水火相克，〕难自久居。今有百子，分五十子从母归山，五十子从父归南海。"[②]

这个传说可能起源于貉龙君之后赤鬼国分为称百越的许多国家。因此，今日湖广地方（湖南省、广东省和广西省）仍称百越之地。这也仅是揣测之词，并无任何确切的凭证。

二、文郎国

貉龙君封其长子为文郎国王，称雄王。

根据旧史所载，文郎国分为 15 部：

（1）文郎（永安省白鹤）；

（2）朱鸢（山西）；

（3）福禄（山西）；

（4）新兴（兴化—宣光）；

（5）武定（太原—高平）；

（6）武宁（北宁）；

（7）陆海（谅山）；

（8）宁海（广安）；

---

① 有的书载：妪姬一胎生百卵，孵出百男。

② 各书所载稍有不同，请参阅《大越史记全书·外纪全书》卷之一以及《岭南摭怪》等书。六角括号内"水火相克"一语，作者漏引，为译者根据上述史料所补。下同。——译者

（9）阳泉（海阳）；

（10）交趾（河内、兴安、南定、宁平）；

（11）九真（清化）；

（12）怀欢（乂安）；

（13）九德（河静）；

（14）越裳（广平、广治）；

（15）平文（？ ）。

雄王定都于峰州（今在永安省白鹤县境内），置文臣曰貉侯，武将称貉将，太子称官郎，公主为媚娘，各小官叫蒲政[①]。政权则父传子继，称为父道。

关于此时，中国史书记载：辛卯年（公元前 1109 年），当周成王之世，有越裳国在交趾之南，遣使贡白雉，周朝需要找人作翻译始通其语，而且周公旦还造出指南车以导越裳使者还国。唯此越裳和交趾之地是否即为当时雄王之地?

鸿庞氏为王传 18 世，至癸卯年（公元前 258 年）则其国为蜀氏所夺。

纵观自泾阳王至雄王十八世，君王凡 20 易，而从壬戌年（公元前 2879 年）计起至癸卯年（公元前 258 年），共 2622 年。若取长补短平均计算，每位君王在位约 150 年，虽系上古时代之人，也难有这么多人如此长寿。观此则足可知道，鸿庞时代之事，不一定是确实可信的。

① 今天还有地方称区长为蒲亭，无疑是因蒲政而来。（原书所注汉文为“蒲正”，但据《大越史记全书》应为“蒲政”。——译者）

三、鸿庞时代的古老传说

史载，雄王一世时代，文郎国之民以渔为业，常为蛟龙所害，王始命民以墨迹文身，使蛟龙误认同类，不再为害[①]。史书还记载，我们的船首常饰两只眼睛，也有使江海中各种水怪不敢捣乱之意。

在鸿庞时代，还有两个传说，至今仍为人们所乐道，即扶董天王和山精、水精的故事。

扶董天王：雄王六世之时，有一股贼寇称为殷寇，甚为强大，无人可平。国王遂令使者于国中寻访有才能之人，出来帮助国家平寇灭贼。当时在武宁部扶董乡（今北宁省武江县）有一小儿请求前去助王讨贼。使者禀奏国王，王感奇怪，召入朝。此一小儿要求为他铸一铁马、铁鞭。铁马、铁鞭铸成，小儿一伸腰，人即高达一丈，于是跃马扬鞭前去平寇。

平定殷寇之后，此人行至朔山，遂消失不见。国王为感其恩，传旨于扶董乡立祠庙奉祀，后封为扶董天王。[②]

这个故事只是俗传，决不能信以为真。或许当时有位善战的将军，讨平敌寇，后人感恩建祠庙奉祀，这样说较为合理些，今

① 史载：越南人文身之俗直至陈英宗时始告废除。

② 有人载录此事称：殷寇是中国殷朝派来攻打我国的军队。此说实属谬误。中国殷朝位于黄河流域一带，即今之河南、直隶、山西和陕西地区。而长江一带全是蛮夷之地。从长江至我北越相隔路途甚为遥远。即使当时我国有鸿庞氏为王，无疑也不会有什么纪纲之可言，无非像芒族的一位郎官而已，因此他与殷朝无任何来往，怎能引起彼此间的战争？而且，中国史书也没有任何之处记载此事。因此，有什么理由说殷寇就是中国殷朝之人呢？

在“狳村”即扶董乡立有神祠。每年四月初八日均有非常热闹的庙会，俗称“狳圣”。

山精、水精的传说：俗传雄王十八世有女名媚娘，姿色绝代。山精和水精都想娶之为妻。雄王与约：具聘礼先来者，即嫁与此人。翌日，山精先至，娶得媚娘，迎归伞圆山（即今山西省巴维山）。

水精后到，见山精娶走媚娘，愤恨万分，遂掀起狂风暴雨，激涨洪水，攻打山精。山精在山上安然无事，任你水涨多高，山精便把山升高多少。山精又用雷电反击，水精被迫退水逃窜。自此山精与水精相互为仇，每年大战一回，给民间招致无穷痛苦[①]。

这个传说，是因为北越每年六、七月间，均有洪水从上游而下，淹没稻田。人们不知原因何在，便想象出这个山精和水精互相攻打的故事来。

总的来看，我国从13世纪之末始有国史，至陈圣宗时，才有翰林学士黎文休编成《大越史记》，记述自赵武王至李昭皇时期的历史。250年之后，又有黎圣宗时之礼部左侍郎吴士连重修《大越史记》，起自鸿庞氏，止于黎太祖。也就是说，从吴士连开始，自15世纪以后，我国的历史才记述了有关上古时代的传说。由此足可得知，有关这个时代的事情是难以确凿可信的。不过，历史学家却也收录了这些俗传的荒唐无稽的故事，它们全属神仙鬼怪之说，完全违背自然的法则。

① 扶董天王和山精、水精的传说，皆可参见《大越史记全书·外纪全书》卷之一《鸿庞纪·雄王》。——译者

但是，我们应该知道，任何国家都是如此，在混沌初期，谁都希望从神话之中寻找自己的根源来光耀自己的民族。无疑也因为这个道理，我国的史书记载鸿庞氏为“仙子龙孙”云云。

现在，我们根据旧史而叙述了各种故事，读史者应该分辨何为真实的，何为捏造的，这样才对学习历史有益。

第二章　蜀氏

（公元前257—前207年）

一、蜀氏的起源　二、瓯骆国　三、秦平百粤　四、蜀氏亡国

一、蜀氏的起源

我国史书中所载的蜀氏并非中国的蜀国，因为按照中国史书所说，当时巴蜀之地（四川）已归秦朝统治，不再有什么国王。而且，我国史书又载，蜀王泮夺得文郎国后改国号曰瓯骆，亦即瓯骆国包括蜀国和文郎国。但是，在历史上并未看到任何地方讲到巴蜀之地属于瓯骆。况且以地望来看，从巴蜀之地（四川）到达文郎（北越），相距甚远，而且有许多山河阻隔，蜀氏军队何能如此轻易攻下文郎国呢？旧史还有的地方记载，安阳王姓蜀，名泮。因此可以断言，蜀氏就是文郎国邻近的一个独立的姓氏，绝非中国的蜀国。《钦定越史》一书亦作如是之看法[①]。

① 作者所说《钦定越史》，即《钦定越史通鉴纲目》，其看法如下："蜀自周慎靓王五年已为秦所灭，安得复有王者？况尚有犍为（今属云南）、夜郎、邛莋、冉

二、瓯骆国[①]

史载，蜀王欲娶雄王十八世之女媚娘不成，怀恨在心，嘱咐子孙日后攻取文郎国以报此仇。当时雄王恃其兵强将勇，不修国事，沉迷酒食以为乐。蜀王之孙名泮获悉这种情况，遂将兵攻取文郎国。雄王败逃，投井自尽。

甲辰年（公元前 257 年）蜀王平定各地之后，自称安阳王，改国号曰瓯骆，定都封溪（今属福安省东英县）。两年之后，即丙午年（公元前 255 年），安阳王筑螺城。此城高筑，且自外而入如螺旋形，故称螺城。今在福安省东英县古螺村尚存遗迹。

三、秦平百粤[②]

当安阳王在我国做瓯骆国王的时候，中国的秦始皇已统一了天下。至丁亥年（公元前 214 年），秦始皇派将军屠睢率兵攻取百越之地（约相当于今湖南省、广东省和广西省）。安阳王也请求臣服于秦朝。秦遂分百越和瓯骆之地为三郡，称为南海（广东）、桂林（广西）和象郡（北越）。

（接上页）（古西南夷，今属云南），相隔二三千里，蜀安得远跨诸国，而并文郎乎？旧史载蜀王孙泮，又云安阳王姓蜀，讳泮，巴蜀人也。或者西北徼外与文郎邻有姓蜀者，遂以为蜀王，亦未可知。若谓蜀王又巴蜀人，则非矣！”（该书前编，卷一，蜀安阳王元年条）——译者

① 瓯骆国，《大越史记全书》亦作瓯貉国。——译者

② “百粤”与“百越”通。——编者

北越的土著不愿接受中国的统治，便逃入丛林中。不久，屠睢的军队因系北方人，不服水土，病者甚众。是时北越人乘势而起，杀死屠睢。

四、蜀氏亡国

为时不久，秦朝式微，国内战乱频仍，南海郡尉任嚣见有机可乘，欲攻占瓯骆，在南方建立一个自主的国家。但大功未成，任嚣[①]去世。临终之时，任嚣将兵权交给赵佗，由赵佗代替他做南海郡尉。

癸巳年（公元前 208 年）即安阳王第五十年，赵佗率兵攻占瓯骆国，建立南越国[②]。

俗传安阳王筑螺城之时，有妖怪捣乱，屡建不成。安阳王乃设坛祈求，有金龟神显灵，授王以驱除妖怪之术，其时城始建成。金龟神又赐安阳王一爪，用作弩机。若有敌人之时，此弓一发，敌人死以万计。

亦因有此弓弩之助，使赵佗无法战败安阳王。赵佗施计，让其子仲始前去向安阳王之女媚珠求婚，假结和亲之义，以刺探实情。

仲始娶了媚珠之后，向妻子打听："瓯骆有何才能而使任何人不能战胜？"媚珠讲了弓弩的故事，并取出让丈夫观看。仲始便取走金龟之爪，以假弓弩代替，然后打算回去向父亲报信。临行

① 任嚣原文为"壬嚣"，嗣德帝名阮福洪任，讳"任"为"壬"，原著全书人名和姓，"任"皆讳作"壬"。——校者注

② 请勿混淆古代的南越国与现今越南国的南越。

时，仲始问媚珠："我回去后，万一发生战争，将何处相寻？"媚珠说："妾有鹅毛袄，逃向何处，将沿途抛撒，便可知道。"[①]

仲始回去后，向赵佗禀报各情，赵佗遂发兵攻打瓯骆国。安阳王自恃有神弩，全不防备，到敌军兵临城下时，才拿弓出来发射，然已不再灵验矣。安阳王乃拥媚珠上马向南逃跑。逃至暮夜山（属乂安省东城县），近海滨，王见追兵甚急，便向金龟求救。金龟出现说："王背后者是贼也！"安阳王大怒，拔剑斩媚珠，随即投海自尽。[②]

仲始随其妻所撒鹅毛，率兵追至暮夜山，见妻子尸体弃于这里，无限伤心，连忙带回安葬毕，竟投身螺城一口井底而死。

今在古螺村安阳王庙前有一口古井，俗传仲始即死于此井。民间更传媚珠被杀，是因真实的爱情而冤死，她的血流入海中，蛤蚌食之，化为明珠。谁人获此明珠，以螺城仲始自杀之井水洗涤，则明珠更加光莹。

① 语出《大越史记全书·外纪全书》卷之一，安阳王辛卯年条，原文曰：仲始"托以北归省亲。谓媚珠曰：夫妇恩情不可相忘，如两国失和，南北隔别，我来到此，如何得相见？媚珠曰：妾有鹅毛锦褥，常附于身，到处拔毛置岐路，以示之"。作者所引，有出入。——译者

② 今在乂安省东城县高爱社的暮夜山上，有奉祀安阳王的祠庙。这里有许多树木和孔雀，故俗称孔雀庙或伤心寺。（有关金龟神弩的传说，请参看《大越史记全书·外纪全书》卷之一《蜀纪》。——译者）

第三章　三代和秦朝时的中国社会

一、封建　二、官制　三、法制　四、兵制　五、田制　六、学校　七、学术　八、风俗

当赵佗攻打安阳王之时，中国的秦朝已经衰微，汉朝行将即皇帝位，全国正进入一个大乱的时期，风俗、政治皆为之改观。况且赵佗是中国人，做秦朝的官，所以一旦攻占瓯骆国，囊括南方诸郡，建立起一个自主国家，便把中国的政治、法律拿来治理南越之地。因此，在叙述赵氏的事迹之前，我们应该看一下当时中国的社会如何。

一、封建

原在太古时代，中国分为许多地方。每一个地方则有一人做首领，建成一个国家，称为诸侯国，须向君主朝贡。

这些诸侯国的数目，各朝代不一。例如夏代大禹王时，会诸侯于涂山，计达万国。至周武王伐殷纣王之时，又会诸侯总共800国。

灭殷朝之后，武王封70余人为诸侯王，分作五级：公、侯、伯、子、男。封为公爵、侯爵之国，广百里，称为大国；封为伯

爵之国，广 70 里，称为中国；封为子爵、男爵之国，广 50 里，称为小国。不足 50 里的国家，则称为附庸国。

二、官制

夏朝置三公，九卿，二十七大夫，八十一元士。

殷朝置二相，六太：太宰、太宗、太史、太祝、太士、太卜；五官：司徒、司马、司空、司士、司寇；六府：司体、司木、司水、司草、司器、司货；六工：土工、金工、石工、水工、兽工和草工。

到了周朝，周公置六官，称为天官、地官、春官、夏官、秋官、冬官。每官有 60 位属官，总计为 360 人。

天官之首，称为冢宰，总管国内政治、全年税收以及宫中各种事务。地官之首称为大司徒，管理农、商、教育和警察事务。春官之首称为大宗伯，司祭祀、朝聘、会议等。夏官之首称为大司马，负责兵马和镇压之事。秋官之首称为大司寇，理民事、刑事和诉讼。冬官之首称为大司空，劝工、劝农和管土木等事。

六官之上又置三公：太师、太傅、太保；三孤：少师、少傅、少保，研讨治国安民之事，而不参与行政事务。

三、法制

太古时代有五刑，除五刑之外还有鞭笞和流刑。到夏、殷和周代，则又设刖足、斩首和徒刑。周末，设枭首、车裂、凌迟、剖阉等刑。

四、兵制

夏朝和殷朝的兵制不详，至周代，则置 5 人为一伍；5 伍即 25 人为一两；4 两即 100 人为一卒；5 卒即 500 人为一旅；5 旅即 2500 人为一师；5 师即 12500 人为一军。

军则设命卿为将，师设中大夫为帅，旅设下大夫为帅，卒设上士为长，两设中士为司马。

天子有六军；诸侯国，大者有三军，中者二军，小者一军。

国内分为井，每井 8 家，4 井为一邑，32 家；4 邑为一丘，128 家；4 丘为一甸，512 家。每甸需备 1 辆兵车、4 匹马、12 头牛、3 名甲士、72 名步卒、25 个搬运辎重之人，总计为 100 人。

五、田制

太古之时，不知分田。自夏代以后，分 50 亩为一间，10 间为一组。每 10 家耕 1 块地，收获物分作 10 份，国家取其一，称为贡法。

殷朝和周朝则行井田法，即把田地分作 9 块如井字形。四周的那些块为私田，中间的一块是公田。每井让 8 家居住。都必须尽力耕种公田，然后把收获物交纳给王室。

在殷代，每井 630 亩，每户得 70 亩；征税之法称为助法。到周代则每井有 900 亩，每户分 100 亩，征税之法称为彻法。

周朝又设置了 20 岁获田百亩至 60 岁时交还给国家之例。谁家有第二个儿子称为余夫，到16岁可领取土地25亩。

由于存在这样的分田之法，因而当时无太穷之人，亦无太富之人。后至战国时代，李悝任魏国之相，令民尽力耕作，不再定如前之限。商鞅为秦国相，弃井田之法，开阡陌，使人耕作自便。分田之法自此之后遂渐渐废弃。

六、学校

夏朝置东序为大学，西序为小学。殷朝以右学为大学，左学为小学。这些大、小学，是为了训练射箭、养老以及练习文艺之地。

周朝则设辟雍或成均作为大学，让太子、官吏子弟和从各村社挑选的俊秀之人前来学习；在州、党[①]，还设置有称为序和庠的小学，让民间子弟入学。又订出8至14岁为小学年限、15至20岁为大学年限之条例。大学教授礼、乐、诗、书；小学则教授尊上让下之礼和应酬之法等。

七、学术

中国的学术在周代已甚兴盛，故至春秋时代出现许多学者，如老子论道；孔子讲孝、悌、仁、义；墨翟讲兼爱，提倡节俭，放弃声色之好；杨朱讲为己，应自爱其身而不当舍己利人。

---

① 每1250家为一州，500家为一党；州有序，党有庠。

还有如申不害、韩非等法家，主张只应以法律治天下，决不能施仁义。更有鬼谷、尸佼、田骈等人，各人都倡导一种学说用以教授当时之人。

八、风俗

中国以农业为本，养蚕、织丝、集市、贸易也都很发达。

国中之民分为士、农、工、商四种。做官人的儿子仍做官，农夫的儿子还种田，决不能做官。虽则如此，至春秋战国之时，庶民为文相武将者也甚多。

在家庭中，长幼上下之别甚严。子须从父，妇须从夫，男孩、女孩自 7 岁以后不能同席而食，同床而眠。男子 30 始娶，女子 20 才嫁，而且同姓不婚。

三代之时的中国人亦甚崇尚祭祀。经常祭祀天、地、日、月、山、川、林、石。君主立坛南郊以祭上帝。又有社稷，祭土神和后稷。还敬奉祖先，上自君主下至庶民，都把它作为一生中的一件十分重要的事情。

如此观之，三代之时中国社会已相当文明。但后至周末，由于王室衰弱，所以诸侯有称侯、称王者，相互争夺、攻伐，如春秋五霸、战国七雄，使百姓涂炭，痛苦万端。

秦朝统一天下之后，乃废封建，立郡县；废井田，开阡陌；焚书坑儒。政治上主要以法律治天下，以权力来进行压制。

正当中国的风俗如此变革之时，赵佗建立了南越国，把中国文明传播到南方，因而自此以后我国之人都濡染了这种文明。

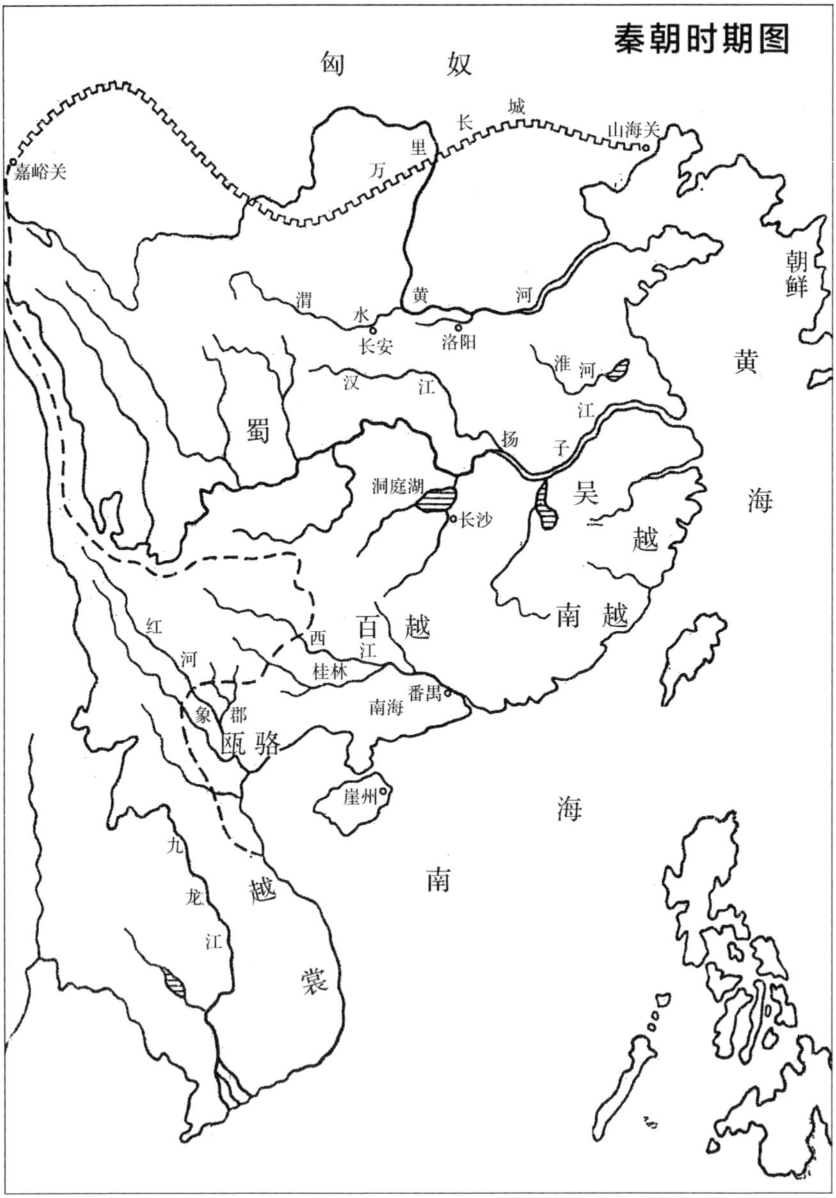
秦朝时期图
匈奴
万里长城
山海关
嘉峪关
朝鲜
渭水
长安
黄河
洛阳
淮河
汉江
黄海
蜀
扬子江
洞庭湖
长沙
吴
越
百越
南越
红河
西江
桂林
南海
番禺
象郡
瓯骆
崖州
南海
九龙江
越裳

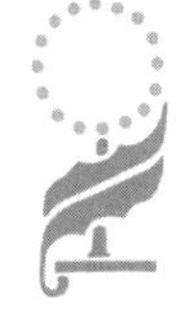

第四章　赵氏

（公元前 207 年—前 111 年）

一、赵武王（公元前 207—前 137 年）

癸巳年（公元前207年）[①]，赵佗灭安阳王，并瓯骆国之地入南海郡，建成一个名为南越的国家，自称为王，即武王，定都番禺，在今广州城附近。

二、武王受封于汉朝

当赵武王在南越建立基业之时，中国方面刘邦已灭秦朝，铲除楚国，一统天下，然后登皇帝位，是为汉高祖。高祖因武王独

① 原文如此。公元前 207 年对应干支纪年为甲午年。——再版注

立于南方，遂派陆贾前去封他。时在乙巳年（公元前 196 年），即赵武王十二年，汉高祖十一年。

武王原是一个骄矜自负的人，不欲臣服汉朝，当陆贾抵达谒见武王之时，武王踞坐，并不起立迎接。陆见此便道："王本中国人，亲戚坟墓皆在真定州。今汉已帝天下，遣使授君王印。若王拒使臣，不行受封之礼，汉帝闻之必怒，掘烧王先人冢，夷灭宗族，发兵问罪，则王将如之何？"武王闻听此言，蹶然起拜，笑曰："吾恨不起于彼（中国），何遽不若汉！"[1]

三、武王称帝

戊午年（公元前 183 年），汉高祖驾崩后，吕后临朝，与惠帝争权，且听信谗言，禁止汉人卖予南越金铁田器。武王大怒，又怀疑吕后这样做必出长沙王之计，乃自立为南越皇帝，发兵攻长沙（今湖南省）。

庚申年（公元前 181 年），汉朝遣将举兵击南越。汉军不服南方水土，病卒者甚众，被迫败退北方。自此之后，赵武帝声势大振，所用车马仪仗如汉帝，称制与汉并。

① 以上所引原文与《大越史记全书·外纪全书》卷之二《赵纪》以及《史记》的《南越列传》和《郦生陆贾列传》所载都稍有不同，请相互参照。《大越史记全书》云："……又问：'我与汉帝孰贤？'贾曰：'汉帝继五帝三王之业，统理乎汉，人以亿万计，地方万里，物殷民富，政由一家，开辟以来，未之有也。今王众不过十万，杂处山海间，譬如汉一郡也，何乃比于汉？'帝笑曰：'吾恨不起于彼，何遽不若汉！'……"——译者

四、武王臣服汉朝

至吕后崩，汉文帝即位，又派陆贾持书前去劝谕武帝臣服汉朝。书曰：

朕高帝侧室之子也，弃外奉藩于代，道里辽远，壅蔽朴愚，未尝致书。

高皇帝弃群臣，孝惠〔皇〕帝即世。高（吕）后自临事，不幸有疾，诸吕擅权为变，〔不能独制，〕乃取他姓子为〔孝〕惠皇帝嗣。赖宗庙之灵，功臣之力，诛之已毕。

朕以王侯吏不释之故，不得不立。今即位，乃者闻王遗将军隆虑侯书，求亲昆弟（在真定者），请罢长沙（兵）〔二将军〕。

朕以王书，罢将军博阳侯。其亲昆弟在真定者，已遣人存问，修治先人冢。

前日闻王发兵于边，为寇灾不止，长沙苦之，南郡尤甚。虽王之国庸独利乎？必多杀士卒，伤良将吏，寡人之妻，孤人之子，独人父母，得一亡十，朕不忍为之也。……

今也得王之地，不足以为大；得王之财，不足以为富。服岭以南，王自治之。虽然王之号为帝，两帝并立，亡一乘之使以通其道，是争也。争而不让，仁者不为也。

愿与王分弃前恶，终今以来，通使如故。故使陆贾往驰谕告王以朕本意，王亦受之，毋为寇灾矣。[1]

① 原文见《大越史记全书·外纪全书》卷之二《赵纪》。六角括号内为作者失引或与原书相异处，下同。——译者

观汉文帝的书信一片好言善语，甚是仁慈，因而赵武帝不得不臣服，并为书谢曰：

蛮夷大长老夫臣佗，昧死再拜，上书皇帝陛下。老夫故越吏也。〔高帝赐玺绶，以为南越王。〕孝惠皇帝即位，义不忍绝，所赐老夫者甚厚。高后用事，别异华夷，出命曰：毋予南越金铁田器；马牛羊即予，予牡毋予牝。

老夫处僻，〔马牛羊齿已长，〕自以祭祀不修，有死罪，使内史藩、中尉高、御史平凡三辈，上书谢过，皆不反。

又风闻老夫父母坟墓已坏削，兄弟宗族已诛泯，故吏相议曰：今内不得振于汉，外无以自高异于吴，故更号为帝，自帝其国，非敢有害于天下。

高皇后闻之大怒，削去南越之籍，使使不通。老夫窃疑长沙王谗谮，故发兵以伐其边。

老夫处越四十九年，于今抱孙焉。然夙兴夜寝，寝不安席，食不甘味，目不识靡蔓之色，耳不听钟鼓之音者，以不得事汉也。今陛下幸哀怜，复故号，通使如故，老夫死骨不朽，改号不敢为帝矣。谨因使使者，献〔……〕以闻陛下。[1]

自赵武王放弃帝号之后，南北交好，相安无事。

甲辰年（公元前137年），赵武王崩。史载：王寿121岁，在位70余年。

① 参见《大越史记全书·外纪全书》卷之二《赵纪》。——译者

五、赵文王（公元前 137—前 125 年）

赵武王传位嫡孙，名胡，即赵文王，在位 12 年。

赵文王乃一无能之辈，性情柔弱，不能与赵武王相比。继位仅两年，便有闽越（今福建省）王发兵侵南越国边邑。赵文王不敢兴兵抵抗，遂遣使向汉朝求救。

汉帝遣王恢、韩安国击闽越。闽越军队见汉军压境，遂擒杀国王，奉其头致汉官，且请求投降。闽越既平，汉帝使庄助来谕赵文王入朝，然众廷臣劝阻勿行，乃以太子婴齐代之。

婴齐在汉朝 10 年，及至丙辰年（公元前 125 年）文王薨，始回国继位。

六、赵明王（公元前 125—前 113 年）

婴齐登王位，即为明王，在位 12 年。

婴齐在汉之时，曾娶妾樛氏，生子名兴。及至回国为南越王，明王即立樛氏为皇后并以兴为太子。

七、赵哀王

戊辰年（公元前 113 年）赵明王薨，太子兴即位，是为哀王，在位 1 年。

当时汉帝使安国少季来谕南越入朝。少季原是樛氏先前的情人，到南越相遇，复与私通，乃诱骗哀王将南越国奉献汉朝。

正当樛氏和哀王已决定归附汉朝之时，宰相吕嘉了解内情，多次阻拦不住，乃传檄各地说：国王和樛太后将要把国家奉献给汉朝。然后吕嘉与几个大臣带禁军杀死汉使者、樛氏和哀王。尊立建德为王。建德是明王长子，其母为南越人。

八、赵阳王

建德登王位，是为阳王。阳王新立约一年，汉武帝遣伏波将军路博德和杨仆率五路大军攻取南越。太傅吕嘉抵抗不支，被迫拥阳王逃跑。汉军追擒之，君臣皆被害。此年即庚午年（公元前111年），南越国为中国人所占领，改为交趾部，分作9郡，设官治理，一如中国之州郡。

第二卷

北属时代

（公元前 111—公元 938 年）

第一章　第一次北属

（公元前 111—公元 39 年）

一、西汉的政治　二、锡光和任延

一、西汉的政治

庚午年（公元前 111 年），汉武帝遣路博德和杨仆讨赵氏，平南越国，改设交趾部，分为 9 郡：

（1）南海（广东）。

（2）苍梧（广西）。

（3）郁林（广西）。

（4）合浦（广东）。

（5）交趾
（6）九真　（北越和中越北部几省）。
（7）日南

（8）珠崖（海南岛）。

（9）儋耳（海南岛）。

每郡设太守处理郡内政务，并设刺史以监察各郡。唯在交趾郡中置貉将或貉侯，仍得世代相传，保持其对部落的统治权，类

似今北越上游地区的郎官（土司）。

最早的刺史是石戴，治龙渊（？）。有的书记载，此时的府治设在陇溪，属今顺城府。

自武帝以迄西汉之末，未见史书再提及交趾之地。直至己丑年（29年），即东汉光武帝建武五年，始见史载交趾刺史邓让遣使回汉朝贡。因当王莽篡汉之时，邓让、锡光、杜穆在交趾，守州郡，不肯臣服王莽。光武中兴，邓让等人始遣使朝贡。

二、锡光和任延

公元1世纪初，来了两位治民施仁政的太守。一位名叫锡光，为交趾太守；另一位叫任延，任九真太守。

锡光自西汉平帝年间起就已做了交趾太守，其时约在1世纪的第二三年。此人致力于开化事业，教民以礼仪，因此郡内敬服他的人甚多。

任延自东汉建武年间起任九真太守。其时该郡之民以渔猎为业，不事耕种。任延便教民犁耕，垦辟田地，因而不久，该郡百姓充给。任延又教民嫁娶礼法，并令郡内长吏各省俸禄，以赈助贫无聘礼者。

任延守九真4年，则被召回中国，迁官他处。郡人爱慕任延，为之立祠。有人因受太守的恩惠，其生子命名曰任，以表感恩戴德之情。

第二章 征王

（40—43 年）

一、征氏起兵

甲午年（34 年），即建武十年，光武帝拜苏定为交趾太守。

苏定为一暴虐之人，肆行苛政，交趾人恨之。庚子年（40 年）又杀朱鸢县（永祥府，前属山西，今属永安省）人诗索[①]。

诗索之妻征侧，为麊泠县（福安省安朗县夏雷村）貉将之女，与其妹征贰起兵攻打苏定。苏定被迫逃回南海郡。

当时，九真、日南、合浦等郡皆起而响应二征。未几，二征军队略定 65 城，乃自称为王，奠都于其故乡麊泠。

二、马援讨交趾

辛丑年（41 年），光武帝拜马援为伏波将军，以刘隆为副将，

---

① 《水经注》引《交州外域记》载："朱鸢雒将子名诗，索麊泠雒将女名征侧为妻。"此处"索妻犹言娶妇"。"索"是个动词，他的名字只是一个字"诗"。——译者

跟楼船将军段志一道讨征王。

马援为东汉名将，时年 70 余岁，但仍健壮，率军沿海而进，随山刊道，至浪泊[1]遇征王军，多次与之战。征王的军队是乌合之众，敌不过久经战阵的马援。二征退兵，屯禁溪（永安省永祥府）。马援进击，二征军全部瓦解。征氏姊妹逃到福禄县（今为山西省福寿县）的喝门社，势已穷迫，便投喝江（底江与红河相连处）自尽。时在癸卯年（43 年）二月初六日。

二征之将都阳等退据九真郡的居封县。马援率兵追击，都阳军皆降。

二征为王仅三年，但以妇人才智而能伸张大义挺身抗暴，使汉朝君臣为之震惊，这一行为足以使其声名流芳万世。直至今日，许多地方仍立祠庙奉祀二征，以示永志不忘我们越南国这两位女英雄的英名[2]。

史学家黎文休曰："征侧、征贰以女子，一呼〔而九真、日南、合浦及岭外〕六十五城皆应之。其立国称王，易如反掌。……惜乎继赵之后以至吴氏之前千余年间，男子徒自低头束手，为北人臣仆，曾不愧二征之女子〔，吁可谓自弃矣〕！"[3]

① 史载：浪泊即河内附近之西湖，但有人以为不是。

② 今在山西省福寿县喝门村及河内附近的同仁滩有祠庙奉祀二征，至二月初六，有庙会。

③ 原文见《大越史记全书·外纪全书》卷之三《征纪》。——译者

第三章　第二次北属

（公元 43—544 年）

一、东汉（25—220 年）　二、三国时代（220—280 年）
三、晋朝（265—420 年）　四、南北朝（420—588 年）

一、东汉（25—220 年）

（一）东汉的政治

马援平征王，交趾之地又归属汉朝。然后整顿兵马，补充粮草，率兵平定各地，每至一处便建城筑垒，且全盘改革各州郡的政治制度。迁府治于麊泠[1]，并立铜柱为汉极界，上刻六字："铜柱折，交趾灭"，意即铜柱倒，交趾人绝种。

史载：交趾人经过此处，每以石培于铜柱之下，因之后来此处遂成丘陵，铜柱被覆盖，至今已不详铜柱何在。

自此之后，东汉的统治日益严苛，派至交趾的官吏，多为残暴、贪婪之辈，强迫百姓上山下海寻求珠宝。合浦之民被迫下海捞珍珠，痛苦万端，不得不背井离乡，四处逃亡。

① 至东汉末，又迁回龙编。

朝廷遥远，官吏恣意横行，冤屈无处可诉，因而常有变乱，民不聊生。

（二）李进和李琴

官吏已甚残暴，朝廷又薄待当地之人。当时我国之人尽管学识渊博，亦不能参与政治。直到东汉末年灵帝之时（168—189年），始有本地人名李进者，得擢升为交趾刺史。李进曾上疏请求允许交趾人和中国中原之人一样担任官职。但汉帝只准考取茂才或孝廉者在当地做长吏，而不得到其他州做官。时有交趾人名李琴者，在宫中任侍候皇帝的宿卫，遂邀几位同乡，俯伏殿庭，恳苦哀求。汉帝始以考取茂才的一交趾人为夏阳令，另一考取孝廉的人为六合令。后李琴仕至司隶校尉；又有张重者，也是交趾人，为金城太守。交趾人得与中国人同选做官者，便是从李进和李琴开始的。

（三）士燮（187—226年）

东汉末年，盗贼蜂起四方，朝廷威权不及于外，天下大乱。当时交趾之地幸赖士燮及其兄弟分守诸郡县，因得偏安。

士燮的祖先是鲁国人，因王莽篡汉，始避难苍梧郡广信之地，至士燮之父已六世。其父名士赐，为日南太守，让士燮游学京师，举孝廉，补尚书郎，因公事免官，回奔父丧。后举茂才，〔除巫阳令，迁〕[①] 任交州太守。

癸未年（203年）即汉献帝建安八年，刺史张津与太守士燮奏请改交趾为交州，汉帝应允。后因州内盗贼蜂起，士燮始奏请汉

① 六角括号内为译者据史料所补的文字。——译者

帝许其兄弟数人分任九真、合浦和南海诸郡太守。士燮守交州使其免于战乱，且不废职责，因之献帝复下诏，拜安远将军，封龙度亭侯。

士燮治民有方，循循善诱，国人爱之，皆尊称为士王。

史学家常常认为，我国为文献之邦自士燮开始。这种说法其实不然。因为从汉朝治理交趾之时起到士燮已逾 300 年，交趾人中已有考中孝廉、茂才的有学问之人。因此，说至士燮时始有儒学方不为大错特错。或因此公做官时乃一饱学之士，注重学术，喜欢帮助有学问之人，因而后来才得我国学祖之美名，这样设想也许更为合理。

二、三国时代（220—280 年）

（一）东吴（222—280 年）

东汉灭亡，中国分为三国：北魏、西蜀、东吴。当时交州之地属于东吴。

士燮在交州 40 年，虽其威权遍及全境，但仍对汉朝不废职责，及至汉亡又向东吴朝贡。

丙午年（226 年）[①] 即吴黄武五年，士燮卒，其子士徽自署太守。吴主孙权〔以交州悬远，〕乃分交州之地，合浦以北为广州，合浦以南为交州。任命吕岱为广州刺史，戴良为交州刺史，并以

① 《大越史记全书》记为丁未年，即 227 年。——译者

陈时[①]代士燮为交趾郡太守。

戴良和陈时等行抵合浦，士徽发兵抗拒。广州刺史吕岱即进军讨伐，同时派人劝士徽投降。士徽率兄弟五人出降，吕岱派人擒斩士徽，其余兄弟数人被带回吴朝治罪。

吴主又将广州和交州合并为一，封吕岱为刺史。吕岱率兵讨九真有功，晋封交州牧。

（二）赵妪

戊辰年（248年）即东吴赤乌十一年，吴主以陆胤为交州刺史。

是年九真郡有妇人名赵妪者起兵攻吴。

我国史籍记载：赵妪为今农贡县人。少时父母双亡，寄居其兄赵国达家，至20岁遇嫂不良，杀之，入居山中。赵妪力大无比，又有志气，善谋略。在山中招募壮士千余人为部下。她的兄长见如此，便来劝止，她说："吾欲乘劲风，踏恶浪，斩决东海长鲸，荡平域内，救民出水火，决不效法俯首屈膝之辈做人姬妾！"

戊辰年（248年），因吴朝官吏残暴，民不聊生，赵国达乃起兵攻打九真郡。赵妪率军出征帮助其兄，赵国达的军士见她为将勇猛，遂拥戴为主。赵妪出战，乘大象，披金甲，称为蕊娇将军。

交州刺史陆胤发兵讨伐，赵妪抗击吴朝达五六个月。但因兵寡势孤，久战不敌，赵妪遂带兵逃至蒲田社（今美化县富田社）自杀。其时年仅23岁。

---

① 原文为陈辰，但据《越史略》卷一及《大越史记全书·外纪全书》卷之四《属吴晋宋齐梁纪》都作陈时。因为在越南阮朝的汉文书籍中，避嗣德帝阮福time之讳，故以"辰"代"时"。下同。——译者

后来前李氏南帝，称赞她是忠勇之人，命立祠奉祀，封为“弼政英烈雄才贞一夫人”。今在清化省富田社尚有祠奉祀。

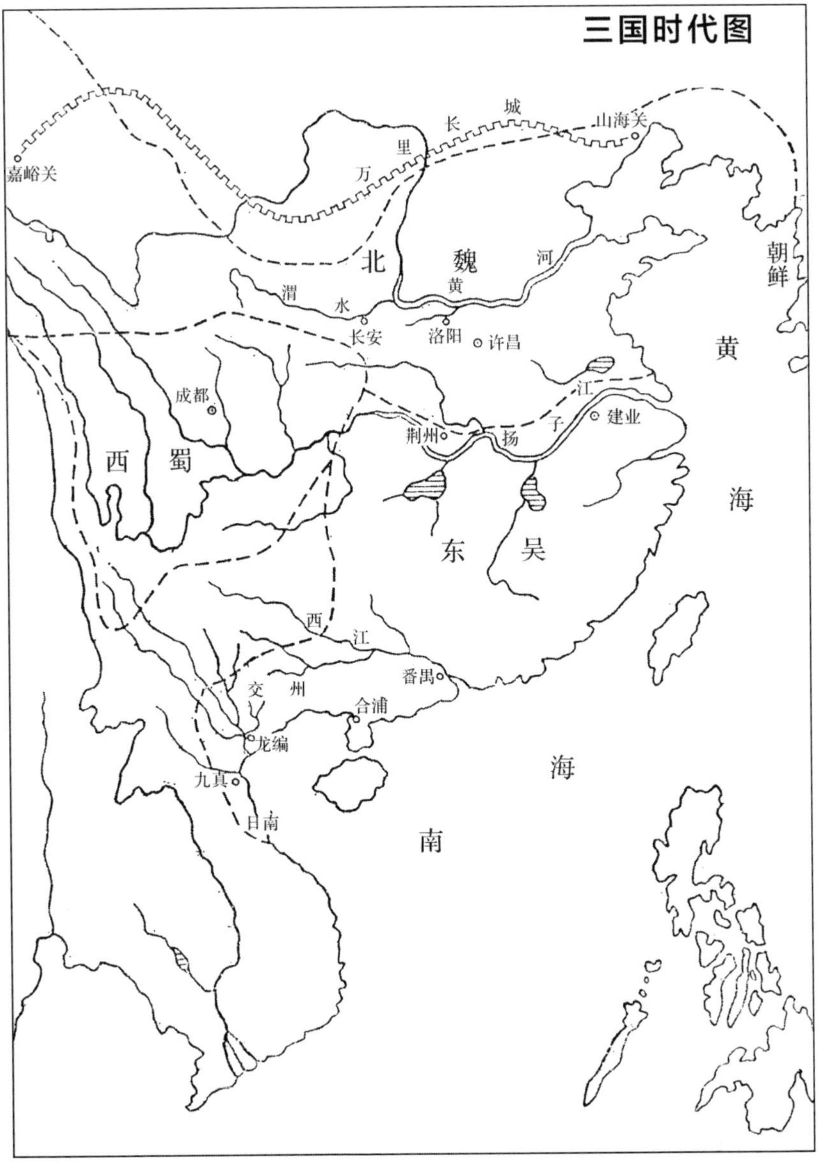

三国时代图

（三）吴分交州之地

甲申年（264年）即元兴元年，吴主又以南海、苍梧和郁林之地为广州，设州治于番禺；以合浦、交趾、九真和日南之地为交州，设州治于龙编。昔日赵氏南越国版图自此分作交州和广州。

当时交州之地乱事频仍，吴朝官吏多为贪残之辈，搜刮民脂民膏，因此交州人起而杀死太守，复降于魏朝。

乙酉年（265年），魏被晋所篡，晋朝派官守交州。吴朝遣陶璜夺回其地，封璜为交州牧。庚子年（280年），吴朝灭亡。陶璜降晋，守官如故。交州自此属于晋朝。

三、晋朝（265—420年）

（一）晋朝的政治

晋朝得天下之后，目睹魏朝因势孤而亡，乃大封宗室，并派镇各地以为皇室羽翼。然而也因此之故，各亲王常为争权夺利起兵相互攻伐，致使自家兄弟骨肉相残，王室顿形衰弱。

当时西北之戎狄见晋朝有内乱，便乘机而起，逐渐占领整个长江以北地区，然后称帝、称王，如赵国、秦国、燕国、凉国、夏国、汉国等，前后凡十六国，称为五胡之乱。

晋朝称帝50余年，而尽失西北之地。皇室后裔又在东南方建立基业，奠都建康（今南京），称为东晋。

我交州之地仍属晋朝。派来统治的官吏亦如汉朝、吴朝时的官吏，间或遇到几个仁慈的，民间始得安宁；其余都是贪婪、恶毒之人，便使民间生灵涂炭，痛苦万端。更有官吏反叛，相互攻杀，使国内乱无宁日。

（二）林邑骚扰交州

当时的交州内有官吏骚扰，外有林邑人来犯。

林邑国（后称占城）位于自日南郡以迄真腊之地，即其领域约在自今广平、广治省至南越的地方。林邑人可能是马来种，奉行印度的宗教和政治制度。此国亦是当时南方的一个文明和强盛的国家，但是其国建立于何时不可确知。《钦定越史》载：壬寅年（102 年）东汉和帝之时，日南郡之南有象林县，该县之人常寇掠日南郡，汉帝因设官治理，以防侵扰[①]。

至汉朝末年，有象林县人名区连者，杀县令，自称为王，名其国曰林邑。区连无嗣，由其外孙范熊继立。

三国之时，林邑人常寇掠日南、九真，而晋平东吴后，意欲缩减各州军队，交州刺史陶璜上言曰："林邑王范熊连扶南，数攻日南之地，若减缩交州军，恐林邑复来侵寇。"[②]

---

① 《钦定越史》即《钦定越史通鉴纲目》。这段话见该书前编，卷二，原文是："壬寅汉和帝永元十四年，汉初置象林将兵长史官。《后汉书》：先是日南象林三千余人，寇掠百姓，燔烧官寺郡县，发兵讨之，斩其渠帅，余众乃降。于是置象林将兵长史，以防其患。"——译者

② 此处所引陶璜奏折，与《大越史记全书·外纪全书》卷之四《属吴晋宋齐梁纪》所载有出入，兹将原文引出，以供参考。"初，晋平吴，征交州兵。交州刺史陶璜上言曰：'交州外距林邑才数千里。夷帅范熊世为逋寇，自称王，数攻百姓。且连扶南，种类猥多，朋党相倚，负险不宾。往隶吴时，劫掠良民，杀害长吏。臣昔为故国所采，编戍在南，十有余年。虽剪其魁桀，而深山僻穴，尚有逋窜。初臣所

由此观之，林邑国从公元 2 世纪初已经建立。

范熊传位于其子范逸。范逸卒，其家奴范文篡立。范文传位于其子范佛。

癸丑年（353 年）东晋穆帝之时，交州刺史阮敷讨林邑王范佛，破 50 余垒。范佛卒，其子孙范胡达继立。己亥年（399 年）范胡达带兵攻陷日南、九真两郡，复寇交州。当时交趾太守杜瑗驱逐林邑人，收复二郡。杜瑗被封为交州刺史。

癸丑年（413 年），范胡达又带兵寇九真郡。其时杜瑗之子杜慧度为交州刺史，率军追击，斩林邑之将范健，生擒百余人。

然林邑人仍不改剽掠之性，每隔三五年就来骚扰日南。杜慧度为根除后患，乃决定伐林邑。庚申年（420 年）遂举兵进讨，大破之，迫使林邑人年年进贡大象、金、银、玳瑁等物[①]。自此之后始得暂安。

范胡达之后裔做了几代国王又被林邑之官范诸农所篡。范诸农传位于其子范阳迈。

当范阳迈为林邑国王之时，晋朝已亡，中国分裂为南北朝。范阳迈乘此机会，进扰交州。

（接上页）之卒八千，南土温润，多有毒气，累年征讨，死亡减耗，见在二千四百人。今四海混同，无思不服，当卷甲锁兵，命其损约，以示单弱。夫风尘之变，出于非常，臣亡国之余，议不足取。’晋武从之。至今犹见其效。”——译者

① 《钦定越史通鉴纲目》（前编，卷三）载：“庚申（晋恭帝元熙二年、宋武帝永初元年）秋七月，杜慧度击林邑，大破降之。《梁书》，辰慧度击林邑，大破之，所杀过半，林邑乞降，输大象、金、银、吉贝等，乃释之。前后为所掠者，皆遣还，遂遣长史江攸奉表献捷于宋。”作者此言林邑贡玳瑁，当为吉贝。——译者

四、南北朝（420—588 年）

（一）中国的形势

庚申年（420 年），刘裕篡东晋，在南方建立宋朝。当时在北方，魏朝掩有凉、燕、夏等国。中国分为南朝和北朝。

北朝相继有魏、齐、周；南朝则先后建立宋、齐、梁、陈四个朝代。

当时，交州属于南朝。

（二）伐林邑

在宋朝，癸酉年（433 年）文帝之时，林邑王范阳迈因中国乱事纷起，乃遣使入贡于宋，并求领交州。但宋帝不许[①]。

自此之后林邑又剽掠日南和九真地区。宋帝乃遣刺史檀和之，并以宗悫为副将，举兵讨林邑。范阳迈领兵迎战。

檀和之和宗悫进军，斩将陷城，林邑军土崩瓦解，范阳迈及其子仅以身免。檀和之进入林邑之地，获金银珠宝不可胜计。史书说：檀和之得一数人合抱不住的金像，销熔出金 10 余万斤。自此中国知道了林邑的富饶，乃伺机去抢夺。檀和之亦因此而遭诬

① 据《大越史记全书·外纪全书》卷之四《属吴晋宋齐梁纪》所载，此事发生在壬申年（宋元嘉九年）夏五月，即当在公元 432 年。本书作者根据《钦定越史通鉴纲目》（前编，卷三），写作“癸酉年”，两书所载不同，今录以备考。——译者

陷，被革职去官而归。

（三）交州的变乱

己未年（479年），宋亡，齐继立，历22年，则齐又被梁所代。

在南北朝时期，交州之地没有几时是安稳的，因为派来统治的中国官吏有许多人见国内混乱，也想谋求独立，导致官吏之间相互残杀。

梁以萧谘为交州刺史。萧谘是一个苛暴之人，百姓人人恨之。因此，李贲才有机会兴起，建立了前李朝。

第四章　前李氏

（544—602年）

一、李南帝（544—548年）

辛酉年（541年）即梁武帝大同七年，在太平县[①]有一名李贲者，文武兼备，看见自己的国家，内受中国官吏之苦，外遭林邑人剽掠，便与一些义勇之人兴兵起事，驱逐萧谘回中国，然后占据龙编城。

李贲有人称之为李秘，原为中国人的后裔。其祖先在西汉时避乱逃至交州，至此时已有七代，成为本地人。他占据交州之后，整顿各种事务，意欲建立永久之业。癸亥年（543年），林邑军又寇犯日南郡，李贲命其将范修击破于九德（河静），林邑人败逃回国。

① 据《钦定越史》，太平县古属峰州，今在山西省境内，但不详何处，然绝非今太平省的山南太平府。

甲子年（544 年），中国梁朝之时，李贲自称南越帝，立国号曰万春，建元天德，封赵肃为太傅，并韶为文相，范修为武将。

乙丑年（545 年）梁帝以杨标[①]为交州刺史，并派陈霸先率兵来平南越。李南帝战败，被迫放弃龙编，退据嘉宁城（福安省安朗县）。陈霸先率军围嘉宁城，李南帝败走新昌城，即旧之峰州之地，今属永安省。

梁军又进行追击，李南帝因自己势弱不能敌，便撤屯屈僚峒（属兴化之地），以便收集军士再行出战。不到一年的时间，李南帝率两万军队与陈霸先战于典澈湖（？），不幸又遭失败。李南帝遂把兵权交给左将军赵光复以抗梁军，然后退回屈僚。

赵光复是太傅赵肃的儿子，朱鸢（永安省永祥）人，跟随其父为李南帝建立过许多功勋，带兵抗梁军不久，见中国军气势还盛，度不能支，便退保夜泽[②]。夜泽是沼泽之地，周围草木榛莽，中有沙滩可居。赵光复屯于此，昼则隐匿，夜命士兵乘独木舟出击陈霸先军，抢得粮食回养军士。陈霸先屡攻之竟不能胜。时人称赵光复为夜泽王。

二、赵越王（549—571 年）

戊辰年（548 年）李南帝在屈僚峒病卒，次年赵光复在夜泽得知这个消息，乃称越王。此时越王之军已将断粮，而屡不能战

① 《大越史记全书》作杨瞟。——译者

② 今属兴安省快州府。

胜中国军队。幸赖中国有侯景之乱，梁帝召陈霸先回，留下裨将杨孱与赵光复战。赵光复就乘势率兵击败中国军队，然后收复龙编城。

当李南帝失势逃回屈僚峒之时，其兄李天宝与族人李佛子带兵逃入九真，后被梁军追赶，逃至老挝，屯于野能峒，称桃郎王，建国号曰野能。

乙亥年（555年）即赵越王七年，李天宝卒，无嗣，兵权全归于李佛子。至丁丑年（557年），李佛子带兵抗拒赵越王。打了几仗不能获胜，李佛子始请分地讲和。赵越王念李氏之情，遂同意分地给李佛子。

李佛子居于乌鸢（今在大姥村[①]，属河东省慈廉县），赵越王居于龙编，以君臣洲为界（此洲属慈廉县上葛村）。赵越王又嫁女儿给李佛子[②]以表相互和好之情。但李佛子仍有吞并赵越王之地的想法，因而表面和好，而内心仍准备攻取龙编。

辛卯年（571年），李佛子突然举兵攻赵越王。赵越王兵败，逃至大鸦江（今在南定省大安县），投江自尽[③]。当地之人感念赵越王，便在大鸦江的地方立祠奉祀之。今在大安县附近的独步村尚有祠奉祀。

① 《钦定越史通鉴纲目》，前编，卷四，作下姥社。——译者

② 据《大越史记全书·外纪全书》卷四《赵越纪》所载，李佛子有子雅郎，求婚于赵越王之女果娘（《钦定越史通鉴纲目》作杲娘）。因此，赵越王嫁女于李佛子之子，并非其本人。——译者

③ 据《大越史记全书》载，赵越王兵败，逃至大鸦海口，投海自尽。——译者

三、后李南帝（571—602 年）

李佛子夺取龙编城后，袭帝号，奠都于峰州（属永安省白鹤县），遣李大权守龙编，李普鼎守乌鸢。

当李佛子在南越称王之时，隋文帝平定南北，统一了中国。至壬戌年（602 年），隋朝皇帝派将军刘方统兵 27 营来攻南越。

刘方派人讲明祸福，谕李佛子归降。后李南帝因怕势不能敌，乃请降。

从此之后，交州之地又被中国统治整整 336 年。

第五章　第三次北属

（603—939 年）

一、隋朝（589—617 年）

（一）经略林邑

隋朝在中国称帝 28 年而亡。在这些年代之中，史籍没有记载什么奇闻逸事，只是讲到，乙丑年（605 年）隋帝闻林邑多奇宝，乃遣刘方为将举兵攻略。

当时的林邑王范梵志[①]遣兵守险，在阇黎江（？）南岸抵抗中国军队。但不久，林邑军败走，刘方乘势渡江追击，遇林邑大军开到。林邑大军有许多象，势甚强。刘方乃用计谋：派兵掘坑，草覆其上，以兵挑之，佯装败北。林邑军追赶，象多陷坑，军士大乱。此时中国军队掉转头来以弩射之，象惊走，蹂林邑军。林

① 原书作梵范志，据《大越史记全书》为梵志；《占婆史》作范梵志。应以范梵志为是。——译者

邑大败。刘方也因得病死于途中。

二、唐朝（618—907年）

（一）唐朝的政治

戊寅年（618年），隋朝亡，唐朝兴起，称帝中国。至辛巳年（621年），唐高祖以丘和为大总管治理交州。

自从我国属于中国以来，唯唐朝的统治最为苛暴。但历史记载甚略，经常间隔两三年才记载一件事。无疑是我国后世编写历史的人根据中国史料而记载，所以才如此简略。

（二）安南都护府

己卯年（679年），唐高宗分交州之地为12州，59县，并设置安南都护府[①]。

我国称安南从此开始。

唐朝12州是如下这些州：

1. 交州：领8县（河内、南定等）。
2. 陆州：领3县（广安、谅山）。
3. 福禄州：领3县（山西）。
4. 峰州：领3县（山西）。

① 此时唐朝分中国许多省为都护府，如四（西）川都护府、安南都护府等。因此，都护是一个官职，而不是现在我们所理解的一种殖民地的统治政体。

5. 汤州：领 3 县（？ ）。

6. 长州：领 4 县（？ ）。

7. 芝州：领 7 县（？ ）。

8. 武峨州：领 7 县（？ ）。

9. 武安州：领 2 县（？ ）。

10. 爱州：领 6 县（清化）。

11. 欢州：领 4 县（乂安）。

12. 演州：领 7 县（乂安）。

在交州的西北面，又设置一个州，称为蛮州，统辖这个地区的诸芒，规定其每年向唐朝皇帝朝贡。

唐朝的统治方法大抵如此。然而也常常发生变乱：有时国内有人起兵攻打，如梅黑帝和布盖大王；另一些时候则是外国入侵，如环王国和南诏国。

（三）梅黑帝（722 年）

壬戌年（722 年）即唐玄宗开元十年，欢州有一名梅叔鸾者，起来反抗唐朝军队。

梅叔鸾是天禄县即今河静省干禄县人，面目黝黑，身材魁伟，健壮有力，因见唐朝官吏多行残暴之事，民不聊生，又乘当时盗贼如蚁之机，遂召募义士，据欢州之地（今属乂安省南棠县），建城垒，称皇帝，俗称黑帝。

梅黑帝又与林邑国和真腊国结好，以为外援。

唐帝遣内侍杨思勖与都护光楚客率兵攻打梅黑帝。黑帝势弱不能敌，遂败逃，不久即去世。

今在乂安省南棠县卫山，尚有黑帝故城遗址，并在南棠县香览社仍有祠堂奉祀黑帝。

（四）海盗

丁未年（767 年）即唐代宗大历二年，史载有居住于远洋海岛上的昆仑和阇婆的军队来寇交州，围州城。

经略使张伯仪与都尉高正平带兵击破这股贼寇。张伯仪更筑罗城，以防守府治。罗城自此有之。

（五）布盖大王（791 年）

辛未年（791 年）都护高正平赋敛过重，民心怨之。当时在唐林郡（今为山西省福寿县甘霖村）有名冯兴者，起兵破都护府城。高正平忧惊成疾而亡。冯兴据府城数月即卒。军士立冯兴之子冯安继承他的事业。民间爱慕冯兴，乃立祠奉祀之，并尊称为布盖大王，因我们称父为布，称母为盖，即尊冯兴为父母。

辛未年七月，唐朝皇帝以赵昌为都护。冯安料势不可抗，遂请降。

（六）攻环王国

自隋将刘方伐林邑后，其国王范梵志上表谢罪，并请朝贡如旧。至唐太宗贞观年间，林邑王范头黎卒，其子范镇龙也被人杀害，国人始立范头黎姑母之子诸葛地为王。

诸葛地改国号为环王国。从此之后，环王国之人又常常骚扰交州，并占据欢州和爱州。

戊子年（808 年）唐宪宗之时，都护张舟领兵船攻环王国，斩获甚众。该国国王遂退回南方（约在今广南、广义）并改国号曰占城。

（七）南诏寇交州

唐末，很多中国官吏是只为私利之人，欺压百姓，如都护李琢，强市芒蛮之中，牛马一头，只给盐一斛，又杀蛮酋长杜存诚。因而芒蛮人怨怒，即引导南诏来寇，使交州人在 10 年中痛苦万端。

在交州的西北面，即今云南省的西部有一个泰人居住的地区。这个地区之人称王为诏。从前有六诏：蒙嶲、越析、浪穹、邆赕、施浪、蒙舍。蒙舍诏位于最南面，故称南诏。

约在唐玄宗开元年间（713—741 年），南诏皮逻阁强盛起来，而其他五诏衰落下去。皮逻阁乃贿赂剑南节度使王昱，求合并六诏为一。唐朝朝廷许之，并赐名为归义。从此之后南诏日益强盛，领兵攻吐蕃（西藏），迁都于太和城（今大理城）。

丙寅年（846 年）南诏军寇交州，经略使裴元裕讨平之。

戊寅年（858 年），唐以王式为经略使。王式为有才略之人。治民有方，因而盗贼皆平，而芒与南诏之军亦不敢前来骚扰。

庚辰年（860 年），唐召王式回任浙东观察使，并以李鄠为〔安南〕都护。

此时南诏甚为强盛，乃称帝，国号曰大蒙，后改大礼[①]。李鄠杀酋长杜守澄，芒人又诱南诏来攻陷府城。李鄠被迫逃回中国。

① 至五代后晋之时，有段思平者称王，改国号曰大理，传至明洪武时（1368—1398 年）始亡。明朝置大理府，属云南省。

王宽率兵营救，南诏军弃城遁归。

壬午年（862年），南诏军攻交州，唐命蔡袭率兵3万御之。南诏军见唐军甚众遂引去。此时岭南节度使蔡京恐蔡袭立奇功，遂密奏唐帝：交州无虞，请罢戍兵。蔡袭乞留5000人亦不可得。

癸未年（863年）春正月，南诏兵5万攻府城。蔡袭来不及求救，为势所迫而自尽。此时有唐将元惟德带荆南兵400余名逃至江边，无船可渡，元惟德谓众曰：入水则死，不若返回，与蛮人斗，以一人易二蛮，亦为有利。言迄，遂转回，杀蛮2000余人，至夜南诏将杨思缙领兵来打，元惟德等皆死[①]。

南诏军入城杀人甚多。史载南诏两次陷府城，杀交州人逾15万。

南诏王蒙世隆以杨思缙领兵2万并以段酋迁为节度使留守交州。

唐帝降旨令安南都护府回驻于海门（？）[②]，后发各道兵屯岭南，并建造大船运粮食，等待进攻时日。

甲申年（864年）秋，唐以高骈为将来攻占据交州的南诏军。

① 史料出自《钦定越史通鉴纲目》，前编，卷五，其原文是："荆南将士四百余人走至城与水际，虞候元惟德谓众曰：吾辈无船入水必死，不若还与蛮斗，以一身易二蛮，亦为有利。遂还向城，纵兵杀蛮二千余人，逮夜蛮将杨思缙出救，惟德等败死。"——译者

② 《钦定越史通鉴纲目》前编卷五载："癸未唐咸通四年，夏六月，唐废都护府，置行交州于海门镇，以宋戎为刺史，康承训兼岭南诸军行营。《安南纪要》：辰南诏陷府城，唐召还诸道兵保岭南西道，废都护府，置行交州于海门镇，以右监门卫将军宋戎为行交州刺史，武义节度使康承训兼岭南及诸军行营。"又，同书地理注，"海门:《清一统志》，海门镇在今郁林州博白县西十五里，旧为入安南之道，高骈置兵于此，进复安南是也。或谓海门镇在海阳，是误认吴权击弘操植杙于海门，故云"。——译者

（八）高骈平南诏

高骈为唐朝骁将，出身武将世家，爱好文学，军士皆敬服。

乙酉年（865年），高骈与监军李维周带兵屯驻海门。但李维周厌恶高骈，意欲设计陷害。两人商定进兵。高骈引5000军先行，李维周却不发兵接应。

是年九月，峰州（永安省白鹤县）蛮军正在收割稻子，高骈掩击，斩获甚众，并收其稻谷以为军粮。

至次年（866年）四月，南诏以杨缉[①]、范昵些、赵诺眉援助杨思缙守交州。正当此时，唐将韦仲宰率7000人新到，高骈借机进击，屡破南诏军，遣人送捷报回京，但行至海门，李维周都予扣留，不让朝廷知道。

朝中久无消息，因使人问之，李维周假报告说：高骈驻军峰州，玩敌不进。帝闻此讯怒，以王晏权代骈，并召高骈回朝问罪。就在是月，高骈大破南诏军，并围罗城10余日，不日可下，突然得到王晏权和李维周来取代他的消息。高骈即把兵权交韦仲宰，而与麾下数人北归。但高骈先已使人潜行回京奉表奏明情况。唐帝得知实情大喜，即给高骈晋升加职，并命其返回领兵平南诏。

王晏权和李维周之辈懒惰怯懦，全不进攻，至高骈返回时才督励将士攻城，杀段酋迁和土人向导朱古道。各地土蛮峒请降者甚众。

---

① 《大越史记全书·外纪全书》卷之五《属隋唐纪》作张缉；而《钦定越史通鉴纲目》，前编，卷五，引《唐书》作杨缉思。其原文曰："《唐书》：辰南诏蛮酋龙除段酋迁为善阐节度使，遣杨缉思助酋迁入寇，以范昵些为副都统，赵诺眉为扶邪都统。"——译者

交州之地为南诏破坏殆将 10 年，至此高骈又予收复，内属唐朝如故。

（九）高骈之功业

唐帝改安南为静海，封高骈为节度使。高骈整顿各项工作，在边境地区建立屯隘，以防敌寇，造赋税册簿，征收赋税，以供支付公用[①]；高骈治民有方，人人钦佩，因尊称为高王。

高骈又在苏沥江畔重建大罗城。此城周围 1982 丈 5 尺，高 2 丈 6 尺，在外围筑一条长 2125 丈 8 尺，高 1 丈 5 尺，脚阔 2 丈的堤子。城内让民造屋 40 余万间（？）。

史载：高骈施展法术呼唤天雷劈开各江中急流潜石，以利舟楫航行。此天雷也许是高骈使用了炸药？

民间又传：高骈见我交州率多帝王之地，因常放纸鸢魇压，以破坏美丽的山水，害失龙脉。此系讹传，无理由信以为真。

乙未年（875 年），唐帝以高骈为西川（四川）节度使。骈表荐其从孙高浔为交州节度使。

唐朝虽然收复了交州之地，但中国本身又发生变乱，盗贼蜂起，王位也摇摇欲坠，中国又分裂为几个国家，因而交州地区也发生了变故。

（十）中国的治乱

观乎中国的历史，自汉代至此时，往往是每个王朝当政几百

① 有人说，我们越南人纳税是从高骈开始的。

年，国内就发生变乱，南北纷争五六十年，又一新的王朝兴起，平乱安国，建立起另一王朝的基业。

大抵一个社会中治乱的变化是通常之理，但令人奇怪的一点是，中国若干次变乱彼此完全相似。试看汉衰之时，中国便有三国之乱。三国结束，则有晋朝的统一。至晋衰，则有南北朝。南北朝终，则有唐朝的统一。今唐衰，复有五代之乱。中国治乱如此相似，也有其风俗和社会的原因。国内的教育没有改变，人群没有进步，思想不开化，因此虽为历史悠久的国家，但社会发展仍踏步不前。当发生变乱之时，只是几个有权势的人之间相互竞争，老百姓则看哪边强，便做哪边的奴仆顺民。汉朝做皇帝，是汉朝之民；唐朝做皇帝，是唐朝之民，一切都听任天命，做老百姓的只知道顺从一方罢了。

我交州地区自汉以迄于五代仍是内属中国之地，因而中国的治乱也影响到我们的国家。借中国发生变乱、中国人忙于自己国事之机，交州也蠢蠢欲动，独立那么三五年。但是只因国小，人少，而国人又不知同心协力，不明白合群、抱团为何物，因而不能成功。

三、五代（907—959 年）

（一）中国的形势

丁卯年（907 年），唐亡，后梁、后唐、后晋、后汉、后周争相称帝。每个朝代几年，总计 52 年，称为五季或五代。

（二）曲氏建大业

曲承裕（906—907年）。唐朝行将灭亡的前数年间，中国大乱，盗贼蜂起于四方各地。朝廷的权威达不到外面，谁人的势力强，谁就称帝称王。在交州，当时有一姓曲名承裕者，洪州（属海阳的平江和宁江辖地）人氏。曲承裕本是当地的一个富豪，却性情宽和，富于同情心，因而受许多人敬佩。丙寅年（906年）唐昭宣帝之世，乘州中有乱之时，众人推举此公为节度使，以治理交州。此时唐朝衰弱，无力阻止，亦顺水推舟准其为静海节度使，并加封同平章事。

次年唐亡，后梁封刘隐为南平王，兼广州和静海节度使，企图重新收复交州。

曲承裕做节度使不到一年，就去世了，将权交给他的儿子曲颢。

曲颢（907—917年）。曲颢取代其父为节度使，在各地置路、府、州、社，设官吏，整顿赋税、徭役，并遣其子曲承美出使广州，声言相互结好，实则探听虚实。

刘隐在广州设府治于番禺，仅四年而卒。其弟刘䶮（前叫刘岩）继立。不久，乘与后梁发生不平事件之机，刘䶮称帝，国号曰大越。至丁丑年（917年）[①]改国号曰南汉。

曲承美（917—923年）。丁丑年（917年）曲颢卒，位传于其子曲承美。曲承美接受了后梁的节度使之职，而不臣服于南汉。南汉主以此事为恨，至癸未年（923年），遣李克正为将领兵攻打，擒曲承美，后以李进为刺史，与李克正同守交州。

① 原文作947年，当为917年之误，今已正之。——译者

（三）杨延艺[1]和矫公羡（931—938年）

辛卯年（931年）前曲颢之将杨延艺兴起，召募军队驱逐李克正和李进之后，自称节度使。仅6年，杨延艺为牙将矫公羡所杀并篡其权。

（四）吴权破南汉军

此时，杨延艺之将吴权举兵攻矫公羡为主报仇。吴权是唐林村人，与昔时之冯兴同村（山西省福寿县），在杨延艺麾下做官。杨延艺见其人有才智，便以女妻之，并派他守爱州（清化）。当听到矫公羡杀了杨延艺的消息，吴权遂领兵出击。

矫公羡遣使求救于南汉。汉主乘机以太子弘操领兵先行，自引大军为后援。

当弘操军接近白藤江时，吴权已杀死了矫公羡（938年）。然后一方面传檄诸将士，令他们尽力防守；另一方面派人在木桩上包铁尖，潜植于白藤江心之下，待涨潮时，命战士出去挑战；南汉军追赶，到退潮时，吴权掉转头来回军猛击，南汉军败逃，许多战船被木桩戳破沉没，人死大半。弘操被吴权生擒，解回杀之。

汉主闻此讯，为之恸哭，遂收余众返回番禺，不敢再来骚扰。

① 《大越史记全书》卷五《南北纷争纪》作杨廷艺，宋人李焘《续资治通鉴长编》乾德元年闰十二月条作杨庭艺。因此，本书及其他史书所说杨延艺，显然是杨廷艺之误。——译者

吴权内杀逆臣为主报仇，外则破强敌，保全了国家，真乃是一位流芳千古的忠义之人。赖有吴权这样的英雄人物，我南国始能摆脱1000余年的北属枷锁，同时为丁、黎、李、陈诸朝日后得以在此南境建立自主政权开辟了道路。

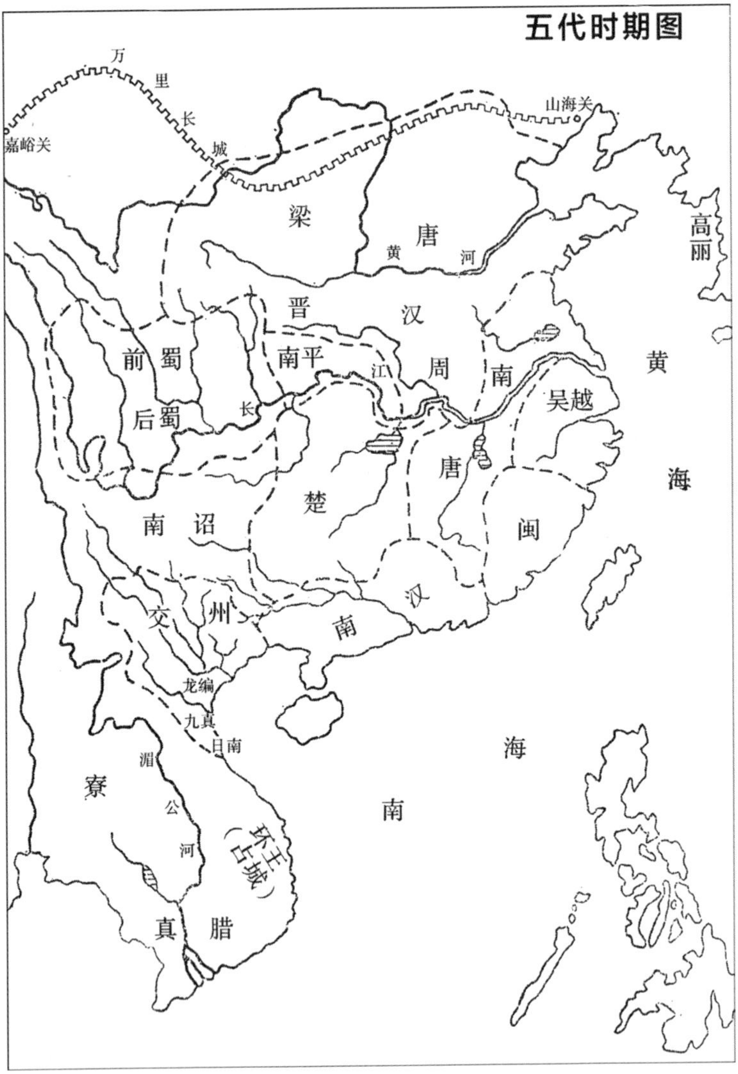

五代时期图

第六章　北属时代的结果

一、南国人濡染中国文明　二、儒教　三、道教　四、佛教　五、南国人的进化

一、南国人濡染中国文明

自从汉武帝遣路博德攻取南越以迄五代吴权驱逐中国人北归，计有1050年。

我交州地区受中国人统治这么多年，无疑人们的生活也发生了与前大不相同的变化。当交州之地还称为文郎或瓯骆之时，本地人的衣食住行和风俗习惯如何，现在亦无什么遗迹可资研究。可能类似于今北越上游地区的芒或者是蛮。如果把鸿庞氏的雄王和蜀氏的安阳王与上游地区的郎官土司做一比较，则也许同事实相去不远。但这仅是一个大概的说法而已，并不确切！

况且当一个文明社会的人如中国人去开辟像当时交州那样未开化之地的时候，想必是他们要占据了平地相互结伙而生活，剩下本地人则或者是混杂到比自己强者之中，或者是被杀害，抑或是人居山林之中，然后被累死。如此说来，如今我们的人和中国人也相差无几。

无论如何，终北属之世，我交州人为独立而保有一种特殊的毅力和独特的民族性，决不同化于中国。唯有在信仰、学问以及治理方法上无论什么时候都受中国的影响。

原来中国自三代以降已十分文明，特别是周朝学术更为光辉灿烂。一些大的学派如儒教和老教，皆发端于斯时。后至汉、唐，这些学派大盛，又有印度佛教传入，这三教传遍全国各地。自此之后，中国及受其影响的国家都根据这三教的宗旨，形成了相同的信仰、伦理和风俗习惯。因而我们要做一番考察，以观这些学派从何处发端以及它们的宗旨如何。

二、儒教

儒教创自孔子。孔子名丘，字仲尼，约在公元前550年即周灵王时期生于鲁国（属山东省）。

他生于春秋时代，有五霸争雄，民不聊生，风俗纪纲败坏。他企图以伦常之道教导人们为人处世之法。孔子周游列国，由此国到彼国，跟他学习的门徒甚多。到了老年，孔子回到鲁国，整理《诗经》、《书经》、《易经》，定《礼》、《乐》，作《春秋》，至公元前478年周敬王时去世，享寿72岁。

他主要是以符合于人类本性的道理来教导人，决不教人以那些异乎常理的深奥、玄妙之理。他说："道不远人，人之为道而远人，不可以为道。"意即道不远人们之本性，一旦为道而远此本性，则这个道不应称其为道。因此他的宗旨主要以孝、悌、忠、恕为本，并以修身为主来教育人。他只在现世实际方面教育人，而不讨论那些远在尘世生活之外的虚无缥缈的东西。谈到生死时，他说："未知生，焉知死。"他论及鬼神时说："敬鬼神而远之。"

总之，孔子之教育有许多高超的理想（参看儒教的典籍），但在实际上则注重于伦常道理。他的伦理可以传至万世，而后世永远也不能超过。对于每一个人，他教导说："己所不欲，勿施于人。"对于自己的本分之事，他说："君子动而世为天下道，行而世为天下法，言而世为天下则，远之则有望，近之则不厌。"[①]

孔子之教传给曾参；曾参传给孔伋；孔伋传给孟轲，即孟子。

孟子是中国的一位大贤哲，作《孟子》一书，宣扬重仁义、轻功利，主张人性本善，人人可以做尧舜。

到了秦朝，秦始皇焚书坑儒，儒教经历了一段艰难的时期。至汉高祖之时，又尊崇儒教，令行太牢之礼以祭孔子。汉武帝时，设博士，教五经。自此之后，儒教日益兴盛，尽管国内尚有道教、佛教，然而儒教无论何时都受到重视。

三、道教

道教是由老子之教而形成。老子是楚国（属湖北省）人，姓李，

---

① 可以与欧洲大哲学家康德先生的下述一段话相媲美："Agis de telle que la maxime de ton vouloir puisse être acceptée comme règle universelle"，意即：为人处世，要使自己的行为可以作为天下的规范。（法文原意是：要设法使表达你的意志的格言能成为普遍的法则。越译有出入。另外，注释原文出自《礼记》，而非孔子。——译者）

名聃，生于公元前604年周定王之时，享年81岁，至公元前523年周景王之时才去世。

老子的宗旨是，在有天地之前，只有道。道是宇宙的本体，是各种造化的原始根源。万物皆因道而生。因而修身和治国都应根据道而行，意即人们应该清静、无为，听其自然，而不应用智力去做什么。

老子编纂《道德经》一书，后有文子、尸子、庄子和列子等步其后尘，传播此宗旨。

起初的时候，老子之教是一门十分高超的哲学，但后世发生了变化，那些讲神仙之人也附依此教，而大谈劫数和修炼以求长生不老之法……因此老教才变成了一种神仙、巫师之道教，而信奉道教之人称为道士。

原来从秦始皇和汉武帝之时起，中国人就已信奉神仙，后至东汉之末有一个叫张道陵的人编出24篇道经讲长生之术。黄巾贼张角之流正是此张道陵的门徒。至东晋又有葛洪者，声言得了仙术，然后著书立说教授此术。自此之后，道教渐盛，尊老子为太上老君。

唐高祖的时候，有人说看见老子在羊角山现形，称为唐朝之祖[①]！高祖前往老子庙祭祀，并尊之为太上玄元皇帝。因此唐朝皇室十分重视老子之教，令其子孙必须学习《道德经》。

虽然老教后来在中国盛行，但也不能和佛教相匹敌。佛教是从印度传入中国的一种宗教，而且是当今世界上很大的一个宗教。

① 老子和唐朝皇帝都姓李。

四、佛教

佛教的始祖是释迦牟尼。不详他生于何时。根据印度北方教派的说法，认为他生于公元前 1028 年，约当周昭王之时。而印度南方的教派则认为是生于公元前 624 年。现今的学者们认为，他大约生于公元前 558 年或公元前 520 年，与孔子同时。

释迦是印度一家贵族之子。他已娶妻生子，但因看见在此尘世之上，人人难免生、老、病、死之苦，所以他抛弃了妻子儿女而去出家，寻求解脱之法。因此佛教有两个主旨：其一是认为人世皆苦恼；其二是摆脱苦恼。

人们之所以如此苦恼，是因为自身陷入不间断的轮回之中。因而要想摆脱苦恼，就必须置身于轮回之外；而要脱离轮回，则必须割断那些把自己束缚于此尘世之间的因缘。脱离了轮回，就上升到“涅槃”（nirvana）境界，即成佛，不生，不灭（参看作者有关佛教和佛录的书）。

原来佛教是由婆罗门教（Brahmane）演化而出，但佛教和婆罗门教的宗旨不同，因而两教长期相互对抗，释迦死后三四百年，佛教始得在印度兴盛。

佛教从西汉时传入中国。汉武帝之时（公元前 140—前 86 年），汉军打匈奴，获金人像，并知匈奴人有烧香拜佛之俗[1]。哀帝

① 烧香上供之俗从此开始。

元寿元年即公元 2 年[①]，汉帝遣秦景宪使月氏学得口传佛经。

至东汉明帝时，班超出使西域各国，得悉佛教盛行于西方。皇帝乃遣蔡愔去天竺取经 42 章，并迎回禅师教授佛教。当时因有白马驮经而归，皇帝始于洛阳修建白马寺奉佛。

从此之后佛教逐渐传遍全中国，但只有印度人来教佛教而已，直到三国之时才有中国人去做禅师。后来中国去印度取经回来讲授的人也很多。

东晋安帝（397—418 年）之时，长安有法显者，游历印度 30 余国，经过锡兰（Ceylan）岛从海路返回中国，把佛经翻译成中文，并著《佛国记》一书。

至南北朝时，魏孝明帝遣僧人惠生和宋云前往西域，取回 170 多部佛经。从此佛教甚盛，经典多达 450 部，寺庙 3 万多座，僧尼达 200 万人。

唐太宗时（630 年），有玄奘者（俗称唐僧或唐三藏）前往印度，在那里留居 10 余年，取回佛经 650 部。至高宗时（672 年），义净又去印度，再取回佛经 400 部。

自唐以后，在中国佛教日益兴盛，而去取经之人也甚多。

五、南国人的进化

当儒教、老教、佛教在中国兴盛之时，我交州之地还属于中国，因而我们的人也皈依了这些宗教。后来我国自主之后，这些

① 汉哀帝元寿元年，当为公元前 2 年。——译者

教更加兴盛，例如佛教盛于丁朝、前黎朝和李朝，而儒教盛于陈朝以降。

凡风俗和政治大抵都是由学术和宗教演化而出。而我们的人已尊奉了中国的学术和宗教，则我们的一切也都完全效法中国。但是可以看到，我们的什么都不如中国，我们没有探索出和拿出什么被认为是出色的、堪称为有自己民族特性的东西，这是为什么呢？

也许一是因为我南国的地势，二是由于我们的生活方式所致。

凡一个社会的进化，也像一个人做事情一样，必须有什么东西推动它，迫使它必须努力进化，则才能进化。这种推动力就是需要和竞争。

如果没有需要就没有努力，没有努力则没有进化。如果没有竞争就没有探索，没有探索则没有才能，道理必定如此。

观之于我南国，这两个重点全都欠缺不足。我们居住在热带地区，生活简朴，无须勤劳、操心也足以为生，因此谁都喜欢闲散，只要不死就好，不像其他文明国度里的人那样肯于劳心劳力。我们的人性情如此，凡是人家有什么我们只要仿效就算了，而不再发明和创造什么。

至若竞争，必须有许多人、许多国家，才能竞争得起来。但是我国，东濒大海，西面和南面是文明不如我们的芒人和寮人。只在北面有比我们强的中国，然而中国太大，和我们的交通有山川阻隔，道路险阻不便，仅有官吏不时来往而已，国内的老百姓少有走出国境之外者。一辈子没有到过什么地方的人，眼睛没看见过人家好的或者坏的东西，怎么能进化呢？而我们的学习，则人人安于什么东西是中国的就好，就比自己的强，从思想直到做事情，什么都以中国为榜样。谁能模仿中国就算有能力，不能模仿便是拙劣。国人对中国文明的仰慕如此，因而不愿权衡优劣，不去设法发明优良的东西，总以为人家比自己强，自己只仿效人家就行了。

我们国家的地势如此，我们自己人的性情和学问如此，则我们的进化程度势必是缓慢的，而且什么事情都比别人逊色。

第三卷

自主时代（统一时期）

第一章　吴朝

（939—967 年）

一、吴朝　二、十二使君（945—967 年）

一、吴朝

（一）前吴王（939—944 年[①]）

己亥年（939 年）吴权称王，奠都古螺（属福安省东英县）。吴权设官职、制朝仪、定服色，并整顿国内政治，欲为长久之业，但只做了 6 年国王，至甲辰年（944 年）即驾崩，享寿 47 岁。

（二）杨三哥（945—950 年）

前吴王曾立杨延艺之女杨氏为后，将卒，乃将其子吴昌岌委托给杨后之弟[②]杨三哥辅佐。杨三哥遂篡夺外甥之王位，自称平王。

吴昌岌见此变故，遂逃奔南册（属海阳），入于茶乡（金城

① 原文作 965 年，当为 944 年之误，今已改正。——译者

② 按《大越史记全书·外纪全书》卷之五载，杨三哥当为杨后之兄。作者据《钦定越史通鉴纲目》作杨后之弟。——译者

县）范令公家隐居。三哥派兵追捕。范令公携其隐匿山林之中。杨三哥便收吴昌岌之弟吴昌文为养子。

庚戌年（950年[①]），有人在太平（属山西）的两个村庄[②]作乱，杨三哥遣吴昌文及杨吉利、杜景硕二将领兵前去攻剿。行抵慈廉，吴昌文与二将谋反，回军擒获杨三哥。

吴昌文以甥舅之情，未杀杨三哥，仅降其为张杨公。

（三）后吴王（951—965年）

吴昌文既黜杨三哥，乃称南晋王，并派人前往茶乡迎回其兄吴昌岌共理国事。吴昌岌归来后称天策王。两兄弟同时为王，史称后吴王。

同做国王不久，天策王就图谋独揽大权于一身，但至甲寅年（954年）驾崩。

其时，吴朝势力日衰，寇盗蜂起。南晋王不得不御驾亲征。当攻剿太平两村之寇时，不幸为伏弩所中而死。时在乙丑年（965年），南晋王在位15年。

二、十二使君（945—967年）

自从杨三哥篡位之后，各地土豪如陈览、矫公罕等纷纷宣告独立，称使君。及至南晋王恢复吴氏旧业，而各使君仍然不肯臣服。因此朝廷不得不经常派兵前往各地征讨，然而竟不能安定。

---

① 原文作905年，当是950年之误，今已改正。——译者

② 据《大越史记全书》即为唐、阮二村。——译者

俟到南晋王为敌寇所射杀，天策王之子吴昌炽即位，王室的势力已甚为衰弱，不再有任何人肯于从命。吴昌炽回据平桥，吴朝之将杜景硕亦据守一地，称使君。

当时国中共有12使君，酿成长达20余年的内乱局面。12使君是：

1. 吴昌炽据平桥（兴安快州府平桥村）；

2. 杜景硕据杜洞江（属清威县）；

3. 陈览，称陈明公，据布海口（太平省奇布）；

4. 矫公罕，称矫三制，据峰州（白鹤县）；

5. 阮宽，称阮太平，据三带（永祥府）；

6. 吴日庆，称吴览公，据唐林（山西福寿）；

7. 李奎，称李郎公，据超类（顺城）；

8. 阮守捷，称阮令公，据仙游（北宁）；

9. 吕唐，称吕佐公，据细江（北宁文江）；

10. 阮超，称阮右公，据西扶烈（河东青池）；

11. 矫顺，称矫令公，据回湖（山西锦溪）；

12. 范白虎，称范防遏，据藤州（兴安）[①]。

这些使君相互攻伐，给民间造成很大痛苦。后来幸有华闾的丁部领率军征讨，才平定了使君之乱，重新统一江山，并建立了丁氏的基业。

① 十二使君的名称以及他们所割据的地区，各书所载出入较大，请参看陶维英著《越南历代疆域》中译本，第144—145页所列名录。——译者

吴朝世谱

第二章　丁朝

（968—980 年）

一、丁先皇（968—979 年）　二、丁废帝（979—980 年）

一、丁先皇（968—979 年）

丁部领[①] 系华闾洞（宁平省嘉远县）人氏，为丁公著之子。其父在杨延艺和吴王权时代官拜欢州刺史，但早殁，部领随母回故乡居住。儿时常与牧童游戏，让他们交手为轿自己坐于其上，令众童迎迓，并以芦花为军旗，列阵相攻。此处儿童无不慑服，尊之为兄长。及长大成人，村民从附者甚众，但后因与其叔不和，部领遂与其子琏迁居布海口（太平建昌府），投奔使君陈明公。

陈明公见丁部领其人魁梧，有志气，对之产生钟爱之情，令其执掌兵权。至陈明公卒，丁部领率兵回守华闾，招募豪杰之士，雄踞一方。辛亥年（951 年）后吴王之时，南晋王与天策王曾领兵攻伐不克。至吴朝灭亡后，丁部领降伏了使君范防遏，并攻破杜

① 据有的书记载，丁先皇名桓，非名部领，而部领是陈览封给丁桓的官爵。但据《钦定越史》和其他书所载为丁部领，未见丁桓之称。故今以《钦定越史》所载为准。

景硕的杜洞。自此有攻必克，因此人们尊之为万胜王。仅在一年之内万胜王就平定了各使君，并建成帝业。

戊辰年（968年）万胜王即皇帝位，是为先皇帝，建国号曰大瞿越，奠都华闾。先皇起宫殿，制朝仪，定文武官员之品衔，封阮匐为定国公，黎桓为十道将军，并封其子丁琏为南越王。

庚午年（970年），先皇建年号曰太平元年，又立五位皇后。

正当丁先皇平定我国使君之乱的时候，在中国，赵匡胤继后周称帝，是为宋太祖。至庚午年（970年），宋太祖遣将潘美前去攻取南汉。先皇害怕宋兵来攻，遂遣使与宋通好。

壬申年（972年），先皇又遣南越王〔丁〕琏奉方物朝贡宋朝。宋帝遣使封先皇为交趾郡王，并封南越王琏为静海军节度使安南都护。

自此之后，我国恪守向中国朝贡之礼。

当时，在国内政治方面，还有许多人过惯了乱时生活，不遵守法令。先皇不得不以威势来惩治那些奸恶之徒，乃置油锅于殿前，养虎豹于槛中，然后下令曰：有犯罪者，下油锅或让虎豹吃之。刑律如此威严，未免太过分，但赖有此刑律，国内之民才渐渐获得安宁。

兵制方面，先皇分作道、军、旅、卒、伍。一道10军，一军10旅，一旅10卒，一卒10伍，一伍10人。

这样，一道是10万人，据此数计算，则当时丁朝有10道，计100万人。

试想当时我国地窄、人稀，从哪里能招募100万军队，又从哪里征集粮食来养活如此众多之人呢？或许先皇拥有10万军队，已经算是多的了。

先皇弃长立幼，以其少子项郎为太子。长子南越王[1]琏，自寒微时就曾跟随先皇作战，出生入死，今不能继太子位，因此愤怒，遂使人杀项郎。此事造成了家庭内部的纷乱。

己卯年（979 年），先皇与南越王为杜释所弑。史载，杜释先前为官吏，曾夜梦流星坠入其口，以为是自己能当皇帝的预兆，遂萌弑篡之心。有一天，杜释见先皇酒醉卧于宫中，便潜入杀之，并害及南越王琏。

廷臣擒获杜释治其罪，并尊卫王丁璿为皇帝。

先皇在位 12 年，享寿 56 岁。

二、丁废帝（979—980 年）

卫王登基称帝之时，年方 6 岁，政权全部握于十道将军黎桓之手。黎桓又与杨太后私通。

当时大臣丁佃、阮匐等人见黎桓摄政，弄权过甚，便起兵攻打，但都为黎桓所杀。

此时，宋朝闻先皇死讯，嗣君尚幼，欲乘机占领我国，遂会大军于边境附近。

我方获悉中国军队即将开到，黎桓遂以范巨俩为大将军领兵拒之。启行前，范巨俩召集诸军士于殿内，谓众曰："今敌军压境，而主上幼弱，有谁人来行赏罚。倘我众竭力以赴，立尺寸之功，

① 原文误作越南王，当为南越王，今正之。——译者

其谁知之？不如先册十道将军为天子，然后出师可也。”[①]

军士闻之，咸呼万岁。太后见军士已完全顺服，遂取龙衮加诸黎桓之身。

黎桓即皇帝位，降丁璿为卫王，史称废帝。

丁氏传二帝，凡 14 年。

丁朝世谱

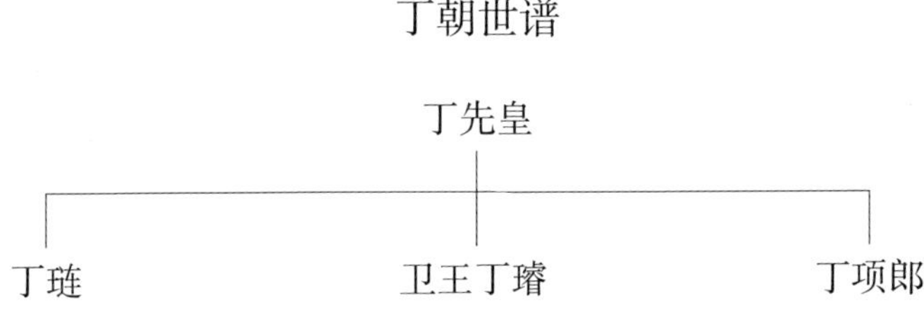

① 观乎中国历史，宋篡后周，与我国前黎篡丁朝，如出一辙。未知史家是否互相抄袭？（据《大越史记全书·本纪全书》卷之一《丁纪·废帝》载，范巨俩原话是：“夫赏有功，而诛不用命，行师之明法。今主上幼弱，我众虽竭死力御外侮，脱有尺寸之功，其谁知之？不如先册十道为天子，然后出师可也。”——译者）

第三章　前黎朝

（980—1005 年）

一、黎大行（980—1005 年）

黎桓为今河南省清廉县宝泰村人，仕丁朝，官拜十道将军。适逢丁朝皇帝尚在稚年，且有宋军来侵，军士尊奉黎桓为天子，是为大行皇帝，年号天福（980—988 年）、兴统（989—993 年）和应天（994—1005 年）。

大行既即帝位，便遣使奉表前往宋朝，伪称丁璿（废帝）之表请封，意欲让宋朝缓兵。然而宋帝不听，遣使往责大行称帝，并称：丁氏已传袭三世，因令丁璿为统帅，黎桓副之。倘若丁璿年幼不克重任，则黎桓宜遣丁璿母子来归北朝，俟其入朝，将授黎桓节旄。[①] 大行皇帝知道这是宋朝的阴谋，不听命，并整饬边备。

① 参阅《宋史》卷四百八十八《交阯传》。又，《钦定越史通鉴纲目》，正编，卷一载："庚辰十一年，冬十月，遣使入宋。〔黎桓〕得书，遣牙校江巨望、王绍祚

二、破宋军

宋朝见大行皇帝不肯听命，遂遣将领兵来攻。辛巳年（981年）三月，侯仁宝、孙全兴进军至谅山，刘澄率水师进抵白藤江。

大行皇帝督率兵船至白藤江御之。宋军前进势甚凶猛，官军抵挡不住，被迫撤退。当时，宋朝陆军进至支棱（属谅山温州），大行帝令士卒往诈降，诱侯仁宝至险要之处，擒斩之。然后追击宋军，斩杀大半，并擒获两员部将。

刘澄见陆军溃败，即带领水师仓皇撤回。

我军虽打了胜仗，但大行皇帝担心自己的势力不足以和中国长期对抗，便派使臣把俘获的两员将领送还宋朝，同时请求允予遵行朝贡之礼。此时宋朝北方有契丹（匈奴）军队的骚扰，所以宋朝皇帝也就答应了请求，停止与我国的战争，并封大行皇帝为节度使。

癸巳年（993年）宋朝册封大行皇帝为交趾郡王，至丁酉年（997年）又加封为南平王。

其时，宋朝使臣常有往来，大行皇帝有时受诏不拜，托辞接战坠马伤足。宋朝知是谎言，但也不深究。

（接上页）书于宋，诈为璿表求袭父位，乞赐真命，以缓宋师。辰宋已兴师，不许。遣张尊权赍书谕之曰：丁氏传袭三世，朕欲以璿为统帅，卿副之。若璿将才无取，犹有童心，宜速遣母子及亲属来归。俟其入朝，必示优礼，却授卿以节钺。凡兹二途，宜审其一。帝（黎桓）皆寝不报。”——译者

三、征占城

大行皇帝破宋军后，即决定征占城，因大行登基之时，曾遣使臣往占城，为该国国王所拘禁。及至北方边事已平，大行皇帝便领兵前去复仇。大行皇帝的军队攻占了占国的京城，虏获士卒、财宝不可胜计。自此之后，占国成了必须向我国朝贡的国家。

四、平定内乱与改革

国内之事，则有徐穆、范巨俩、吴子安诸大臣襄助。制定律例，训练士卒，整顿各种事务。

当时，常有芒人诸洞和各州郡之人反叛，大行皇帝不得不御驾亲征，平定了何蛮洞（属清化省石城县）等49洞[①]，并剿灭了各地反叛之人。因此，当时大行皇帝的声威十分显赫。

乙巳年（1005年）即应天十二年，大行皇帝崩，享寿65岁，在位24年。

五、黎中宗（1005年）

大行皇帝曾立其第三子龙钺为太子，但及至大行驾崩，诸皇

① 据《大越史记全书·本纪全书》卷一《黎纪》载："己亥六年（999年）帝亲征何洞等四十九洞，及破日则、定边州等处。自是，诸州洞皆率服。"——译者

子为争夺王位相斗 7 个月[①]。龙钺刚即位三天，即为其弟龙铤派人入宫所杀，寿 23 岁。史称黎中宗。

六、黎龙铤（1005—1009 年）

龙铤是一暴虐之人，性好杀戮，残暴如古时的桀、纣。杀其兄后，即帝位，常以杀人为戏：凡临刑的囚犯，或以浸油的茅草缠身燃之，活活烧死；或将俘囚挂于树上，而在下面着人将树砍倒坠死；或将人置于篓内潜放河中淹死，以如此作恶取乐。一日，取甘蔗置于和尚头上，以削蔗皮，时而诈称失慎，刀破和尚头，血流如注，观此嬉戏为乐。临朝之时，有人上疏奏事，则令小丑讲滑稽之事或者学人家说话，以此为儿戏。

龙铤即位 2 年，改年号为景瑞（1008—1009 年）。至次年即己酉年（1009 年）驾崩，在位 4 年，寿 24 岁。

因其生时荒淫过度，患不能坐之病，临朝时则卧而听政，因此俗称卧朝[②]。

---

① 《钦定越史通鉴纲目》，正编，卷一载："乙巳十二年，冬十月，太子龙钺即位，先是东城王银锡、中国王龙镜及开明王龙铤俱作乱，太子不得立，相持八月，国内无主，至是始即位。银锡出奔，为石河人所杀。"据此，诸王子相持当为八个月。——译者

② 黎龙铤为越南历史上臭名昭著的暴君，《钦定越史通鉴纲目》（正编，卷二）记其事曰："帝（龙铤）性好杀牺牲充庖者，径先手刃之。刑人或用茅缠身以火燃之，或使宋优人廖守心以钝刀解之，令不得速死。其人痛苦哀号，守心戏曰：不惯受死。帝大笑。征伐所获俘虏，悉驱于水牢，潮涨呀呷而死：或使登木杪而伐其树，树颠人坠死，笑以为乐。初伐按洞获蛮俘，令杖之，蛮人痛号，屡犯大行讳，即大悦。又自将讨欢州，获蛮人纳于囷焚之。每视朝必使诙谐侍左右，有所言则喋喋应声而笑，以乱执政之奏事者。明昶自宋还，诱宋女萧氏献之，纳为宫人，荒淫酒色，寝成痔疾，卧而视朝，因号卧朝。"——译者

龙铤死后，其子尚幼，廷臣乘机尊李公蕴为帝，开创了李朝的基业。

前黎朝传 3 帝，凡 29 年。

前黎朝世谱

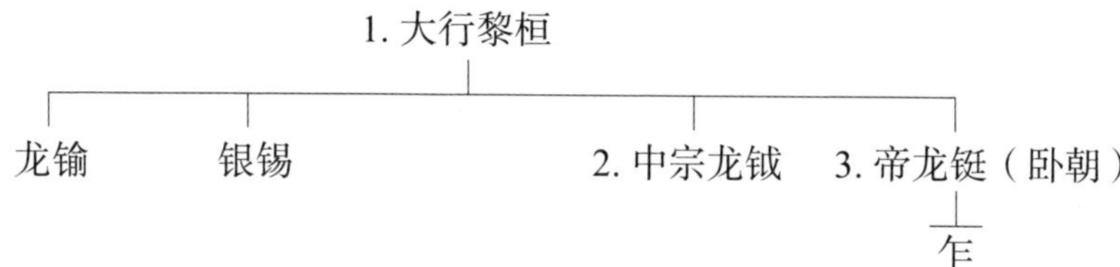

第四章　李朝

（1010—1225 年）

一、李太祖（1010—1028 年）

年号：顺天

（一）太祖肇基

李公蕴系古法村人氏，今属北宁省慈山府东岸县（在亭榜村尚有李氏陵墓及家祠）。

俗传公蕴无父，母范氏游樵山[①]寺（慈山府樵山村），梦与神人交，回家后有孕，生下一男。及至 3 岁，送给古法寺法师李庆文为养子。始取名为李公蕴。

公蕴长大成人，前往华闾，仕于前黎朝，官至左亲卫殿前指挥使。当黎龙铤死时，李公蕴已 35 岁开外了。其时民心对前黎氏

① 按《大越史记全书·本纪全书》卷之二《李纪一》作蕉山。——译者。

十分怨恨，朝中有陶甘沐、万行法师之辈谋尊李公蕴为帝。

李公蕴即皇帝位，是为李太祖。

（二）迁都升龙城

太祖因见华闾狭窄，不能发展成为都会，遂决定迁都罗城。顺天元年（1010 年）七月，开始迁都。当抵达罗城之时，太祖以见黄龙出现之兆为由，遂改大罗城为升龙城[①]，即今之河内城。并改华闾为长安府，改古法为天德府。

（三）取三藏经

李朝之时崇尚佛教，皇帝优待修行之人，并取国库之钱为寺院铸钟。戊午年（1018 年）六月，帝遣阮道清、范鹤赴宋朝求三藏，取回之后，藏于大兴库。

（四）政绩

当时宋朝国内多事，无暇找我国的麻烦。因此太祖称帝遣使求封，宋朝皇帝便封为交趾郡王，后又加封为南平王。占城国和真腊国也都宾服朝贡，所以当时邦交堪称安然无事。

在国内亦有两三处发生乱事，如演州（属乂安）和上游地区常有反叛，皇帝御驾亲征，始告平定。

当时诸皇子均受封王爵，并必须领兵平寇，所以人人都善用兵。

---

① 《钦定越史通鉴纲目》，正编，卷二载："庚戌顺天元年，秋七月，徙都升龙城。……乃自花闾徙都大罗城。御舟至城下，有龙见焉。命改其城曰升龙城。"——译者

太祖留心国内改革：改变前黎旧法；分全国为24路，称爱州、欢州为寨。又定六种税例：潭池田土之税、桑洲钱谷之税、山源藩镇产物之税、关隘讥察碱盐之税、蛮獠犀象香料之税、源头木条花果之税。皇帝让诸公主掌管征收以上各种税收[①]。

太祖在位19年而崩，享寿55岁。

二、李太宗（1028—1054年）

年号：天成（1028—1033年）；通瑞（1034—1038年）；乾符有道（1039—1041年）；明道（1042—1043年）；天感圣武（1044—1048年）；崇兴大宝（1049—1054年）

（一）黎奉晓平乱

太祖刚刚驾崩，还未及办完丧事，武德王、翊圣王、东征王诸皇子便发兵围城，争夺太子的帝位。

当时，李仁义等官员请求太子允许他们领兵出城一战，以决胜负。当太子之军与诸王军对阵之时，武卫将军黎奉晓拔剑指武德王曰："汝等觊觎神器，蔑视嗣君，上忘先帝之恩，下背臣子之义，所以臣奉晓捧斯剑为献！"[②]言毕疾驰阵前杀武德王。诸王之军见状惊骇，皆溃散。翊圣王和东征王也被迫逃窜。

---

① 《钦定越史通鉴纲目》，正编，卷二载："癸丑四年，春二月，定税例。一潭池田土，二桑洲钱，三山源产物，四关隘讥察碱盐，五蛮獠犀象香料，六山头村木花果，定例征收，赐王侯公主所管有差。"今录以备参考。——译者

② 见《大越史记全书·本纪全书》卷之二《李纪一·太祖》。——译者

太子佛玛登基，是为太宗皇帝。

翊圣王和东征王回来伏罪，太宗念骨肉之情，遂赦免其罪，并复其二人之爵。

亦因此次反叛，太宗始规定每年各官必须到铜鼓神庙（河内安泰村）行盟礼，宣读誓词曰："为子不孝，为臣不忠，神明殛之。"[1]各官如有不到宣誓者，杖五十。

（二）平叛

太宗是一位天资颖悟之人，通六艺，精韬略；适逢其时国内乱事频仍，但他善于用兵，常常御驾亲征，东征西讨，平定乱事。

当时朝廷不设节镇之官，各州军务民政皆委诸州牧处置。而在上游地区则由酋长管领。正因为这些人职权过大，因而常有叛乱发生。又有占城和哀牢等邻邦常来骚扰，所以太宗一代平乱至多。

（三）侬寇

此时广源州（谅山）常有侬人作乱。戊寅年（1038 年），侬存福叛，自称昭圣皇帝，立阿侬为宁德皇后，置国号曰长生，复率兵攻略各地。

己卯年（1039 年），太宗御驾亲征，擒获侬存福及其子侬智聪，押回京师治其罪。唯余阿侬与其子侬智高走脱。

---

① 语出《钦定越史通鉴纲目》正编卷二及《大越史记全书·本纪全书》卷之二《李纪一·太祖》。——译者

辛巳年（1041 年），侬智高与其母阿侬夺回傥犹州（近广源州）建立一个国家，称为大历国。太宗命将讨之，生擒智高带回升龙。但皇帝念及前已杀其父与兄，今悯之不杀，释放令回，复封其为广源州牧。后加封为太保。

戊子年（1048 年），侬智高复叛，称仁惠皇帝，建国号曰大南。太宗命太尉郭盛溢讨之，不克。当时智高请求内附中国，宋帝不允。智高遂发兵攻取邕州，后又占领广东和广西八州之地。此八州为：横州、贵州、龚州、浔州、藤州、梧州、康州、端州。

宋朝皇帝曾打算借李朝的军队助剿，但宋将狄青劝阻曰："以一智高，两广力不能制，乃假外境兵，其或因而起乱，何以御之？"[1]宋帝听此言，遂遣余靖与孙沔往剿智高之乱。余靖等人屡战不胜，宋廷以为忧，其时恰逢智高上表请领邕州和贵州节度使，宋帝欲从其请。狄青阻之，并请自领军队前去平乱。

狄青出师与余靖和孙沔的军队会师于宾州（今广西省柳州），然后召集各将领开会，禁止出兵与贼交战。当时广西省钤辖官陈曙违犯军令，出战失败，狄青斩之，并传令让各军休息 10 日。探子侦知此事回告智高。智高以为宋军怯于战斗，遂不为备。狄青领兵进至昆仑关（南宁府附近），攻侬智高。两军交锋时，狄青率骑兵左右夹击，智高军溃败，其将黄师密等皆阵亡。

智高走脱，避奔大理国。后大理国人擒斩侬智高，函其首献于宋朝。侬寇从此遂平。

① 语出《大越史记全书·本纪全书》卷之二《李纪一·太宗》。——译者

（四）征占城

太宗即位15年余，而占城国未有一个使臣来过，且常骚扰海疆。于是太宗便缮治兵船，准备征占城。

甲申年（1044年），太宗皇帝御驾亲征占城。占城军队列阵于五蒲江（？）南岸，太宗传令督促军队蜂拥径渡，占军败逃。我军生擒5000余人，获战象30头。

占城之将郭加彝斩国王乍斗，献其首级请降。

其时官军所杀当地之人甚多，血流成河。太宗见此，乃生怜悯之心，下令禁杀占城人，违者将以军法治罪。

太宗进军至其国都佛誓（今在承天省香水县月倍村），入城俘获王妃媚醯与诸宫女而归。当御驾行抵莅仁江时，太宗召媚醯侍御舟。媚醯守节不从，以毡缠身投江自尽。今在莅仁府尚有祠奉祀之。

太宗俘回5000余占城人，颁赐田土，令其立乡邑为生。

（五）政绩

太宗虽常用兵，但从未放弃国内政事，无时不存爱民之心。每逢饥馑之年或出征归来，往往减税两三年。他又修改律法，制定各种等级的刑罚及审讯之法，并制定老幼之规，除犯十恶者外，准以钱赎罪。因改新法，皇帝改年号曰明道（1042年）。

癸未年（1043年），太宗下诏禁卖黄男[①]为奴。皇帝又分官道为诸“弓”，设驿站以传递公文。

---

① 18岁以上之人为黄男。

在宫内，太宗规定后妃及宫女之数如下：后及妃 13 人，御女 18 人，乐妓 100 人。诸宫女必须学习刺绣织锦之艺。

太宗在位 27 年，至甲午年（1054 年）而崩，享寿 55 岁。

三、李圣宗（1054—1072 年）

年号：龙瑞太平（1054—1058 年）；彰圣嘉庆（1059—1065 年）；龙彰天嗣（1066—1067 年）；天贶宝象（1068 年）；神武（1069—1072 年）

（一）政绩

太子日尊即位，是为圣宗，改国号为大越[①]。

圣宗是一位仁慈的君主，存爱民之心。有一年，天气大寒，圣宗谓近臣曰："朕深居宫中，〔御兽炭，袭狐裘，〕犹寒如此，念囚人在囹圄之中，缧绁之苦，曲直未分，食不充肠，衣不盖体，为风寒所逼，或死非辜，朕甚悯之。"[②] 言毕，传令发衾席，让囚犯睡觉，并每日供饭两餐。又有一日，圣宗于天庆殿听讼，适逢洞天公主侍于后侧。圣宗指公主谓诸官曰："吾之爱吾子，犹吾父母斯民之心。百姓无知，自冒刑宪，朕甚悯焉。自今以后，罪无轻重，一从宽宥。"[③]

---

① 自丁朝至此，我国均称大瞿越，现始改为大越。

② 见《大越史记全书·本纪全书》卷之三《李纪二·圣宗》，中括号内为作者失引的文字。——译者

③ 同上注。——译者

圣宗如此仁德，百姓折服，登基以来，少有寇盗。圣宗又致力于提倡文化，修文庙，塑周公、孔子及72先贤之像以奉祀之。我国有奉祀孔子及诸先贤的文庙，始于此时。

在兵制方面，圣宗定军号，分左、右、前、后四部，合为100队，每队有骑兵和投石兵。至于番兵，则另行组成队伍，不准相互混杂。当时李朝兵法甚为有名，中国的宋朝也不得不效法[①]。这对我们国家来说是多么光荣啊！

（二）攻取占城之地

圣宗既仁且勇，占城国常来骚扰，他遂御驾亲征。头一次进攻未获成功，引军返回。行至居连州（？），听人们称赞元妃在家监国，境内安定，圣宗暗思忖道："彼一妇人治国，乃能如是，蕞尔占城不下，我男子何庸！"[②]于是，引军返回再攻，擒获占城国王制矩。是岁为己酉年（1069年），圣宗还朝，改元神武。

制矩请献地哩、麻令、布政三州之地赎罪。圣宗取此三州，并放制矩还国。

此三州今为广平和广治省之辖地。

---

① 《钦定越史通鉴纲目》，正编，卷三载："戊戌五年，定军号。黎贵惇《云台类语》：《宋蔡延庆传》载，延庆尝仿安南行军法，部分正兵弓箭手人马团为九将，每将步骑器械皆同，分左右前后四部，合百队，队有驻战、拓战。其番兵人马分为别队，毋得相杂，以防其变。各随所近，分隶老弱，留外城寨，具为书以上，神宗善之。李朝兵法见取于中朝如此，……良有以哉！"——译者

② 语出《大越史记全书·本纪全书》卷之三《李纪二·圣宗》，原文是："彼一妇人，乃能如是，我男子何庸！"又，《钦定越史通鉴纲目》，正编，卷三，亦有类似记载。——译者

壬子年（1072 年）圣宗崩，在位 17 年，享寿 50 岁。

四、李仁宗（1072—1127 年）

年号：太宁（1072—1075 年）；英武昭胜（1076—1084 年）；广祐（1085—1091 年）；会丰（1092—1100 年）；龙符（1101—1109 年）；会祥大庆（1110—1119 年）；天符睿武（1120—1126 年）；天符庆寿（1127 年）

（一）倚兰太妃

仁宗为超类（北宁）人倚兰太妃之子。前王圣宗行年 40 尚无子，求嗣过土垒村（后改超类，又改顺光），观看的人充塞道路，唯一采桑少女，见王车驾经过仍倚立兰草中，不来观看。帝见之以为奇，召回宫，封为倚兰夫人。不久有娠，生皇子乾德，获封元妃。

乾德为太子，后登极为帝，是为仁宗，封其生母为倚兰太妃。

太妃性喜嫉妒，见杨太后掌权，心中不安，便唆使皇帝捕杨太后及 72 侍女入狱，然后尽行杀之。

（二）李道成

仁宗即位之时，才有 7 岁，太师李道成为辅政。

李道成为皇室族人，品行端正，尽心国事。疏奏常言民间疾苦、利弊。官属则选贤任能料理各种事务。因此，其时内则政治修明，外则攻宋朝，破占城。这也是赖有贤臣良将，才能获得如此功业。

（三）国内改革

仁宗时代战事频仍，但对国内之事也未放弃或耽误。当时开始修筑机舍堤，以保护京城之地免遭洪水淹没。修筑堤防之事即肇始于此。

乙卯年（1075 年），开三庠科试，选拔文学之士入朝做官。这场考试是我国最早的一次科试，选中 10 余人。首科为黎文盛。此首科黎文盛后官至太师，但因叛逆，被流放到洮江寨（富寿三农县）。

丙辰年（1076 年），立国子监，延请文学之士任教。至丙寅年（1086 年）开科试，选有文学者入翰林院，莫显绩中试，授翰林学士。

我国儒学自此开始兴盛。

己巳年（1089 年），定官制，分文武为九品。大臣则有太师、太傅、太尉和少师、少傅、少尉。在这些等级之下，文班则有尚书、左右参知、左右谏议大夫、中书侍郎、部侍郎……武班则有都统元帅、总管枢密使、枢密左右使、金吾上将、大将、都将、诸卫将军等。

在各州郡，文官则有知府、判府、知州，武官则有诸路镇寨官。

（四）进攻宋朝

自从丁朝、黎朝以来，虽然中国不再统治我国，但仍不时觊觎，怀有征讨之心。至宋神宗熙宁（1068—1077 年）时，宰相王安石制定新法，改革中国政治。

原来当时宋朝受北辽和西夏的威胁，每年须以金银绸缎向此二国纳贡。而国内无足够的钱财以供支用。宋神宗才起用王安石为宰相，进行变法改革。

王安石提出有关财政方面的三种法案和兵制方面的两种法案。

财政方面：

（1）青苗法，是当庄稼尚青之时，国家让百姓借钱，而到庄稼成熟之时，百姓须还钱，并按国家之规定偿付利钱。

（2）免役法，是允许应服差役的民户可以纳钱，官府以此钱雇人充役。

（3）市易法，是在京师设置一个交易所，由国家全部收购老百姓卖不出去的货物，并拿去出售。须借钱的商人，则准予借给，然后按国家所定之例偿付利息。

兵制方面：

（1）保甲法，是以民为兵。分 10 户为一保，500 户为一都保。每保设〔保长〕正副二人教民练习武艺。

（2）保马法，是国家把马交给各保饲养，若马死，则民须按已定之价偿还。

当此五法实行之时，中国百姓怨声载道，因为这些法律违背旧的制度和风俗。

王安石又有意立边功，以证明其改革的功效。当时邕州知州萧注知王安石意，遂奏称：若不攻取交州，则必为中国后患。

宋帝闻听此奏，命萧注经理伐交州之事。但萧注推诿，因此事困难，无法担当。适逢此时又有沈起其人奏陈伐交州之由，宋帝遂命沈起知桂州。沈起按王安石之意处置诸事，但后来不知何故被罢职而回。宋朝以刘彝代之。

刘彝派人编组溪洞兵，置屯垒，修器械，缮舟船，又禁止附近州县之人与交州人贸易。

我李朝见事情如此，遂致书询问宋朝，而刘彝又加扣留不为传递回京。李朝大怒，命李常杰和宗亶[①]领兵10万，分为两路，水陆并进，前去攻打宋朝，借口宋朝颁布新法残害百姓，大越军队来攻以拯救人民云云。

乙卯年（1075年）李常杰领兵围攻钦州和廉州（属广东省），杀8000余人。宗亶军攻邕州（即南宁城，属广西省），广西都监张守节领兵来救邕州，被李常杰迎击于昆仑关（近南宁），斩张守节于阵前。

宗亶围邕州城40余日，知州苏缄固守。至李朝军队攻下城池时，苏缄令其家属凡36人先死，然后自焚而死。城中之人也效法知州，无一降者。李朝军队入城，杀害近58000人（？）。

李常杰和宗亶进攻宋朝杀害共达10万人，后又抓人、掠取财宝带回国内[②]。

（五）宋取广源之地

宋朝闻知李朝军队攻破钦州、廉州和邕州的消息，十分愤怒，遂命郭逵为招讨使，赵卨副之，总九将军，与占城和真腊国会合，

① 《大越史记全书·本纪全书》卷之三记载为“宗亶”，本书原著作“尊亶”，应是为避绍治帝名阮绵宗讳，改“宗”为“尊”。——校者注

② 李常杰的这次对宋朝的进攻，是赤裸裸的侵略行径，作者和其他越南史学家于此多方辩解，是错误的。——译者

分路来打我国。

丙辰年（1076年）腊月，宋军进入我国辖地。李朝命李常杰领兵拒敌。常杰阻击宋军于如月江（在北宁如月村，即今之梂江）。此战宋军死者千余人，郭逵转向西面进军，进屯于富良江[①]畔。

李常杰领水兵截击，不让宋军渡江。宋军乃伐木治攻具，机石如雨，我舰多被击沉，军士死者数千人。当时宋军进攻甚为猛烈。李常杰竭力拒守，但害怕自己军队灰心丧气，便编造出一个故事，说有神人给如下四句诗：

南国山河南帝居，截然定分在天书。
如何逆虏来侵犯，汝等行看取败虚。[②]

士兵听到这几句诗，人人斗志昂扬，奋勇抗敌，使宋军不能前进。双方相持良久。李朝害怕久战不利，遂遣使至宋请求缓兵。

宋帝见自己的军队不能前进，而又驻扎在烟瘴之地，先前有

---

① 《钦定越史〔通鉴纲目〕》载：富良江是从白鹤流经南定，然后出海之河，即为红河。（该书，正编，卷二，原文是："富良江，上接山西白鹤江，下通南定大黄江，达于海，今河内珥河是〔步〕津也。——译者）但观此阵势并从地理来看，此处所载之富良江正是梂江，绝非红河。

如果当时李常杰已破宋军于如月江，即梂江的下段，李朝军队还屯驻于梂江地区，而郭逵军为何能进至红河呢？况且在太原今有李朝时之富良县，陈朝为富良府，而梂江正流经它的辖地。

也许是前代修史者不谙地理，因把富良江错写作珥河。因此我们应改正之。

② 该诗见《大越史记全书·本纪全书》卷之三《李纪二·仁宗》。——译者

军士 8 万余人，现在死者过半，因而也赞成缓兵撤回，但占取了广源州（今高平省广渊州）、思琅州（今高平省上琅州和下琅州）、苏州、茂州（在高平省与谅山省交界地区）和桄榔县（谅山省温州）之地。

至戊午年（1078 年），李仁宗遣陶宗元[①]携带驯象向宋朝贡，并表求广源地区各州县。宋帝令归还先前李朝军队虏走的钦州、廉州和邕州之人，然后才将诸州县还归李朝。至己未年（1079 年），仁宗让这些中国人回国，总共只有 221 人。男子皆刺三字于额，15 岁以上刺曰“天子兵”，20 岁以上刺曰“投南朝”，妇人则于左手刺二字曰“官客”。

广源之地自被郭逵略取之后，改名顺州，并有 3000 宋军驻守，但因地处瘴乡，死者什之五六。

至李朝将钦州、廉州和邕州之人送还中国之时，宋帝归还了广源州。但因有人说此州盛产黄金，宋人爱财，作诗两句云：

因贪交趾象，却失广源金。

到甲子年（1084 年）夏，仁宗遣兵部侍郎黎文盛到宋朝议疆界事。黎文盛分辩各种理由，宋朝又归还了先前他们占领的几个县份。自此之后，我国与中国又通使如故。

丁卯年（1087 年）宋帝封仁宗为南平王。

① 按《大越史记全书》作“陶宗元”，本书原著作“陶尊元”，应是为避绍治帝名阮绵宗讳，改“宗”为“尊”。——校者注

当时宋朝已衰弱。至丙午年（1126 年）金国占取了中原之地，宋朝被迫迁都于杭州（属浙江），是谓南宋。

（六）征占城

占城国仍不时前来骚扰，无论如何征讨仍不能制。乙卯年（1075 年）进攻宋朝之前，李常杰曾伐占城，画从前制矩已割让的三州地图，后招民居之。

癸未年（1103 年）演州（属乂安）人李觉谋反。李常杰讨之，李觉败逃至占城，带领国王制麻那前来进攻，夺回麻令、布政、〔地哩〕等三州之地。次年即甲申年（1104 年），仁宗命李常杰伐占城。制麻那败走，请求复纳三州之地如故。

李常杰当时已年过 70，伐占城回来，约一年即去世。李氏系寿昌县（河内市）太和坊人，具将才，精韬略，北伐宋，南平占，实为我国的一员名将。

自从平服占城之后，南方诸国皆来朝贡。仁宗为帝至丁未年（1127 年）而崩，在位 56 年，享寿 63 岁。

第五章　李朝（续）

（1010—1225年）

五、李神宗（1128—1138年）　六、李英宗（1138—1175年）　七、李高宗（1176—1210年）　八、李惠宗（1211—1224年）　九、李昭皇（1224—1225年）

五、李神宗（1128—1138年）

年号：天顺（1128—1132年）；天彰宝嗣（1133—1137年）

仁宗无子，立皇弟崇贤侯之子为太子继承王位，是为神宗[①]。

其时，有张伯玉、刘庆覃、杨英珥诸大臣辅佐神宗治理国家。神宗即位伊始，便大赦囚犯，并归还从前所籍没的官民之田。官兵则让其更番，每期6个月，准其归农。这样兵事便不成为农耕之事的障碍了。

神宗时寇盗亦少。间或有真腊人和占城人前来骚扰乂安地区，但这不过是一些零星的劫掠，不久即为官军所击退。

神宗在位10年而崩，寿23岁。

① 俗传神宗系佛赐子，为徐道行所脱生。在北越人们走到佛迹寺（属山西）都可听到关于徐道行和阮明空事迹的传说。这些荒唐的故事，不可信以为真。（关于徐道行故事，请参阅《岭南摭怪·徐道行传》。——译者）

六、李英宗（1138—1175 年）

年号：绍明（1138—1139 年）；大定（1140—1162 年）；政隆宝应（1163—1173 年）；天感至宝（1174—1175 年）

（一）杜英武

神宗驾崩，朝廷尊太子天祚即帝位，是为英宗。

当时英宗年方 3 岁，由太后黎氏摄政。黎太后与杜英武私通，因此，事无大小，均由杜英武决断。杜英武可以出入宫禁，骄横并轻视廷臣。武带、阮杨、阮国和杨嗣明等官员见杜英武弄权过度，皆谋除之，但事未成而至全部被杀。

幸赖当时有许多忠臣义士如苏宪诚、黄义贤、李公信等，在朝中为官，因此，杜英武才不敢有篡弑异图。

（二）苏宪诚

苏宪诚辅佐英宗剿乱平寇，立下了许多大功，如生擒申利贼，破牛吼和平定寮国，受封为太尉，掌管兵事。他训练士卒，选拔有才能的人充任将校，因而当时李朝的军威兵势又为之大振。苏宪诚精于武备而又留心于文教。他奏请皇帝提倡学问，并要求在升龙城南门修建孔庙，以表敬慕儒学之心。

（三）申利贼

英宗登基仅两年，在太原地区即有申利贼作乱，申利自称仁宗私生子，前曾出家为僧，后招募亡命之徒千余众，占据太原地区，称王封爵，领兵攻陷各地。官军屡次讨伐不能制。

辛酉年（1141 年），申利围攻富良府，杜英武领兵前去征剿，申利逃往谅州（即谅山），被苏宪诚生擒，押回京师治罪。

（四）政绩

甲申年（1164 年），宋朝皇帝改交趾郡为安南国，并封英宗为安南国王。

从前，中国称我国为交趾郡，后改交州，至唐代设安南都护府。丁朝兴起，称大瞿越，李圣宗改为大越。但中国仍封我国国王为交趾郡王，至此才改为安南国王。我国称安南国始于此时。

辛卯年（1171 年）和壬辰年（1172 年），英宗巡幸，周览山川险阻、道路远近和民情疾苦，后命官绘制安南国地图[①]。

乙未年（1175 年），英宗封苏宪诚为太傅平章军国重事并授王爵。英宗病，将太子龙翰托付给苏宪诚。英宗驾崩，在位 37 年，享寿 40 岁。

七、李高宗（1176—1210 年）

年号：贞符（1176—1185 年）；天资嘉瑞（1186—1201 年）；

---

① 此图今已失传。（《大越史记全书·本纪全书》卷之四《李纪三·英宗》载："辛卯九年，帝巡幸海岛，周览山川形势，欲识民情疾苦，日程远近也。""壬辰十年，春二月，帝又巡幸海岛南北藩界，图记风物而还。"作者所言，当即此。又据潘辉注：《历朝宪章类志》载，李英宗时有南北藩界地图一卷，今不传。——译者）

天嘉宝祐（1202—1204 年）；治平龙应（1205—1210 年）

（一）苏宪诚辅政

英宗驾崩之时，太子龙翰尚未满三岁，昭灵太后欲立其亲生长子龙昶[①]登基为帝，便以金银贿赂苏宪诚之妻，但他万辞不受，遂按遗诏立龙翰，是为高宗。

苏宪诚辅佐高宗治国，至己亥年（1179 年）而卒。史载：宪诚病中，参知政事武赞唐夙夜奉侍其侧。及至杜太后[②]前往探望，讯问谁可取代其职，宪诚奏对：谏议大夫陈忠佐。太后愕然曰：何不举荐武赞唐？答称："如陛下问侍养之人，臣请举赞唐；问辅佐君国之人，臣举忠佐。"[③]

苏宪诚不仅是一位具有平寇安民韬略之人，而且对君王甚为忠诚，因此，后世之人常把他比作中国三国时的诸葛亮。

苏宪诚死后，朝廷不遵其遗言，而以杜安颐为辅政，李敬修为帝师。此时廷臣有许多正派贤士，因使昭灵太后不敢谋废立之事。

及至高宗长大成人亲操治国之权，则常喜狩猎行幸，造宫建

① 龙昶前曾被立为太子，后因有罪降为庶民。

② 杜太后乃高宗生母。

③ 此事见《大越史记全书·本纪全书》卷之四《李纪三·高宗》。其原文曰："初宪诚寝疾，参知政事武赞唐夙夜侍侧，谏议大夫陈忠佐以他故，不暇存问。及疾笃，太后亲临问曰：如有不讳，谁可代者。对曰：忠佐可。太后曰：赞唐日侍汤药，公言不及，何也？对曰：陛下问其可代，故臣以忠佐对。如问侍养，非赞唐而谁。太后嘉其忠，而不用其言。"——译者

殿，强征百姓服役，使百姓痛苦万端。国外则中国一边的芒人土兵前来骚扰于北方，占城人攻略于南方；国内则盗贼蜂起。满朝君臣无人虑及政事，只顾揽权贪污，买官卖爵，威迫百姓，搜刮钱财以为奢侈之用。

（二）内乱

戊辰年[①]（1208年），在乂安有范猷者，招纳亡命之徒，劫掠村民，有意谋反作乱。高宗命奉御官范秉彝讨之。秉彝领兵驱走范猷，籍没其全部财产，焚烧其房舍。

范猷派人回京师以金银贿赂朝中的一些官员，诬告秉彝在外多行苛酷之事，杀戮无辜，同时范猷请求回朝申冤。

高宗听其言，准许范猷入朝，并召范秉彝回。

秉彝回京入奏，高宗传令将其监禁入狱，欲治其罪。其时有秉彝之部将郭卜领兵破城门入救秉彝。

高宗闻变，遂杀范秉彝，然后同太子逃至归化江（洮江，在富寿三农县之北）地区。太子旵则逃至海邑刘家村（今兴仁县刘舍村）。

郭卜等人将秉彝的尸首埋葬之后，复回宫尊皇〔次〕子忱为帝。

当太子旵逃到海邑时，住于陈李之家。陈李原是即墨乡（南定省春长府美禄县）人氏，以渔为业，富有家财，人多归之。后乘混乱之时亦起而为盗，率众劫掠。当太子旵逃到此地时，见陈

① 《大越史记全书》和《钦定越史通鉴纲目》都作戊辰年，作者作丙辰年，有误，今已改正。——译者

李之女有姿色，娶之为妻，授陈李明字爵，并拜女舅苏忠词（刘家村人）为殿前指挥使。

陈氏兄弟集乡兵回京敉平叛乱，然后前往归化迎高宗还宫。高宗派官到刘家村迎太子还京，而陈氏则归住陈李家。

高宗还京仅一年而染重病，至庚午年（1210 年）十月驾崩，在位 35 年，享寿 38 岁。

八、李惠宗（1211—1224 年）

年号：建嘉（1211—1224 年）

（一）陈氏

太子旵即位，是为惠宗，即派官迎回陈氏，封为元妃。

其时陈李已被贼兵所杀，部众归其次子陈嗣庆。惠宗封嗣庆为彰信侯[①]，并封陈氏之舅苏忠词为太尉、顺流伯。

癸酉年（1213 年）太后于宫中虐待陈氏，陈氏之兄嗣庆率兵至京师，声称奉迎帝车驾。惠宗不知情意，疑嗣庆有反叛之意，遂降陈氏为御女。嗣庆闻此讯，亲诣军门谢罪，复请迎车驾。惠宗愈疑之，遂与太后避居谅州（谅山）。

嗣庆复发兵请迎帝车驾如初，惠宗惧，乃迎太后到兵合县（？）。

---

① 按《大越史记全书·本纪全书》卷之四《李纪三·惠宗》作彰诚侯。——译者

当时太后以嗣庆为反贼，屡指陈氏之脸而毒骂，并令惠宗斥之去。惠宗不从。太后定计放毒药害死陈氏，然惠宗知其意，至用膳时，吃一半，剩一半留给陈氏吃，且日夜不使其离左右。后因太后苛待过分，惠宗与陈氏乘夜微行，至安沿县黎觅将军家，又次究连洲（？），宣召嗣庆来朝。

（二）权归陈氏

陈嗣庆领兵护驾，惠宗封陈氏为皇后，嗣庆为辅政，并授嗣庆之兄陈承为内侍判首。陈嗣庆与上将军潘邻调补军伍，制造战器，练习武艺，从此军势又渐振。

惠宗患病，不时发癫狂，常狂饮醉卧终日，政事皆操嗣庆之手，由其决断[①]。

至癸未年（1223 年）腊月，嗣庆卒，惠宗以陈承为辅国太尉，次年又以皇后堂弟陈守度为殿前指挥使。自此之后，朝中无论何事一听守度裁决。

惠宗久病不愈，无有太子，陈氏只生两个女儿：姊顺天公主已嫁陈承之长子陈柳为妻；妹昭圣公主，名佛金，年方 7 岁，惠宗甚爱之，因立为太子。甲申年（1224 年）十月，惠宗传帝位于昭圣公主，自己徙居于真教寺。

惠宗在位 14 年。

---

① 《钦定越史通鉴纲目》，正编，卷五载：“丙子李惠宗建嘉六年，帝有疾。帝中风，医治不效，自是寝发狂易，或称天将降，手持干楯，髻插小旗，戏舞终日；或发汗燥渴，饮酒长睡，次日乃醒，不能治事，政事一委陈嗣庆，天下大权尽归陈氏矣。”——译者

九、李昭皇（1224—1225 年）

年号：天彰有道（1224—1225 年）

昭圣公主即位，是为昭皇。其时政权完全操于陈守度之手。守度又与陈太后私通，日夜谋划夺取李朝基业，便召各官员子弟入宫侍候昭皇，并以其侄陈煚为正首。至腊月，昭皇下嫁陈煚为妻，并传位与其夫。

李朝至此而终，历时共 216 年，传 9 帝。

李朝之功在于使我南国成为一个强盛的国家：外则攻中国，平占城；内则整顿武备、编修法律，建立稳固的自主之基。因高宗荒唐，顿失民心，致使盗贼蜂起，乱臣扰乱朝纲。惠宗又懦弱无能，荒废政事，把江山社稷托付给年幼无知的女儿，使得奸雄之辈得以乘机夺取李朝江山，并建立了陈朝基业。

李朝世谱

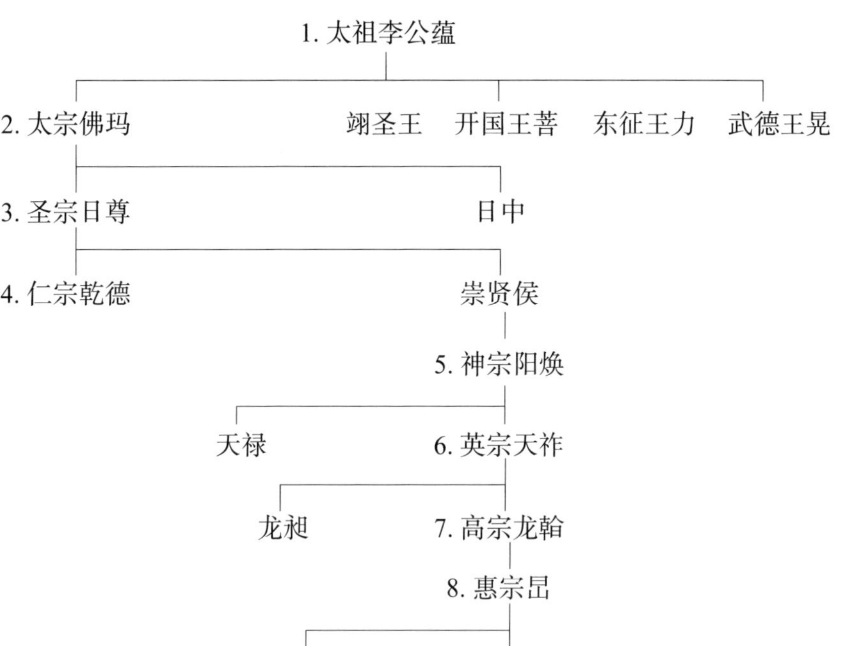

1. 太祖李公蕴
2. 太宗佛玛
翊圣王
开国王菩
东征王力
武德王晃
3. 圣宗日尊
日中
4. 仁宗乾德
崇贤侯
5. 神宗阳焕
天禄
6. 英宗天祚
龙昶
7. 高宗龙翰
8. 惠宗旵
顺天公主
9. 昭皇（昭圣公主佛金）

第六章　陈朝第一时期

（1225—1293 年）

一、陈太宗（1225—1258 年）

年号：建中（1225—1231 年）；天应政平（1232—1250 年）；元丰（1251—1258 年）

（一）陈守度

乙酉年（1225 年）腊月，陈煚登基，是为陈太宗，封陈守度为太师统国行军征讨事。

当时太宗年方 8 岁，诸事皆由陈守度处理。守度虽胸无点墨，但确实是一个奸雄，刻意巩固陈氏基业，因此无论残暴到何种程度的事，都做得出来。李惠宗已出家隐居禅寺，然而守度仍打定主意杀之，以除后顾之忧。

一日，惠宗于真教寺前踞坐拔草，守度见之，便说：“拔草须拔根。”惠宗听罢，拍掉手上的泥土，起来说道：“尔之所言，我知之矣！”[①] 数天之后，守度派人前来请惠宗，惠宗知其来意，返回寝房悬梁自尽。守度令百官来祭，哭罢即予火葬，埋其骨灰于宝光塔。

至于太后陈氏，则降为天极公主以嫁陈守度（陈守度与天极公主系同宗姊弟）。许多李朝的宫女，遣其嫁给各芒族的酋长。

守度既弑惠宗，又欲铲除李氏之宗室。至壬辰年（1232 年）乘在华林乡太堂村（北宁省东岸县）拜祭李氏先后之机，守度派人挖掘深坑，上盖茅舍，及至李朝宗室到此拜祭，悉陷坑中，全被活埋。

守度只顾巩固陈氏帝位，因此不但残杀李氏后人，而且于自己家中伦常也混乱不堪。昭圣皇后嫁太宗已 12 年尚无子嗣[②]，守度强使太宗将其遗弃，并降为公主，又将昭圣之姊，即陈柳之妻封为皇后，因其已有 3 个月的身孕。

乱伦如此，实史无前例。陈柳怒甚，起兵作乱。而太宗被守度挟制至此，内不自安，竟乘夜逃走，居于安子山浮云寺（广安省安兴县）。陈守度获悉此讯，率群臣邀驾还京。太宗不允，乃说：“朕以幼冲，未堪重寄，各官应选他人，以免有辱社稷。”[③] 守度再三固请不听，便转身对百官说：“凡乘舆所在，即是朝廷！”

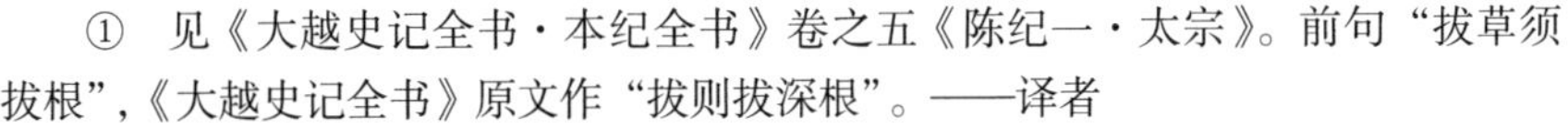

① 见《大越史记全书 · 本纪全书》卷之五《陈纪一 · 太宗》。前句“拔草须拔根”，《大越史记全书》原文作“拔则拔深根”。——译者

② 当时昭圣皇后只有 19 岁。

③ 按《大越史记全书 · 本纪全书》卷之五《陈纪一 · 太宗》，其原话应是：“朕以幼冲，未堪重寄，父皇遽尔违背早丧所怙，不敢宅帝位，以辱社稷。”作者所引，有删节。——译者

言毕，传令准备在浮云寺营造宫殿。该寺国师见此，入内恳求太宗回銮，太宗不得已传令车驾还京。

为时不久，陈柳自度势孤力穷不能支持，便乘太宗御舟游幸之时，假装渔夫，登舟请降。兄弟二人相抱痛哭。守度闻讯赶到，拔剑欲杀陈柳，太宗极力劝止才罢。后太宗以安阜、安养、安生和安邦之地（在海阳东潮县和荆门府）赐陈柳作采邑，并封为安生王。

守度杀害了李氏全部宗亲之后，又欲让后世之人不再记起李氏，借口陈氏元祖之名讳李，强令国内姓李之人一律改为姓阮。

对于李氏来说，守度确实是一个奸恶之徒，但对陈氏而言，却是一大功臣。他肩负许多重任，辅佐太宗平息国内叛乱，并整顿朝政，使当时我南国得以强盛起来，日后才能够抵抗蒙古，以免沦为这个强盛帝国的奴隶。

（二）平乱

安南国自李高宗失政以来，国内无处不有寇盗发生。在国威地区，则有芒贼作乱；在洪州，段尚占据唐濠之地，自称为王；在北江，阮嫩独立，称王于扶董村。这时一个国家却分作几个江山。

当陈守度干完了篡夺李朝帝位之事后，才领兵前去平乱。先平国威的芒贼，然后回过头来讨段尚、阮嫩之辈。但此二人势力甚强，陈守度攻不克，遂分地给二人为王以求和。

戊子年（1228 年）阮嫩领兵攻打段尚，占领唐濠之地，其声势大振，陈守度以为忧。但仅数月，阮嫩卒。自此之后，国内各州县复归于一统。

（三）统治

按李朝制度，村中有多少文官、武官、书吏、军士、黄男、癃老和残废人以及移居或流落至此的人，社官都应开列入册，称为帐籍。有官爵者，子孙承荫，方得入仕为官；富有而无官爵者，世代充军伍为兵。太宗即位执政亦必须遵行此制，因此至戊子年（1228年）又派官至清化，按照前李旧例重修帐籍。

壬寅年（1242年），太宗分南国为12路。每路置治理官员名安抚使，正副2员。安抚使之下有大司社和小司社。五品以上为大司社，六品以下为小司社，每位治理官管辖二社或三四社。每社又有一名社官，称正史监。

每路都有该路自己的户籍名册。

（四）税务

国内之民分为几等：男子从18岁即属小黄男，20岁即入大黄男等级，60岁以上属老年等级。

丁税：当时丁税按田亩之数征收，有田一、二亩，每年纳丁税钱1贯；三、四亩，出钱2贯；五亩以上出钱3贯。无田土者，全免丁税。

土地税：土地税以粟谷交纳：田一亩，田主应出粟100升。

至于公田，有的书记载：陈朝时代有两种公田，每种分为三等。

第一种称为国库田：上等每亩征谷6石80升；中等每亩征4

石；下等每亩征 3 石。

第二种称为拓〔刀〕田[①]：上等每亩征谷1石；中等3亩征1石；下等 4 亩征 1 石。

民间的池塘，每亩征谷 3 升。

盐田则征钱。

其他各税：史书记载，陈朝时代，有槟榔税、安息香税，以致鱼、虾、蔬菜、水果均须纳税。

国内使用的金银钱币，为已铸制好的分、两，上有国家的名号。当向官吏缴纳税收时，1 陌是 70 文，而通常花销则 1 陌只值 69 文而已。

（五）修堤

我国上游地区多山岭，中州平原地区则多河流，到雨季的时候，山洪暴发，淹没田园。因此，戊申年（1244 年）[②] 太宗令诸路官吏隆筑丐江（江河）两岸堤坝，称为鼎耳堤。又设置河堤正副使 2 员管理其事。若堤坝筑在民田之上，则国家按田地之价偿还田主。

---

① 史载：李太宗时黎奉晓平寇立有许多战功。帝欲封他爵位，他不受，而请求上山掷刀，刀落何处，即取为私业。皇帝诺之。黎奉晓遂登冰山掷刀，远达十里之地。帝即以冰山周围之田赐黎奉晓，称拓刀田。后形成拓田之名，即为赐给各官员的赏功田。（《钦定越史通鉴纲目》，正编，卷六，壬寅陈太宗天应政平十一年条注："斫刀田：李辰黎奉晓从太宗征占为前锋，大破虏军，名震藩国，凯还定功，奉晓曰：不欲爵赏，愿立冰山上掷佩刀，验刀坠地内，赐为别业。从之。奉晓登山一掷十余里，刀坠多麋乡，即以赐之，蠲斫刀谷税。故爱州赏功，有斫刀之名。"——译者）

② 原文如此。公元 1244 年对应的干支纪年应为甲辰年。——再版注

（六）教育

壬辰年（1232 年），开太学生科试（考进士）。从李朝之时起已有儒士之试，但只三庠之试而已，到此时才有太学生科试，分出次第，以三甲定高低。至丁未年（1247 年）科试又设三魁：状元、榜眼、探花。此丁未年科试有黎文休者，为最早编写南国历史之人，中了榜眼。这一年又开儒、释、老三教科试，优秀者中甲科，次之中乙科。

观乎此，陈朝时代的教育，其范围相当广泛，儒、释、老并重。但不清楚当时教育制度和科试之法如何，因为史书在这些方面语焉不详。

癸丑年（1253 年）立国学院[①]讲授四书五经，并设立讲武堂练习武艺。

（七）法律

史载：甲辰年（1244 年）太宗重定刑律，但未详细说明定出什么。从潘辉注的《历朝宪章〔类志〕》一书中可以看到，陈朝定出的法律规定，凡犯偷窃之罪者，皆被断手、砍足，或者让象踏。

由此观之，当时的刑律似乎很重。

（八）官制

陈朝时期的官制，也曾经过重新整顿。当时有三公、三少、

① 据《钦定越史通鉴纲目》，正编，卷六，癸丑陈太宗元丰三年条载："九月，诏天下学者人国子院，讲五经四书。"因此，国学院或为国子院之误。——译者

太尉、司马、司徒、司空为文武大臣。宰相有左右相国、首相、参知。

文阶内职，有各部尚书、侍郎、郎中、员外、御史等；外职则有安抚使、知府、通判、佥判等。

武阶内职有骠骑上将军、锦卫上将军、金吾大将军、武卫大将军、副都将军等；外职则有经略使、防御使、守御使、观察使、都护、都统、总管等[①]。

当时的官吏，每 10 年得升 1 衔，15 年才能升 1 职[②]。

陈朝时期官吏虽多，但皇帝与官吏之间十分亲近。每当皇帝有大宴，各官饮罢，君臣即席携手舞蹈歌唱，不必恪守如后世那

① 关于陈朝官制，《钦定越史通鉴纲目》，正编，卷六，丙申陈太宗天应政平五年条，“谨案”引潘辉注《历朝宪章〔类志〕》曰：“陈官制大要以三公、三少、太尉、司马、司徒、司空为文武大臣。其宰相则加左右相国平章事，次相则加参知政事、入内行遣或加左辅右弼参预朝政。文阶内职则有：六部尚书、侍郎、郎中、员外郎、中书、中书令、尚书左右仆射、行遣、左右司郎中、左右正言参议、御史台侍御史、御史中赞、御史中相、御史大夫、侍经筵大学士、天章学士、入侍学士、中侍大夫、中亮大夫、储宫教授、太史令、大宗正、廷尉寺卿、少卿、京师大尹；外职则有：安抚使、知府、通判、佥判、漕运令尉、主簿、司社、并诸路河堤、屯田正副使。武阶内职则有：骠骑上将军、锦卫上将军、金吾大将军、武卫大将军、副都将军殿帅、都押衙管军节度使、都统制；其外职则有：经略、防御、守御、观察等使，并都护、都统、总管各府。今考陈之官名，虽雅于李，而职事沿革多不可详。大抵杂遝无章，未足为一代良制也。”今全文录出，以便与作者所述相参照。——译者

② 当时陈朝官吏的升迁，《钦定越史通鉴纲目》，正编，卷六载：“丙午年陈太宗天应政平十五年，三月，阅内外文武官。辰国家无事，人民康乐，居官者久于其职，例以十五年一阅，十年加爵一级，十五年加职一等。某官缺，则以正兼副；正、副并缺，则以他官辖之，待考满始授本职。在馆阁者十年升转，在省局者十五年升转。宰相则择宗室贤能有道、艺通诗书者为之。”——译者

样严格的礼法。

（九）兵制

自从太宗即位后，对于军事逐渐加以整顿。国内无数壮丁都必须入伍当兵。各亲王也有权募集军队。因此之故，到后来蒙古人来攻，我南国拥有20余万大军以抵抗敌军。

除国内草寇不计外，当时我南国，南有占城、北有蒙古军骚扰，因此，必须不断征战。

（十）伐占城

太宗即位时，占城国已来朝贡，但仍常来抢掠，并要求归还其旧地。太宗为此十分愤怒，遂准备征占城。壬子年（1252年）皇帝御驾亲征，擒获占城国王妃布耶罗及该国很多军民。

（十一）蒙古军侵犯安南领土

当李朝覆亡，陈氏在安南称帝的时候，中国方面宋朝已为蒙古人所攻破。

原在中国北方有一个民族，称为蒙古，居住在黑龙江上游地区。蒙古人凶狠好战，个个善于骑射。军队常是骑兵，组织严密，队伍秩序井然，人人善战。

由于蒙古人的特性和战法如此，因而铁木真即成吉思汗（庙号元太祖）才能够占领整个中亚以及波斯，直到欧洲东北部。后来，蒙古军队又夺取了中国西北部的西夏国，灭金国，并涌至朝鲜（高丽）。

成吉思汗崩，其第三子窝阔台继立，是为元太宗。窝阔台传位于其子贵由，是为元定宗。

贵由在位不足三年而崩，蒙古帝位落入旁支。其堂弟蒙哥即帝位，是为元宪宗。

蒙哥遣其弟旭烈兀（Houlagen）前去经略波斯国，其弟忽必烈攻打中国宋朝。值蒙古军队攻伐宋朝之时蒙哥崩，忽必烈回兵即位，是为元世祖。改国号曰元。

忽必烈复攻宋朝。从此中国全境归蒙古统治。

当蒙哥还在世之时，忽必烈领兵攻打宋朝，曾分军攻取大理国（属今云南），其蒙古之将兀良合台遣使来我国，要求陈太宗臣服蒙古。

太宗不但不允，且拘禁蒙古使者，又令陈国峻领兵守北境。其时在丁巳年（1257 年）。

兀良合台遂从云南带兵至安南国境，沿兴化省洮江道而下，进攻升龙。

陈国峻兵少无法抵抗，撤守山西。蒙古军蜂拥而下，进至洮江。太宗御驾亲征，但不能胜，逃回红河[①]驻扎。蒙古军追赶陈朝军队至东步头（在上福县境内珥河之东）。太宗弃守京都，逃至天幕江（属兴安省东安县辖）。

蒙古军进入升龙城，见三位蒙古使者仍被捆绑，监禁在狱中。到给他们解缚时，一人死去。兀良合台见此忿甚，纵兵杀戮城中男妇老幼。

---

① 我国史籍载为富良江，参看第 106 页注 ①。

当时情势危急，太宗乘小舟就太尉陈日皎问计。日皎以船篙书于水面二字“入宋”。太宗又去问太师陈守度。守度对曰：“臣首未至地，陛下无烦他虑！”[①]

太宗听守度说得如此坚定，心中始安。

未几，蒙古军在南国，不服水土，显出疲惫之态。太宗遂进击东步头。蒙古军败逃至归化寨，又遭此地寨主所召集的土人的袭击。蒙古军大败，退回云南。沿途疲惫不堪，所到之处亦不敢劫掠，因此人们称为“佛贼”。

蒙古军虽然败回，但不久蒙古皇帝灭了宋朝夺得中原之后，意欲迫使我南国国王前往北京朝拜，因而复遣使前来索贡。太宗命黎辅陈出使中国，请求以三年一贡为定例。

戊午年（1258 年）春，太宗让位于太子陈晃，以便教导他治理国家的各种方法，并防备兄弟们日后的争执。

朝廷尊太宗为太上皇，以共理国事。

太宗在位 33 年，做太上皇 19 年而崩，享寿 60 岁。

二、陈圣宗（1258—1278 年）

年号：绍隆（1258—1272 年）；宝符（1273—1278 年）

（一）政绩

太子晃即位，是为圣宗，改年号曰绍隆。

① 语出《大越史记全书·本纪全书》卷之五《陈纪一·太宗》。——译者

圣宗乃一仁慈忠厚之君主，与家室兄弟相处，甚是宽厚。常喜欢说："天下者祖宗之天下，〔承祖宗之业者，〕当与宗室兄弟同享富贵。"[①] 又让皇亲入内殿，同桌而食，同床而宿，友爱备至，只有因公外出或入朝之时，始按照礼法而分尊卑位次。

关于国家大事，圣宗考虑到使民安居乐业。在他在位的 21 年之中，没有乱事发生。教育也有所发展，令当时国内一位博学的人——皇弟陈益稷开设学堂，让文士们学习。名儒莫挺之即出身于这个学堂。

当时黎文休已编完了《大越史〔记〕》一书，全书凡 30 卷，始自赵武王，至李昭皇而止。这部史书从陈太宗时开始编纂，至圣宗壬申年（1272 年）始告完成。我南国有国史，自此始。

圣宗又令各王侯、驸马招集漂散无产之人开垦荒田，立为庄户。田庄自此始有。[②]

（二）与蒙古交涉

国内虽然安定下来，但与中国的交涉却日趋困难。当时蒙古已战胜了宋朝，只等夺取安南，但因为从前蒙古之将曾打过一次败仗，而且中国国内尚未安定，所以蒙古皇帝企图以计谋诱使安南国王降服，而免动干戈。因此，每隔几年就遣使臣前来索取贡

---

① 见《钦定越史通鉴纲目》，正编，卷七，戊辰陈圣宗绍隆十一年条。中括号内系作者漏引的原文。——译者

② 《大越史记全书·本纪全书》卷之五《陈纪一·圣宗》，丙寅九年条载："冬十月，诏王侯、公主、驸马、帝姬，招集漂散无产人为奴婢，开垦荒闲田，立为田庄。王侯有庄，实自此始。"——译者

物，且劝谕安南国王朝觐，但我国王一味拖延时日，不愿前往。后值太宗让位给圣宗，蒙古皇帝遣使册封圣宗为王[①]，虽不强迫安南改换服色和政制，但规定三年一贡。贡例则须选送儒士、医人及通阴阳卜筮、诸色人匠各三人，以及各种产物，如犀角、象牙、玳瑁、珍珠与各种珍奇异物。蒙古皇帝又设置达鲁花赤（蒙古语掌印官之意），往来安南国中，监治诸州郡。

蒙古的意图是企图了解我南国人物、财产有什么，学问和工艺技巧如何，从而找出对策，以便攻取。虽然统治之权仍留给南国国王，但设置监治官以逐渐把它变为保护国。

圣宗表面上虽愿臣服，但内心也深知蒙古有夺取其国的意向，因此只管招兵买马，进行备战。选各路之丁壮入伍当兵，把军伍分为军和都：每军 30 都，每都 80 人，必须经常进行训练。

丙寅年（1266 年），因有蒙古使臣来，圣宗遣官至中国答礼，并请求免贡儒士、卜筮和诸色匠人。蒙古皇帝许之，但令其接受另外的六项条款：

1）国君亲朝；2）子弟入质；
3）编民数；　4）出军役；
5）输赋税；　6）仍置监治官。[②]

---

① 史书记载蒙古册封陈太宗陈日煚为安南国王，并未册封陈圣宗。国政仍归陈太宗，对元交往者皆为陈太宗，非圣宗。原文有误。——校者注

② 参见《钦定越史通鉴纲目》，正编，卷七，丙寅陈圣宗绍隆九年条，及《元史》卷二百九《安南传》。其中第六条，《元史》作“仍置达鲁花赤统治之”。——译者

对此，安南国王拖延时日不愿接受。至辛未年（1271年），蒙古皇帝忽必烈改国号曰大元，遣使谕圣宗前来朝觐，然圣宗告病不去。

次年，元主遣使来寻找从前马援所立铜柱，圣宗派官答称：此柱岁久湮没，不详何处，无法寻回。此事就这样不了了之。

至乙亥年（1275年）圣宗遣使至中国称：南国并非芒蛮之国而须置监治官，请求改达鲁花赤为引进使。元帝不从，且要求遵行前定的六项条款。圣宗也不接受。自此元朝皇帝看到用计不成，决意举兵来征南国，派官在边境地区侦察我国地势。安南一边也设官防备之。

丁丑年（1277年）太上皇崩于天长府（即即墨乡）。次年（1278年）圣宗让位给太子昑，尔后返回天长做太上皇。

圣宗在位21年，做太上皇13年，享寿51岁。

三、陈仁宗（1279—1293年）

年号：绍宝（1279—1284年）；重兴（1285—1293年）

（一）政治

太子陈昑即位，是为仁宗。

当时元朝使节常来指摘非难，朝中也有许多麻烦之事。但幸有上皇圣宗还在理政视事，且朝中大臣多是有才能之士，仁宗皇帝又是一位聪明、果决的君主，国内自君臣至百姓上下一心，因此从甲申年（1284年）至戊子年（1288年）元朝军队两次侵犯，而结果一无所获。

除了下面将要详述的与元朝的战争外，在仁宗时代还有寮寇，常到边陲地区骚扰，因此庚寅年（1290 年）仁宗不得不御驾亲征寮国。

（二）文学

仁宗时代有许多战争，然文风也甚盛。看兴道王的檄文、陈光启和范五老的诗，可知当时的文章，具有磅礴的气势。

复有刑部尚书阮诠开始使用字喃作诗赋。阮诠系海阳省青林[①]人氏，为文如昔时中国的韩愈那样有名气，因此皇帝改其姓为韩。后世的人按照这个方式作诗，称为韩律。

癸巳年（1293 年）仁宗禅位于太子烇，然后回天长做太上皇。仁宗在位 14 年，禅位 13 年，享寿 51 岁。

① 南册府青林县来夏村，今属北宁省良才县。

第七章　元朝征讨（一）

（1284—1288年）

一、柴椿出使安南　二、陈遗爱归顺元朝　三、脱欢第一次出征　四、陈兴道王军败回万劫　五、升龙失守　六、唆都攻乂安　七、兴道王护送皇帝回清化　八、咸子关之役——陈日燏破唆都军　九、章阳渡之役——陈光启收复升龙　十、西结之役——陈将斩唆都　十一、万劫之役——脱欢逃回中国

一、柴椿出使安南

元朝皇帝闻知陈太宗新丧，圣宗禅位，遂遣礼部尚书柴椿出使，由江陵（湖北）经邕州（广西）抵南国，不像从前使臣那样取道云南省。

柴椿到京城，倨傲无礼，骑马直入阳明门，令人传信责备仁宗曰："为何不得元朝朝廷允许而自立，如此，非入觐请命于天朝皇帝方可。"仁宗命大臣出迎，椿不答礼；国王设宴款待，椿亦不就宴。安南廷臣人人气愤，但不敢言。

后国王改宴于集贤殿，经多次邀请柴椿方到。当饮酒之时，

仁宗向柴椿解释不能入觐理由曰："寡人自来生长深宫，不谙风土，不能行走。"①

未几日，柴椿回国。仁宗遣使到中国奏称：不能行亲朝之礼。元朝见安南国王不肯亲朝，并遣使上表，饰辞托故，延宕岁时，急欲派兵征讨，但还未下决心。

二、陈遗爱归顺元朝

壬午年（1282年）元主复遣使来谕曰："若果南国国王不能自觐，则纳金玉以代其身，并副以贤士、方技、工匠各二人。"②

仁宗遣从叔陈遗爱并黎荀、黎目代替自己前去朝觐，但元主不满意，决意夺取在南国的统治权，遂下诏立宣抚司，并设僚佐，以前去监治诸州县。元朝的官吏来到当地，仁宗不予承认，将其驱逐回中国。

元主见此，十分恼怒，便立陈遗爱为安南国王，封黎目为翰林学士，黎荀为尚书令③，并令柴椿引军1000护送这些人还国。

① 这些话出自《元史·安南传》，其原文曰："若亲朝之礼，予生长深宫，不习乘骑，不谙风土，恐死于道路。"作者所引，有出入。又，《钦定越史通鉴纲目》，正编，卷七，戊寅陈圣宗宝符六年条载：柴椿"既至，以帝不请命而自立为辞，谕命入觐。帝以旧典设宴于廊下，椿弗就宴。翌日改宴集贤殿，因言生长深宫，未谙风土，不堪入觐。椿乃还"。可资参考。——译者

② 《元史·安南传》："若果不能自觐，则积金以代其身，两珠以代其目，副以贤士、方技、子女、工匠各二，以代其土民。"又，《钦定越史通鉴纲目》，正编，卷七载："若果不亲至，当具金珠为代，贤士、工匠、方技各二，以副之。"作者所引，当据此。——译者

③ 《钦定越史通鉴纲目》，正编，卷七，作"中书令"。——译者

陈遗爱见元主之封也予接受，护送其回国也随之而回，心中的打算是：此行赖中国之力，若侥幸事成，则能做国王；倘若不成，则可推说是出于元主强迫。因此才跟随柴椿回国。

柴椿护送陈遗爱等人行近南关隘，有人将消息飞报京都。仁宗便遣将引军拦路截击逆臣。柴椿被箭矢射瞎一只眼睛，逃回中国，而陈遗爱之流被擒，徒为兵。

三、脱欢第一次出征

元主见柴椿受伤逃回，大怒，遂以其子脱欢为镇南王，与唆都、乌马儿引军50万，以借道安南国征占城为名，入侵南国。

谅山镇守官侦知此讯，遣人回京都飞报。

仁宗御舟前往墩河与太平江相汇合处的平滩[①]，会王侯百官，议攻守之策。

各官之中，有的说应该让元军借道，又有人说应该带方物上贡，以求缓兵。唯有陈国峻和陈庆余坚决请求领兵防守险要地方，不准元军取道南国。仁宗从其言。至癸未年（1283年）十月，封兴道王陈国峻为〔国公〕，统领天下诸军，前去抵御元朝军队。

甲申年（1284年）八月，陈国峻传檄诸王侯，会合全部军士于东步头进行检阅。水步兵共计20万人。

陈国峻告诸将士曰："本职奉命统督军士破敌。尔诸王侯将士人人应遵守法度，所行之处不得扰民，且应同心协力打击敌寇，

① 北宁省嘉平县万司总平滩村。

败不馁，胜不骄。军有军规，国法无情，尔等宜谨守之。”然后命陈平仲领兵驻平滩江上，陈庆余军守云屯（属广安万海）方面，其余各将则分驻各处险要之地。国峻自引大军驻于万劫（即属于海阳的劫泊村），以便接应各地。

不久，仁宗得到报告：元军在湖广会合即将开抵谅山之境。国王考虑到我军不能敌，便遣使带方物到中国，请求元朝皇帝缓兵，以便再做商议。

元帝不允，命脱欢尽管进兵。

仁宗视此，立即召天下耆老于延洪殿开会，商讨和战之计。诸父老同声请战。皇帝视民间如此团结一心，也决心抗战。

元军分作两路：一路由唆都率领，指挥 10 万大军，由广州循海道攻占城；另一路由脱欢指挥大军进至关隘，命人传信要求准其借道攻占城。

仁宗接到脱欢之信，复信曰：“本国至占城，水陆非便。”[①] 使者回报脱欢，脱欢大怒，促军开至谅山地区，并遣把总阿里前来谕曰：“本帅借南国之道以征占城，非有他意，无须怀疑。因应开关隘，让本帅之军通过，大军所到之处，希助粮草，破完占城将有厚谢。倘若抗拒天兵，则本帅决不容情，破疆毁界，其时后悔莫及矣！”[②]

兴道王陈国峻闻此甚为激愤，赶走阿里，分兵把守可离隘和

① 见《钦定越史通鉴纲目》，正编，卷七。——译者

② 同上书载：阿里“谕以兴兵之故，止为占城，别无他意”。作者所引有变通。——译者

禄州隘（属谅山），并自引大军驻守丘急岭。战船则停泊于涓津[①]，守水路。

四、陈兴道王军败回万劫

脱欢见兴道王把守各地，立即进兵攻打丘急岭、可离隘和禄州隘。两军在丘急岭打了两三仗，不分胜负。但后因可离和禄州失守，安南军被迫撤回支棱隘[②]。脱欢引大兵攻打支棱，兴道王失利，败逃至涓津，与家将野象和歇骄乘船回万劫。诸将收拾残军也都逐渐聚集至此。

仁宗闻知兴道王败回万劫，忙御小舟下海东（即海阳），并遣人召兴道王前来议事，因见自己的军队失利，心中害怕，便对兴道王说："贼势如此之大，而与之对抗则生灵涂炭，朕或可降之以救万民？"

兴道王奏称："陛下言此，实为仁德之言，但宗庙社稷将如之何？若陛下欲降，请先斩臣首，然后降！"[③]皇帝闻如此忠烈之言，内心始安。

---

① 在陆南江上游，可能是字津。

② 支棱隘，俗称支棱葫芦瓢，在支棱总，靠近巡昧车站，属谅山省温州辖地。此处是我国的一个险要之地。陈兴道后又在此破元军，且至黎初，太祖杀明将柳升也在此地。

③《大越史记全书·本纪全书》卷之六《陈纪二·英宗》载："圣宗阳问国峻之言曰：贼势如此，我可降之。国峻曰：先断臣首，然后降。"作者所引有变通。——译者

兴道王召集各路之军会师万劫，得20万余众，军势复振。其时兴道王撰写《兵书要略》一书，传檄劝诫诸将士。此檄文用汉字写成，今译出国音字如后：

余尝闻之：纪信以身代死而脱高帝；由于以背受戈而蔽昭王；豫让吞炭而复主仇；申蒯断臂而赴国难；敬德一小生也，身翼太宗而得免世充之围：杲〔颜〕[①]卿一远臣也，口骂禄山，而不从逆贼之计。自古忠臣义士，以身殉国，何代无之？设使数子区区为儿女子之态，徒死牖下[②]，乌能名垂竹帛，与天地相为不朽哉？

汝等世为将种〔世出将门〕，不晓文义，既闻其说〔古事〕，疑信相半。古先之事，姑置勿论[③]。今余以宋、鞑之事言之：王公坚何人也？其裨将阮文立又何人哉〔也〕？以钓鱼[④]琐琐斗大之城，当蒙哥[⑤]堂堂百万之锋，使宋之生灵，至今受赐。骨解兀郎何人也？其裨将斤修思又何人也？冒瘴疠于万里之途，蹶〔败〕南诏于数旬之顷，使鞑之君长，至今留名。况余与汝等生于扰攘之秋，长于艰难之际。窃见伪使往来，道途旁午。掉鸮鸟之寸舌，而凌辱朝廷。委犬羊之尺躯，而

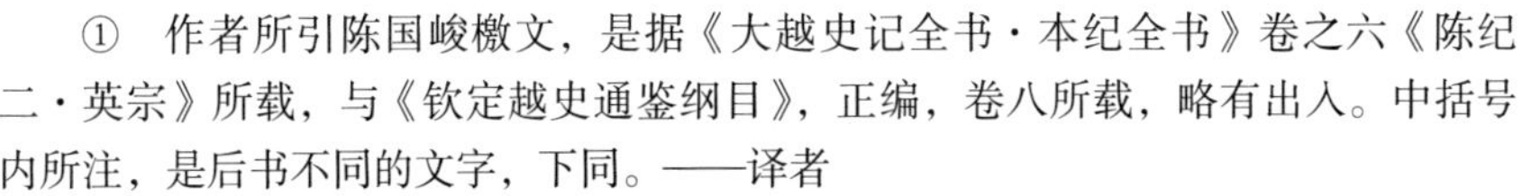
① 作者所引陈国峻檄文，是据《大越史记全书·本纪全书》卷之六《陈纪二·英宗》所载，与《钦定越史通鉴纲目》，正编，卷八所载，略有出入。中括号内所注，是后书不同的文字，下同。——译者

② 《钦定越史通鉴纲目》所载无此四字。——译者

③ 《钦定越史通鉴纲目》所载无此句。——译者

④ 钓鱼是山名，属四川省重庆府。

⑤ 蒙哥系蒙古皇帝，忽必烈之兄。

倨傲宰辅。托忽必烈之命，而索玉帛，以事无已之诛求。假云南王[1]之号，而需金银以竭有限之帑库。譬犹以肉投馁虎，宁能免遗〔无〕后患也哉！

余尝临飧忘食，中夜抚枕，涕泗交颐，心腹如捣，常〔尝〕以〔不能〕食肉寝皮，茹肝饮血为恨也。虽余之百身膏于草野，余之千尸裹于马革，亦愿为之。汝等久居门下，掌握兵权，无衣者则衣之以衣，无食者则食之以食。官卑则迁其爵，禄薄则给其俸。水行给舟，陆行给马。委之以兵，则生死同其所为；进之在寝，则笑语同其所乐。其视公坚之为偏裨，兀郎之为副贰，亦未下耳。

汝等坐视主辱，曾不为忧；身尝国耻，曾不为愧；为中国之将，侍立夷酋，而无忿心；听太常之乐，宴飨伪使，而无怒色。或斗鸡以为乐，或赌博以为娱，或事田园以养其家，或恋妻子以私于己。修生产之业，而忘军国之务。恣畋猎之游，而怠攻守之习。或甘美酒，或嗜淫声。脱有蒙鞑之寇来，雄鸡之距，不足以穿虏甲；赌博之术，不足以施军谋；田园之富，不足以赎千金之躯；妻孥之累，不足以充军国之用；生产之多，不足以购虏首；猎犬之力，不足以驱贼众；美酒不足以鸩虏军；淫声不足以聋虏耳。当此之时，我家臣主就缚，甚可痛哉！不惟余之采邑被削，而汝等之俸禄亦为他人之所有；不惟余之家小被驱，而汝等之妻孥，亦为他人之所虏；不惟余之祖宗社稷，为他人所践侵；而尔等之父母坟墓，

① 当蒙古军夺得云南之地后，忽必烈封其子忽哥赤为云南王。

亦为他人之所发掘；不惟余之今生受辱，虽百世之下，臭名难洗，恶谥长存；而尔等之家声，亦不免名为败将矣。当此之时，汝等虽欲恣其娱乐得乎？

今余明告汝等：当以厝火积薪为危，当以惩羹吹齑为戒。训练士卒，习尔弓矢，使人人逢蒙，家家后羿。枭必烈之头于阙下，腐云南之肉于藁街。不惟余之采邑，永为青毡，而尔等之俸禄，亦终身之受赐；不惟余之家小，得安床蓐，而尔等之妻孥，亦百年之偕老；不惟余之宗庙，万世祀享，而汝等之祖父，亦春秋之血食；不惟余之今生得志，而汝等百年之下亦芳名不朽；不惟余之美谥永垂，而汝等之姓名，亦遗芳于青史矣。当此之时，汝等虽欲不为娱乐得乎？

今余历撰诸家兵法为一书，名曰《兵书要略》，汝等或能专习是书，受余教诲，是夙世之臣主也；或暴弃是书，违余教诲，是夙世之仇雠也。

何则？蒙鞑乃不共戴天之仇。汝等既恬然不以雪耻为念，不以除凶为心，而又不教士卒，是倒戈迎降，空拳受敌，使平虏[①]之后，万世遗羞，尚何面目立于天地覆载之间耶〔哉〕？故欲汝等明知余心，因笔以檄云。[②]

---

① 平虏是城名，但旧史未载明其在何处，何人所建。《钦定越史通鉴纲目》载：据阮廌《地舆志》，李朝曾掘平虏江以通太原称便。因此，平虏城可能位于太原辖地。从陈兴道王嘱托之言可以看出，此平虏城建于丁朝或前黎朝，后李朝李常杰已打宋军于此。

② 录自《大越史记全书·本纪全书》卷之六《陈纪二·英宗》。——译者

五、升龙失守

诸将士闻听此劝诫之言，人皆尽心训练，决心打击敌人，因此个个以墨刺于臂上二字："杀鞑"，即杀蒙古军。当脱欢攻取了谅山各关隘之后，乘胜攻万劫，安南军势弱，不能敌，败逃，战船丧失殆尽。蒙古军虏获安南士兵，见人人皆墨刺"杀鞑"二字于臂，大怒，尽行杀之，然后进趋京北方面。脱欢纵兵大掠武宁、嘉林、东岸地区，后进屯东步头。兴道王立寨于南岸，以事防守。

脱欢见红河[①]南岸有安南军寨防守，便命令发炮射击，摧毁所有军寨，军士惊恐逃窜一空。当时蒙古军搭浮桥渡河，开至升龙城脚下扎寨。

兴道王迎上皇及皇帝车驾出升龙城，留诸将守城。当脱欢围城，并攻克城池之时，得知兴道王已迎车驾南下了，忙遣将引军追击。

六、唆都攻乂安

唆都是第二路元军之将，走海路征占城，但占城军扼守通衢要道，久攻不下。元主下诏，命唆都由陆路引还乂安，与脱欢军会合，以攻安南。

脱欢闻此讯，忙遣其将乌马儿引军顺海路接应唆都，从南面

① 史载是富良江，参阅第 106 页注 ①。

攻击；北面，则元之战船分守各渡口，驻扎于上从升龙下至大黄江（属河南南昌县）一段红河[①]之上。

七、兴道王护送皇帝回清化

其时兴道王引诸将护卫皇帝车驾至天长，听到唆都自南而来的消息。兴道王奏请皇帝命上相陈光启引军屯乂安，扼守小路，不让唆都北上。又命陈平仲留守天长，与脱欢军相拒。之后，迎帝车驾幸海阳。

陈光启至乂安，分军防守，但元军势强，所向披靡，加之又有乌马儿自海道攻入。光启不能阻挡，被迫撤军北退。乂安镇守陈键挈全家降唆都。唆都送陈键等归燕京。

兴道王闻讯，遣将带兵潜行间道追赶。当元军带领陈键行至谅山境内，经过麻六寨（？）时，当地土豪阮世禄、阮领率民兵攻之。又有官军追来，元军弃逃。陈键中箭而死，但其僚属黎崱抢得尸体宵遁，带至丘温（谅山省丘温）葬之，然后逃至中国。黎崱是东晋时（317—420年）交州刺史阮敷的后裔。他逃到中国后，曾撰写一部史书，名曰《安南志略》。此书现在还流传于中国和日本。

在天长，陈平仲见元军已至天幕洲（在兴安省东安县天幕江上），遂领兵出击，但不幸陷入重围，被俘。元军将平仲献给脱欢。脱欢知道平仲是一员善战的骁将，欲劝诱其归降，赐予饮食，

① 史载为富良江，参阅第106页注①。

平仲不食；诘问国事，平仲亦不作答。脱欢问曰："为北王乎？"平仲厉声回答说："宁为南鬼，不为北王。老子被俘只有一死，何需多问！"[1]脱欢见不能诱其降，遂令军士杀之。

上皇圣宗、仁宗皇帝及兴道王闻陈平仲死节，皆感痛惜。

兴道王因见形势十分危急，即迎皇帝车驾幸广安。船行三岐源（属先安州），命将引御舟出玉山海口（属广安省万宁州）以疑敌情。元将李恒和宽彻侦知出玉山之船是假的，便引军追至三岐源。兴道王迎车驾登陆，行至水注村，又乘船出南赵江（即白藤江，属海阳），逾大旁海口（属宜阳县），进入清化省。

其时，元军军势甚大，遍布各地，北宁、升龙、天长地区，无处不有元军驻扎。在乂安地区，又有唆都、唐兀䚟、乌马儿向北出击。仁宗惊骇，上皇昼夜忧惧不安。国家危如累卵。皇族陈益稷、陈秀嵈之流皆已降元。只有兴道王扈从车驾而行，翻山过海，栉风沐雨，虽势穷力竭，但决心不动摇，仍设法抗敌，料理国事从不慌乱。他确实是一位具有大将之才、能够担当救民扶国重任、声名流传万古的人。

八、咸子关之役——陈日燏破唆都军

从占城开来的唆都军攻取乂安之地。陈光启领兵北撤，扼守要道。唆都久攻不下，而粮草殆尽，遂与乌马儿乘船越海而北，以与脱欢军会合。

---

① 以上问对，见《大越史记全书·本纪全书》卷之五《陈纪一·仁宗》。"老子被俘只有一死，何需多问"，原书无之，系作者所加。——译者

陈光启闻此讯，派人向清化飞报。仁宗会群臣问计，兴道王奏称："唆都自占城返回，经乌哩（顺化）、欢（乂安）、爱（清化）之地，道路崎岖遥远，军士劳顿。今又逾海北行，势已疲弊。宜派一将军引军拦路截击，破之必矣！"①

仁宗从其计，命昭文王陈日燏为将、陈国瓒②为副将，同将军阮蒯领兵5万，在海阳地区阻击唆都。乙酉年（1285年）四月，陈日燏至咸子津（属兴安东安县）则遇到了唆都的战船，日燏忙分兵出击。当时日燏军中有宋朝之将赵忠等请求从征，着衣佩弩如宋朝军。到交兵之时，元军看见赵忠等人，以为宋朝已恢复了中国，派兵来救安南，个个惊骇逃窜。我军追击，敌军大败，死伤无算，唆都撤至天长海口。

陈日燏战胜，命国瓒回清化报捷。兴道王得此捷报，向皇帝奏称："我军新胜，气势正盛，而元军方败，必然心慌意乱。因应乘机进军攻打脱欢，以收复京城。"

皇帝从其请，传令准备进兵。适有上相陈光启从乂安而来，请求去攻脱欢。帝即命光启部署军士进攻升龙，并传檄命陈日燏派兵拦截通道，勿使唆都开来与脱欢相会合。

① 《钦定越史通鉴纲目》，正编，卷七，乙酉年条："唆都兵自占城引还，沿途扰掠，崎岖乌哩、欢、爱之间，至是进驻西结。帝与群臣议曰：贼万里袭人不克而去，今乘疲弊，以逸待劳，先夺其气，破之必矣！"作者所引与此和《大越史记全书》都有出入。——译者

② 史载：当仁宗会王侯百官于平滩议抗敌之计时，陈国瓒当时年方十五六岁也，随之与会。但以其年幼不许其议，国瓒无限愧愤，手中握柑子，不觉碎烂。

散会之后，人们都回去准备兵船。国瓒回家，也集合亲属人等修战器，绣"破强敌报皇恩"六字于战旗之上，领兵攻打敌人。所到之处，敌军退避。（参见《大越史记全书·本纪全书》卷之五《陈纪一·仁宗》。——译者）

九、章阳渡之役——陈光启收复升龙

此时脱欢大军屯驻于升龙，战船则停泊于上福县境的章阳渡。

陈光启与陈国瓒和范五老带兵从清化上船，绕海道进至章阳渡，扑上前去攻打元军战船。官军猛攻，元军不能敌，抱头鼠窜。官军登陆追击，进至升龙城脚下扎寨。脱欢率大军出阵拒敌，又遭陈国瓒伏兵的袭击，元军被迫放弃升龙城而逃，渡过红河[①]，退保京北地区（北宁）。

陈光启率军入城，设宴犒劳将士。在饮酒高兴之时，光启吟诗曰：

> 夺槊章阳渡，擒胡咸子关。太平宜努力，万古此江山。[②]

陈光启派人回清化报捷。仁宗见军势已强，两个月之内连胜两仗，军士个个斗志昂扬，同心协力打击敌寇，遂迎上皇并挥兵马进屯长安（宁平）。

十、西结之役——陈将斩唆都

唆都驻军于天长，远离脱欢200余里，因此不知脱欢已败逃北

① 史载是富良江，参阅前面第106页注①。

② 此诗后两句，有的书作："太平宜致力，万古旧江山。"（见《大越史记全书·本纪全书》卷之五《陈纪一·仁宗》。——译者）

江，遂进兵天幕江[①]，欲与脱欢会兵合力，以形成掎角之势。不数日，唆都闻知其前军吃了败仗，而各渡口皆有陈朝军队守卫，便撤至西结[②]，并派人侦察脱欢军驻扎何处。

安南军自从咸子关之役和章阳渡之役战胜之后，军势大振。兴道王喜出望外，奏请仁宗一面命昭文王陈日燏与上相陈光启会合，引军断各通路，勿使脱欢与唆都之间有联系；另一面请自率大军进击唆都，然后攻脱欢。

仁宗从其言，授权兴道王自便指挥。大军进至西结，兴道王分兵攻打元军营寨，并置伏兵以生擒唆都。

我军奋击，元军不能敌，唆都和乌马儿领兵登陆而逃，当其逃至一座山后的时候，遭安南军包围，唆都中箭而死；而乌马儿则寻路逃入清化，但被我军紧追，被迫只身偷偷地乘小船出海，逃回中国。

当各将打了胜仗，回献唆都首级于国王时，仁宗见此勇健而又忠于其主之人，恻然叹曰："为人臣，当如是也！"[③]然后解御衣盖唆都之首级，命有司殓葬之。

西结之役发生于乙酉年（1285年）五月，官军生擒元军3万余人，并获战船、器械无算。

兴道王获得了全胜，开筵犒赏众三军，然后起兵北上，以剿除脱欢。

---

① 天幕是兴安省东安县境内红河的一段。

② 今在快州府（兴安）有东结村，位置距红河河岸较远。或者在其西面，靠近红河岸边，古代曾有一西结村，而今天已不存在了。

③ 见《大越史记全书·本纪全书》卷之五《陈纪一·仁宗》。——译者

十一、万劫之役——脱欢逃回中国

这时脱欢驻军于北江，得知唆都阵亡，乌马儿已逃回中国，将士个个心灰意冷，无有斗志。况且时值盛夏，天气炎热难耐；山岚瘴气大作，军士疫毙甚众。因此打算撤军回中国。

兴道王也知道脱欢必然要逃跑，即命阮蒯、范五老引军3万潜行山道，埋伏在万劫河两岸的芦苇和林丛之中，以待元军开到时出击；又命其二子兴武王巇和兴孝王蔚领兵3万走海阳道，出广安，扼守通思明州之路；兴道王自引大军趋北江，攻打元军。元军溃逃，脱欢引败兵逃至万劫津，受到阮蒯的攻击，元军伤亡一半。元将李恒中箭而死。脱欢、樊楫、阿八赤、李瓘竭力死战夺路而逃。后见安南军紧迫，脱欢被迫钻入一支铜管内，将铜管放到车上，迫令军士拉着逃跑。快逃到思明州时，复遇兴武王巇和兴孝王蔚的追击。李瓘中箭死。脱欢、阿八赤和樊楫逃脱，回到了中国。

如此观之，脱欢大军初到之时声势何等浩大，到如今则全部被粉碎。在从甲申年（1284年）腊月到乙酉年（1285年）六月的几个月时间内，安南军队把50万蒙古军队驱逐出境外，重整江山如故。这都是幸赖有兴道王这样具有大将之才的人物，坚强地带领着军队，肝胆如铁；且善劝勉，使人感动，生忠义之心，因而将士个个尽力扶国。

况且当时安南国君臣和睦，人心如一，人才辈出；而元军来安南，则路远万里，山水隔阻，时值炎热酷暑，又有岚瘴之气，因而初时是雄兵，后成病夫。如此，复遇陈国峻这样人物，善于用兵，见机而行，进退有度，所以元军之败，势在必然。

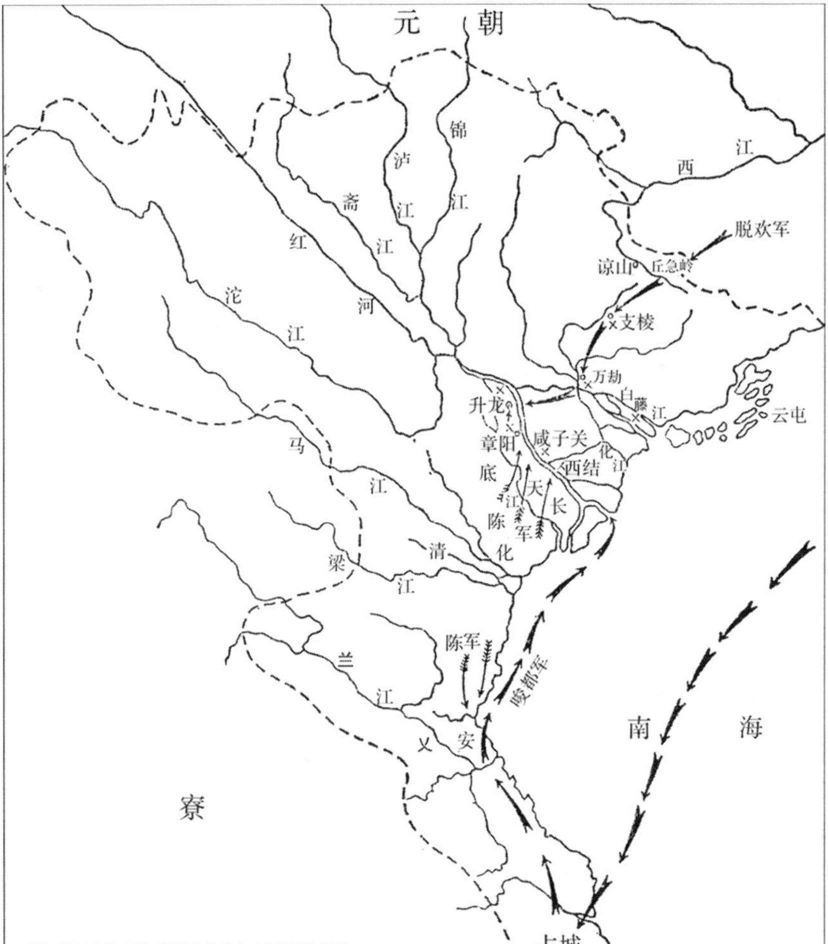

陈朝抗元朝时的南国图

第八章　元朝征讨（二）

（1284—1288 年）

一、元主兴兵复仇　二、脱欢第二次出征　三、云屯之役——陈庆余劫元军粮　四、白藤江之役——乌马儿被擒　五、兴道王大破元兵　六、安南使臣赴中国请和　七、赏功、罚罪　八、定和好之局

一、元主兴兵复仇

兴道王陈国峻破元军之后，引军前往长安，迎上皇和仁宗驾还升龙。陈朝江山又完全得到恢复。脱欢之流败逃回中国，想去的时候声势何等浩大，而回来的时候损兵折将，引以为奇耻大辱。因此打算奏请元主增加兵马前去复仇。

元主见脱欢之辈战败而回，大怒，欲斩之，但群臣力谏，始罢。

当时元主正准备前去攻打日本，遂立即停征日本，并下令加造战船 300 艘，传檄江淮、湖广、江西三行省聚集军士，期以八月起兵，走钦州、廉州道讨伐南国以复仇。

湖南行省臣线哥上疏谏阻道："我军新败，幸存者未加存恤，

病弱者尚未康复，请许军士稍事休息，以苏民力，然后大举。”[1]

元主闻是言，下诏让军士休息数月。而随脱欢来到中国的陈益稷，令其居于鄂州。

仁宗得知元朝准备起兵进攻安南的消息，便召兴道王问曰：“脱欢战败而回，此番怀恨定来报复，军势较前更大，我应用何计而抗之？”兴道王奏称：“昔时我国太平日久，民不知兵，是以前年元人入寇，或有降避。赖祖宗威灵，陛下神武，克清胡尘。若彼又来，我士习于攻战，彼军惮于远行。且惩恒、瓘之败，无有斗心。以臣观之，破彼必矣！陛下无虑。”[2]

仁宗闻之大悦，命兴道王总督诸王侯，增募军士，修造器械，以备攻守。

二、脱欢第二次出征

至丁亥年（1287 年）春二月，元主选拔军士 7 万人，船 500 艘，云南兵 6000 人，海外四州兵 15000 人，以脱欢为大元帅，阿八赤为行省左丞，奥鲁赤为平章政事；乌马儿、樊楫为参知政事，领兵凡 30 万，假借送陈益稷还国，就任安南国王之名来征

---

① 线哥奏，见《元史·安南传》，其原文曰：“湖广行省臣线哥……遣使入奏，且言：‘本省镇戍凡七十余所，连岁征战，士卒精锐者罢于外，所存者皆老弱，每一城邑，多不过二百人。窃恐奸人得以窥伺虚实。往年平章阿里海牙出征，输粮三万石，民且告病，今复倍其数，官无储畜，和籴于民间，百姓将不胜其困。宜如宣慰司所言，乞缓师南伐。’”作者所引，相差较远，今录出原文，以供参考。——译者

② 原文见《大越史记全书·本纪全书》卷之五《陈纪一·仁宗》，作者所引略有出入。——译者

南国[①]。又命万户张文虎循海道运粮17万石[②]以供军士之需。

正月过后，脱欢引军走钦、廉州道至思明州，命张玉领兵2000管理送输粮草、器械之事；又命程鹏飞、奥鲁赤各引1万军走陆路，乌马儿、樊楫率水军走海路，皆向安南进发。

边境镇守官员将此消息飞报升龙。各官请求选丁壮增兵。兴道王说："兵贵精不贵多，纵如苻坚百万，亦何为哉？"[③]

仁宗命兴道王统领各王侯，分军防守各地。

兴道王命陈日燏、阮蒯领兵3万前去守谅山方面；命陈国瓒、黎辅陈引军3万守乂安；自引大军出据广安。一方面派前军进至思明州附近，分作沙、茨、鼠三屯驻扎[④]，以抵御元军；另一方面遣将领兵扼守大滩江口[⑤]（属海阳）；至若兴道王大军则驻屯浮山。

官军虽作如此部署，但元军势力甚大，无法抵抗，被迫撤回万劫；脱欢进而占据了普赖山和至灵山，扎营与我军相对峙，然后命将程鹏飞领兵两万攻取万劫屯，又命乌马儿与阿八赤引军自六头江而下红河。

① 有的书记载：脱欢此番第二次征安南，曾带一名向导阮颜，假名阮伯令，曾犯罪当斩，甘愿从征，以立功赎罪。阮颜之父是前来南国经商的一个广东人，娶东潮县安沛村女为妻生伯令，命其回中国就学，中了进士，并是一个高明的巫师。到安南时，他用法术帮助元军。后被兴道王俘虏，送回其故乡安沛村斩之。俗传：阮颜死后，其魂显形，调戏妇人女子，触犯者则死，因称"犯颜"。

② 旧史载为70万石。

③ 见《大越史记全书·本纪全书》卷之五《陈纪一·仁宗》丁亥三年条。——译者

④ 《元史》卷二百九《外夷二》载作"老鼠、陷沙、茨竹"三关，与本书此处有出入。——校者注

⑤ 今属北宁省嘉平县，与平滩相连。

兴道王撤军守升龙，并派将迎帝车驾暂避嗷南（？）。

但后因被乌马儿兵追得太紧，仁宗和上皇被迫乘船出海，进入清化。

乌马儿追赶不及，引军返回，经过龙兴（太平先兴府），得知此地有昭陵，是陈朝祖陵，便派兵尽行捣毁。

脱欢带兵马围攻升龙，不克，不得不撤守万劫、至灵和普赖。兴道王也进兵立营寨，以抵抗敌军。

仁宗见元军已撤退，遂迎上皇北上。

三、云屯之役——陈庆余劫元军粮

元军久驻万劫，粮食行将告罄，脱欢遂命乌马儿率水军出大滂海口（海阳宜阳县）[①] 迎张文虎粮船。乌马儿的兵船行至云屯汛（广安云海）遇到仁惠王陈庆余军的阻截，不使其通过。乌马儿督军猛攻，陈庆余军败逃。乌马儿引军出海迎接粮船。

上皇闻知水军在云屯失利，遣中使锁庆余回阙问罪。

庆余自战败之后，正考虑复仇计划，忽见中使来擒，便迎接中使并谓之曰："以军宪论，甘受罪谴，愿假二三日，以图后效，如何？"[②]

不数日，乌马儿出海遇到了张文虎的粮船，又引军返回，在前面开道。张文虎带粮船跟随其后。

---

① 宜阳县今属建安省。

② 见《大越史记全书·本纪全书》卷之五《陈纪一·仁宗》，原文无"如何"二字。——译者

庆余推测：乌马儿已破我军，心中一定认为无人再敢阻拦，因而轻敌，带兵船先行。庆余收集船只，准备好伏兵，待张文虎粮船一到，便纵兵出击。

果然不出所料，张文虎督率粮船进入绿水洋海口（在横蒲县东南面，即今之绿口湾）。庆余纵兵出击。文虎不能敌，粮船全部被庆余军所劫夺，并获器械不可胜计。张文虎跳上一只小船逃回琼州。

庆余获胜，遣人驰书报捷。上皇大悦，释前罪不问，并告兴道王曰："元兵所资者，粮草器械，今既为我所获，其势不能长。然彼未知，犹或陆梁，因宜纵其所获人回营具告脱欢，则其军士必气馁，其时破之易矣！"[①]

兴道王遵旨，释放元军回。自此之后，脱欢之军议论纷纷，心中盘算想回中国，而粮食也日益告罄。

乌马儿从云屯汛返回，久等不见粮船到来，遂引军破安兴寨（属广安），而后撤回万劫。

四、白藤江之役——乌马儿被擒

元军自云屯战败之后，粮草日竭，脱欢意欲派人回中国求援并增添粮食，兴道王得知脱欢此意，便遣将扼守谅山方面的丘急

① 见《大越史记全书·本纪全书》卷之五《陈纪一·仁宗》。原文是："上皇释前罪不问，曰：元兵所资者，粮草器械，今既为我获，恐彼未知，犹或陆梁。乃纵其所获人，至元营具告，元人果退。故是年百姓疮痍，非前年之惨，庆余预有功焉。"作者所引有变通。——译者

岭和女儿关。

诸将见如此，因与脱欢议曰："我军驻此，无城池可守，仓庾业已告罄，且时已春尽夏来，天气炎热，而险要之地尽行失守，无如还师，以待将来另谋他计。"[①]

脱欢见兴道王军势甚盛，无法战胜，遂从诸将之言，命乌马儿、樊楫引水军顺白藤江[②]先还。陆路方面，则命程鹏飞、张均将兵断后。准备数日后即行撤回。

兴道王知道了这个意图，便遣阮蒯领兵走捷径进至白藤江上游，寻找木桩削尖裹铁遍植于江中，然后置伏兵，待潮水上涨之时，派兵出来挑战，诱使敌船通过植桩区。一旦落潮，则回兵力战。又命范五老、阮制义引军埋伏于内傍隘（属谅山），待元军逃跑至此时，纵兵出击。

诸将分赴指定地点后，兴道王进军攻打敌人。忽然听到乌马儿军撤至白藤江的消息，兴道王遂命军士直指化江[③]，并宣誓曰："此阵若不杀尽元寇，决不重返此江！"军士闻之，个个请求决一死战，一口气跑到白藤江。

乌马儿、樊楫的战船顺白藤江而下，忽见陈将阮蒯引战船前

① 见《元史·安南传》，原文是："诸将因言：'交趾无城池可守，仓庾可食，张文虎等粮船不至，且天时已热，恐粮尽师老，无以支久，为朝廷羞，宜全师而还。'"又，《钦定越史通鉴纲目》，正编，卷八，戊子陈仁宗重兴四年条载："元兵乏食，分道求粮，诸将皆言：地无城池可守，仓庾可食，且春夏之交，天气炎烝，所得险要又皆失守，不如还师。脱欢从其言。"作者所引有出入。——译者

② 白藤江今属建安省瑞原县。

③ 化江是太平江的一条支流，在建安省和太平省夹界。今天，此地居民还记得起兴道王的大象过化江陷入泥泞而死的地方。

来挑战。乌马儿大怒，纵兵击之，阮蒯连忙掉转船头而逃。此时正值潮水上涨，江面溟濛无际，乌马儿凶狠无情，见敌军逃跑，竭力督促其兵船追击。

阮蒯引诱元军远离植桩区，然后又掉过头来拼杀。双方交战犹酣，兴道王的增援大军开到。乌马儿、樊楫见官军人多势众，遂掉转船头而逃。当逃至植有木桩的一段江流时，潮水已退落，元军兵船受木桩阻绊，东倒西歪，互相撞击，沉没甚多。官军乘胜力战，元军被杀不可胜计，江流为之尽赤。元将乌马儿、樊楫、昔戾、基玉①皆被生擒。

白藤江之役发生于戊子年（1288年）三月。此役获元军战船400余艘，生擒军士甚众。

五、兴道王大破元兵

脱欢闻知水军溃败之后，引程鹏飞、阿八赤、奥鲁赤、张均、张玉等辈，走陆路逃至内傍隘，忽遇范五老伏兵出击。诸将竭力护卫脱欢，且战且退。张均引3000军断后，力战夺取逃路，被范五老斩杀。脱欢逃脱出关，然军士损失十之五六。

脱欢之辈正在行走，又忽接谍报：自女儿关至丘急岭连亘百余里，无处不有屯寨。闻知此讯，军士骚然，个个惊骇，耳后又听见喧扰之声，官军追兵即将赶到。脱欢忙命阿八赤、张玉领兵先行开路，奥鲁赤断后。

---

① 据《元史》当为昔戾基王，而《大越史记全书》作昔戾基玉，作者又将昔戾基王一人误作昔戾、基玉二人。——译者

阿八赤、张玉遇到埋伏于两边山腰间的官军的拦路阻击，射下如雨毒箭。两将皆阵亡，军士死尸枕籍。程鹏飞竭力保护脱欢，逃出单己县，过禄州，然后间道以出，逃回思明州。

奥鲁赤后行，得以逃脱，收集了残兵，随脱欢回至燕京。

兴道王此番确乎是尽除蒙古军，然后才会诸将，引军迎上皇与仁宗车驾返回京师。当回驾至龙兴之时，带被俘元将乌马儿、樊楫、昔戾、基玉[①]于昭陵之前行献俘礼。

因见江山重新恢复如故，上皇圣宗作诗两句以资纪念，诗曰：

社稷两回劳石马，山河千古奠金瓯。[②]

回至升龙，帝命开宴犒赏将士，许民欢会3日，谓之“太平筵宴”。

六、安南使臣赴中国请和

元军征安南确实三番两次遭到失败，但元朝的势力仍甚强盛，而我南国与中国相较，乃一微不足道的小国，孤立无援，无依无靠；倘若长期争战，胜败未知如何，而万民又要生灵涂炭，痛苦万端。因此之故，至戊子年（1288年）十月，仁宗遣杜天覷出使元朝，请求按照前例朝贡。

---

① 当为昔戾基王。——译者

② 见《大越史记全书·本纪全书》卷之五《陈纪一·仁宗》。——译者

元主见自己的军队屡次失败，心灰气馁，因而也应允和好。

己丑年（1289年）二月，仁宗遣官送被俘元将昔戾、基玉还中国。至若樊楫因忧虑成疾而死，帝命火葬，后供给其妻儿人马，送骨骸回国。各头目也全部放还。唯有乌马儿杀戮甚多，帝恨之入骨，不想遣返。但又害怕影响和好，遂用兴道王计，命人送至海中，凿沉船，使其溺死，而元朝也无从责怪。后来本阮朝翼宗皇帝读史观至此处，朱批四字："不仁非义"[1]，愚以为这个批语也是正当的。

七、赏功、罚罪

己丑年（1289年）四月，开始赏功、罚罪。许多王侯平元军有功，全部进秩；而异姓将士有大功者，则赐国姓。阮蒯受封侯爵，食蒯路（即今之快府）一乡之禄；范五老被升为管圣翊军[2]。

各芒酋率民兵抗敌有功者，也受封列侯。

帝又命文臣记载诸将功状，合编成书，谓之《中兴实录》；并命画师绘诸将像悬于功臣阁。

论功行赏毕，始问降敌者之罪。当元军正强盛之时，朝臣多有怀二心、与敌人通文书者。及至敌人败逃北返，朝廷获各官降表一箧。廷臣欲捡出治罪，但上皇虑及治那些小人之罪固亦无益，

---

① 见《钦定越史通鉴纲目》，正编，卷八，己丑陈仁宗重兴五年条。——译者

② 《钦定越史通鉴纲目》，正编，卷八，庚寅陈仁宗重兴六年条载："以范五老管圣翊军，五老〔陈〕国峻家臣。国峻见其材器绝伦，妻以养女，因荐之。从平元有功，故有是命。"——译者

遂命人焚之，以安人心。唯真正降敌之大奸，始治其罪，或充军，或处死。因而陈键、陈文弄之流虽已身死，但削去其子孙宗室国姓，改姓为枚。至若陈益稷，帝念近亲骨肉之情，不忍改姓，但命称为婀陈，意即谓其柔懦似妇人也。

至于军民则全部恕罪，唯旁河、巴点两乡军民首先降敌，因全乡徒为兵，不得入仕。

赏功、罚罪毕，上皇驾还天长府，至庚寅年（1290 年）五月驾崩[①]。

仁宗遣使赴中国报丧并请封。

八、定和好之局

自从脱欢败归，元朝皇帝虽答应和好，但心中余怒未息，急欲再次发兵复仇。廷臣谏止，请求遣使谕安南国王来朝，如若不来，然后再作别的打算。元主从其请，遣尚书张立道使安南。但仁宗以服孝为借口而不去。遣阮代乏代之。

阮代乏至中国，告以安南国王将于来年前来朝觐。

过了第二年，元朝不见安南国王前来，又遣吏部尚书梁曾和礼部尚书陈孚来催仁宗朝觐。

仁宗不去，遣陶子奇为使，带方物前往中国朝贡。

元朝见安南国王不肯来朝，决定起兵征讨，遂拘留子奇于江陵，

① 据《钦定越史通鉴纲目》，正编，卷八，庚寅年条，上皇陈圣宗“在位二十一年，逊位十三年，寿五十一”。——译者

命刘国杰与诸将准备兵粮，择日发兵。又命陈益稷从征，会合于长沙。但正在准备之时，元世祖忽必烈驾崩，元成宗即位，始命罢征，并遣安南使臣陶子奇归国。

从此之后，元朝与南国通好，不再发生战争。

第九章　陈朝第二时期

（1293—1341年）

一、陈英宗（1293—1314年）

年号：兴隆

（一）英宗的德行与胸怀

太子陈烇即位，是为英宗。

初时，英宗喜欢饮酒，并常微服夜游，有时竟被无赖触犯[1]。

一日酒醉，竟至上皇仁宗自天长回京、百官全部出迎接驾，而帝犹酣卧未醒的地步。上皇大怒，传令车驾立即返回天长，并诏百官前往该地会议。当英宗酒醒之时，知上皇曾回京，甚为惊恐，慌忙走出宫外，遇见一位太学生名段汝谐，乃请其代草表文

① 《大越史记全书·本纪全书》卷之六《陈纪二·英宗》载："帝好微行，每夜乘肩舆，与侍卫十数人，遍历畿内，鸡鸣乃还宫。尝夜出至军坊，无赖辈抛砖，中帝首。从者曰：乘舆在此，彼知方走散。……"——译者

上呈谢过。之后，便与汝谐乘舟连夜驰抵天长府。上皇览其表文后，呵责一番，并恕英宗之过。回至京师，英宗拜汝谐为御史中赞，且自此之后不再嗜酒。

自古相沿，安南国王仍有文龙于髀之俗，但英宗不愿从此俗。一日，上皇谕英宗曰："我家后裔固宜文髀，以示不忘根本，官家宜随此俗。"英宗虽遵命，但趁上皇忙于处理他事之时，避而不肯文髀。自此之后，安南帝王不再文身[①]。

英宗喜好书画，曾御制《水云随笔》一集[②]，但至临崩悉令焚之，不欲流传后世。史载：当英宗病重弥留之际，皇后召僧以卜生死之事，英宗止之曰："僧未死，安能以死告人哉！"[③]观乎此，可知英宗乃一孝顺而又聪明的君主，因而当时朝政甚有纲纪。

朝中又有贤才之士，尽力襄助朝政。文则有张汉超，武则如范五老等人，都是有才智之士。

① 《大越史记全书·本纪全书》卷之六《陈纪二·英宗》己亥年条载："八月，上皇自天长府复出家，入安子山苦行。上皇尝御重光宫，帝来朝，国公国峻从。上皇曰：我家本下流人（始祖显庆人），世尚雄勇，每刺龙梭于髀间，世业武，固宜文髀示不忘本。时文刺工已俟宫门外，帝伺上皇他顾，即回重华宫。良久上皇问官家何在，左右对曰：已回重华宫矣。上皇曰：官家已遁耶，则文刺惠武国瑱、国父髀间，有龙梭之刺。是后嗣皇无文髀，由英宗始。又，国初军士皆浑刺龙文于腹背及两髀，谓之采龙。盖宋商客见我越民刺龙文于身，谓海蛟畏龙文，遭风舟沉，蛟不敢犯，故目曰采龙也。"《钦定越史通鉴纲目》，正编，卷八，己亥年条也载："帝来朝，上皇谓曰：我家起自海滨，髀刺龙文示不忘本也。辰刺工已俟门外，帝待上皇他顾，避之重华宫。上皇知其意，遂不复强，陈家文髀之习，自此始革。"以上材料可资参考。——译者

② 据《大越史记全书》所载，《水云随笔》为一御制诗集。——译者

③ 见《钦定越史通鉴纲目》，正编，卷九，乙未年条。——译者

范五老为海阳省美豪县扶拥村[①]人氏，前曾追随兴道王抗拒元兵，立下大功，受到朝廷重用，使作大将。五老治军有纪律，待将校如家人，与士卒相处能同甘共苦，因此人们称他的军队为“父子之兵”，战无不胜，成为我南国一员名将。

范五老既精于武艺，又擅长文艺，尝吟述怀诗如下：

> 横槊江山恰几秋，
> 三军貔虎气吞牛。
> 男儿未了功名债，
> 羞听人间说武侯。[②]

当时君贤臣忠，法律严正，赏罚分明，政治无一不上轨道。教育广泛发展，因此有才学之士如莫挺之、阮忠彦等都科举高中，出仕做官，襄助朝政。此时实为陈朝的鼎盛时期。

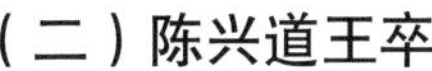

（二）陈兴道王卒

英宗时代，有几员名将，如上相陈光启，昔日曾在章阳之役获胜，卒于甲午年（1294 年）；而兴道王陈国峻也卒于庚子年（1300 年）八月二十日。

兴道王是我南国第一位名将；抵抗元寇，对国家有大功，受封为太师、尚父、上国公、平北大元帅、兴道大王。帝又遣人到

① 今属兴安省。

② 该诗原文见《皇越诗文选》，第一集，第 50 页。——译者

万劫，于兴道王从前扎营之处，为其建造生祠，以奉祀之。

兴道王做官至英宗时代，即请求退休返回万劫。当其将死之时，英宗御驾亲幸其第探视，见其病重，始问曰："尚父如有不讳，北寇来侵，其策安在？"

兴道王对曰："昔赵武立国，汉帝加兵。小民清野，大军出钦、廉，击长沙[①]，短兵覆后，此一时也。丁、黎之世，拔得贤良，南地新强，北方（中国）疲弱。上下同欲，民心不离，筑平虏城（属太原），而破宋军，此一时耳〔又一时也〕。李帝开基，宋侵地界，用李常杰攻钦、廉，累至梅岭，有其势也。昨者唆都、乌马儿四面包围，君臣同心，兄弟和睦，国家并力，彼自就擒，天使然也。

"大概彼恃长阵，我恃短兵，以短制长，兵法之常也。只见彼军遍至，如火如风，其势易制。若用蚕食缓行，不务民财，不求速胜，则拔用良将，观其权变，如围棋然。随时制宜，收得父子之兵，始可用也。且宽民力，以为深根固柢之计，此守国之上策也。"[②]

英宗闻此言，以为至善。

---

① 此处兴道王所说有误：赵武王奠都番禺，即今广州城附近，而钦州、廉州则在与我国交界之处。何以折回钦州、廉州去攻打湖南之长沙？是否从前之人不熟悉地图，也有可能是当兴道王说此话时也以为赵武王京都在我国一边，因而才如此说呢？

② 原文见《大越史记全书·本纪全书》卷之六《陈纪二·英宗》，作者所引略有出入，已据《大越史记全书》正之。——译者

数日之后，兴道王卒，皇帝与百官人人为之悲痛不已！

兴道王的确是尽忠于君主和国家，虽然威权显赫，而仍恪守为臣的职分，不敢骄横傲慢。当元军侵扰之时，兴道王掌握兵权，圣宗、仁宗委以封爵专权，侯爵以下可先封后奏。然而兴道王也不敢擅自封赏任何人。凡捐献钱粮以供军食之富裕人家，他只封之为假郎将，意即贷粮之将[①]。兴道王如此谨慎，且待人秉公持正，因此至其卒时，上自皇帝下至百姓黎民，人人为之哀悼。许多地方的百姓都立祠庙奉祀，以缅怀他的大功大德。

（三）征哀牢

自元朝军队败回中国之后，北方始告安宁，但在西南方，则有哀牢军队常来骚扰清化、乂安地区。前此，仁宗曾御驾亲征过数次。哀牢军虽战败，然每当官军撤回，他们又来掳掠。后来，英宗曾派范五老又进行过三四次讨伐。每次交战，哀牢军队都被杀伤惨重，因而自此之后清、乂地区始告安宁。

（四）与占城之交涉

占城国与安南，自陈氏称帝以后，两国之间已无纷争之事。及至仁宗征哀牢归来，即出家修行，先居于武林寺（宁平省安庆府武林村），后回至安子山（广安安兴县）。辛丑年（1301 年）上

---

① 作者对“假郎将”含义的解释有误。据《大越史记全书·本纪全书》卷之六《陈纪二·英宗》载：“国峻令富家发粟以给军，止与为假郎将，不敢以真郎将与之。其谨守臣节如此。……”这里“假”与“真”对，并非“假贷”之意。——译者

皇游方到占城观景览胜，许以玄珍公主下嫁占城国王制旻。不久，制旻遣人进贡金银及方物并请求聘娶玄珍公主。许多朝臣以为不可。制旻又请献乌州与里州作为聘礼，此时英宗之意遂决。至丙午年（1306年）六月，公主下嫁到占城。

次年（1307年）英宗接收乌、里二州，改名为顺州和化州，遣段汝谐前去治理，并设官统治之。

玄珍公主下嫁制旻未及一年，制旻卒，按照占城之俗，国王死，其王后应入火坛以殉。

英宗闻之，遣陈克终借探访之名，设法搭救公主回国。

制旻死后，制至即位为占城国王。但制至反悔，不遵守前约。因此，辛亥年（1311年）英宗与惠武王陈国瑱、仁惠王陈庆余兵分三路征占城，擒获制至押回安南，并封其弟制陀阿婆[①]为占城国王。

制至到安南被封为效顺王，但不久，即卒于嘉林县。帝遣人火葬之。自此之后，占城国与安南之间屡屡发生仇怨之事。

戊申年（1308年），上皇仁宗崩于安子山寺[②]。甲寅年（1314年），英宗禅位于太子奣，后做太上皇居于天长府，至庚申年（1320年）而崩。

英宗在位21年，禅位6年，享寿54岁。

---

① 《大越史记全书》载：壬子年“夏五月，诱获占城主制至以归。封其弟制陀阿婆粘为亚侯，镇其地。……”据此，制至之弟名为制陀阿婆粘。——译者

② 据《钦定越史通鉴纲目》，正编，卷九，戊申年条，仁宗“在位十四年，逊位十三年，寿五十一”。——译者

二、陈明宗（1314—1329 年）

年号：大庆（1314—1323 年）；开泰（1324—1329 年）

甲寅年（1314 年），太子奣即位，是为明宗。

当时在朝为官的有段汝谐、范五老、张汉超、莫挺之、阮忠彦、朱文安等，都是具有才干和智谋之士。

国内安定，且与中国交好，虽有划分地界之争，但大体上来说，尚称和好。唯有占城国，自制至死后，占人常来骚扰南方，因而不得不动干戈。戊午年（1318 年），明宗命惠武王陈国瑱和将军范五老领兵征讨，占城王制能被迫弃城逃跑。

至于国内政治方面，乙卯年（1315 年）制定法律，禁止一家之人相互告讦[①]；丙辰年（1316 年）阅定文武官阶；癸亥年（1323 年）开太学生科试，同年又令军士不得文刺如前。我国废弃文身之俗，自此始[②]。

明宗乃一仁厚之国君，爱民如子，但因听信佞臣之谗言，误杀功臣惠武王陈国瑱。

陈国瑱为皇后之父，数次战胜占城，立有大功。但因皇后未有皇子，朝臣分为两派：一派有文宪侯和陈克终，请立王妃之子

① 《钦定越史通鉴纲目》，正编，卷九，乙卯年条载：“夏五月，诏禁人家父子夫妇及奴婢相告讦者。”——译者

② 《钦定越史通鉴纲目》，正编，卷九，癸亥年条载：“揀军伍。初俗军士皆刺龙文于背及髀，辰揀阅以肥皙者为上，故军士不复文刺自此始。”——译者

旺为太子；另一派为陈国瑱，请待皇后生嫡子，始立太子。

后来，文宪侯以黄金百两贿赂陈国瑱之家臣陈缶，使诬诉国瑱谋反。明宗囚国瑱于资福寺。

陈克终以捉虎易放虎难为由游说皇帝，请求除掉国瑱。明宗从其言，断国瑱饮食。饥渴过甚，皇后不忍，以衣渍水与饮，饮毕而卒。后陈缶之妾与其发妻相互嫉妒，告发陈缶受赂黄金及诬告陈国瑱之事。至此真相大白，忠臣之冤情才水落石出。

明宗在位至己巳年（1329 年），则禅位于太子旺，而做太上皇。

三、陈宪宗（1329—1341 年）

年号：开祐

太子旺年仅 10 岁，即帝位，是为宪宗。

宪宗徒具国王空名而已，政权全部操于上皇明宗之手，因此虽在位不足 13 年，亦未曾自主地处理过任何一件事情。

（一）牛吼之乱

上皇明宗刚刚禅位，在沱江地区便有牛吼蛮作乱。上皇决定御驾亲征。占昭寨的牛吼人上书假请降。但当清化之军队开到其地时，此寨之人涌出袭击，清化军败走。上皇引大军前进，声势浩荡，牛吼之军全部逃入森林。敌军虽败，但并未完全消灭，直至丁丑年（1337 年）陈朝之将兴孝王斩牛吼之酋于郑旗寨，则此寇始平。

（二）哀牢之乱

当牛吼正在为乱之时，哀牢军队又来侵扰。甲戌年（1334年）上皇明宗又御驾亲征。以阮忠彦赴清化充发运使，运粮先行，上皇率大军继至。当大军开抵黔州（属乂安襄阳县）之时，哀牢军望风而遁。

上皇遂命阮忠彦撰写碑文，刻于山上，以记其功。此碑字画掌大，深可寸许，至今犹存。

此碑文大意如后：

> 皇越陈朝第六帝、章尧文哲太上皇帝，受天眷命，奄有中夏，薄海内外，罔不臣服。蕞尔哀牢，犹梗王化。岁在乙亥季秋，帝亲率六师巡于西鄙，占城国世子，真腊国，暹国及蛮酋道臣葵、禽、车、勒，新附杯盆蛮酋道声、车蛮诸部，各奉方物，争先迎见。独逆俸[1]执迷畏罪，未即来朝。季冬，帝驻跸于密州巨屯之原，乃命诸将及蛮夷之兵入于其国，逆俸望风奔窜，遂降诏班师。辰开祐七年乙亥冬闰腊月日。[2]

观此碑文，上皇明宗亲征哀牢似乎甚为威风，但据史实，则其时我军并未离开国境，而哀牢军亦未能除之。至于真腊国世子和暹罗国世子等来朝，可以设想系碑文撰写者对此事表示郑重罢了，未必符合历史事实。

---

① 哀牢酋名。——译者

② 原文见《钦定越史通鉴纲目》，正编，卷九。——译者

次年，哀牢又掠南戎邑（属乂安省襄阳县），上皇明宗再次御驾亲征。以乂安经略大使段汝谐为诸军都督〔将〕。段汝谐轻视哀牢军势弱，以为攻之必克。当率军至南戎过屑逻江时，不幸是日大雾弥漫，受哀牢伏兵攻击，官军败逃，全部落江中，溺死者甚众。段汝谐亦被溺毙。

哀牢国自仁宗和英宗时代，已前来骚扰安南国土。官军不得不多次征讨，然每次讨毕，只能暂时安定几年，过后又来寇掠。且官军的征讨只欲免除其再来劫掠而已，决无企图占据整个哀牢国之地。可能是因为哀牢国之地，崇山密林，山岚水瘴，道路崎岖遥远，运输困难，故而我军无法久驻。至于哀牢人，则他们熟悉路径，习惯于风土，进退自如，胜则进击，败则撤退，使安南的军队无处追击。因此我军虽能战胜敌人，而敌人依然存在，形成必须不时征讨的局面。

宪宗当政至辛巳年（1341 年）而崩，在位 13 年，享寿 23 岁。

第十章　陈朝第三时期

（1341—1400 年）

一、陈裕宗（1341—1369 年）　二、陈艺宗（1370—1372 年）　三、陈睿宗（1373—1377 年）　四、陈废帝（1377—1388 年）　五、陈顺宗（1388—1398 年）　六、黎季犛谋篡夺

一、陈裕宗（1341—1369 年）

年号：绍丰（1341—1357 年）；大治（1358—1369 年）

（一）政治

宪宗无子，上皇明宗立宪宗之弟名皞为帝，是为裕宗。

绍丰年间，前十数年，裕宗虽然是皇帝，但政权操于上皇明宗之手，一切皆由他决断。虽然有几年遭灾，发生饥馑，但朝政仍有条不紊。从大治元年（1358 年）以后，上皇驾崩，旧臣如张汉超、阮忠彦等都已谢世，自此朝政涣散，奸臣日渐得志。朱文安系当时名儒，在朝中做官，因见朝政败坏，上疏乞斩佞臣 7 人。皇帝不允，遂挂冠归居于至灵山。

裕宗此后纵酒宴、逸乐，建造宫室，凿池堆山，又命富者入宫赌博。强令王侯公主献诸杂戏[①]，并命百官比赛饮酒，能饮 100 升者，赏爵二资。

朝政如此，故而盗贼蜂起：在海阳地区，有吴陛作乱于安阜山；在其他各地，到处都有盗贼劫掠。民不聊生，年年发生饥馑。陈朝基业自此开始衰微。

（二）与中国之交涉

其时在中国，元朝已衰败，国内大乱，陈友谅、张士诚、朱元璋之辈纷纷起兵攻伐。

朱元璋起兵于凤阳，占据金陵城，在 15 年之中灭元朝，平定天下，建立了明朝的基业。

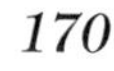

戊申年（1368 年）明太祖遣使持诏来谕我国，裕宗遣礼部侍郎陶文的前去朝贡。

我南国当时虽已衰弱，但明朝刚平定了天下，尚需整顿内政，无暇顾及我国，因此，也没什么重大事件发生。

（三）与占城之交涉

自占城国王制阿难死后，其子制某与其婿布底[②]争夺王位。占城人弃制某而追随布底。壬辰年（1352 年）制某来安南求救。

---

① 当陈朝战败元朝军队之时，曾俘获珮剧优伶李元吉，后来他留在我国，以古代传说写成戏文，教我国人演唱。当戏子出场作戏之时，身着锦袍绣衣，随琴、鼓的节拍而唱。越南的嘥剧自此始。

② 据《大越史记全书》其全名为茶和布底。——译者

至癸巳年（1353年），裕宗举兵送制某归国，然官军至古垒（属广义）为占城军所败，被迫撤回。制某闷闷不乐，居未几而卒。

占城人自此得势，常来寇掠安南国土。

丁未年（1367年），裕宗命陈世兴与杜子平征占城。官军行抵占洞（属广南升平府），中占城军埋伏，陈世兴为其所擒，杜子平引军逃回。

占城人见南国兵势衰弱，颇为蔑视，因于戊申年（1368年）占城国王遣使前来乞复化州故地。关于此要求复化州之事，史籍仅一笔带过而已。况且当时在我南国，裕宗只顾荒淫逸乐，未曾虑及武备之事；而在占城则有一英雄国君制蓬莪，意欲攻打安南以报前仇。因此竭力演习战阵，训练士卒，使军士惯于吃苦耐劳，并布置象阵以便进退：胜则驱象前行冲突；败则以象后行阻挡敌军。赖有如此部署得当、用兵得法，故而占城之军自此甚强，后来曾数次攻陷升龙城，使陈朝君臣几番惊骇！

（四）杨日礼（1369—1370年）

己酉年（1369年）裕宗驾崩，无有子嗣。朝廷拟立裕宗之兄恭定王〔暊〕为帝，但皇太后一定要立恭肃王之养子杨日礼。

杨日礼之母乃一歌女，嫁珮剧优伶杨姜为妻，有娠之后，始弃杨姜而嫁恭肃王，生日礼。一即帝位，日礼即欲恢复杨姓以断陈氏皇位，后弑皇太后及恭靖王[①]。

① 原文作恭定王，据《大越史记全书》及《钦定越史通鉴纲目》，当为恭靖王。今已改正。——译者

其时恭定王[1]暊在京师，亦不自安，惧祸及己，且气质懦弱，无意争夺帝位，遂出避沱江。陈朝宗室群臣相会，起兵杀日礼，迎恭定王[2]为帝，是为艺宗[3]。

二、陈艺宗（1370—1372 年）

年号：绍庆

艺宗杀日礼之后，日礼母逃奔占城，请求其国王制蓬莪带兵

① 原文误作恭靖王，当为恭定王，今已改正。——译者

② 原文误作恭靖王，当为恭定王，今已改正。——译者

③ 关于杨日礼和艺宗称帝，由于作者把恭定王误作恭靖王，多有不清。为澄清史实，兹录《钦定越史通鉴纲目》正编卷十有关记载如下："己酉陈裕宗大治十二年，夏五月朔，日食，帝（陈裕宗）崩。六月，惠慈太后立杨日礼为帝。初，优人杨姜者，演蟠桃戏曲，其妻扮西王母。恭肃王元昱悦其色，方有娠纳之，生日礼，元昱以为己子。及帝崩，无嗣，遗诏日礼继统。群臣议曰：恭定王暊甚贤，然兄无嗣弟之义。太后谓群臣曰：元昱嫡长不得位，且早没，日礼非其子耶？遂迎立之。日礼既即位，追尊元昱为皇太伯。十二月，杨日礼弑惠慈宣圣太皇太后。日礼既立，后尝悔非恭肃王子，日礼乃潜鸩弑之。后性慈爱，恭靖王元晫庶出也，有构以厌呪裕宗者，将见陷，后力救得免。辰称其贤。然欲私恭肃王之子而立日礼，陈祚几移，妇人主大事，为祸烈矣！"又，"庚戌陈艺宗绍庆元年，秋九月，恭靖王元晫谋诛日礼，不克死之。日礼既得位，纵酒淫佚，日事游宴，好为杂技之戏，亲昵小人，欲复杨姓，潜谋尽去陈氏之有人望者。宗室百官皆失望。元晫与其子元偰及天宁公主二子（缺名）夜率宗室诸人入城诛日礼。日礼逾墙伏新桥下，众搜不得，遂散归。天将明，日礼入宫，分兵收捕共谋者十八人，元晫等皆遇害。冬十月，恭定王暊奔沱江。初，日礼潜位，以王女为后，王尝恐祸及己。及元晫事败，祗候内人副掌阮然知日礼欲害之，因劝以盍早见几。王本无取国之志，至是事逼与少尉陈吾郎谋之，天宁公主玉瑳亦谓之曰：天下祖宗之天下，何乃委弃与人，君第去，我以家奴平之。乃出奔沱江，密与恭宣王曔、章肃侯元旦、天宁公主玉瑳约会大吏江起兵。十一月，恭定王即皇帝位于建兴府，进复京城，擒杨日礼诛之。"——译者

来打安南。占军渡海入大安海门，直攻升龙。官军不能敌。艺宗被迫避逃东岸（在古法亭榜村）。占军入城，焚毁宫殿，虏掠女子玉帛以归。

艺宗乃一柔弱的君主，无论何事都留交外戚黎季犛决断。

季犛本中国浙江人后裔，其祖胡兴逸自五代时来我国居于琼琉县泡突乡。季犛四世祖胡廉徙居清化，为黎训义子，故改姓为黎。黎季犛有两位姑母嫁给明宗皇帝。一位生艺宗；另一位生睿宗。因此艺宗对他甚为信赖，封为枢密大使，并加忠宣〔国上〕侯爵。

壬子年（1372 年），艺宗禅位于其弟曔，尔后回天长府做太上皇。

三、陈睿宗（1373—1377 年）

年号：隆庆

（一）政治

太子曔即位，是为睿宗，册封黎氏为皇后（黎氏系季犛之从妹）。

睿宗遇事比艺宗有决断，但权柄仍完全握于艺宗之手。

当时，占城军经常前来寇掠，睿宗决计征讨复仇，遂下诏训练士卒，修造战船，筹积粮草，以备征战；又增设军号，以季犛为参谋军事；并改欢州之地为乂安，演州为演州路，临平府为新平府；派官督民修治自九真（清化）至河华（即今之奇英县）的道路。

（二）科举

虽然其时考虑武备较多，但仍不忘文学。甲寅年（1374年）开科廷试进士，录取50余人，赐衣帽令其荣归。以前有太学生科试，至此始改为考进士。

（三）征占城

丙辰年（1376年）占军寇化州。睿宗决定御驾亲征。廷臣谏止不听。诏清化、乂安军民运粮5万石，就化州，然后迎上皇阅兵于白鹤。因于是年，占城国王制蓬莪赉金15盘[①]上进，为化州镇守官杜子平盗隐入己，尔后上疏诈言：制蓬莪傲慢无礼，请求皇帝加兵讨之。睿宗闻之，决意亲征。诏黎季犛督运粮食至涨沦海门（属广平平政县），并自引12万大军，水陆并进，行至日丽海门（在广平丰禄县洞海乡）驻营一个月，以便操练士卒。

至丁巳年（1377年）正月，始进军至尸耐海口（即归仁港）攻取石桥屯和倚忙洞。然后引军攻打占城京都阇槃城[②]。

制蓬莪立栅寨于城外，遣人诈降，言制蓬莪已弃城遁走，但留空城而已，请速进兵。睿宗信以为真，下令进兵入城。大将杜礼谏止，帝不听。当军队行抵阇槃城附近，果然遭占军涌出围攻。官军大败。睿宗阵亡，将士死者十之七八。

当时杜子平领后军不来相救，黎季犛也先自逃回。二人回京，上皇艺宗仅降杜子平为兵而已。

---

① 按《大越史记全书》和《钦定越史通鉴纲目》所载，均为10盘。——译者

② 今在庆和省绥远县仍有其时阇槃城遗迹。

四、陈废帝（1377—1388年）

年号：昌符

上皇闻睿宗阵亡，遂立睿宗之子晛为帝，是为废帝。

（一）占城攻破升龙

占城军战败安南军和杀死睿宗之后，下一个月即引军前来攻打升龙。上皇闻敌兵至，派将前去扼守大安海口。敌人知道此处有备，进入神符海口（宁平安谟县政大江口），然后掳掠升龙城，无能御之者。

戊午年（1378年）五月，占城军攻打乂安，入大黄江再一次攻打升龙。

占城军知道南国衰弱，经常来寇犯侵扰。庚申年（1380年）又来寇犯清化、乂安之地。上皇命黎季犛领水军、杜子平领步军守弘化县的虞江（清化）。黎季犛把占军驱逐回去。至壬戌年（1382年）占军又入寇清化。黎季犛与将军阮多方守神投津（宁平）。阮多方败占军，追至乂安而还。

自从虞江之战和神投之战获胜之后，安南军势稍振，因此至癸亥年（1383年）正月，上皇命黎季犛领舟师伐占城。季犛行至吏部娘湾（即娘湾海口，今在河静奇英县），被风涛打坏许多战船，又不得不撤军回来。

至该年六月，制蓬莪与其将罗皑引军陆行山道，出屯广威的孔目（？）。上皇在京师闻知占寇又来的消息，命将军〔黎〕密温于广威所辖的三岐洲御之，但密温为占军所擒。上皇惊骇，命阮多方留京师立栅寨守城，然后与皇帝逃至东岸。当时有人挽御舟，请求上皇留京师抗贼，上皇不听。

当时占城之军出入我南国，如入无人之境，因此在几年之内三次破京城，上皇与帝晛三次弃城而逃。而当敌人撤回去以后，也不做任何准备以防患于未然，真是有辱陈兴道大王子孙的声名。

（二）南国的情势

当时国内人民饥苦，而王室害怕贼寇，则藏钱货于天健山，即清廉县健溪山。国外，占城人今天入寇此地，明天攻掠彼地，国家日益衰弱，竟至依靠僧人大南〔滩〕禅师之流去攻打占寇的境地。

赋税日益加重。从前安南人一贯按定额纳税，当兵者生不计，死不除，世世为兵，不得出仕为官。有田土之人则须纳钱，无者不纳。倘有兵事发生，则有田亩、桑洲、渔潭者，须出粟、钱和布匹以供军用。至此战事频仍，库藏一空，杜子平[①]请求皇帝令每丁每年输钱税3贯。人头税自此发生[②]。

---

① 杜子平前征占城获罪，应充军。今不知为何已复职。

② 《钦定越史通鉴纲目》，正编，卷十，戊午帝晛昌符二年条载：“秋七月，初行丁赋。旧制民丁有定额，生不计，死不除。兵者世为兵，不得入仕。人丁有田土者方出钱，无者免。兵兴亦惟有田及桑洲、鱼潭，随数多寡，出钱粟银绢以供军。至是军旅方兴，帑藏空乏，杜子平建议请仿唐庸法行之，令男丁出钱三贯。自此赋始加重矣。”又，该条注云“陈初，名号虽有丁税，而实惟有田受之，至是则不拘有田无田，皆受税，惟兵者免”。——译者

（三）明朝的勒索

在中国，其时明朝已灭元朝，又有意窥伺安南的土地。常常遣使往来索此要彼。甲子年（1384 年）明太祖遣使来强迫安南出粮 5000 石，供给驻扎在云南的明军。次年（1385 年）又遣使来求 20 名安南僧人送金陵，后又索贡玉桂、粮食，其意在探安南之情势如何。

（四）艺宗失政

艺宗虽掌握政权，但无论何事都计从黎季犛出。朝臣只知阿谀奉承、考虑自身而已，国家安危无人虑及。宗室如陈元旦[①]见国政日非，请求致仕。一日上皇幸其第问疾并访以后事，元旦奏称："愿陛下敬明国如父，爱占城如子，则国家无事，臣虽死且不朽！"[②]这只是讲为臣仆之道，而非有志谋国家之强盛。元旦知道季犛日后必篡陈氏皇位，遂与之结为姻亲，因而后来陈氏后裔全部被杀，唯有元旦家子孙得享富贵。

上皇艺宗昏聩，不辨忠奸，仍然以为黎季犛忠于王室，遂赐季犛剑一把，旗一面。旗上题字曰："文武全才，君臣同德。"[③]黎季犛作字喃诗称谢。

① 陈元旦是陈光启之曾孙。

② 见《大越史记全书·本纪全书》卷之八《陈纪四·顺宗》庚午年条。——译者

③ 见《大越史记全书·本纪全书》卷之八《陈纪四·废帝》丁卯年条。——译者

（五）黎季犛谋杀帝晛

其时帝晛见上皇宠信季犛，遂与诸臣议曰：如不除之，后必酿成大祸。季犛知此谋，前去求告上皇曰：古来唯见卖侄而养子，未有卖子而养侄[①]。上皇闻此言，下诏谴责帝晛童心未艾并谮诬功臣，煽摇社稷，因降为灵德大王[②]，而立艺宗之子昭定王继位。

当此诏公布之后，有几位将军欲以兵入宫劫帝晛出，但帝书“解甲”二字，且戒之莫违上皇之命。后帝晛被缢死，同谋杀死季犛的将士全部遇害。

五、陈顺宗（1388—1398 年）

年号：光泰

（一）范师温作乱

上皇艺宗听信季犛之言而杀帝晛以后，立其幼子昭定王为帝，是为顺宗。

当时朝中，黎季犛专权，选用其走卒统率军队作为羽翼；外地各镇，则盗贼蜂起：在清化，有阮清者自称灵德王，作乱于梁江；阮忌自称鲁王，作乱于农贡；在国威，则有僧人范师温起事，举兵进攻京师。上皇、顺宗和朝廷被迫放弃京师，逃至北

① 见《大越史记全书·本纪全书》卷之八《陈纪四·废帝》，戊辰年条。原文是：“臣闻里谚曰：未有卖子而养侄，惟见卖侄而养子。”——译者

② 原文误作明德大王，但《大越史记全书》作灵德大王，今已改正。——译者

江。范师温取得京师，居三日，后撤回国威。当时将军黄奉世驻军黄江[①]以防御占城军，闻师温犯京师，遂引军回讨，擒获师温并讨平此寇。

（二）制蓬莪阵亡

己巳年（1389 年）制蓬莪又带兵前来寇犯清化。帝命黎季犛引军御之于古无村。官军在江中植桩与敌相持 20 余日。敌人设置伏兵，佯装撤军而回。黎季犛水步军追击，遭到伏击，被杀伤甚多。季犛逃回京师，留裨将范可永和将军阮多方与敌人相持于虞江。阮多方等人见我军势弱，遂大张旗帜，摆开战船，虚张声势，然后乘夜撤军而回。

至十一月，占军又侵入黄江，上皇命都将陈渴真[②]领兵拒敌。陈渴真涕泣拜辞，上皇亦泣下。由此观之，当时陈朝君臣对占城军畏若虎狼，十分害怕。

陈渴真领兵至黄江，见无扎营之地，遂退守海潮江（在太平省兴仁县和兴安省仙侣县境内，即在噜江）。

至庚午年（1390 年）正月，制蓬莪引战船来观陈渴真军形势。当时制蓬莪一小臣有罪，惧伏诛，逃来投降陈渴真。乘制蓬莪引战船百余艘来到陈朝军队驻扎的营寨附近时，此小臣将制蓬莪所乘的船指给渴真。渴真忙命以火炮射此船，制蓬莪中弹而死。

官军全军出击，占军见国王已死，无心恋战，皆溃逃。官军

---

① 黄江即河南南昌县的一段红河。

② 陈渴真系陈平仲的后裔。

追击。后取制蓬莪首级，回献朝廷。上皇见制蓬莪首级，自比汉高祖见项羽首，龙颜大悦。接着给各将士定功赏爵。

占城之将罗皑火葬制蓬莪身尸，然后引军回国，夺得占城国王位。制蓬莪之二子被迫来降安南，皆受封侯爵。

（三）黎季犛专权

自从占寇已平，黎季犛骄横日甚一日。许多不顺从他的人，则怂恿上皇杀之；皇子、亲王皆被杀害。上皇宠信季犛达到令人奇怪的程度。士大夫中有人上疏奏告季犛有觊觎陈朝神器之意，而上皇竟将此疏送季犛览阅，因此忠臣义士缄口，无人劝谏。

季犛的威权日大，党羽日众，后来上皇逐渐醒悟，又引以为惧，但为时已晚矣，势不可制。遂命画工绘“四辅图”以赐季犛。此图画周公辅成王，霍光辅昭帝，诸葛亮辅蜀后主，苏宪诚辅李高宗，然后告季犛曰：“卿辅朕子〔官家〕，当如是也。”一日，上皇宣季犛入宫而告之曰：“平章亲族，国家事务，一以委之。今国势衰弱，朕方老耄。即世之后，官家可辅则辅之，庸暗则自取之。”[①] 上皇效法昔时刘备对孔明所说之话，想以此收买季犛之心。

季犛免冠，叩头泣谢而誓曰：“臣不能尽忠勠力辅官家，传之后裔，天其厌之。且灵德大王（指废帝）前有加害之心〔灵德大王不德〕，非陛下威灵，则臣已含笑入地，得至今日乎？纵糜身碎骨，未能报答万一；岂敢有异图！愿陛下鉴此心，毋过虑也。”

① 此两段引文，均见《大越史记全书·本纪全书》卷之八《陈纪四·顺宗》甲戌年条。作者所引略有变通。中括号内为漏引的原文。——译者

（四）艺宗驾崩

至甲戌年（1394 年）十二月，上皇驾崩。在位三年，做太上皇 27 年，享寿 74 岁。

艺宗是一位平庸的君王，胸无大志，智力低下，致受奸臣蒙骗，尽杀同族子孙，远弃忠臣义士；而一味宠爱和任用季犛一人，使其掌权得势，达到推翻陈氏社稷的境地。

尽管当时国运已衰，没有这件事发生，也会有那件事发生，正像一个老人一样，不生这种病，也会生那种病：但以事实而论，也正因为有艺宗其人，致使陈朝社稷才亡于季犛之手，且也由于这场动乱，而使明朝有可乘之机，侵占南国达 20 年之久。

六、黎季犛谋篡夺

艺宗驾崩之后，季犛任辅政太师，入居宫中，译《无逸篇》为字喃以教皇帝，并强迫人们称之为辅政该教皇帝。

自此季犛把持朝政以行篡夺。在国内大肆更张，用以收买党羽。

（一）财政

季犛提出一种制作纸币[①]以收民间铜币的办法。其纸币值 10 文者画藻、30 文者画水波、1 陌画云、2 陌画龟、3 陌画麟、5 陌画凤、1 缗画龙。伪造纸币者罪斩。纸币盖印之后随即发行，强迫百姓使用，无数铜币都收缴到皇室；隐藏铜币不缴者，与伪造纸

① 黎季犛于 1369 年发行的纸币，称“通宝会钞”。——译者

币同罪。

土地政策方面，从前宗室诸家每令奴婢于濒海之地，筑堤堰，障咸水，二三年后开垦成熟田，作为私庄田土。今季犛制定条例：除大王、公主而外，庶民占田不得超过 10 亩，余者则应上进入官或用以赎罪。

（二）文化教育

从前科试没有定文体，此时定出四场文体，并弃用默写之法。第一场写经义文；第二场作诗赋；第三场拟诏、制、表文；第四场试策文一篇。至若试期，则头年乡试，次年会试，中会试者，御试策一篇，以定其第。

在各路、府、州任学官者，赐官田有差：如诸路之督学官、大府州之教授赐田 15 亩，中府州 12 亩[①]，小府州 10 亩。

（三）统治

在朝中，季犛又定文武百官品服：一品穿紫色之衣，二品大红，三品桃红，四品绿，五、六、七品碧，八、九品青，无品及宏奴[②]白色。

在外地，则改诸路〔府〕为镇，并在诸路、府增设了一些官

① 《钦定越史通鉴纲目》，正编，卷十一，丁丑陈顺宗光泰十年条载："五月，……其令山南、京北、海东诸路府州各置学官、教授一员，赐田有差：大府州十五亩，中十二亩，小十亩，以供本学之用。"但《大越史记全书》所载中府州赐田之数为十一亩，两书有不同。——译者

② 宏奴是官家奴婢。

职……清化改为清都镇，国威改为广威镇，沱江路改为天兴镇，乂安路改为临安镇，长安路改为天关镇，滨州路改为望江镇，谅山府改为谅山镇，新平府改为西平镇。罢司社，只留管甲如旧制。

在诸路、府、州、县，又设置了一些官职。路置正、副安抚使，府置正、副镇抚使，州置通判、佥判，县置令、尉、主簿。路辖府，府辖州，州辖县。每路凡户籍、钱谷、狱讼需总为一簿，至年末报京，以备稽考。

季犛又把国家分为诸辖区，设置都督、都护、都统、总管、太守等官职，以分封其党羽。

（四）建西都

季犛意欲迁京都至清化，以便篡位，遂派官前去修筑西都城于安孙洞（今在永禄县安孙社尚存遗址，俗称西斋）。至丙子年（1396年）[①] 季犛强迫顺宗迁都于西都。至次年三月，季犛想出一个阴谋，使一道士入宫，怂恿顺宗禅位而去修仙。顺宗被迫禅位于其子，然后前去大吏山葆清宫（属清化永禄县）修仙。

（五）废立——陈少帝（1398—1400年）

季犛逼顺宗禅位之后，立太子窦为帝。此太子当时只有三岁，是为少帝，年号建新。

黎季犛为辅政，自称钦德兴烈大王，然后派人杀死顺宗。

---

① 据《大越史记全书》载，迁都当在丁丑年，即公元1397年；而逼迫顺宗禅位在戊寅年，即公元1398年3月。——译者

当时朝臣有太保陈元沆、上将军陈渴真会盟谋诛季犛，不幸事觉，被杀凡 370 余人[①]。

黎季犛又称国祖章皇，居仁寿宫，出入用天子仪卫。至庚辰年（1400 年）二月，废少帝而自立为帝，取代了陈朝的帝位。

陈氏为我南国之帝，计自陈太宗至陈少帝，历 12 帝，凡 175 年，国内功业颇多建树，政治、律令皆重加整饬，教育科试则更加发展。又抵抗元朝保住了社稷江山，取占城之地，开拓了疆域，实是有功于南国。但唯独家中伦常已乱：同宗姑侄、兄妹互通嫁娶，确实是伤风败俗。

至若陈朝社稷之倾圮，是在裕宗和艺宗两代。裕宗荒淫逸乐，不愿考虑国事，且又败坏了纲纪，弄到民穷国弱的境地。而艺宗则不辨贤奸，致使权臣得势作乱，形成为虎作伥、自己危害自家社稷江山的局面。

① 今在清化，有许多地方立祠奉祀陈渴真。

第十一章　胡朝

（1400—1407 年）

一、胡季犛（1400 年）

年号：圣元（1400 年）

黎季犛废少帝，但以外孙之情，故不弑，只降为保宁大王，自称帝。改姓为胡。原来胡氏乃中国虞舜之后，故季犛置国号曰大虞。

当时占城国王罗皑新丧，其子巴的吏初立，季犛乘此之机，以杜满为水军都将，陈松为步军都将，领兵 15 万，伐占城。但陈松引军走山路，进至近占城之地，与舟师隔远，两边不能相互接应，以致步军绝粮，被迫撤回。陈松以此获罪，徒为兵。

季犛为帝未到一年，效法陈朝之俗，禅位于其子胡汉苍，自称太上皇，同听政。

二、胡汉苍（1401—1407 年）

年号：绍成（1401—1402 年）；开大（1403—1407 年）

（一）武备

胡季犛已禅位，但凡事仍由其决断。胡汉苍为帝，徒具虚名而已。

胡氏为帝不久，但改革颇多。首先，胡季犛整顿了武备。对外虽依礼对待明朝，但仍知明朝有窥伺安南土地之意，因尝问群臣曰："安得百万兵，以敌北寇？"[①] 遂攒造户籍，强迫国人两岁以上者入籍，隐瞒不报者罪之。至户籍编成之后，得 15 岁至 60 岁之人数倍于前时。从此军队数目又有增多。

又如水兵，为防守江面、海域，季犛则命人制造大船，其上有甲板，下则让人摇棹，实便于战斗。

季犛又置四库以贮备军器，并令有技艺者入库制作器械。

在诸海口及大江要处，皆令取木植桩，以御敌军。

军制则南北分为 12 卫，东西分为 8 卫。每卫 18 队，每队 18 人。大军 30 队，中军 20 队。每营 15 队，每团 10 队。禁卫只有 5 队，有一大将军统领之[②]。

（二）赋税

商船皆需纳税。上等每棹钱 5 缗，中等每棹 4 缗，下等每棹

---

① 见《大越史记全书·本纪全书》卷之八《陈纪四·少帝、胡篡》辛巳年条。原文曰："季犛尝与群臣言曰：安得百万兵，以敌北寇。"——译者

② 《大越史记全书·本纪全书》卷之八《陈纪四·少帝、胡篡》乙酉年条载："汉苍定南北班军，分为十二卫。殿后东西军分为八卫。每卫十八队，每队十八人。大军三十队。中军二十队。营十五队。团十队。禁卫都五队，大将军统之。"——译者

3 缗。

田赋，陈朝初年私田每亩征粟 3 升，桑洲每亩征钱 9 镪或 7 镪。丁税每人征 3 镪。今胡朝重新规定：私田每亩征粟 5 升，桑洲分作三等：上等〔每亩〕征钞 5 缗，中等 4 缗，下等 3 缗。丁税以田为额：有 2 亩 6 分以上者征 3 缗，少于此数者递减，无田及孤儿寡妇免征。

（三）教育

教育和科举都重加整顿，又增加了一场书算，即在科试中又增设了一个考算法的试期。至于考试方法，已中乡试者，明年需参加礼部试，中者始得选补，然后又明年，参加会试，其时中者方得充太学生。

胡朝又修订刑律，并设置医署[①]以司医药之事。

（四）与占城之交涉

壬午年（1402 年）胡朝之将杜满领兵伐占城。该国国王巴的吏遣其舅布田来献占洞之地（广南省升平府），以请求罢兵。季犛又逼令其并献古垒之地（广义），然后分其地为升州、华州、思州、义州，并置安抚使以管辖此四州。又令其他各路无田而有财之民携同妻子儿女迁入居住，以开垦这些州的土地，因为占王割让占洞和古垒之地时，占人都弃地而走。

---

① 据《钦定越史通鉴纲目》，正编，卷十二，癸未年条载，所设医署称广济署。——译者

癸未年（1403年）胡朝又欲取去年已割让土地以南之板达郎、黑白及沙离牙等地，遣范元瑰、杜满领水步合20万伐占城。胡朝军队围攻阇槃城一个多月而未克，因绝粮，被迫撤军。此次征讨损兵折将，无功而还。

（五）与明朝之交涉

当胡汉苍刚即位之时，遣使入明，诈称：陈朝宗嗣已绝，无可绍承，因以陈氏外甥，代其权理国事。

至明太祖驾崩，皇太孙即位，是为惠帝。当时皇叔燕王棣，驻守燕京，权大势强，意欲夺取其侄皇位，遂起兵攻取金陵，后自立为帝，是为成祖，奠都燕京（北京）。

当成祖平定了元朝在北方的余党之后，有意夺取安南国，因乘胡汉苍遣使请封之机，遣杨渤前来察看虚实。胡季犛命其陪臣老者进奏章，奏言一如安南使臣所说。因此成祖无由拒绝，遂封胡汉苍为安南国王。

至甲申年（1404年）有居于老挝的陈康者，行经云南抵燕京。改名陈添平，自称为艺宗之子，言明胡季犛僭逆本末。明成祖遣御史李锜查诘此事。李锜回奏胡季犛确系篡夺。

从此明朝企图借伐胡氏为名，以夺取安南之地。在我们这一方面，胡氏父子也深明此意，全力以赴，设法抵抗。

乙酉年（1405年）明朝遣使求割禄州之地。起初胡季犛不允，后被迫割让古楼地区的59村之地予中国。

虽然如此，明朝仍然责备胡氏僭逆之罪。胡朝遣往中国的使臣，明朝则扣留之，不准回国，又派人至安南刺探山川道路险易如何，以选择进兵之路。

胡氏明白无论如何日后明军也要来攻打，因派人督筑多邦城（今在山西省先丰县古法社），命植木桩于白鹤江以阻明军来路，并分派东都军各卫出扼每一险要道路。接着召开内外文武百官会议，讨论和战之计。有主张战之者，有主张和者，但季犛坚决主战。

自李锜返回中国，胡朝遣使上表谢罪，并请迎陈添平归国。而当时陈添平不时哀求明朝皇帝派兵讨伐以复其仇。因此丙戌年（1406 年），明成祖派督将韩观及黄中等人，引 5000 军送陈添平还国。

胡季犛得此讯，忙遣将前往支棱关截击明军，擒获陈添平回而杀之。知其后明军必然再来，一方面遣使辩驳陈添平谎言，并请依例朝贡如故；另一方面，许公侯有权募逃亡之人当兵，置千户、百户以管之。并于诸江口植桩，防备越海而入之敌。在珥河（即红河）南岸植桩 700 余里。又令北江、三带之民在大江南岸营造房屋，以备敌人到时，放弃原来住室到南岸居住。

（六）明朝伐胡氏

明朝皇帝前曾差宦官阮算来安南刺探，知我国富庶，已有意攻夺，故常寻衅找事作为兴兵的借口。现胡汉苍杀了添平，成祖遂命成国公朱能为大将，新城侯张辅、西平侯沐晟为左右副将，丰城侯李彬、云阳伯陈旭为左右参将，分兵两路来伐安南。

当明军行至龙州之时，大将朱能病卒，以副将张辅代之。

张辅广西一路军从凭祥出发，前来攻取坡垒关即今之南关，然后进至丐江[①]西北面。沐晟云南一路军沿蒙自道攻取富令关（属宣光省），然后进至洮江。两路大军会于白鹤，列营扎寨于江之北岸。

虽然胡朝事前已做防备，但明将知道：安南人不服胡氏，遂传檄文历数胡氏之罪，并声言中国军队前来是为了立陈朝宗嗣，救民出水火。张辅令人将此檄文书于小木牌上，放诸江中，顺流漂下，安南军士得之，许多人没有战心，并归降明军。因此明军所到之处，战无不克。胡军被迫退守多邦城。

在多邦城，胡军于洮江和丐江之南岸，即红河沿岸树立相连的栅寨，并于江中植木桩，使船舶不能往来，意欲使明军疲惫，然后击之。

（七）多邦城失守

明军前进遇有多邦城之阻碍。沐晟始与张辅议曰："各地安南栅寨树于近河岸之处，军不能至。惟多邦城，虽垒高濠深，但其前有沙滩，军队能够至此。且我军又有充足之战具，若攻之，此城必克。"张辅遂下令："彼军恃有此城，而我军立功亦在此；尔军士先登者将有重赏！"[②]即于是日夜，燃火、吹铜角为号，张辅、黄中攻城西北，沐晟、陈濬攻城东南，用云梯登城；胡军不能敌，

---

① 史载为富良江，参阅第106页注①。

② 见《钦定越史通鉴纲目》，正编，卷十二，丙戌年条，原文曰："冬十二月，明兵攻多邦城拔之，遂取东都。汉苍兵与明相持，欲据险不战，以老明师。沐晟与张辅谋曰：彼所立栅，皆逼江不可上。惟多邦城沙坦可驻师，虽土城高峻，下设重濠，然我战具俱备，攻而取之易也。辅乃下令曰：贼所恃者此城耳，立功在此，一举先登者，不次赏之。……"作者所引有变通。——译者

退入城中。至次日清晨，胡军挖开城墙，驱象出击。明军画狮子蒙于马身，然后冲之，并用火铳〔神机火器〕猛射，象惊惧掉头回逃，明军跟随逃象之后拥入城中，胡军大败，退据黄江[①]。明军乘势下丏江，焚毁所有栅寨，进而攻占东都（即升龙），掳掠女子玉帛。张辅之辈积储粮食，设官办事，为久居之计。

（八）木凡江之战

至丁亥年（1407年）三月[②]，沐晟侦知胡季犛之长子胡元澄驻军于黄江，遂率水陆并进，至木凡江（在富川县木凡乡，与黄江相连）下寨。

胡元澄率战船300艘出战，遭江两岸沐晟军的偷袭夹攻。元澄败，退保闷海口（在南定胶水）。当时胡朝之将胡杜、胡射也放弃平滩津[③]（在海阳省至灵县陈舍村），退至闷海口，以与元澄相会合，设法破敌。但明军突然来攻，又退守大安海口（属今义兴府）。

明军在闷海口因染疾疫，移屯咸子关，以待胡军来攻。

元澄等人迎季犛、汉苍自西都而出，然后领兵至黄江以抵抗敌军。

（九）咸子关之战

当时胡军水步合7万人，号称21万，分步兵为两路沿江两岸

---

① 黄江即属于今河南省南昌县的一段红河。

②《钦定越史通鉴纲目》，正编，卷十二，作丁亥年，春二月。——译者

③ 平滩津是从平滩、嘉平、北宁横过太平江至京台江右岸之陈舍村的渡口，属海阳南策府。

而行，水军居中，进军咸子关。刚走到咸子关，遇明军两面夹击，胡朝的步兵不能敌，全部溃败，一部分降敌，另一部分逃至江中溺死。唯水军得逃脱，但无数艨艟粮船沉没殆尽。

当时北江安抚使阮希周为明军擒获，不肯投降，被杀。

胡季犛与胡汉苍率将佐僚属由海道退走清化，行抵溛江（即马江），遇明追兵，胡军不战而溃。胡将魏栻见情势甚为危急，告季犛曰："国已近亡，王者不死人手，请陛下焚身为上！"[①] 季犛大怒，斩魏栻，遂逃入乂安。

（十）胡氏就擒

张辅、沐晟知季犛逃入乂安，便引军走陆路追击，并命柳升督水军追之。季犛逃至奇罗海口（属河静奇英县）被明军擒获。汉苍及胡氏子孙在高望山都被敌军所擒。胡朝官员有的投降，有的被擒，有的不堪其辱，赴水自尽。

胡朝为帝自庚辰年（1400 年）到丁亥年（1407 年），仅 7 年而亡。

观乎胡季犛的所作所为，并非庸碌无能之辈，但可惜如此一个有经世之才的人，倘若自始至终尽力辅佐陈朝，即使明朝怎样强盛，也不至于轻取南国，而其本人又可以流芳千古。然因受贪心驱使，一旦得势，便生争权窃国之谋。因胡季犛行篡夺之事，明朝才有机会前来攻取安南国。正因为这个缘故，人心才背弃胡

---

① 见《大越史记全书·本纪全书》卷之九《后陈纪·简定》丁亥年条，原文是："魏栻请二胡焚身，曰：国已近亡，王者不死人手，季犛怒斩之。"——译者

氏而向敌人，以致弄到胡氏父子败逃、被擒、亲身受辱于自己国土上的境地。

但这仅仅是为害胡氏一家之罪而已，而使南国灭亡之罪，谁人为季犛担当？

胡朝世谱

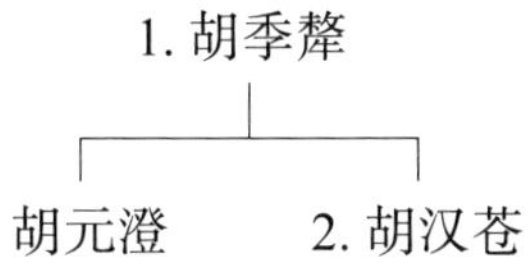

第十二章　后陈朝

（1407—1413年）

一、明朝占据安南之地　二、简定帝（1407—1409年）三、逋姑之战　四、重光帝（1409—1413年）五、张辅返回安南　六、化州失守

一、明朝占据安南之地

明朝并非有爱于陈朝而来攻伐胡朝，不过是乘陈朝失掉帝位之机率兵攻取南国而已。且因我安南人常有依赖性，遇事只想依赖他人，而不知自己应坚韧不拔地努力去做。平时就依附于明朝，一旦国内发生变乱，就跑去乞求人家来，这何异于引象踏祖坟（即“引狼入室”）！

纵使中国人有为大义而来援助我们之心，但依赖他人之事对我们来说也无甚光彩可言，而我们却仍不知道自己的愚蠢。这是什么原因呢？

推究其原因，便在于：我国无几人知道“民”与“国”的意义。某姓称帝，便认为整个国家是此家之私有财产。一旦有人夺走帝位，便千方百计夺回来。夺不回来，就又去依靠别人帮他夺

回来，绝不考虑先公利后私利、先国家之权后一家一姓之权，因此自己一而再再而三地上当受骗，而仍不知自己是多么愚蠢。

观乎陈朝之时，明朝已有夺取安南之心。陈朝失位之后，又用花言巧语，以“吊伐”为名派兵前来攻打胡氏。而当擒获胡季犛父子之后，又策划占据安南之地：假意张贴榜文访求陈氏宗室，而后则强迫官吏、耆老呈表文称：“陈氏子孙无遗类，况安南本中国交州之地，今请复古郡县。”[①]

明朝以这种骗人的假话为借口，占领了南国，然后分其地为17府：交州、北江、谅江、谅山、新安、建昌、奉化、建平、镇蛮、三江、宣化、太原、清化、乂安、新平、顺化、升华。5州：广威、宣化、归化、嘉平、演州。

至若要害之地，则设置12卫以防守之。又置3司：布政、按察、都指挥司[②]，并在全国设立472个衙门进行统治，以尚书黄福兼掌布政、按察二司事；以吕毅掌都司，黄中副之。

胡朝君臣都被解回金陵。季犛被押解至中国，即遭监禁，后被充军到广西，其子孙及将士都无罪释放。

明朝皇帝又敕张辅，搜访山林隐逸，怀才抱德、明经能文、博学练事、晓书算、言语利捷、孝悌力田、相貌魁伟、膂力勇健及晓阴阳医卜者，送至金陵，颁赐品衔，然后令其还国，使任府官、州官或是县官。当时，趋炎附势之徒竞相应之。唯有裴应斗、李子构等数个知廉耻者，不愿为明朝做官。

① 参见《明史·安南传》，其文曰：“陈氏为黎贼杀尽，无可继者。安南本中国地，乞仍入职方，同内郡。”又，《钦定越史通鉴纲目》，正编，卷十二，丁亥年条载：“官吏耆老皆言：陈氏无可继者，安南本交州，愿复古郡县与民更新。”——译者

② 原文误作“掌都司”，今正之。——译者

诸事安排妥当之后，吕毅和黄福留下镇守交趾之地；而张辅、沐晟振旅还中国，向明朝皇帝献上安南地图。

当时，明朝虽已占领了安南，但陈朝宗室还有人企图恢复旧业，况且我国尚有许多人不愿做中国的奴隶，因此，后陈朝又能兴起延续数年时间。

二、简定帝（1407—1409 年）

先是，张辅榜求陈氏宗室，是故意欺骗，以便杀害，因此无人敢出。当时，有简定王名頠者，系艺宗之次子，逃至谟渡（属宁平安谟县安谟村）遇陈肇基率众相随，遂称简定皇帝，以续陈朝的基业，建元兴庆。

简定起义反抗明军，但因其军队为新组成的队伍，不能敌，遂败逃入乂安；其时，有邓悉者，曾为陈朝之官，前已降明，官至化州大知州，今闻简定帝起义，遂杀明官，领兵至乂安，襄助恢复大业。在东潮地方，又有陈月湖者，也起兵攻打明朝军队，但不久为明军所擒，其余党逃至乂安跟随简定帝。因此之故，简定帝的军势渐盛。邓悉又杀降明之将范世矜于日丽海口。此时安南之地，自乂安以南又归属于陈朝。

三、逋姑之战

戊子年（1408 年）腊月，简定帝会合顺化、新平、乂安、演州、清化诸军，进讨东都。师抵长安（宁平），各地官属及诸豪杰相率应从。

明朝的官吏将此讯奏报明朝皇帝。明朝皇帝遂命沐晟领云南兵4万前来征讨。沐晟与掌都司吕毅师至逋姑杆（属丰盈县孝古社）与陈军相遇。双方交战，简定帝亲自击鼓督战，将士人人奋勇冲杀，击败明军，斩吕毅于阵前，沐晟退至古弄城（明朝所建之城，今在懿安县平格村）。

当时，简定帝欲乘胜追击，以重新收复东关城（即东都）。但是邓悉阻之，意欲待各路之军齐集，然后再行出击。自此之后君臣不和，简定帝又听信谗言，捕邓悉及参谋官阮景真斩之，造成人人自危，无心匡扶。

四、重光帝（1409—1413年）

国家社稷的大敌尚存，而君臣之间互相猜疑，有心为国之人惨遭杀害，实在是自己给自己招灾惹祸。

其时，邓悉之子邓容和阮景真之子阮景异因其亲父被杀，都弃简定帝，领本部之兵回清化，迎奉艺宗之孙季扩到支罗县（即河静省罗山县），尊立为帝，建元重光。

此时，简定帝正与明军相拒于御天城（属兴仁县），季扩命其将阮帅潜袭获之，带回乂安。季扩尊简定为太上皇，以共图复国大业。

五、张辅返回安南

明朝皇帝见沐晟兵败，复以张辅为总兵，王友副之，领兵前来救援。

这时陈朝军队分作数路，前去平定海阳地区各州县。简定驻兵于下洪（宁江），季扩驻跸平滩。

张辅抵此，进兵追击，简定领兵船逃至美良县（与山西和儒关府交界），被张辅追兵擒获，俘送金陵。

简定被擒后，季扩在平滩命邓容守咸子关（兴安东安县）。但邓容之军缺粮乏食，遂败逃。季扩闻邓容已败，自度不支，便逃回乂安。

庚寅年（1410年），陈季扩率阮景异等人领兵攻打明军于洪州，取得了胜利，即引兵驻于平滩。各地又起而响应，攻杀明军。但因军无统摄，号令不一，故明军来攻，陈朝之军又遭失败，被迫逃回乂安。

张辅一方面传达明朝皇帝的诏书，安抚军兵、官民；另一方面则进军攻陈季扩。

癸巳年（1413年）四月，张辅率军攻打乂安，当时陈朝军队残存者仅十之三四，又无粮食，败逃至化州。

前此，季扩曾数度遣使赴中国求封，明帝不许，且杀来使。今季扩又遣阮表向张辅求封。张辅拘留之，不让回。阮表怒骂张辅曰："内图攻取之计，外扬仁义之师。既许立陈氏子孙，又设置郡县。不惟掠取货宝，抑且残害生民。真虐贼也！"[1]张辅大怒，杀之。

---

① 见《大越史记全书·本纪全书》卷之九《后陈纪·重光》癸巳年条。——译者

六、化州失守

癸巳年（1413 年）六月，张辅军行至义安，陈朝太傅潘季祐出降，但不几日即病死。张辅札授其子〔潘〕僚为义安知府。潘僚欲立功，把季扩将相之优劣，兵数之多寡，山川之险易，尽告张辅知之。张辅于是决意攻取化州，并会诸将议进兵之计。

沐晟曰："化州山高海阔，未易图也。"

张辅相信一定能够攻克，并说："生我也是化州，作鬼也是化州，未平化州，我何面目见主上乎！"[①] 遂命水步军进攻化州。

至九月，张辅军进至顺化[②]，阮帅与邓容夜袭张辅营寨。邓容已登张辅船，欲生擒之，但不认识其人，因此张辅才跳上小船得以逃脱。当时陈军人数甚少，张辅见此领兵复来与战，邓容不能敌，遂败逃。

自此役战败后，陈季扩的势力甚弱，无法与敌军相抗，被迫潜伏于山林之中。不久，陈季扩、阮景异、邓容、阮帅都被俘，并被押送至燕京。行至中途，季扩投海自尽，邓容等也殉节。

邓容父子都悉心辅佐皇帝复国，虽未获致成功，但其忠烈气节也值得后人常加缅怀，因此今在河静省干禄县尚有祠庙奉祀之。

邓容曾有一首述怀诗，至今仍为许多人所传诵，诗云：

---

① 见《大越史记全书·本纪全书》卷之九《后陈纪·重光》癸巳年条。——译者

② 《钦定越史通鉴纲目》，正编，卷十二，癸巳年条作顺州。——译者

世事悠悠奈老何，无穷天地入酣歌。
时来屠钓成功易，事去英雄饮恨多。
致主有怀扶地轴，洗兵无路挽天河。
国仇未复头先白，几度龙泉带月磨！

后陈朝兴起，企图走上复国之路，但因人心离异，势孤力弱，故只存在七年而亡。

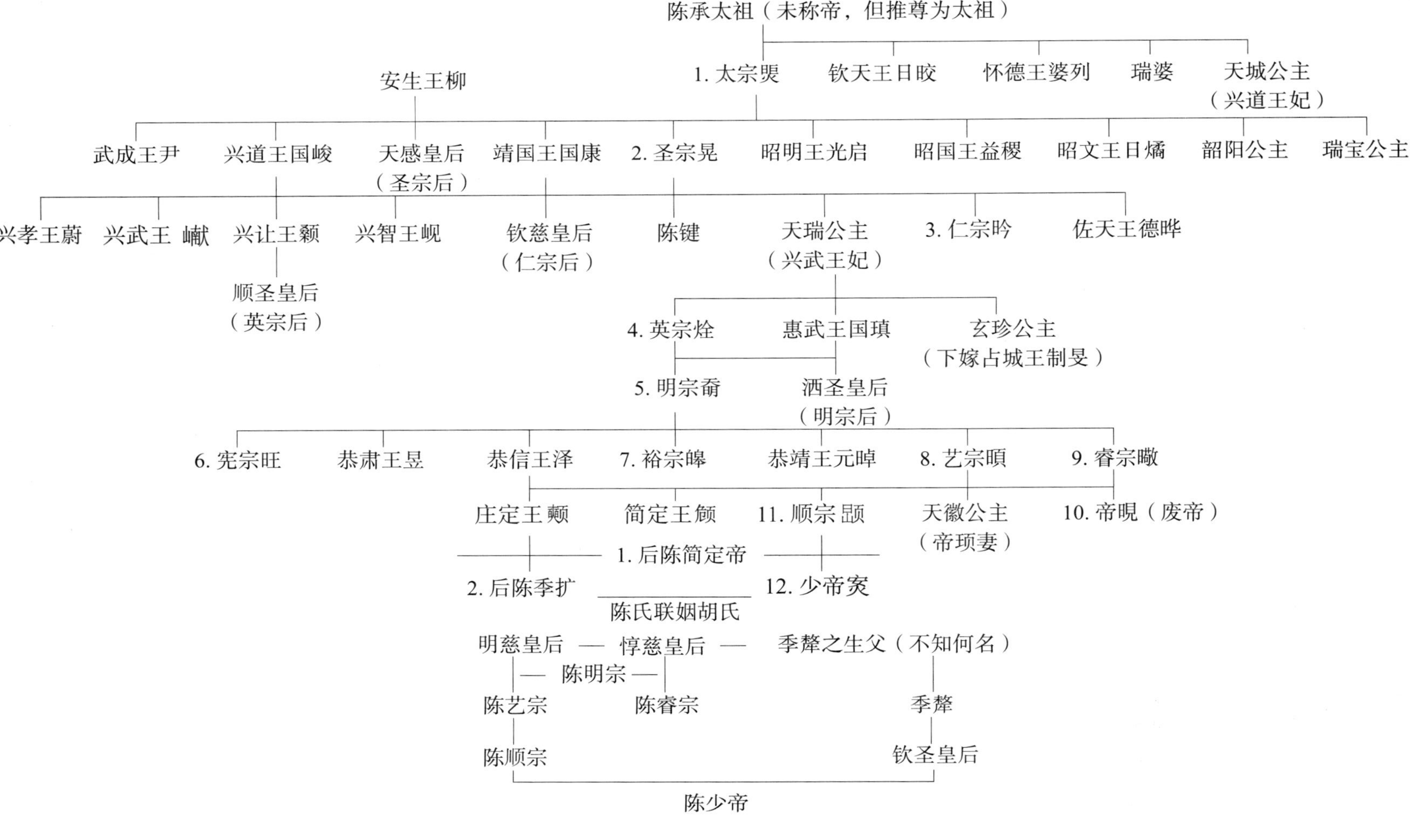

陈承太祖（未称帝，但推尊为太祖）
1. 太宗煚
钦天王日皎
怀德王婆列
瑞婆
天城公主
（兴道王妃）
安生王柳
武成王尹
兴道王国峻
天感皇后
（圣宗后）
靖国王国康
2. 圣宗晃
昭明王光启
昭国王益稷
昭文王日燏
韶阳公主
瑞宝公主
兴孝王蔚
兴武王 巘
兴让王颡
兴智王岘
钦慈皇后
（仁宗后）
陈键
天瑞公主
（兴武王妃）
3. 仁宗昑
佐天王德晔
顺圣皇后
（英宗后）
4. 英宗烇
惠武王国瑱
玄珍公主
（下嫁占城王制旻）
5. 明宗奣
洒圣皇后
（明宗后）
6. 宪宗旺
恭肃王昱
恭信王泽
7. 裕宗皞
恭靖王元晫
8. 艺宗暊
9. 睿宗曔
庄定王颟
简定王頠
11. 顺宗颙
天徽公主
（帝项妻）
10. 帝晛（废帝）
1. 后陈简定帝
2. 后陈季扩
12. 少帝安
陈氏联姻胡氏
明慈皇后
惇慈皇后
季犛之生父（不知何名）
陈明宗
陈艺宗
陈睿宗
季犛
陈顺宗
钦圣皇后
陈少帝

第十三章　属明时期

（1414—1427年）

一、明朝的政治

张辅攻取顺化和新平之后，乃立户口册，悉将两州之人丁列入编户，并设官统治，留兵把守与占城国交界之地。至甲午年（1414年）八月，张辅和沐晟北还中国，虏回妇女甚多。

黄福等人留驻南国，大肆更张，以使安南人同化于中国人。遂兴建庙宇，强迫安南人按中国礼俗拜祭，进而从衣冠服饰至学术思想，凡事都强迫依照中国人之制。至若安南的遗物诸如书籍典册，则全行搜罗运回中国。又设置税例，增加丁赋，以搜括钱财，使我国当时的人民备受屈辱和痛苦。

二、祭祀

黄福命令各府、州、县设立文庙和百神、社稷、山川、风云等神坛，四时行祭礼[①]。

三、衣冠礼制

下令男女不许剪发，强迫妇女按照中国人之习俗穿短衣长裙。

四、学术

明朝官吏令在各府、州、县开设学校，并访求儒医、阴阳、僧道有技能者，即委以官职，使其教授此技艺。

明朝皇帝又遣官把五经、四书、《性理大全》等书送至安南，颁发给各州县之人学习，并派僧道司[②]的僧人、道士前来传布佛教、道教。而南国陈朝以前的所有书志，都收送京城。

据潘辉注《历朝宪章〔类志〕·文籍志》所载，被中国带回的安南典籍，计有：

李太宗:《刑书》3卷；

陈太宗:《国朝通礼》10卷,《刑律》1卷,《建中常礼》10卷,《课虚集》1卷,《御诗》1卷；

陈圣宗:《贻后录》2卷,《箕裘录》1卷,《诗集》1卷；

陈仁宗:《中兴实录》2卷,《诗集》1卷；

---

① 事见《大越史记全书·本纪全书》卷之九《属明纪》，甲午年条。原文是："九月，明黄福榜示各府州县设立文庙、社稷、风云、山川、无祀等神坛壝，时行祭礼。"内无"百神"神坛。——译者

② 当时明朝不但尊崇儒学，而且设置僧纲司和道祈司，以管理佛教和道教事务。

陈英宗:《水云随笔》2卷;

陈明宗:《诗集》1卷;

陈裕宗:《陈朝大典》2卷;

陈艺宗:《葆和殿余笔》8卷,《诗集》1卷;

陈兴道:《兵家要略》1部,《万劫秘传》1部;

朱文贞:《四书说约》1部,《樵隐诗》1集;

威文王陈国遂:《岑楼集》1卷;

昭明王陈光启:《乐道集》1卷;

[司徒]陈元旦:《冰壶玉壑集》1卷;

阮忠彦:《介轩诗集》1卷;

范师孟:《峡石集》1卷;

陈元琫:《菊堂遗草》2卷;

胡尊鹜[①]:《讨闲效颦》1卷,《越南世志》1部,《越史纲目》1部;

黎文休:《大越史记》30卷;

阮飞卿:《蕊溪诗集》1卷;

韩诠:《披砂集》1卷;

李济川:《越甸幽灵集》1卷。[②]

上述各书现在不知失落何处，不再能见到任何一卷，这对安南人来说，实在是一项无可弥补的损失。

至于在府、州、县就学的各生员，起初规定府学每年2名、州

① 应为“胡尊（宗）鷟”。——编者

② 以上书目转见《钦定越史通鉴纲目》，正编，卷十三，己亥平定王二年条注。作者所引，先后次序与原书略有不同。——译者

学2年3名、县学1年1名，后改定府学每年1名、州学3年2名、县学2年1名得做岁贡生员，入国子监[①]，然后可任官员。

五、驿站

自东关城（即河内）至慈山府嘉林县，设有驿站，以马匹传递公文；自至灵县、东潮县而到与中国钦州接界的万宁府，也设驿站，以船舶传递公文信息。

六、兵制

抽兵根据户数而定。在设有卫所的地方，每户抽3丁当兵。但自清化以南，人丁稀少，每户只抽2丁当兵。那些没设卫所之地，有险要处，则立堡栅，以民兵守之。[②]

七、户帖与黄册之制

当时安南的田户事宜须按中国的制度办理。国内的人丁，每

① 《钦定越史通鉴纲目》，正编，卷十二，丁酉明永乐十五年条载："明定岁贡生员例。初，诸州县学，不拘入学年月浅深，择有学行者充岁贡，补国子监，府学每岁二名，州学二岁三名，县学岁一名。后改定府岁一名，州三岁二名，县二岁一名。"兹录以备考。——译者

② 《钦定越史通鉴纲目》，正编，卷十二，丙申明永乐十四年条载："二月，明揀兵。凡民户取三之一，分隶卫所，每户各三丁为准，惟清化以南人丁稀少，以二丁为准。非卫所而当要害处者，亦立堡栅，以民兵守之。"作者所云当据此，请相互参照。——译者

人都须有载明其姓名、年龄和籍贯的证件，以备查考时，出示验证。此证件是按照官吏手中所掌握的册子而填写的。谁人的证件若与此册不合，就要被抓去当兵。

国内的统治，分为里和甲。在城市则称为坊，城郊称厢。乡村为里，里又分为甲。

以 110 户为一里，10 户为一甲。里有里长，甲有甲首。

每岁均有 1 人出任里长管理里内事务。

每一里、一坊或一厢，都有一簿册，登记所有的丁数和田数于其中。孤寡残疾者另外登记于簿册之后，称为畸零。在此簿册之卷首又绘有地图。

此簿册编写完毕之后，即抄成一式四份，一份封面为黄色，故称黄册，将其送呈户部，其余三份为青色，于布政司、府和县各存一份。

每隔 10 年，田丁数目倘有增减者，必须重新登记，复将其留存里、坊和厢，以便照此办理。

其时里长、甲首常受责罚，不堪其苦。

八、税务

明朝的税务制度，每亩田征粟 5 升，植桑沙洲每亩征丝 1 两，每 1 斤丝征绢 1 匹。[①]

---

① 《大越史记全书·本纪全书》卷之九《属明纪》，甲午年条载："明开垦田粮桑丝。每户一亩，开为三亩，是后劝课，户口岁增。田每户十亩（谓每亩三高，十亩实三亩），每亩征粟五升。沙洲每户一亩，征丝一两，每丝一斤，织绢一匹。"作者所本，当即此。兹录以备考。——译者

又设盐税。百姓每月煮盐若干，须送提举司收贮，待布政司检验后，始得发卖。私煮与私卖者，其罪同。[①]

在各州、县都设税课司，以便收税。

九、赋役

凡有金银矿藏之地，则设官督民淘采。山林之地，强迫百姓前去寻找象牙、犀角。在海滨，则令民下海采珍珠。至若胡椒、香料等土特产，亦令贡纳之。其他如鹿、象、龟、雀、猿、蛇等珍禽异兽，无不大肆搜刮。

自从李彬、马骐之流来代张辅，受其重科厚敛，民不聊生。

十、官吏

除中国派遣前来统治的官吏之外，诸如阮勋、梁汝笏、杜维忠等投降明朝、善于阿谀奉承之辈，得做大宫，且倚仗权势，做下许多凶残之事。时值变乱之秋，则无有义气、不知廉耻的残暴奸恶之徒，更加得志，因而民情极苦，人心怨嗟。也正因为这个原因，使许多愤世者起而倡乱，造成国无宁日的局面。

① 《大越史记全书·本纪全书》卷之九《属明纪》，甲午年条载："明开盐法。先令本场使副，督人煎煮。每月若干，送提举司收贮。内官募商出金，领布政勘合。大勘合开盐十斤，小勘合开盐一斤，方得发卖。如无，同私盐法。"——译者

第十四章　抗明十年

（1418—1427 年）

一、黎利蓝山起义　二、第一次回至灵　三、第二次回至灵　四、平定王徙屯芦山　五、平定王进屯𣹢江　六、阮廌　七、平定王破陈智军　八、第三次回至灵　九、平定王粮尽与敌议和　十、平定王夺取乂安之地　十一、围西都城　十二、占领新平与顺化　十三、平定王军进兵东都　十四、崒洞之役——王通失势　十五、围东都城　十六、王通第一次请和　十七、平定王驻营菩提　十八、平定王制定法律治理军民　十九、支棱之役——柳升阵亡　二十、王通第二次请和　二十一、陈暠奉表求封　二十二、平吴大诰

一、黎利蓝山起义

自明朝统治安南之后，我民痛苦万端，怨声载道，恨之入骨，渴望摆脱此水深火热之境。幸赖当时有英雄出世，树起义旗，反抗明寇，在 10 年之中，光复旧山河，重建了南国独立的基业。

此英雄为清化省绍化府瑞原县蓝山乡人氏，姓黎，名利。数

代务农，富有家资，常喜周济穷人，因而人人敬服，其奴仆有千余人之众。黎利为人慷慨，有大志，明朝官吏闻知其声名，欲授官职以诱之，但他不屈从，尝曰："丈夫生世，当济大难，立大功，流芳千载，何乃屑为人役使乎？"[①] 遂隐居于山林，广交豪杰之士，召募流亡之众。

至明成祖永乐十六年戊戌（1418 年）之春，黎利与其将黎石、黎柳起兵于蓝山，自称平定王，传檄遐迩，历数明朝之罪，以表明其起义目的在于扫灭国家的仇敌。

扫灭明寇虽顺乎民心，合于公理，然而初时平定王的势力尚甚薄弱，将士不多，粮草不足。尽管用计谋打了几场胜仗，但仍无足够力量与敌军抗衡，因而被迫三次撤回至灵山[②]，经历数度危急，实为艰难困苦。其后幸赖南国的洪福，平定王夺取了乂安之地，自此才可以纵横天下，出击北方，重新夺回故国山河。

二、第一次回至灵

当在西都的明朝官吏马骐获悉平定王起兵蓝山的消息时，连

① 见《大越史记全书·本纪实录》卷之一《黎纪一·太祖》，戊戌年条。——译者

②《钦定〔越史〕通鉴〔纲目〕》载：此至灵山在乂安省镇定府，即在与河静交界之甘门、甘吉地区。（其原文是："至灵山：在郊老恺，今乂安镇定府地是。"——译者）然细看地图，太祖起兵于蓝山，属绍化府瑞原县，而当时仍退至洛水即锦水地区和峨山地区。因此，此至灵山不应在镇定方面，无疑只能在清化境内。观其败于至灵，则逃回属广化府关化州的芦山，便可知之矣。况且，平定王自戊戌年（1418 年）起义，而直至甲辰年（1424 年）始行讨论进攻乂安之事。这样至灵山在镇定府即在乂安南面的前玉麻地区之说，无疑是错误的。

忙领兵来讨。王屯兵于洛水（即广化府锦水）以待明军。当马骐军到时，平定王纵伏兵出击，赶走敌军，后因势力甚为薄弱终不能敌，被迫弃妻儿，致为敌军所掳获，而自率残兵逃到至灵山驻扎。

三、第二次回至灵

己亥年（1419年）四月，平定王复出，攻取俄乐堡（属清化峨山县），斩明将阮抄，但当时平定王的军队为数甚少，不能久战，不得不再次撤回至灵。

明朝官吏得知至灵为平定王退守之地，遂领兵前来围剿。平定王被围，情势甚为危急，遂问诸将曰：昔日纪信代汉高帝而死，谁愿效之？[①] 其时有黎来者，愿为祖国捐躯，请求乔装平定王，更换御袍，乘骑战象，出阵与敌人交战。明朝军队误认为是真的平定王，合力围攻，擒而斩之，遂退兵还西都。

四、平定王徙屯芦山

平定王幸赖黎来舍身救主，始能脱此大难。之后，一面派人

---

① 见《钦定越史通鉴纲目》，正编，卷十三，乙亥年条，原文是：“……退保至灵山。明兵每来掩袭，势窘甚。王会诸将谓曰：孰能效纪信故事，使我晦迹山林，以图后举。众将皆莫敢应。黎来慷慨奉命，自愿易袍，乃整仪仗，亲领兵象向敌，指挥诸将分道挑战。明将益围之，来力竭被执，明人杀之，遂退兵还西都。”——译者

赴哀牢求救，一面收拾残兵徙屯于芦山（在关化州的西面）。

是年，乂安有知府官潘僚者反叛明朝；在下洪有郑公证、黎行，快州有阮特，黄江有阮多构、陈芮，水棠有黎饿起而倡乱，明军被迫分赴各地平乱，因此使居于清化地区的平定王得以乘机养精蓄锐。

五、平定王进屯潙江

庚子年（1420 年）平定王领兵屯于催乡，欲攻打西都。明将李彬闻讯，将兵来攻，行抵施郎，为平定王伏兵所败，明军败逃。平定王遂率军进屯潙江[①] 和波凛册。明军被迫撤回俄乐和关游，以防守西都。

六、阮廌

当平定王进攻潙江之时，有阮廌[②] 者前来谒见，献平吴策文，王览之以为善，遂任用其为参谋。

阮廌为榜眼阮飞卿之子。胡朝时，已考中进士（1400 年）。当阮飞卿被明朝俘回金陵时，阮廌恸哭跟随至南关隘口仍不肯返回。飞卿告之曰:“吾儿回去，当为父报仇，为国雪恨，长随恸哭何益！”于是，阮廌始返回，自此之后日夜思虑报仇之事。今出而

① 潙江是在锦水县境内一段马江之名。

② 阮廌为陈元旦的外孙，因与陈元扞有亲谊，阮廌和陈元扞为黎朝的大功臣，后均被杀害。

辅佐平定王，为之出谋献策，筹划平定敌寇之大业。

七、平定王破陈智军

至辛丑年（1421 年）十一月，明将陈智率数万之军攻平定王于波凛册，并约寮人两面夹击。平定王会诸将而谋曰："彼军虽众，而吾以逸待劳，破之必矣！"[①] 议毕，乘夜掩袭明军营寨，斩首千余级。陈智见此大怒，次日晨传令全军进攻。安南军先已设伏，待明军一到，勇猛出击，迫使明军退回。

当双方还在交战之时，有 3 万寮人伪称前来作平定王之援兵，王不知其诈，寮军夜半偷袭，平定王之将黎石中箭身死。但我军仍能坚守营寨，寮军撤退。

八、第三次回至灵

次年，即壬寅年（1422 年），平定王自波凛册进屯关耶，遭明军与寮军腹背夹攻，乃败退块册，明军与寮军乘势涌至，四面紧围。王以情势甚危，始谓诸将曰："贼军紧围，若不冒死突围，夺路逃脱，则全军覆没矣！"[②] 将士人人奋勇杀敌，迫使敌军撤退。

---

① 见《大越史记全书·本纪实录》卷之一《黎纪一·太祖》，辛丑年条。——译者

② 按《大越史记全书·本纪实录》卷之一《黎纪一·太祖》，壬寅年条，所载黎利的原话为："贼四面围我，欲去何适，此兵法所谓死地也。疾战则存，不疾战则亡。"作者所引有出入，今录之供参考。——译者

平定王又一次领兵回驻至灵山。

自平定王领兵回到至灵，粮食日益告罄，在两个月中，军士唯以菜根、蔬笋为食，象马杀食殆尽。将士疲劳，欲得休息，都劝王暂与敌讲和。王不得已，遣黎臻前去求和。其时明军因攻打不利，亦从其请。

九、平定王粮尽与敌议和

癸卯年（1423 年），平定王领兵回蓝山。当时明将陈智、山寿之辈，常献给平定王以牛、马、腌鱼及稻谷等物，王也遣黎臻以金银为报。但后来陈智等人怀疑王为虚情假意，乃拘黎臻不还，因此平定王遂与之绝交，不再往还，然后领兵回屯芦山。

十、平定王夺取乂安之地

甲辰年（1424 年）平定王会诸将商讨进退之计。少尉黎只曰："乂安乃险要之地，地大人众，今吾等先取茶隆（襄阳府），攻下乂安城，以为立脚之地，然后掉转头来攻取东都，如此天下太平可得矣！"[①]

平定王认为此计划甚善，遂引军南返，袭取多矜堡，明将梁汝笏败逃。

---

① 见《钦定越史通鉴纲目》，正编，卷十三，甲辰年条，原文是："黎只对曰：乂安险要，地大人众，臣尝身履其地，颇熟之。今宜先取茶隆，略定乂安，以为立脚之地。资其财力，然后返旆东都，天下可图也。"作者所引有出入。——译者

夺取多矜堡之后，平定王即进军攻取茶隆，行抵葵州府蒲猎山，遇陈智、方政领兵来战。王乃于险要之地埋伏，待明军至，纵兵击之，斩明将陈忠及士卒2000余级，获马百余匹。明军败走，平定王领兵围攻茶隆。知府琴彭久等援兵不至，被迫开城门出降。

自平定王起义迄于此时，已与明朝军队多次交战，历经数度输赢，但明朝官吏仍轻视之，故不回奏朝廷知悉。当黄福回中国后，明朝皇帝始以兵部尚书陈洽前来接替。

陈洽见平定王夺取了茶隆州，声势甚盛，连忙修本呈奏明朝皇帝。明帝遂下诏切责陈智、方政等人，并命令立即平定此寇。陈智等人惶恐害怕，整顿全部兵马，水陆并进，前来攻打平定王。

王使丁列领兵千人从间道据杜家[①]，而亲率全体将士行抵蓝江北岸的可留地方上游（属梁山县），然后于险要处设下伏兵以待明军。

当明军已至可留，平定王命人昼扬旗击鼓，夜则举火以为疑兵，并遣军士埋伏于江之彼岸。次日晨，明军进兵，遭四面伏兵夹击，明将朱杰被擒，黄诚被杀，士兵皆溃逃。陈智被迫收兵回守乂安城。

乙巳年（1425年）正月，平定王引兵攻打乂安城，行抵土油县（今为清彰县）多雷乡，百姓争持牛、酒出迎，老少皆曰："不图今日复睹故国威仪。"[②]其时又有玉麻（镇定府）知府琴贵带领其兵马前来助顺。

---

① 在河静省兴山县灵感堡附近。

② 见《大越史记全书·本纪实录》卷之一《黎纪一·太祖》，乙巳年条。——译者

平定王遂下令诸将士曰："民苦于虐政久矣，凡所至州县，秋毫无犯。非伪官之牛谷，虽甚饥困，不得滥取。"[①] 紧接着分兵略取各地，所至州县，无不望风归顺，皆愿相与并力前去攻打乂安城。王遂引军包围乂安城。明军只能尽力坚壁固守，不敢复出作战。

正当围攻乂安之时，明将李安引兵自东关走海路前来救援。在城中的陈智军也开城出击，平定王诱明军至杜家江口，然后用伏兵击溃之，陈智逃回东关，李安入城据守。王又领兵围城。

十一、围西都城

至五月，平定王遣司空丁礼领兵攻打演州，丁礼方至其地，便遇明将张雄领粮船300艘自东关开来，城内军队出接，为丁礼伏兵赶跑。大批粮船被丁礼劫获，然后追张雄至西都。平定王闻此讯，连忙派黎察和刘仁澍领兵接应丁礼。丁礼乘机进围西都城。

十二、占领新平与顺化

至七月，平定王命司徒陈元扞[②]、上将黎弩率兵千余人，攻取新平州和顺化州。行抵布政，遇明将任能，双方交战，明军被伏兵击溃。当时又有黎银之水军，将战船70余艘，浮海直抵其地。陈元扞即率水步两军而进，攻下此两城，增募数万精兵，出击北方。

---

① 见《大越史记全书·本纪实录》卷之一《黎纪一·太祖》，乙巳年条。——译者

② 陈元扞，有的史籍载为陈扞，系陈元旦之孙，陈光启族裔。

自此之后，平定王的军势日益强大，诸将尊推其为“代天行化”，意即代替上天处理各种事务。

十三、平定王军进兵东都

丙午年（1426年），平定王见明朝的精兵尽在乂安，东都必已空虚，人数不多，便命李篆、范文巧、郑可、杜秘等攻略国威、广威、嘉兴、归化、沱江、三带（白鹤）、宣光，以绝云南援兵。命刘仁澍、裴备等出击天长、建昌、新兴、上洪（平江）、下洪（宁江）、北江、谅江，以断两广援兵。又命丁礼、阮炽领兵直攻东关。

平定王军所到之处，严守纪律，秋毫无犯，因而人人无不心悦诚服。李篆等人在夺取国威和三带之后，引军进逼东关城。

明军参将陈智领兵出屯宁桥[①]（交州府西面）和应天（？），以拒之；李篆军来攻，陈智败走，屯宁江（底江上段）之西岸[②]。突然闻报：有云南军万余人来援，李篆害怕两路明军会合难敌，即命范文巧领兵千余人前去阻挡云南援兵，而他自己则与杜秘领兵攻陈智。陈智败走，李篆追至仁睦村，擒获明将韦亮，斩首千余级，然后又转回宁江与文巧会合，以抗云南之兵。

---

① 宁桥、宁江、应天等地名，无疑是在慈廉县、清威县地区之内，锐江和底江之间。宁江可能是位于慈廉或清威的一段底江。

② 《钦定越史通鉴纲目》，正编，卷十三，丙午平定王九年条载：“明参将陈智悉众出宁桥、应天拒之。篆与文巧、可、秘等并力奋击，智军败走。篆等进屯宁江西岸……”据此，屯宁江西岸者系李篆，并非如作者所说陈智。——译者

范文巧等至车辘桥（？），即遇云南兵开到，打了一仗，敌军战败，退守三江城。

陈智因见东关之军势孤危，忙驰书乂安，请方政领兵救援，以防守根本之地。方政得信，便命蔡福留守乂安城，然后领兵乘船浮海趋还东关。

平定王闻此讯，乃留黎银、黎文安、黎杯、黎慎、黎文灵等围乂安城，而自率水步大军，尾追方政北上。行至清化，平定王领兵攻西都城，但因明军固守城池，攻不克，遂领兵驻营于溛江。

十四、崒洞之役——王通失势

自从平定王由芦山进攻乂安迄于此时，攻无不克，声势显赫，明军惧之，遂将此讯回奏明廷。明朝皇帝乃遣征夷将军王通和参将马瑛领兵 5 万前来救援东关。

陈智和方政则被削去职爵，随军效力，而仍以陈洽参赞军务。

王通抵达东关，会合全部军士，共为 10 万，与陈洽等分为三路进击平定王。

王通引军屯古所渡（属山西国威府石室县），方政屯沙堆〔桥〕（属慈廉县），马骐屯青威（桥），列营连亘数十里。

在宁桥的李篆、杜秘等人，伏兵象于古览〔原〕，然后以游兵诱马骐。马骐率全军追至三罗桥（在青威县和慈廉县分界处），伏兵出击，明军败逃，许多人陷于泥淖，无法脱逃，被斩千余人。李篆追明军至仁睦〔桥〕，擒获 500 余人，马骐仅以身免。

李篆等人乘胜击方政一路军。但方政见马骐已败，也行撤退。

后同马骐回至古所渡与王通会合。

王通预料安南军必来进攻，先已伏兵戒备。李篆兵至，明军出击，佯为败走，诱我军进入布有铁扦之险地。我军进至此，战象踏中铁扦不能前进，继之又有伏兵出击，李篆败走高部（在美良彰德地区），并派人驰赴清潭（今清池县），请丁礼、阮炽来援。

丁礼、阮炽领兵3000、象2只，立即于当日夜抵达高部，然后分兵设伏于崒洞（属美良县）和祝洞（属彰德县）[①]。不意擒获明军斥候，问知王通军屯于宁桥，有一路军潜行包抄李篆军后路，大军渡过河只待一闻炮响，两面一齐夹击。

得知此阴谋后，到是日夜五更，丁礼派人发炮为号，欺骗敌军。果然敌军闻炮响，即蜂拥出击。其时正值大雨滂沱，道路泥泞，敌军刚到崒洞，则遭我军四面夹击，斩陈洽和内官李亮。明军士卒被杀者甚多，有相互践踏而死者，亦有坠河溺死者，共达5万余人；尚有被俘者万余人。所获军资、器械不可胜计。崒洞之役，时在丙午年（1426年）十月。

方政和马骐逃脱，后与王通回守东关城。

丁礼等人乘胜进围东关城，并遣人回瀘江行营向平定王报捷。

平定王即进兵清潭，一方面命陈元扞领水军战船百艘，沿泷江[②]（？）出喝江口（底江口，与丐江相通），然后顺珥河而下，屯

① 崒洞和祝洞位于彰美县境内，东有底江，西有小江，称裴江，于嗟三江口处汇入底江。

② 无疑是今河东省辖境内底江之一段。

东步头；另一方面遣裴备[①]等领兵万余人，暗行西阳桥（？）。平定王亲率大军在东关城近郊安营扎寨。明军死守城池，不敢出战，无数战船都为平定王所掳获。

自平定王领兵攻打乂安迄于今，虽然所到之处攻无不克，但没有任何一仗比得上此崒洞之役重要。因在十分胜算之中，打完此仗，已稳得七八分了。明朝的军事力量只限于几个被包围的城市而已，外面又无援兵。即使再有援兵开到，而平定王的势力也已十分稳固了。

但据越南史籍所载，李篆和丁礼的军队，其数不过数千人而已，何以能破王通之10万精兵？令人费解。况且越史又载：崒洞之役，安南军队斩明军士卒5万余人，生擒万余人，如此岂非明军太怯懦无能了吗？恐怕是修史者有意偏袒，致使与事实不符。但无论其虚实如何，大概崒洞之役是双方的一场大战，王通战败，被迫退守东关城，城被包围，平定王则北上收复各州县。无疑这是实有其事的。

十五、围东都城

自平定王出兵东都之后，各地豪杰皆辐辏军门，愿效死杀敌。王以言抚谕之，并晓以去逆就顺之理，然后量其才而录用之。

平定王分东都之地为四道，置文武僚属以治理之。

---

① 据《大越史记全书·本纪实录》卷之一《黎纪一·太祖》所载当为黎礼，裴备与陈元扞为一路军。但《钦定越史通鉴纲目》，正编，卷十三，平定王九年条作裴备。作者当据此。——译者

据潘辉注《历朝宪章〔类志〕·地舆志》所载，三江镇、宣光镇、兴化镇、嘉兴镇属西道；上洪镇、下洪镇、上策镇、下策镇和安邦路属东道[①]；北江镇、太原镇属北道；快州路、莅仁路、新兴路、建昌路、天长路属南道。

十六、王通第一次请和

在东关的王通，常吃败仗，料不能再取胜，欲罢兵回中国，但怕有损声誉，便找出永乐皇帝（1407 年）有关寻找陈氏子孙的诏书，遣人告知平定王求立陈氏宗室，以求罢兵。

平定王因战乱频仍，国家遭到摧残破坏，生灵涂炭，便从王通之请。适逢其时有胡翁者，避居玉麻，自称为艺宗三世孙，平定王遣人迎回，改名陈暠，立为帝，而王称卫国公，向明朝求封，希望早日了结战事。

王通遣人赍书乞和，愿得全众归国。平定王许之，并约定日期，让王通召回在各地的军队会合于东都，然后回中国。事情已如此决定，但其时有几个如陈封、梁汝笏之流投降明朝的安南人，害怕明军撤回后，自己必无活路，便以昔日乌马儿的故事劝阻王通不要撤军。王通信之，遂阳言和好，阴怀异图，派人掘壕设扞，加固城垒，并暗地里使人持书间行回中国求援。

---

① 《钦定越史通鉴纲目》，正编，卷十三，丙午平定王九年条注引《历朝宪章〔类志〕·地舆志》："洪策上下等路与安邦镇属东道。"作者在此以洪策上下为镇，而以安邦为路，与《历朝宪章〔类志〕·地舆志》不合。——译者

平定王捕获了送信人，大怒，下令不再与明军来往，然后派黎国兴攻刁鹞（北宁省嘉林县）、市桥（属北宁省武江县）二城；郑可和黎犬攻三江城（即三带，今为白鹤县）；黎察和黎受攻昌江城（即今之谅沧府）；陈榴、黎杯攻丘温城。未几，这些城池都被攻克。

十七、平定王驻营菩提

丁未年（1427 年）正月，平定王进军驻营于珥河北面之菩提，随即遣将进攻东关城：郑可攻东门，丁礼攻南门，黎极攻西门，李篆攻北门。

明军军势日衰，驻守乂安城和演州城的明将蔡福、薛聚相率出降，平定王又命吏部尚书阮廌撰写檄文，劝谕各地将士归降。

但是，正因为明军势弱，便有轻敌之意，致使我军损失两员大将。其先，李篆驻军慈廉，不够谨慎，遭方政潜军袭击，被杀害；后来，东关城的王通率兵出击黎阮于西扶烈（属清池县），平定王命丁礼和阮炽领兵 500 人赴援。行至湄洞（属清池县黄梅）与明军遭遇，双方交战。王通见丁礼兵少，夹击之，俘获丁礼和阮炽。阮炽得逃脱，而丁礼被斩。

十八、平定王制定法律治理军民

平定王一方面围攻东关（东都）和其他各城，另一方面又虑及管理之事，制定各种条例，使军队守纪律，并安定民心。

首先，平定王谕禁左道：以邪术假话骗人者罪之。至于因战乱流散各地的人民，听还原籍耕种如故，〔毋使失业〕。

那些降敌任伪官者之妻子家眷，可以依例纳钱赎罪。[①] 投降的明军士兵，则送往天长、建昌、莅仁、新兴等地安置收养。

平定王以三条诫文武各官：

1. 勿无情；
2. 勿欺慢；
3. 勿奸贪。[②]

同时又谕曰：平时军人犯法，不得乱杀，除非临阵而违军令者，方许以军法从事[③]。

平定王还向将士提出十条，作为军宪[④]：

1. 军中喧哗；

① 布政妻儿需纳钱七十贯；生员、土官妻儿纳十贯，其男女奴婢则纳五贯。(《钦定越史通鉴纲目》，正编，卷十四，丁未平定王九年条注：“赎钱例：布政使司妻眷七十緡〔镪〕，生员、土官妻眷十緡〔镪〕，余男女奴婢五緡〔镪〕。”——译者)

② 见《大越史记全书·本纪实录》卷之一《黎纪一·太祖》，丁未年条。——译者

③ 见《大越史记全书·本纪实录》卷之一《黎纪一·太祖》，丁未年条。原文是：“令少尉、执令、总监等：平时军人犯法，不得专杀，临阵而违者，许先斩后闻。”——译者

④ 以下十条军宪，见《大越史记全书·本纪实录》卷之一《黎纪一·太祖》，丁未年条。但该书原埴山堂本有漏字，兹据日本东京大学东洋文化研究所出版的陈荆和校本（中，第 537 页）录出。——译者

2. 军中虚惊、妄言祸福，以摇动军情；

3. 临阵闻鼓声、见指旗而佯为不闻不见，逗遛不进；

4. 临阵见止军之旗、闻止军之锣而不止；

5. 闻退军之钲而强不退；

6. 防直不勤，或熟睡不守，离伍潜回；

7. 耽惑女色、私放妻党，而不当军役；

8. 卖放军人及影蔽而不著军籍；

9. 以私好恶而颠倒人之功过；

10. 与众不和，奸恶偷盗。[1]

以上十条，犯者斩。

还令诸将校：凡闻炮一响，而无钲声者，诸将速来听令；炮或二响三响，钲或二鸣三鸣，是有警急，执令〔督将〕速整行伍，少尉就营听令[2]；临阵退却，遗弃殿后之人而不救者罪斩，但间或有人阵亡，而能并力舁出其尸体者，免罪[3]。

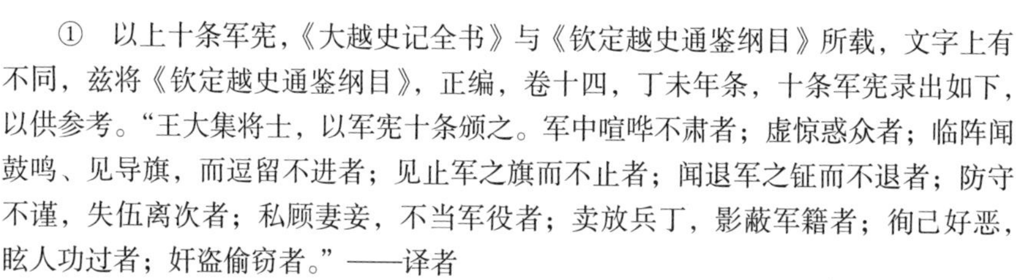

① 以上十条军宪，《大越史记全书》与《钦定越史通鉴纲目》所载，文字上有不同，兹将《钦定越史通鉴纲目》，正编，卷十四，丁未年条，十条军宪录出如下，以供参考。“王大集将士，以军宪十条颁之。军中喧哗不肃者；虚惊惑众者；临阵闻鼓鸣、见导旗，而逗留不进者；见止军之旗而不止者；闻退军之钲而不退者；防守不谨，失伍离次者；私顾妻妾，不当军役者；卖放兵丁，影蔽军籍者；徇己好恶，眩人功过者；奸盗偷窃者。”——译者

② 见《大越史记全书·本纪实录》卷之一《黎纪一·太祖》，丁未年条。——译者

③ 见《大越史记全书·本纪实录》卷之一《黎纪一·太祖》，丁未年条。原文是：“令诸军临阵，或五十人、百人私自奔却，而遗弃一二人不救者，斩全众。不幸阵亡而能并力舁（原注：音于，举也）出者，免罪。”——译者

平定王的军纪大概如此，因此所到之处，百姓甚为敬服。

十九、支棱之役——柳升阵亡

自从明军崒洞之败陈洽被杀以后，王通派人回奏明朝皇帝，请求增加援兵。明帝闻之大惊，忙派征虏副将军安远侯柳升、参将保定伯梁铭、都督崔聚、兵部尚书李庆、工部尚书黄福、右布政使阮德勋领兵10万、马2万，循广西道，来攻坡垒关，时在丙午年（1426年）腊月。又派征南大将军黔国公沐晟、参将安兴伯徐亨、西宁伯谭忠[①]循云南道来攻梨花关。

及闻明朝援兵将到，诸将多上书劝王立即攻取东都城，以绝内应，但王不听，并告之曰："攻城下策也。不如养力蓄锐以待其援。援破则城必降，此岂非一举而两得乎？"[②]接着命令严守各地，并令居住于谅江、北江、三带、宣光、归化之人移徙他处，坚壁清野，以避明军。

至（1427年）十月，平定王获悉柳升军将至安南之地，遂会诸将议曰："彼军以强凌弱，以众胜寡，志在取利，不顾一切。今〔柳升之来〕，路远千里，人必疲劳，吾以逸待劳，蔑不胜

① 按《大越史记全书》和《钦定越史通鉴纲目》都作兴安伯徐亨、新宁伯谭忠，作者此作安兴伯徐亨、西宁伯谭忠，恐有误。——译者

② 见《大越史记全书·本纪实录》卷之一《黎纪一·太祖》，原文是："攻城下策也，我攻坚城岁月不下，我军力疲气沮，若贼援再至，腹背受敌，此危道也。不如养力蓄锐，以待其援，援破城必降。此一举两得，万全之计也。"作者所引有出入。——译者

矣！”[①] 乃命黎察、刘仁澍、黎冷、丁列、黎受等领兵 1 万、象 5 只先设伏于支棱关[②]，以待明军。又命黎理、黎文安领兵 3 万，陆续开来抗敌。

当时陈榴守坡垒关（南关），见明军至，退守隘留〔关〕；及至敌军攻隘留，陈榴又退据支棱，沿途每段都有屯寨。明军所到之处无人抵抗，连克数屯。柳升得意扬扬，乘胜追击。平定王又做出惊恐之状，派人持书呈柳升，请立陈暠为帝，以求罢兵。柳升受书不启封观看，即派人送北京奏闻，然后一味进军攻打。

九月十八日，柳升军进至支棱隘附近。黎察令陈榴出战，佯为不胜而走。柳升大喜，只带 100 名骑兵追赶，把大部队留于后面。追了一段，因陷于泥泞之地不能前进，我伏兵猝起冲击，斩柳升于倒马坡（今为马鞍山，在枚梢村，属温州）。时在丁未年九月二十日。

黎察、陈榴等人乘胜追击明军，斩 1 万余级。此时黎理一道军也刚刚开到，合兵进击明军，斩梁铭于阵（二十五日）。李庆自杀（二十八日）。黄福、崔聚等人带领败兵逃回昌江城（明朝所筑之城，在谅江府寿昌社），行至中途，为黎察军追上打了一阵，崔聚力战欲夺路逃往昌江，不料该城已为陈元扞所陷，明军益惊，筑

① 见《大越史记全书·本纪实录》卷之一《黎纪一·太祖》，原文是：“帝会诸将议曰：贼素轻我，谓我国人性怯，久畏贼威。闻大军来，我当惊怖。况以强凌弱，以众胜寡，乃事之常。贼不能论其彼己胜负之形，识其时运往复之机。且救急之兵，当以疾速为贵，贼必并日兼行。兵法所谓五百里而趋利者蹶上将。今柳升之来，途路辽远，人必疲劳，吾以逸待劳，蔑不胜矣！”作者所引有出入。——译者

② 参阅第 136 页注②。

垒田间以自卫。

平定王乃命水步诸军并进围攻，令陈元扞断绝明军粮道，又命范问、黎魁、阮炽等领铁突军出击，斩明军5万余级，生擒黄福、崔聚及3万余人。崔聚不肯投降，乃被杀。

当时沐晟与范文巧、郑可等正相持于梨花关。先是王曾料到：沐晟为一老练之人，必坐视柳升军之胜败如何，然后始行进兵，因派人持书嘱咐文巧等唯坚守，切勿出击与战。及至柳升军失败后，王令所俘之裨将持柳升所受敕书符印送沐晟，使知之。

沐晟闻此讯，大惊，领兵溃逃，被郑可军追击，斩首万余级，获人马各千余。

二十、王通第二次请和

平定王派人将黄福等人及征虏副将军的双虎符及两台银印带回东关城，使王通知之。

王通得知援兵已败，万分惶恐，便修书请和。王许之，即与王通会盟于东关城南，期以腊月班师回中国。

二十一、陈暠奉表求封

平定王已与王通讲和，驻西都及其他各地的明军全部解除武装。王乃遣黎少颖、黎光景[①]、黎德辉等奉表文方物出使明朝。

① 《钦定越史通鉴纲目》，正编，卷十四，丁未年条作黎景光。——译者

所奉方物是：

（1）代身金人2个；

（2）银香炉1个；

（3）银花瓶1双；

（4）土绢30匹[①]；

（5）象牙14对；

（6）沉香12瓶[②]；

（7）线香2万支；

（8）沉速香24块。

并将征虏副将军双虎符、两台银印及开列所俘官军人马的簿册送还明朝。

表文署陈暠名，其文大略如下[③]：

> 太祖高皇帝龙飞之初，臣祖日煃先入朝贡，特蒙褒赏，赐以王爵。自是世守封疆，朝贡罔缺。
>
> 顷因胡氏篡逆，太宗文皇帝兴师问罪，克平之后，诏求陈氏子孙以奉宗祀。辰总兵官张辅未及徧〔遍〕求，请置郡县。
>
> 臣前因国乱奔窜老挝，欲以苟延残息而已。岂意国人狃于夷俗，追思臣先泽，逼臣还国，不得已强而从之。

① 据《大越史记全书》所载为土绢300匹。作者据《钦定越史通鉴纲目》作30匹。——译者

② 据《大越史记全书》载为熏衣香20瓶。——译者

③ 作者所引陈暠表，见《钦定越史通鉴纲目》，正编，卷十四，丁未年条。——译者

虽其仓卒出于国人之所逼，亦臣不能裁度之罪也。乃者军前谢罪，并不听从，于是恐惧诛戮，遂相率守备关隘，以为自卫之计。

岂期官军远来，遇象惊骇，自相奔溃。事至于此，虽出于国人之不得已，亦臣之罪也。然所获官军马匹，并皆收养，秋毫不敢犯。

伏望皇上依太宗文皇帝访求陈氏子孙之诏，念臣祖父首入朝贡之诚，赦臣丘山之罪，贷臣斧钺之诛，使得嗣服南荒，朝贡无阙。

除另委亲信陪臣赍送谢表并送还印信人马赴京外，今将名数谨具奏闻。[①]

当时明朝宣德皇帝览此表，知其诈，但欲借此息兵，遂出此

① 作者所引陈暠表文与《明史·安南传》、《明宣宗实录》（卷三二）、《驭交记》（卷七）和《越峤书》（卷十五）等中国史籍所载颇有不同，今录《明宣宗实录》所载陈暠表以资参考：

“安南国先陈主臣暊三世嫡孙臣陈暠，诚惶诚恐，稽首顿首，上言：曩被贼臣黎季犛父子篡弑国主，杀戮臣之一族殆尽。臣暠奔窜老挝，以延残息，今二十年。近者国人闻臣尚存，逼臣还国。众口语臣云：天兵初平黎贼，即有诏旨，访求先王之子孙而立之，一时访求未得，乃建郡县。今皆欲臣陈情请命。臣自知罪在万死，仰恃天地生成大恩，谨奉表上请者，臣暠等伏念交南之地，实为海外之邦，逮于天朝太祖皇帝之启运，而臣祖父最先诸国以入朝，频年纳贡于帝廷，累世袭封于王爵。顷因黎氏之稔恶，致劳天讨之远加。承恩旨之涣颁，求陈后以承续。时宗族悉逃而散徙，在乡里无从访求，急抚治其人民，遂建置于州县。今士人犹念续先臣之祀，幸天诏尝有兴灭国之言，沥陈血词，吁天请命。恭惟皇帝陛下，乾坤复载，日月照临，溥春育而海涵，霈云行而雨施，念臣先灵久为馁鬼，怜臣孤苦，俾复旧邦。臣暠敢不刻骨铭心，输忠效顺，永永恭天之命，颙颙事大之诚。臣暠等无任瞻天仰圣激切屏营之至。”——译者表文示群臣，群臣皆愿讲和。明帝遂命礼部侍郎李琦赍诏来封陈暠为安南国王，废布政司，并撤兵回中国。

至丁未年（1427 年）腊月，王通依与平定王所订之约，领步兵过珥河先发，水军随后。

其时有人怂恿平定王曰：先时明人甚为残恶，宜全歼之。王曰："复仇报怨者，众人之常情。不嗜杀人者，仁人之本心。且人已降，而杀之不祥〔莫大焉〕。与其快一朝之愤，以受万世杀降之名，孰若活亿万人众之命，以息后世战争之端，青史所载，千古流芳，〔岂不伟欤！〕"①

平定王不但不杀明人，又命供给水军船 500 艘，交付方政、马骐领之；供给陆军粮草，交山寿、黄福领之；并出降者和被俘者 2 万余人，交马瑛管领，带回中国。王通领步兵殿后。平定王厚饯之。

明军陆续北返，其时真是：南国山河南帝居，南国又得以自主如故。

二十二、平吴大诰

平定王既已打败明军，乃命阮廌撰写诰文，大诰天下。

此《平吴大诰》系用汉文写成，是黎朝时期甚有价值的一篇文献。

今据《皇越文选》所收原文抄录如下：

① 见《大越史记全书·本纪实录》卷之一《黎纪一·太祖》。——译者

盖闻仁义之举[①]，要在安民。吊伐之师，莫先去暴。惟我大越之国，实为文献之邦。山川之封域既殊，南北之风俗亦异。自赵、丁、李、陈之肇造我国，与汉、唐、宋、元而各帝一方。虽强弱时有不同，而豪杰世未尝乏。故刘龑贪功以取败，而赵禼好大以促亡。唆都既擒于咸子关，乌马又殪于白藤海。稽诸往古，厥有明征。顷因胡政之烦苛，致使人心之怨叛。狂明伺隙，因以毒我民。恶党怀奸，竟以卖我国。焮[②]苍生于虐焰，陷赤子于祸坑。欺天罔民，诡计盖千万状。连兵结衅，稔恶殆二十年。败义伤仁，乾坤几乎欲息。重科厚敛，山泽靡有孑遗。开金场，则冒岚瘴而斧山淘沙。采明珠，则触蛟龙而絙腰汆海。扰民设玄鹿之陷阱，殄物织翠禽之网罗。昆虫草木，皆不得以遂其生。鳏寡颠连，俱不获以安其所。浚生民之血，以润桀黠之吻牙。极土木之功，以崇公私之廨宇。州里之征徭重困，闾阎之杼柚皆空。决东海之水，不足以濯其污。罄南山之竹，不足以书其恶。神人之所共愤，天地之所不容。予奋迹蓝山，栖身荒野。念世仇岂可共戴，誓逆贼难与俱生。痛心疾首者，垂十余年。尝胆卧薪者，盖非一日。发奋忘食，每研覃〔谈〕韬略之书。即古验今，细推究兴亡之理。图回之志，寤寐不忘。当义旗初起之时[③]，正贼势

① 《大越史记全书·本纪实录》卷之一《黎纪一·大祖》所载《平吴大诰》，起始无“盖闻”二字。——译者

② 《大越史记全书·本纪实录》卷之一《黎纪一·太祖》原注：“焮：香靳切，火器也。”——译者

③ 《大越史记全书·本纪实录》卷之一《黎纪一·太祖》所载《平吴大诰》，此句作：“当义兵初起之时，……”——译者

方张之日。奈以人才秋叶，俊杰晨星。奔走前后者既乏其人，谋谟帷幄者又寡其助。特以救民之念[①]，每郁郁而欲东。故于待贤之车[②]，常汲汲以虚左。然其得人之效，茫若望洋。由己之诚，甚于拯溺。愤凶徒之未灭，念国步之遭屯[③]。灵山之食尽兼旬，瑰县之众无一旅。盖天欲困我以降厥任，故予益励志以济于艰。揭竿为旗，氓隶之徒四集。投醪飨士，父子之兵一心。以弱制强，或攻人之不备。以寡敌众，常设伏以出奇。卒能以大义而胜凶残，以至仁而易强暴。蒲藤之霆驱电掣，茶麟之竹破灰飞。士气以之益增，军声以之大振。陈智、山寿闻风而褫魄，李安、方政假息以偷生。乘胜长驱，西京既为我有。选锋进取，东都尽复旧疆[④]。宁桥之血成川，流腥万里。崒洞之尸积野，遗臭万年。陈洽贼之腹心，既枭其首。李亮贼之奸蠹，又暴厥尸。王通理乱，而焚者益焚。马瑛救斗，而怒者益怒。彼智穷而力尽[⑤]，束手待亡。我谋伐而心攻，不战自屈。谓彼必易心而改虑，岂意复作孽而速辜。执一己之见，以嫁祸于他人。贪一时之功，以贻笑于天下。遂令宣德之狡童，黩兵无厌[⑥]。仍命晟、升之懦将[⑦]，以油救焚。丁未九月，柳升遂引兵由丘温而进。本年本月，沐晟亦分途自云

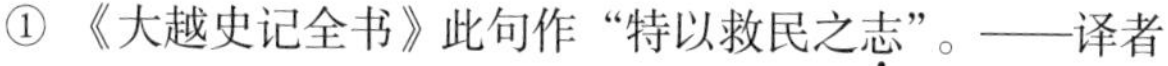

① 《大越史记全书》此句作“特以救民之志”。——译者
② 《大越史记全书》此句无“故于”二字。——译者
③ 《大越史记全书》作“念国步之犹屯”。——译者
④ 《大越史记全书》作“东都尽从旧疆”。——译者
⑤ 《大越史记全书》作“彼势穷而力尽”。——译者
⑥ 《大越史记全书》作“遂使宣德狡童，重黩兵无厌”。——译者
⑦ 《大越史记全书》作“乃命晟、升之懦将”。——译者

南而来。予前既选兵塞险，以摧其锋。予后再调兵截路，以断其食。本月十八日，柳升为我军所攻，计堕于支棱之野。本月二十日，柳升为我军所败[①]，身死于马鞍之山。二十五日，保定伯梁铭阵陷而丧躯。二十八日，尚书李庆计穷而刎首。我遂迎刃而解，彼自倒戈相攻。继而四面添兵以包围[②]，期以十月中旬而殄灭。爰选貔貅之士，申命爪牙之臣。饮象而河水干，磨刀而山石缺。一鼓而鲸刳鳄断，再鼓而鸟散麕惊。决溃蚁于崩堤，振刚风于槁叶。都督崔聚膝行而送款，尚书黄福面缚以就擒。僵尸塞谅江、谅山之途，战血赤昌江、平滩之水。风云为之变色，日月惨以无光。其云南兵为我军所扼于梨花，自恫疑虚喝而先已破胆。其沐晟众闻升军大败于芹站，遂躏藉奔溃而反得脱身。冷沟之血杵漂，江水为之呜咽。丹舍之尸山积，野草为之殷红。两路救兵，既不旋踵而俱败。各城穷寇，亦将解甲以出降[③]。贼首成擒，彼既掉饿虎乞怜之尾[④]。神武不杀，予亦体上帝好生之心。参将方政、内官马骐，先给舰五百余艘，既渡海而犹且魂飞魄丧[⑤]。总兵王通、参政马瑛，又给马数千余匹，已还国而益自股栗心惊。彼既畏死贪生，而修好有诚。予以全军为上，而欲民得息，非惟计谋之极其深远，盖亦古今之所未见闻。社稷以之奠安，

① 《大越史记全书》作“柳升为我军所击”。——译者
② 《大越史记全书》作“继而四面添兵以逼围”。——译者
③ 《大越史记全书》作“亦相解甲以出降”。——译者
④ 《大越史记全书》作“彼既掉残卒乞怜之尾”。——译者
⑤ 《大越史记全书》作“既渡江而犹且魂飞魄丧”。——译者

山川以之改观。乾坤既否而复泰，日月既晦而复明。于以开万世太平之基，于以雪千古无穷之耻。是由天地祖宗之灵，有以默相阴佑，而致然也。於戏，一戎大定，迄成无竞之功。四海永清，诞布维新之诰。播告遐迩，咸使闻知。

第十五章　黎朝统一时期

（1428—1527 年）

一、黎太祖（1428—1433 年）

年号：顺天

（一）平定王登基

平定王黎利平明寇有功，收复了故国江山。但前因必借拥立陈氏子孙之名，方能与明朝言和，故尊陈暠为帝。现在战事已平，人心归服平定王，而陈暠亦知国人不服，颇不自安，遂逃入玉麻州（属镇宁府），但被官军追获，带回东关城，迫其饮毒而卒。

陈暠死后，平定王登基，是为黎朝太祖，建国号曰大越。此年为戊申年，公元 1428 年。

太祖遣使赴中国求封，然明朝不允，迫令其访求陈氏子孙立而为王。明朝使臣往还两三次，后太祖命国中官员父老奏言：陈氏子孙实无见存，并请封黎利为南国国王。明帝视此，始从其请，册封之。

自此之后，确立每隔三年向明朝朝贡一次之例，而每次朝贡必铸金人二尊，称为“代身金人”。可能是支棱之役曾杀明将柳升和梁铭，因必铸金人二尊以抵命。

向中国求封和朝贡，乃出于势不得已，因为中国与我国相较，大小悬殊，且孤身只影独处南方，全无羽翼屏障，这样若一味敌对抗拒，不肯低下一点，则永无宁日。虽表面上屈居中国之下，但其实内里仍然保持自主，中国人并不干涉我国内政。这也是一种机智巧妙的外交，可使国家获得安定。

太祖登基后，封赏诸功臣：文班以阮廌为首，武班以黎问为首，总计 227 人，[①] 都获赐国姓。太祖又封阮廌为冠服侯，陈元扞为左相国，范文巧为太尉。

列入第一等的功臣，赏爵上智字；第二等，爵大智字；第三等，爵智字。

（二）科举

太祖振兴教育，设国子监于京师，以使官员及平民俊秀子弟入学学习；于各府路开办学堂，延请教师教授儒学。然后又令文武官员四品以下者，必须应明经科考试，文官考经史，武官考武经。在各路也开明经科试，使隐逸之士出来应试，以选拔人才。

① 《大越史记全书》和《钦定越史通鉴纲目》均作 221 人。——译者

信奉佛教、道教的人，亦应考试该教经典，中试者听为僧、道，不中者勒令还俗。

（三）律令

按照唐朝的刑律制定出新的律令，有笞、杖、徒、流和死等刑。

笞刑分作五等：自 10 鞭至 50 鞭；杖刑亦分为五等：自 60 至 100 杖；徒刑分为三等：徒为犒丁，徒为象坊兵，徒为屯田兵；流刑分为三等：流至近州、流至远州和流至外州[①]；死刑亦分为三等：绞刑和斩首、枭首示众以及凌迟处死。

获得进入八议[②]之列者，先需奏议，议毕，尚需再奏请皇帝审核。勋旧之臣自五品以上者，若犯徒刑和流刑均可赦免；议公子侄犯罪，则依其先辈荫袭的等级而减刑。官员、军民犯流刑以下之罪者，准其赎罪。70 岁以上，15 岁以下或残废犯流刑以下之罪者，亦准其赎罪。80 岁以上，10 岁以下或残废犯罪者，可依次减刑。犯盗窃等罪，而能先投案自首者，则可酌情减刑[③]。

当时国中有许多游手好闲、围棋赌博、嗜酒茶之徒，不务正业，因应严刑峻法以惩治之：赌博则刖手三分[④]，围棋则刖手一分；无故群聚饮酒茶者，杖 100；收容此等歹徒者，亦罪之，但量刑

---

① 流至近州即流放到乂安，流远州即到布政，流外州即到新平。

② 八议：议亲、议故、议贤、议能、议功、议贵、议勤、议宾。参看《周礼》，则可知其详。

③ 见《钦定越史通鉴纲目》，正编，卷十五，戊申年条："犯罪未发而自首者，原其罪。"——译者

④ 据《大越史记全书》所载："赌博则刖手五分"，与作者所说有不同。——译者

时减罪一等。

严刑峻法至此，未免太过分了，因为已残害了人们的身体，但也有其功效，使国内减少了终生游手好闲专以骗人为生之人。

（四）统治

当太祖刚从义安到东都时，即已将国内分为四道，现又增设一道，称为海西道，包括清化、义安、新平和顺化。

各道均设（总管及）行遣，分掌军民簿籍。至于各村社，百人以上者，称大社，用 3 人为社官；50 人以上者，称中社，用 2 人为社官；10 人以上者，称小社，用 1 人为社官，以管理社内事务。

（五）均田制度

当时常有许多于国无功之辈，滥有田土过多，而东征西讨劳苦功高的战斗之士归来时，竟无尺寸之地。因此，太祖制定均田法，以公田公土分给自大臣以下至老弱孤寡之人，每人一份，使国中贫富不均现象不致过分悬殊。

（六）兵制

当明寇还驻扎在南国之时，需要有许多军兵，因而安南军队初至东都时总共有兵 25 万[①]，后来夺取东都之后，遣放 15 万归农，只留 10 万防卫；现又将军队分为五番，一番留下执勤，其余四番

① 《钦定越史通鉴纲目》，正编，卷十五，己酉黎太祖顺天二年条载："二月，大操，分兵归农。初，帝至东都谕诸将士曰：我今见兵三十五万，俟克东都放二十五万归农，仍留十万防卫。……" 作者所说恐数字有误。——译者

归农，让其轮流回去。

（七）功臣被杀

太祖不失为一位雄才大略的君主，驱逐明寇，又创立了许多有益于国家的功业，但当其称帝之后，性喜猜疑，杀害陈元扞、范文巧等功臣。此二人曾辅佐他建大功，后来只因谗言中伤，而皆被枉杀。

呜呼，哀哉！昔时的几位功臣，错就错在因功名二字，而赤胆忠心辅佐君王于危难之时，希冀获得显荣以酬大丈夫一生之志。岂料："飞鸟尽，良弓藏；狡兔死，走狗烹。"[1] 到大功告成之后，不但自身不能善终，而且连亲属也常遭株连。由此而知，只有汉代的张子房才是最知见机行事之人！

太祖在位6年而驾崩，享寿49岁。

二、黎太宗（1434—1442年）

年号：绍平（1434—1439年）；大宝（1440—1442年）

太宗即位之时，年方11岁，因此朝政完全由辅政黎察决断。

黎察学识浅薄，但前曾追随太祖立有大功，官至大司徒。现任辅政，常喜弄权窃柄，多行不法和骄横跋扈之事，大臣有不服从者，则设法加害。

太宗虽在幼冲，但天资聪慧，即位不久，便亲自秉政，杀黎

---

① 语出《史记·越王勾践世家》。——译者

察以收回权柄。然而也正因为年少，又无人辅佐，致使以后沉湎酒色，品行不端。

太宗在位之时，国内连年大旱，水灾和蝗虫灾害纷至沓来，为害庄稼，人民饥馑。在芒蛮少数民族地区，又有两三起贼寇起而作乱，有时需御驾亲征，有时只要遣官清剿，也能平定。至若与邻邦的交涉，诸如暹罗、占城、哀牢等国，都有使臣往还，且朝贡不绝。

在国内则重新整顿科举。制定每五年举行一次乡试、六年一次会试之例。考试方法方面，规定第一场，撰写经义一道，四书义各一道，并限每道 300 字以上；第二场，制、诏、表；第三场，诗赋；第四场，策一道，1000 字以上。

到壬戌年（1442 年），开进士科试，及第者都得题名竖碑，以示奖励文学之士。进士刻名于文庙之碑，自此始。

在国内也重新规定了钱币使用方法及绢布长短尺寸。铜钱 60 文为 1 陌；绢缕长 30 尺、阔 1 尺 5 寸以上为 1 匹，各种布则长 24 尺或 22 尺为 1 匹。纸张以 100 张为 1 叠[①]。

壬戌年（1442 年）七月，太宗阅兵于至灵县。当时阮廌已归隐于昆山寨，属至灵县。帝途经于此，曾去探望，见奉侍阮廌之阮氏路，颇具才色，遂迫令随驾侍候。不料行至嘉定县（今为北宁嘉平县），太宗驾崩。朝廷嫁祸于阮氏路弑君，逮捕阮廌治罪，

① 《钦定越史通鉴纲目》，正编，卷十七，己未黎太宗绍平六年条载：“三月，定钱币式：诏定铜钱六十文为一陌；绢长三十尺、阔一尺五寸以上为一匹。细麻布长二十四尺、阔一尺三寸为一匹，蕉布长二十四尺，棉布长二十二尺，纸用一百张。”——译者

并诛灭其三族。

太宗在位9年，享寿20岁。

三、黎仁宗（1443—1459年）

年号：太和（1443—1453年）；延宁（1454—1459年）

太宗驾崩之时，太子邦基年方2岁。大臣黎可、阮炽等立太子为帝，是为仁宗，由太后垂帘听政。

在太后秉政的几年之中，有几件很重要的事情，例如制定有关私田的14条户律[1]。改革考试官吏的方法，免试暗写及经义，只

① 《钦定越史通鉴纲目》，正编，卷十八，己巳年，“十四条”注引潘辉注《历朝宪章〔类志〕·刑律志》：“太和年间增补田产章凡十四条：一夫亡，前妻有子，后妻无子，其夫宗田产均分为三。前妻子二分，后妻养赡一分。后妻若没及改嫁，田产追还，违者笞五十；一子有妻室没而无嗣者，其田产除父母在，听管照外，否则均分为二，一留本宗奉祀，一许其妻养赡终其身，若改嫁（接上页）追还，违者笞五十；一妻亡无子，其妻本分田产均分为三，一分还女家认管，二分许其夫养赡终其身，没则追还妻党，违者笞五十；一夫没子幼，其母改嫁，而私卖其子田产者，笞五十，追原钱还买主，其田还子。后夫著前夫子姓名私卖者，杖六十，知情买者，杖八十，失原钱；一父母在，其子女盗卖田产者，男杖六十，女笞五十，追原钱还买主，田产还父母；一祖父母、父母俱亡，子孙尚幼稚，而宗人专卖其田产者，杖六十；一养子具有过房文字著予田产，其田产听照子数均分，仍逊一分，以示别于本生，违者杖六十；一为异姓养子，而复见本族人有绝田求相分者，应逊宗人半分，违者杖六十；一盗卖人田土十亩以上，以徒论，知情买者，杖八十；一田土已经典卖者，不将原钱请赎，而径向他典断卖者，笞五十，追原钱还典主；一典卖田土，愿赎而不听赎与不愿赎而强令赎者，各杖八十。如过期而卖主强赎者，罪如之（期谓秋田以三月，夏田以九月）；一占争人田土，而转卖他人者，笞五十；一奴婢盗卖家长田土者，杖九十，刺面流近州，田还原主，知情买者，笞五十，追原钱入官；一男年十六岁、女年二十岁以上，其田土为族人若他人耕居，已经年限而始争认者（期谓宗人三十年、他人二十年），杖八十，失其田土，若经兵及漂散始回，不拘此律。”——译者

考书与算。又开平虏江[①]于太原省，以便交通运输。

对外方面，占城王贲该经常寇掠化州。朝廷曾几次派官追讨，但终不能制。至丙寅年（1446 年），朝廷命黎受、黎可领兵讨占城，攻陷阇槃城，擒获其主贲该及妃嫔，押解回国留于东京，然后立其故国主布提侄麻诃贵来为王。

戊辰年（1448 年），又有盆蛮请求内属我国，改为归合州。盆蛮之地，东南界乂安省、广平省，西北与兴化省、清化省相连。

虽然有此政绩，但因太后听信谗言，诛杀勋旧大臣黎可、黎克复等人，使许多人不服。

癸酉年（1453 年），仁宗才开始亲政。首先，仁宗追赠诸勋旧功臣，并赐官田予黎察、黎银、黎克复等之子孙。

〔乙亥年（1455 年）〕又命潘孚先修国史，起自陈太宗，迄于属明时期，凡 10 卷。

起初王侯及文武百官都按其品衔，从 50 户或 100 户中抽税食禄。现仁宗又给每人增加岁俸钱。

仁宗也堪称贤主，然而不幸有一兄长谅山王宜民，前为太子，后因其母犯罪而被废黜。到己卯年（1459 年），宜民与黎德宁、范屯、潘般、陈陵同谋，乘夜越墙入城，弑杀仁宗及皇太后，自立称皇帝，然后遣使赴中国求封。

仁宗在位 17 年，享寿 19 岁。

---

① 据《钦定越史通鉴纲目》，正编，卷十八，己巳年条载：平虏江自太原流至浮虏（原文是："令司寇黎克复督百作诸局、四厢天开卫军及太原民兵，浚平虏江，自冷更至浮虏桥，通于平滩，以便太原往来。"——译者），则此平虏江是否即为袈露河？

四、黎圣宗（1460—1497 年）

年号：光顺（1460—1469 年）；洪德（1470—1497 年）

宜民篡位 8 个月，因听信谗言，屠戮旧臣，致使天怒人怨。到次年即庚辰年（1460 年）六月，大臣阮炽、丁列等谋杀范屯、潘般于议事堂前，然后关闭城门，捕杀宜民，迎太宗第四子平原王思诚，立为皇帝，是为圣宗。

圣宗为一天资聪睿的君主，侍母甚孝，对臣下待之以诚。他在位 38 年，改革政治，兴办教育，整顿武备，平定占城、寮国，拓土开疆，使当时我南国更加文明昌盛，显赫于一方。自古至今，我国从未达到如此之强盛。

圣宗[①]即位后，曾封爵和赏赐官田给各功臣。他又追赠前此被枉杀的诸功臣，复令访寻阮廌子孙，给田 100 亩，以供其奉祀祖先。

获赐国姓者，今圣宗准复本姓，以免失其原祖之姓[②]。

（一）政制

前此朝廷一直沿用陈朝旧制：上有左右相国，而至礼部、吏部、内阁〔密〕院、中书、黄门和三所〔三省〕门下，又置五道行遣以管理各道军民簿籍。及至宜民篡位，曾设六部和六科。六

---

① 原文为太宗，当为圣宗，今已改正。——译者

② 见《钦定越史通鉴纲目》，正编，卷十九，甲申年条，原文是："今后功臣赐国姓者，止及其身，若子孙并依原姓。"——译者

部是：吏部、户部、礼部、兵部、工部和刑部。六科是：吏科、礼科、兵科、刑科、户科和工科[①]。

六部官员以尚书为首，次至左右侍郎、郎中、员外郎、司务。

圣宗所增设的六寺为：大理寺、太常寺、光禄寺、太仆寺、鸿胪寺、尚宝寺。六寺的官员则有寺卿、少卿和寺丞。

圣宗又按照中国的制度建立官制和礼仪。文武官员都拥有一定的土地，又获得岁俸钱。但贪污者，必严治之。

圣宗还制定内外各官致仕退休之例：做官至65岁者，准其退休；为衙吏至60岁者，也准其致仕还民。

国初，太祖曾分国内为5道，有府、路、镇、州、县、社。道置行遣、宣抚正、副使；府置知府；路置安抚使；镇置镇抚使；州置防御使；县置转运使和巡察使；社置社官。

圣宗分其国为12道：清化、乂安、顺化、天长、南策、国威、北江、安邦、兴化、宣光、太原、谅山。每道有都司、承司和宪司。都司置正副都总兵，管理军务；承司置承政正副使，管理政务；宪司则有宪察正副使，管理司法。

又设置监察御史，监察各道工作，以防违法乱纪。

后因新开占城广南之地，又于全国置13处：清化、乂安、山南（前为天长）、山西（前为国威）、京北（前为北江）、海阳（前为南策）、太原、宣光、兴化、谅山、安邦、顺化、广南。在乂

① 据《钦定越史通鉴纲目》，正编，卷十九，庚辰年条载，宜民所设六科为："中书科、海科、东科、西科、南科、北科。"至黎圣宗光顺六年乙酉，始改"中书科为吏科，海科乃户科，东科为礼科，南科为兵科，西科为刑科，北科为工科"。（同上书，乙酉光顺六年条）——译者

安、顺化、宣光、兴化、太原、谅山、广南等险要之处，各设守御经略使以防守之。在此13处中，又分为52府、172县[①]和50州。在府、县之下，则有乡、坊、社、村、庄、册、峒、原、场，总计8006个。

（二）税例

当时人丁税，每人每年纳钱8陌[②]；尚有田地税、土地税和桑洲之税，则按亩缴纳，而各种田土都分作一、二、三等。

攒造户籍，以6年为期，届时府县官须率领各社长赴京，具报本社户口。

（三）农耕

圣宗重视农桑，因此颇为关注此项工作。他经常敕谕府县官员必须竭尽全力劝导百姓耕田种桑。

设置了河堤官和劝农官，专司国中农耕之事。下令户部和各地承政官员奏报荒地数目，以命令府县督促百姓辟为良田。

建立总计42所屯田，置官管理开垦之事，俾使百姓免受饥馑之苦。

---

① 据《大越史记全书·本纪实录》卷之四《黎纪四·圣宗下》所载，县为178个。——译者

② 黎圣宗时，钱有“使钱”和“古钱”之分。《钦定越史通鉴纲目》，正编，卷二十一，黎圣宗光顺八年条，注引黎贵惇《云台类语》：“北人以百文为一陌，本国以三十六文为一陌，谓之使钱；六十文为一陌谓之古钱。使钱十陌，乃是古钱六陌，准为使钱一贯。其古钱十陌乃使钱之一贯六陌四十文。使钱别名闲钱，古钱别名贵钱。”今录以备考。——译者

（四）济生堂

圣宗又虑及各种疾病危害百姓，遂设立济生堂，收容病人，而当某处发生疫疠时，则派官带药前去医治。

（五）改革风俗

当时我国人民崇信佛教，常喜修寺建庙。婚丧礼俗，则有悖逆常情之举，如办丧事之家，大摆筵席，然后演戏歌唱，视若欢娱之事。婚俗则收取聘礼之后，再过三四年方迎娶新妇至其夫家。

圣宗禁止修建新的寺庙，而用那些钱财和功夫去做有益之事。禁止办丧事之家演戏唱歌。婚姻嫁娶之礼，则纳聘既毕，然后择日行迎亲礼，次日见父母，三日见于祠堂。

圣宗又制定 24 条，敕谕社民时常讲读，谨守良好的习俗：

1）父母教子，必以义方，男女各授以业，毋得耽纵酒博，习为倡优，以伤风俗。

2）家长躬行礼节，以正其家，若子弟为非，各坐家长。

3）夫妇勤俭治家，恩义毋替，惟妇犯七出，然后以义断之，不得牵爱苟容，有伤风化。

4）子弟宜友爱，兄弟和睦，乡党以礼义自持，违者尊长教育惩治，大则投告官司处治。

5）乡党宗族有患难者，宜相周恤。若有行义著闻者，所在府县呈承宪二司，察实具奏旌表。

6）妇人有过，父母及夫惩治，宜革心改过，毋得擅自奔逃，有亏妇道。

7）妇人孀居，毋得招致童男，诈称义养，阴肆奸淫。

8）妇人亡夫，或有前妻及婢妾诸子，宜加爱恤，毋得规占财产，图为自私。

9）妇人夫亡未有子，宜居夫家，丧祭如礼，毋得私挟财产潜回本家。

10）妇人以顺从为正，毋得挟父母富贵而骄其夫家，违者并坐父母。

11）士夫宜敦学行，守官常，若有趋炎附势，倚势作威，革斥不齿。

12）典吏只掌簿牒供职事，若有舞智弄文，该官检出惩治。

13）军民宜孝悌力田，出入相保，上番期赴功趋事，毋得游惰逃避。若有良善著闻者，所在府县呈承宪二司察实，具奏旌赏。

14）商贾宜随辰贸迁，毋得变易升斗及阴聚朋徒，潜行盗窃，犯者重治。

15）婚嫁祭祀，遵依礼法，毋得逾越。

16）民间戏场、法会，男女游观，毋得淆杂，以杜淫风。

17）沿途房屋妇女远行投歇，必谨关防。若敢强行污辱，事发，犯人及家主一体治罪。

18）府县各照所在立牌戒禁，凡男女不得同津而浴，以明礼别。

19）社村宜择年德学行一二人为长，暇日率民人就亭馆公所会讲诰谕，使相观为善，同归美俗。

20）府县辖内，若有豪强侵占田土、抑胁孤独、教唆词讼者，听社村纠举处治，徇隐者以贬罢论。

21）王公大臣之家容隐细人，媒引赂遗及奴婢抑买民间财物，听投告重治。

22）牧民之官，能训饬部民兴于礼让，宪司访实考最，若不勤教训者，考以不职。

23）社村坊长能勤训饬乡里之间，俗成善美，府县官申详承宪二司，察实奏闻，候与奖赏。

24）凡沿边蛮獠之人，宜惇彝训，毋得紊乱天常，如父兄叔伯既歿，其子弟不得因其妻妾，违者痛加惩治。[①]

（六）南国地图

自古以来，南国尚未有地图，圣宗便命各道官员踏勘管内山川险易，并古今事迹，画图详注，然后呈送户部，作我地舆图。

（七）大越史记

圣宗令吴士连撰《大越史记》，分为两本。一本述自鸿庞氏至十二使君，有5卷；另一本述自丁先皇至黎太祖，有10卷。全书凡15卷[②]。

---

① 以上二十四条，见《钦定越史通鉴纲目》，正编，卷二十四，己未年条注引《洪德天南余暇集》。——译者

② 《钦定越史通鉴纲目》，正编，卷二十三，己亥黎洪德十年条载："命吴士连修《大越史记》。自鸿庞氏至吴使君五卷，为外纪；自丁先皇至黎太祖十卷，为本纪。凡十五卷。"又《大越史记全书·本纪实录》卷之四《黎纪四·圣宗下》己亥年条载："令史官修撰吴士连撰《大越史记全书》十五卷。"吴士连所撰书名，当以《大越史记全书》为是。——译者

（八）文学

圣宗定乡试之法，改革会试，以选拔人才。他经常亲自主持各期廷试，并定出进士唱名例和荣归例。

圣宗扩充太学。其前面作文庙，后面作太学，并建造房舍使生员在校住宿。设立秘书库以藏书籍。当时的学术日益发展昌盛。

圣宗又好吟诗，御制琼苑九歌，自称骚坛元帅，与朝臣申仁忠、杜润等共 28 人相唱和。山青水碧之处无不有圣宗的诗文。

圣宗命申仁忠、杜润等撰修《天南余暇集》100 卷，叙述洪德时之重要事件和刑律。圣宗撰修《亲征记事》一书，载录御驾亲征占城、老挝和诸蛮芒之事。

（九）武备

虽然圣宗全力刷新国内政治，但他也深知，欲强国必有武备，因此敕谕各总兵官应勤习阵图，训练士卒，以备有事之秋。

圣宗改 5 卫军为 5 府：中军府、南军府、北军府、东军府、西军府。每府有 6 卫，每卫有 5 或 6 所，每所军队人数约 400 人，5 府军队共有六七万人。他又颁布练习水阵的军令 31 条，象阵军令 32 条[①]，马阵军令 27 条，步阵军令 42 条。

又定出三年一期武试之例。将士中试者奖，落第者罚，以使

① 据《大越史记全书·本纪实录》卷之三《黎纪三·圣宗上》所载为象阵军令 22 条。此处说 32 条，系根据《钦定越史通鉴纲目》，正编，卷十九所载，两书不同。——译者

人人乐意从事武备。

圣宗之世，起初的几年政局堪称安定，但往后的一些年代，则进行多次征战。时而讨寮贼，时而剿国内的草寇。然而只有征占城、征老挝和征盆蛮始动用大兵。

（十）征占城

庚寅洪德元年（1470年），占城国王茶全欲与南国滋事。一面派人向明朝求援兵，一面率兵袭化州。

圣宗便遣使赴中国陈述占城骚扰，然后自任统帅，举大兵20余万，亲征占城。大军行至顺化，圣宗命令屯兵演习，并派人暗绘占国地图以知地势险易，然后才开始进兵攻取尸耐海门（平定海口）。

茶全战败，退兵回守京师阇槃城。安南军队开到围攻，攻陷城池，生擒茶全。

当时有占城之将逋持持走至藩笼，遣使入贡，并请称臣。圣宗欲削弱占国的势力，就分其地为三国：一国称占城，一国是华英，另一国为南蟠，封三王。

至若阇槃、大占、古垒之地，圣宗取之增置广南道，辖三府、九县，然后设官治之，并选15岁以上的民丁，聪明好学者，录取为生徒，加以教诲使知礼义。

当茶全被生擒之后，其弟〔槃罗〕茶遂逃匿山中，派人向明朝控告，并请封为王。圣宗得知此讯，即命黎念引军3万入其地，擒获茶遂，解回京师。后来明朝皇帝曾遣使前来，命圣宗归还占城之地，但圣宗不从。

自圣宗平占城之后，南国声势显赫一时，寮国及西面诸芒蛮都来朝贡。

（十一）征老挝

己亥年（1479年）盆蛮酋长琴公企图反叛，唆使老挝人[①]领兵骚扰我国西部地区。圣宗遂命太尉黎寿域与郑公路、黎廷彦、黎弄、黎仁孝等将，兵分五路，从乂安、清化和兴安出发追击老挝国王至金沙河[②]，界夹缅甸国。此役安南军队大获全胜。

（十二）征盆蛮

征老挝，是由盆蛮琴氏企图反叛而引起的。

盆蛮之地前曾请求内属，改为归合州，但仍以其酋长琴氏代代世袭为辅导。后改镇宁府，辖7县，并置府县官以监治之。现琴公恃其有老挝人之助，便驱逐安南军队，占据其地，领兵抗拒官军。

圣宗遂御驾亲征，但行抵扶烈，获悉我征老挝军队之捷报，即还驾，命黎念领兵征讨。琴公败死，其余盆蛮人则请求投降。

圣宗遂封与琴公同族之琴冬为宣慰大使，并置官统治如前。

（十三）与中国的交涉

当时，我国虽按例向中国称臣，但圣宗对北面仍严加防范戒

---

① 老挝，是今北越西面上寮之地，即琅勃拉邦。古时称为南掌国。

② 据中国地舆书籍所载，金沙江是长江上流的一段。此江流于北面，经西藏和四川省。此处可能是史家把澜沧江的一段即九龙江上游与之混为一谈了。

备。时有明方土人前来骚扰，则立即发官兵剿灭之，并遣使赴中国，辨明每起事件的是非曲直。有一次听到明朝人领兵越界的消息，圣宗忙派人前去侦察虚实，并告谕廷臣曰："我等宜坚守祖业，勿许他人夺去太祖留下之尺山寸河。"[①] 圣宗如此为国尽心，致使中国虽有觊觎之心，也不敢轻举妄动。况且当时安南军队征寮国、平占城，声威远播，明朝也不得不礼遇安南国，因此两国交往，尚称和平。

纵观圣宗功绩，实是一位英明的君主。在我南国，文治、武功，没有任何一个时代能比洪德时更盛。幸赖有太祖其人我南国江山才得以存在，而幸赖圣宗我南国文化才得以昌盛，因此，我们安南人在任何时候都不应忘记这两位帝王的大功大德。

圣宗在位 38 年，享寿 56 岁。

五、黎宪宗（1497—1504 年）

年号：景统

太子镨继位，是谓宪宗。

宪宗是一聪明睿智、温和仁厚的君主。常于退朝之后，与各官同坐，谈论得失；臣下有过，每以温和之言相劝，绝不恶语责骂。宪宗常常说："太祖肇造区夏，圣宗内修外攘，规模已定。吾无事

① 据《大越史记全书·本纪实录》卷之四《黎纪四·圣宗下》载：圣宗曾谕"太保建阳伯黎景徽等曰：我尺山寸河，岂宜抛弃？尔宜坚辨，勿许渐侵。如他不从，尚可差官北使，详其曲直。汝敢以太祖尺地寸土赚贼，罪显诛夷"。作者所引有出入，兹录出以供参考。——译者

乎更张，惟遵守成宪，充扩而光大之，以昭宣我祖考之德而已！”[①]

宪宗根据这个宗旨而治民，故在其在位的数年之内，无有盗贼作乱，政事一遵洪德时成宪，全无更张。特别是在农桑方面，宪宗加意劝课官民，使其尽力为之；又令疏导河流，开凿沟渠，铺设道路，建造水车，以便农耕。宪宗对于文治也是如此，无论何时未曾懈怠。惜乎宪宗在位仅 7 年而驾崩，享寿 44 岁。

六、黎肃宗（1504 年）和黎威穆（1505—1509 年）

年号：泰贞（1504 年）；端庆（1505—1508 年）

宪宗驾崩，传位于其第三子名瀋者，是为肃宗。

肃宗在位 6 个月而崩。朝廷尊其二兄[②]濬即位，是为威穆帝。

自威穆帝以降，黎朝基业每况愈下，因为从此之后，没有一位君王施行仁政，且常沉湎酒色，恣行凶暴，由此引起叛乱和篡夺。到后来，虽有中兴，但政权仍握于权臣之手。

威穆帝即位之始，即弑其祖母太皇太后，杀害礼部尚书覃文礼和都御史阮光弼，因为当宪宗驾崩之时，太后与此两位大臣都不愿拥立他为皇帝。

威穆做了许多暴虐之事，又沉湎酒色。每夜与宫人酣酒无量，醉即杀之。有时命军士持棍棒互相格斗以为游戏。其性凶残而反

① 语出《大越史记全书·本纪实录》卷之五《黎纪五·宪宗》。作者原文略有出入，今据《大越史记全书》录出。——译者

② 《大越史记全书·本纪实录》卷之五《黎纪五·威穆》载：“威穆帝讳濬，又讳谊，宪宗第二子，肃宗之庶兄也。”——译者

复无常。因此，中国来使作诗，称威穆为鬼王[①]。

当时，威穆信任外戚，并寻找强壮力大之人充宿卫。因此，渔人莫登庸得以考中都力士，任都指挥使之职。而宗室功臣被驱逐，百姓遭荼毒，人心怨怒，天下失去倚恃，许多朝臣弃官而逃。

己巳年（1509 年）腊月，有简修公名濙者，乃圣宗之孙，威穆帝之叔伯兄弟，被捕入狱。简修公以财物赂守者得脱，逃往西都，即会合旧臣，兴义兵，擒获威穆帝及皇后陈氏而杀之。

七、黎襄翼（1510—1516 年）

年号：洪顺

简修公杀威穆帝后，自立为帝，是为襄翼帝。

襄翼帝也性喜淫乐，挥霍无度。如命匠人武如苏造百脊殿，并作九重台，迫使军民劳作数年而未能完成，真是靡费钱财，许多人为此丧生。又建造战船，命妇人把棹，游于西湖[②]，并烝淫

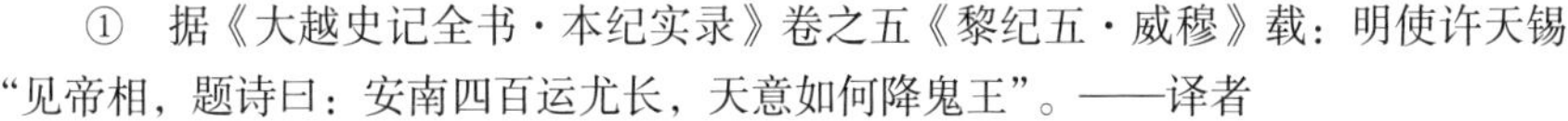

① 据《大越史记全书·本纪实录》卷之五《黎纪五·威穆》载：明使许天锡"见帝相，题诗曰：安南四百运尤长，天意如何降鬼王"。——译者

② 关于襄翼帝之荒淫，《大越史记全书·本纪实录》卷之六《黎纪六·襄翼》丙子年条载："先是，帝崇兴土木，筑城广大数千丈。包围祥光殿、真武观、金鼓千花寺。入自东边，至西北边，横截苏沥江。上筑皇城，下为贡〔窦〕口，以破砖土石捣之，以石片方砖砌之，以铁横之。又为战船，使画工画图，命女史裸身，把棹于西湖。帝与之游，以为大乐。匠人武如苏作大栈殿百余屋，罄竭国中财力，并作九重台。殿前掘为池，通苏沥江，引水泛天光舟，以纵观游。其池萦纡屈曲，开贡口，可运轻舟之出入，以为逸豫，极其奢侈。民间疾苦，土卒疲劳。五府军筑城，未能成功。至是勅催京城内外各衙门，应差凑作，填池搬土。帝每日不时幸游各处，悦意者赏以金银牌。已成之，再更之。更之筑之，年年无穷。筑城军人疫疠十之一。"——译者

前朝宫女。荒淫如此，故明朝来使见之，言其为猪相[①]，乱亡不久矣！

（一）赋税

当时税例大致与前几朝相同，但不知钱财、物产全年究竟收入多少。至襄翼帝时代，见史籍所载，从前金银税全年收得：

十成色、质地优良之金称“兼金”[②]：480 两

十成色金：2883 两

花银：4930 两

现襄翼帝改定税例，每年征收：

十成色“兼金”：449 两

十成色金：2901 两

花银：6125 两[③]

---

① 《大越史记全书·本纪实录》卷之六《黎纪六·襄翼》癸酉年条载：明朝使臣潘希曾曰：“安南国王貌美而身倾，性好淫，乃猪王也。”——译者

② 《钦定越史通鉴纲目》注“兼金”曰：“好金也。其价兼倍于常者。”——译者

③ 见《大越史记全书·本纪实录》卷之六《黎纪六·襄翼》，辛未年条，原文是：“分金银税例。天下金税例：十成色兼金四百四十九两五分六厘四毫，原例四百六十两，代纳公象二十两；十成色金二千九百一两六钱九分五厘一丝，原例二千八百六十三两。若银税例：十成色花银六千一百二十五两九钱八分四厘八毫，原例四千九百三十两。”——译者

这些金银纳入国库，供皇帝支用。至于征收方法如何，则不得其详。

（二）大越通鉴

当时兵部尚书武琼撰成《大越通鉴》一书[①]。该书述自鸿庞氏至十二使君为外纪；自丁先皇至黎太祖为本纪，全书凡26卷。帝命黎嵩为这部史书撰写了总论。

（三）变乱

此时，君王荒淫，朝臣则虽有阮文郎、黎嵩、梁得朋等人，但有的老死，有的弃官还乡。况且也无人能劝谏国君、处理国家大事，因此国内盗贼遍地蜂起。在京北地区，则有申维岳、吴文综[②]称兵作乱于东岸、嘉林等县；山西则有陈珣为乱。又有名冯章者，在三岛山作乱；陈公宁据安朗县以抗官兵。在乂安之地，则有黎熙、郑兴、黎明彻[③]造反。复于水棠县（海阳）有陈暠

① 据《大越史记全书·本纪实录》卷之六《黎纪六·襄翼》载：辛未年（1511年），夏四月，"兵部尚书、国子监司业兼史官都总裁武琼（唐安县慕泽社）进《大越通鉴通考》，述自鸿庞氏至十二使君以前为外纪；自丁先皇至本朝太祖高皇帝大定初年为本纪，并详节历代纪年，凡二十六卷。"又，据该书，命黎嵩为之作总论，时在甲戌年（1514年）秋九月。"命少保、礼部尚书兼东阁大学士、兼国子监祭酒、知经筵事、敦书伯黎嵩，撰《大越通鉴》总论（嵩前名邦，本清廉安乐人）。"——译者

② 原文据《钦定越史通鉴纲目》作吴文总，《大越史记全书·本纪实录》卷之六《黎纪六·襄翼》辛未年条作吴文综，今据《全书》正之。——译者

③ 原文为黎文彻，《大越史记全书》和《钦定越史通鉴纲目》都作黎明彻，今正之。——译者

〔亦作高〕者，见谶云：东方有天子气，便与其同党占据海阳、水棠、东潮等县地，自谓帝释降生，因而天下从之者有成万人之众。

陈暠率兵屯于珥河对岸的菩提津，意欲夺取京师。后官兵来讨，陈暠败走，回屯于鄂山[①]（属慈山县）。帝再命安和侯阮弘裕往讨，住营菩提，以拒之。

虽然国中盗贼如此之多，但襄翼仍不肯改弦更张，改革积弊，反而鄙视朝臣。当时，有原郡公郑惟㦃者，前曾讨贼有功，然后来因谏帝忤旨，被杖打。郑惟㦃愤甚，便与黎广度、程志森等同谋，另立国君。假借讨贼为名，夜入北宸门，杀死襄翼帝。

襄翼帝在位 8 年，享寿 24 岁。

八、黎昭宗和黎恭皇（1516—1527 年）

年号：光绍（1516—1526 年）；统元（1527 年）

郑惟㦃等人杀襄翼帝之后，便与宗室大臣谋，欲立年方 8 岁的穆懿王之子光治，但武佐侯冯迈则议立圣宗三世孙、锦江王之子名椅者。椅年 14 岁。郑惟㦃的党羽逮捕冯迈，杀于议事堂，遂立光治。光治称帝才 3 天，未及改年号，即被郑惟㦃之兄郑惟岱劫持回西都。光治到此不数日又被杀。

其时朝中骚乱，不知何人为君。屯兵在菩提津的阮弘裕，闻

① 原文据《钦定越史通鉴纲目》作邹山，今据《大越史记全书》正之，改为鄂山。——译者

郑惟㦃已弑襄翼帝，遂举兵回烧京城房屋，并逮捕为襄翼帝督造殿台的武如苏，斩于京城门外。

郑惟㦃之辈又立锦江王之子椅为帝，是为昭宗。

但此时京城已被焚毁，郑惟㦃遂迎驾归西京。

（一）陈暠骚扰东都

陈暠贼见朝廷已放弃京都，遂率兵占领，僭号〔天应〕称帝。

朝廷至西都，传檄各地官员，令起兵讨伐陈暠。

郑惟㦃、阮弘裕、郑绥、陈真及各旧臣官员分兵包围东京。陈暠弃城窜于谅源（可能是谅山）。

朝廷又还都东京，即命郑惟㦃赴谅源追讨陈暠。郑惟㦃过于轻敌，终为贼所杀害。贼军又回屯于菩提。帝命铁山伯陈真领兵击其后，大破贼军。

陈暠复窜回谅源，见大事无成，遂传位于其子升，然后削发为僧，以逃匿避祸。

（二）朝中官员作乱

陈暠之乱虽已平息，但其时昭宗年幼，未能当朝理政，而朝臣中又无有志匡扶国家之人，因比，外则贼寇作乱，内则各官互生嫌隙，互相攻伐。例如阮弘裕和郑绥二人讨贼回来，各据一方，屯兵相拒，皇帝劝阻也无效。

在朝中，有郑惟岱等人谋反，被人告发，其党人全部被杀。

阮弘裕和郑绥之间，互相攻打不休。后陈真助郑绥，举兵攻阮弘裕。阮弘裕败逃，回守清化。

皇帝命莫登庸讨阮弘裕。但登庸得弘裕写给他的私信，遂拥兵不战，率队返回。

当时权柄全部握于陈真之手，并有人说其有谋反之意。帝遂使人召陈真入禁中，然后关闭诸城门，捕杀之。

陈真的部将黄惟岳、阮敬、阮盎等人获悉陈真被杀，举兵攻破京城。帝被迫逃至嘉林以避之。后派人赴清化召阮弘裕击贼。阮弘裕不肯受命。

昭宗不知何人能够依靠，便派人赴海阳召莫登庸前来匡扶。自此酿成莫氏的篡夺。

莫登庸是莫挺之的七世孙，原居平河县东高乡[1]（属海阳），后移居古斋社（属今建安省宜阳县）。莫登庸年幼之时，家境贫寒，以渔为业，但有勇力，考中都力士，在威穆朝，官至都指挥使；到襄翼帝时，被封为武川伯；后昭宗又封其为武川侯。

今昭宗将莫登庸召来，把全部兵权交付他掌握，以平黄惟岳之乱。

莫登庸迎帝回屯菩提，然后使人密谕阮敬、阮盎等人归降。阮敬等都说：陈真的被杀，是因为褚启、郑侑、吴柄的中伤、陷害，若朝廷降罪此三人，则请降。

皇帝捕此三人斩之，但阮敬、阮盎等人仍拥兵不解。莫登庸

---

① 作者据《钦定越史通鉴纲目》作平河县东高乡，但《大越史记全书·本纪实录》卷之五《黎纪五·威穆》载："登庸平河南堆人也（即至灵县龙洞社）。"今录以备考。——译者

复请皇帝驾幸宝洲（属慈廉县）。贼势仍强，后又有郑绥、阮珈造反，与阮敬通好，立黎槱为帝，建行殿于慈廉县。

帝不得不再次使人召阮弘裕。阮弘裕领清化兵北上，打算与莫登庸会合共同击贼。但阮弘裕先出兵作战，战败，被迫撤回清化。

不久，莫登庸除掉黎槱、郑绥和阮珈等人，又召降黄惟岳、阮敬、阮盎之辈，为其爪牙。自此之后，权柄全部握于莫登庸之手。

（三）莫登庸专权

当时，莫登庸威权日重，出入宫禁，僭用天子仪卫。官员中有为皇室而有所劝谏者，即被莫登庸设法杀害。许多朝臣因见大权归于莫氏，也背离皇帝而随附莫登庸。

昭宗见此，始阴与内臣范宪、范恕谋讨莫登庸，并令人赴西京召郑绥领兵前来，以为外应。帝乃于〔壬午七年（1522 年）秋七月二十七日〕夜二更逃往山西，以整集兵马讨伐莫氏。

次日，莫登庸始知皇帝外出，遂令黄惟岳领兵追赶，至石室，黄惟岳被当地的军队捉住，并杀之。

莫登庸便与朝中各官共谋，立皇弟椿为帝，是为恭皇，改年号为统元。然在京城害怕昭宗援兵前来攻打，所以莫登庸迎皇帝椿回居嘉福之地。嘉福今称嘉禄，属海阳省。

昭宗逃到山西的时候，四方豪杰从之者亦甚众，但因其听信宦官范田之言，不听诸将之议，故而人心离散，诸事无成。帝使人赴清化召郑绥三四次，郑绥都稽迟不赴。后郑绥与郑惟㑺领兵万余人前来护驾，而帝又听信范田等人之言捕杀郑绥的属将阮伯纪。郑绥愤甚，带兵擒昭宗，挟之回清化。

甲申年（1524年）莫登庸领兵攻打清化，郑绥战败而亡，擒获昭宗，押回东河（属寿昌县）[①]，后又派人杀之。

昭宗在位11年，享寿26岁。

两年之后，即丁亥年（1527年），莫登庸逼迫黎朝各官草拟诏书禅位于莫氏。

恭皇及皇太后全被弑杀。当时朝臣有武睿、吴焕、都御史阮文运、翰林校理阮泰拔、礼部尚书黎俊懋、吏部尚书谭慎徽、参政使阮惟祥、观察使阮自强、平胡伯严伯冀、都御史赖金榜、户部尚书阮绍知、副都御史阮有严、礼部左侍郎黎无疆，皆为科榜出身，或喷唾涎于莫登庸的脸上，或以墨砚掷之，或辱骂之，都被莫登庸杀害。有的人追随皇帝不及，而投河自尽；有的人则面向蓝山跪拜之后而自杀。这些人都是有义气之士，流芳于后世。

黎朝始自太祖以迄恭皇，才100年（1428—1527年），传10帝。但在这些帝王之中，除太祖而外，只有圣宗和宪宗是年长而即位者，其余诸帝全是稚龄登基。因此，朝政日非，又有荒淫的君王，多行暴政，导致国中变乱纷起。

由于上述原因，黎朝国运中衰，然而太祖和圣宗的功德，使人念念不忘黎氏，所以莫氏虽篡位，也不能长治久安；而后来郑氏专权，依然只居主位，不敢篡夺帝位。

---

① 据《大越史记全书》载，此事发生在次年即乙酉年（1525年），莫登庸击清化是两次。——译者

黎朝世谱

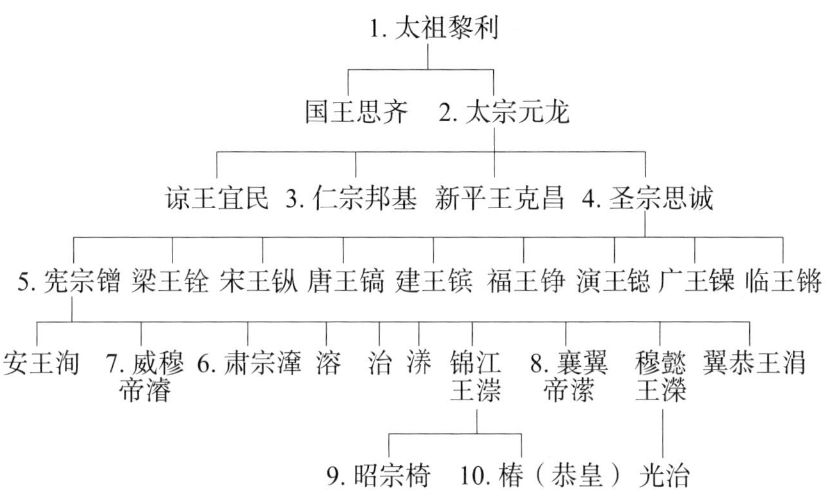

第四卷

自主时代
（南北纷争时期）

（1523—1802 年）

后黎　纷争时期（1533—1788 年）

第一章　历朝纪略

一、南北朝　二、郑阮纷争

我南国自吴权王驱逐南汉之兵、丁先皇平定十二使君之乱以后，已建成一自主国家，朝代相继，将近600年。至16世纪初叶，因黎朝皇帝荒淫无度，朝政腐败，致使国内动乱，莫氏乘机肆行篡权。黎朝虽已失去王位，但人心仍感念太祖、圣宗恩德，便再度扶佐黎朝子孙在南方中兴，另建朝廷于清化、乂安地区，以与莫氏相抗衡。这样便产生了南朝和北朝，在五六十年的时间之内，双方互相攻伐。

到黎氏因得郑氏之助灭掉莫氏之时，满以为江山又可恢复一统如旧，孰料郑氏与阮氏又生猜忌之念，引发仇怨，遂各自雄踞一方，把国土一分为二：阮氏据于南，郑氏守于北，各霸一方，自建基业。自此山河破碎，南北纷争，形成我国历史中的一个特殊的时代。

自后黎中兴，其子孙虽保持皇位，但政治权柄全操于郑氏之手。而在南方，自瀘江[①]以南为阮氏的基业。虽然如此，郑、阮二氏只称主，未称帝，并在表面上仍然尊奉黎朝。下面让我们简要列出历代皇与主，以明承继关系。至若各代功业，容另辟章节详述之。

---

① 即淨江。——校者注

一、南北朝

南　朝

黎庄宗（1533—1548年）

年号：元和

庄宗讳维宁，系昭宗之幼子。

阮淦拥立其称帝于琴州（哀牢），后迎驾返清化，建行宫于万赖。

庄宗在位16年，享寿31岁。

黎中宗（1548—1556年）

年号：顺平

中宗讳维晅，庄宗之子。在位8年，寿28岁[①]。

黎英宗（1556—1573年）

年号：天祐（1557年）

　　　正治（1558—1571年）

北　朝

太祖莫登庸（1527—1529年）

年号：明德

太宗莫登瀛（1530—1540年）

年号：大正

黎朝中兴于清化。

宪宗莫福海（1541—1546年）

年号：广和

宣宗莫福源（1546—1561年）

年号：永定（1547年）

　　　景历（1548—1553年）

　　　光宝（1554—1561年）

莫福源力图攻夺清化，但未成功。

莫茂洽（1562—1592年）

年号：淳福（1562—1565年）

① 据《大越史记全书·本纪续编》卷之一《黎纪七·中宗》载：中宗寿22岁，作者所写恐有误。——译者

　　洪福（1572—1573年）

英宗讳维邦，太祖兄黎除之玄孙。中宗无嗣，故郑检始访求之，拥立为帝。

郑检卒，权归郑松，帝被迫播迁义安。郑松派人追捕，押回弑之。英宗在位16年，寿42岁。

黎世宗（1573—1599年）

年号：嘉泰（1573—1577年）

　　光兴（1578—1599年）

世宗讳维潭，英宗第五子。郑松拥立其为帝时，年仅7岁。

在位时，郑松灭莫氏，夺回东都。其在位27年，寿33岁。

　　崇康（1566—1577年）

　　延成（1578—1585年）

　　端泰（1586—1587年）

　　兴治（1588—1590年）

　　洪宁（1591—1592年）

莫茂洽在位30年。后被郑松擒获，带回处斩于升龙，并将其首级送清化示众。

莫朝自此亡。但其子孙因赖明朝的祖护，仍能盘踞高平之地，垂三代之久。

二、郑阮纷争

黎敬宗（1600—1619年）

年号：慎德（1600年）；弘定（1601—1619年）

敬宗讳维新，世宗之子。其在位至己未年（1619年），为郑松所逼，悬梁自尽。在位20年，寿32岁。

郑　氏

平安王郑松（1570—1620年）

庙号：成祖哲王

郑松夺得兄权，继郑检之位，攻灭莫氏，收复东都。奠定郑主基业，然仍尊奉黎朝皇帝。

阮　氏

端郡公阮潢（1600—1613年）

追尊为太祖嘉裕皇帝，当时称仙主。

阮潢为阮淦次子，入镇顺化和广南之地，建立阮主基业。

取占城之地，置富安府。癸丑年（1613年）卒，寿89岁。

瑞郡公阮福源（1613—1635年）

追尊熙宗孝文皇帝，时称佛主。他是阮潢第六子，改姓为阮福[1]。

黎神宗（1619—1643年，第一次）[1]

年号：永祚（1619—1628年）；德隆（1629—1634年）；阳和（1635—1643年）

神宗讳维祺，敬宗之子。在位至癸未年（1643年），让位给太子，自为太上皇。

① 即自他开始讳加福字而名阮福源。——译者

郑　氏

郑松卒于癸亥年（1623年）。

清都王郑柮（1623—1657年）

庙号：文祖毅王。

郑柮攻打高平莫氏，并开始与阮氏争夺广平之地。

阮　氏

阮福源与郑氏相拒于广平。卒于乙亥年（1635年），寿73岁。

仁郡公阮福澜（1635—1648年）

追尊为神宗孝昭皇帝，时称上主。

阮福澜为佛主之次子，与郑氏争峙于广平。

黎真宗（1643—1649年）

年号：福泰

真宗讳维祐，神宗之子，在位6年，寿20岁。

在位时，驻跸广西的明朝桂王，遣使封其为安南国王。

郑　氏

郑柮攻打南方的阮氏。

阮　氏

阮福澜卒于戊子年（1648年），寿48岁。

勇郡公阮福濒（1648—1687年）

追尊太宗孝哲皇帝，时称贤主。

阮福濒与郑氏争峙于乂安。取占城之地置宁和府和延庆府（即今庆和之地）。

黎神宗（1649—1662年，第二次）

年号：庆德（1649—1652年）；盛德（1653—1657年）；永寿（1658—1661年）；万庆（1662年）

真宗驾崩，无嗣，郑柮迎太上皇神宗再登帝位。此第二次为帝，在位13年而崩，寿56岁。

郑　氏	阮　氏
郑柮卒于丁酉年（1657年）。 **西王郑柞**（1657—1682年） 庙号：弘祖阳王 郑柞攻打莫氏子孙，收复高平之地。创入朝不拜、疏奏不具名之例，并于御座左侧设座。	**阮福濒（贤主）**

黎玄宗（1663—1671年）

年号：景治

玄宗讳维禑，神宗次子。在位时，始与清朝通使，并禁止信奉耶稣教。在位9年，寿18岁。

郑　氏	阮　氏
郑柞	**阮福濒（贤主）**

黎嘉宗（1672—1675年）

年号：阳德（1672—1673年）；德元（1674—1675年）

嘉宗讳维禬，神宗之第三子[①]。年方 2 岁，神宗驾崩，郑柞将其带回，养于府中。至玄宗崩，无嗣，郑柞立之为帝，在位 4 年而崩，寿 15 岁。

郑　氏	阮　氏
郑柞	**阮福濒（贤主）**

黎熙宗（1676—1705 年）

年号：永治（1676—1680 年）；正和（1680—1705 年）

熙宗讳维祫，神宗第四子。神宗驾崩之时，郑氏皇后有娠方 4 月。出生后郑柞带回，养于府中。嘉宗崩，无嗣，郑柞立之为帝，在位 29 年，禅位于太子，为太上皇。

郑　氏

郑柞卒于壬戌年（1682 年）。

定王郑根（1682—1709 年）

庙号：昭祖康王

郑根为主 28 年而卒，传位于其玄孙郑棡。

阮　氏

阮福濒卒于丁卯年（1687 年），寿 68 岁。

弘国公阮福溙（1687—1691 年）

追尊英宗孝义皇帝，时称义主。

置府于富春，即今京都之地。卒于辛未年（1691 年），寿 43 岁。

① 据《大越史记全书·本纪续编追加》，《黎纪十·玄宗》与《嘉宗》载：玄宗为“神宗之子”，而嘉宗“神宗次子也”，与作者所说不同。——译者

祚国公阮福淍（1691—1725年）

追尊显宗孝明皇帝，时称国主[①]。

阮福淍夺取全部占城国之地（今为平顺之地），并占领了真腊国的嘉定、河仙之地。

黎裕宗（1706—1729年）

年号：永盛（1706—1719年）；保泰（1720—1729年）

裕宗讳维禟，在位24年，为郑棡所逼，让位于太子维祊。辛亥年（1731年）驾崩，寿52岁。

郑　氏

郑根卒于己丑年（1709年）。

安都王郑棡（1709—1729年）

庙号：熙祖仁王

卒于己酉年（1729年）。

阮　氏

阮福淍卒于乙巳年（1725年），寿51岁，有子146人。

鼎国公阮福澍（1725—1738年）

追尊肃宗孝宁皇帝，开拓嘉定之地，保护真腊国。

黎帝维祊（1729—1732年）

年号：永庆

维祊在位3年，被郑杠诬陷与郑棡妻私通，遂废之，降为昏德公，至壬子年（1732年）被弑。

郑　氏	阮　氏
郑棡卒。 **威南王郑杠**（1729—1740 年） 庙号：裕祖顺王 郑杠为主奢侈无度，凶残暴虐，国中乱事频仍。	**阮福澍**

黎纯宗（1732—1735 年）

年号：龙德

纯宗讳维祥，裕宗之子。前曾被立为太子，后为郑棡所废，以立维祊。郑杠又废维祊，立之为帝，崩于乙卯年（1735 年），寿 37 岁。

郑　氏	阮　氏
郑杠	**阮福澍**

黎懿宗（1735—1740 年）

年号：永祐

懿宗讳维祳，裕宗之子，郑杠废纯宗之子而立之。

庚申年（1740 年）郑楹逼帝让位于纯宗之子而做太上皇，己卯年（1759 年）崩，寿 41 岁。

郑　氏

庚申年（1740年）郑杠被废，尊之为太上王。其弟郑楹代其位。

明都王郑楹（1740—1767年）

庙号：毅祖恩王

郑楹讨伐国内叛乱。

阮　氏

阮福澍卒于戊午年（1738年），寿43岁。

武王阮福阔（1738—1765年）

追尊世宗孝武皇帝。

阮福阔攻打真腊，增开嘉定领土。

黎显宗（1740—1786年）

年号：景兴

显宗讳维祧，纯宗之子。在位46年，享寿70岁。

郑　氏

郑楹卒于丁亥年（1767年）。

靖都王郑森（1767—1782年）

庙号：圣祖盛王

郑森讨平了北方的贼寇。夺占阮主的顺化和广南之地。但因宠爱其妃邓氏惠，乃废长立庶，酿成变乱。卒于壬寅年（1782年）。

尊都王郑檊，为主仅2个月，即被三府军所废，拥立其兄郑楷为主。

阮　氏

武王阮福阔于甲子年（1744年）开始称王号，卒于乙酉年（1765年）。

定王阮福淳（1765—1777年）

追尊为睿宗孝定皇帝。

为主期间，张福峦专权。西山军起而攻打于南方，郑氏军从北方来攻。

郑主军队攻陷富春后，定王逃入嘉定，为西山之将阮文惠所杀。寿24岁。

端南王郑楷（1783—1786年）

为西山擒获，被迫于丙午年（1786年）自尽。

阮王阮福映，即阮朝世祖高皇帝，起兵于嘉定。

黎愍帝（1787—1788年）

年号：昭统

愍帝系显宗之嫡孙。被西山军所败逃至中国求救，后又战败返回中国，受清朝官员侮辱，死于燕京。

郑　氏

晏都王郑檥。当西山军返回南方之后，郑氏的党羽又立郑檥为主，愍帝命阮有整攻郑氏。郑檥败逃，出家为僧。

阮　氏

阮王阮福映恢复嘉定之地。

第二章　南北朝

（1527—1592 年）

一、莫朝的政治　二、莫朝与明朝的交涉　三、阮氏起兵助黎朝　四、权柄归于郑氏　五、郑松统领兵权　六、收复升龙城　七、莫朝灭亡　八、后黎朝与明朝的交涉　九、莫氏子孙在高平

一、莫朝的政治

丁亥年（1527 年），莫登庸篡黎朝而自立为帝，改元明德。

莫氏虽称帝，但仍害怕民心思黎，所以一切政务一守黎朝法度，又封赐为黎朝殉节之人，并录用旧臣子弟，封以官爵，以图诱其归顺于己。然而忠臣义士或隐匿山林，或逃往外国，或隐名埋姓，归之者寥无几人。更有慷慨激昂之士，因痛恨莫氏奸恶行为而聚集义士，起兵攻伐。如黎公渊、阮我、阮寿长等人，曾起义于清化之地，但因势力不足，招致失败。后又有黎意者，起兵于马江，攻打莫氏，数度获胜，然终因轻敌而被生擒。

莫登庸仿效陈朝之制，在位三年后即让位于其子莫登瀛，而返回古斋居住，称太上皇。

庚寅年（1530 年），莫登瀛即位，改元大正。登瀛虽为帝，然

国中政令悉由登庸裁决。

莫登瀛在位10年，至庚子年（1540年）卒，传位于其子莫福海。

莫福海继位，改元广和。

二、莫朝与明朝的交涉

自莫氏篡夺黎朝帝位后，黎朝官员已有人赴中国请求援兵。明朝皇帝亦派大员到云南会同当地巡抚调查安南的虚实情形。

黎朝官员赴云南详陈了莫氏篡弑情状。明朝官吏遂奏请皇帝举兵讨伐。明朝打算征讨莫氏，并非是为了黎氏，而不过是想趁南国遭逢变故之时，借机进占，与之前征讨胡氏如出一辙。我们须知，凡一国与另一国交涉，常是以“为义”之名而行“为利”之实而已。

丁酉年（1537年），明朝皇帝即命仇鸾为都督，毛伯温为参赞军务，率兵进驻南关隘口附近，并传檄各地，有能擒获莫登庸父子者，赏赐官爵及白银两万两。又派人下书莫登庸，告以如能献纳土地、人民册籍，承认罪过，亦待以不死。

莫登庸遣阮文泰等出使明朝，请求降服。

至庚子年（1540年）十一月，莫登庸见明军准备来攻，大惧，乃留莫福海守国，亲与武如桂[①]等40余人，自缚出降，至南关隘口认罪，匍匐跪地，纳土地、人丁册籍，并请献澌浮、金勒、古冲、

① 作者据《钦定越史通鉴纲目》作武如桂，但《大越史记全书·本纪续编》卷之一《黎纪七·庄宗》作阮如桂。两书所载不同。——译者

了葛、罗浮五洞之地归隶钦州。又把黄金白银另献与明朝。

明朝官吏虽气势汹汹，声言进兵，但亦深怕重犯从前平定南国时的错误，况又得莫登庸的钱财，则为国之热情早已冷却，因奏请明帝封莫登庸任都统使，为明朝二品官衔。

莫登庸弑君篡位，有罪于黎朝，是一个逆臣；而身为一国之主，不能守边，割地献与他人，又是一个叛国之人。他身为帝王，不能全守名节，赤膊自缚，跪伏敌将之前，以求自己一身和一家的富贵，此乃一个鲜廉寡耻之徒。

对于君王来说，是一逆臣贼子；对于国家来说，是一叛国之徒；对于人伦道德来说，又是一无人品之辈，如此之人有谁敬服？尽管夺得了黎朝的江山，尽管有明朝势力的袒护，但靠如此奸恶、卑鄙的手段而建立起来的政权，在任何时候都不可能是稳固的。也正因为如此，使黎氏子孙得以中兴。

三、阮氏起兵助黎朝

当莫登庸篡位之时，旧臣官吏逃避隐匿者颇多。此时，有阮弘裕之子名阮淦（或称阮弘淦）[①]者，任〔清化〕右卫殿前将军安清侯，遁往哀牢。该国国王乍斗令其居于岑州（属清化镇蛮府）之地。阮淦到岑州后，使人访求黎氏子孙，以图复国。至癸巳年（1533年），访得昭宗少子名维宁者，拥立为帝，是为庄宗。

① 据《越南开国志传》，阮淦即阮弘淦，为阮弘裕之子、阮文郎之孙，其祖孙三代均为黎朝之官。

当时，尚有一员骁将名郑检者，居于广化府永禄县槊山村。阮淦见其人有才智，以女玉宝妻之，共同协力扶黎灭莫。

黎朝君臣驻跸于岑州，招募军士，直到庚子年（1540 年），阮淦始督军回攻乂安。壬寅年（1542 年）庄宗又举兵进攻乂安、清化，翌年（1543 年）收复西都，莫氏总镇官杨执一出降。

四、权柄归于郑氏

乙巳年（1545 年），阮淦率军进征山南地方，行至安谟县，被莫氏降将杨执一用毒药毒死[①]。兵权全部交予其婿郑检掌管。

郑检撤军回清化，立行殿于万赖册（属清化瑞原县），以为皇帝驻跸之所。又招募豪杰之士，训练士卒，积贮粮草，准备进攻莫氏。

时有名士如冯克宽（即状元篷）、梁有庆等人，都辅佐黎氏。当时江山分为二：自清化以南属于黎氏，是为南朝；山南以北属于莫氏，是为北朝。

丙午年（1546 年），莫福海卒，传位于其子莫福源，改年号为永定。

戊申年（1548 年），庄宗驾崩，郑检立太子维晅为帝，是为中宗，在位 8 年驾崩。

① 《大越史记全书·本纪续编》卷之一《黎纪七·庄宗》载：乙巳十三年“五月二十日，莫降将忠厚侯阴怀贰心，邀请太宰阮淦赴本营，阴置毒于瓜中，供进馔前，淦信食之，中毒，及回心闷而薨。忠厚侯是夜遁去，复归于莫”。据此，阮淦为莫降将忠厚侯（缺名）所毒毙，并未明指杨执一。作者此言，系根据《钦定越史通鉴纲目》。——译者

中宗驾崩，无嗣，其时黎氏之后裔亦绝，兵权全部落于郑检手中。

俗传郑检有意称帝，但不敢做出决定，各官也不知如何是好。后郑检暗地里派人到海阳，问计于阮秉谦[①]（即状元程），征询良策。

阮秉谦未置一词，转过头来对仆人说："今年歉收，稻种不好，汝等宜寻旧种育秧。"言毕命仆人前去告知小和尚清扫寺院、烧香，侍先生游寺，然后对小和尚说："守寺供佛，则吃沙糕。"

使者还，将故事讲给郑检听，郑检知其意，遂命人寻访黎氏遗裔。后访得太祖兄黎除的玄孙名维邦者，居于东山县布卫乡，迎回立之为帝。

当时，黎朝企图进攻莫氏，恢复东都之地；而莫氏则企图除掉黎氏一统天下。但在阮淦死后，中宗在位的数年间，郑检屯于清化，只采取守势，以整兵贮粮，伺机进攻莫氏。

莫氏则命莫福源之叔莫敬典领兵进攻黎氏。

莫敬典领兵攻清化 10 余次，每次都战败而归。郑检攻山南也有 6 次，然无一次大获全胜。只是在己未年（1559 年），郑检率 6 万大军进攻北方，已占领山西、兴化、太原、京北、谅山等省和海阳方面的一些县份，原以为行将大功告成。但不料莫敬典却领一路军，沿陆路进发，攻打清化，情势甚为危急，迫使郑检放弃北方，回保西都之地。这样便造成双方长期对峙局面：黎朝虽已中兴，但仍未能恢复旧有江山；而莫氏虽然称帝，也只是在北方称帝而已。

---

① 阮秉谦曾仕莫朝，受封为程国公，因名状元程，后退隐于海阳省永赖县中安村。

辛酉年（1561 年），莫朝皇帝莫福源卒，其子莫茂洽继立。

双方争战依然如故：时而郑检进攻山南，时而莫敬典攻打清化，双方胜负难分，无一方全胜，亦无一方全败。

五、郑松统领兵权

庚午年（1570 年），郑检卒，其长子郑桧代领兵权，谋划征战之事。但郑桧纵酒色，将士少有服之者。其弟郑松欲夺兄权，遂与黎及第、郑柏等人迎帝回万赖屯，然后分兵与郑桧抗衡。

正当郑氏兄弟内讧之时，莫敬典领兵 10 余万进攻清化，郑桧度不能支，遂领兵出降莫氏，得保旧有官爵。莫军乘胜进至马江，驻屯河中之地，又，围攻黎朝皇帝驻跸的安场（属瑞原县）。

当时，英宗回屯东山，封郑松为左丞相，节制诸军，以抗莫军。郑松命诸将坚守各地，莫敬典累战不克，日久粮尽，被迫撤军北返。

莫氏撤兵后，英宗晋封郑松为太尉长国公，加赏诸将士。又命冯克宽召集清化流散荒民，返回原籍，安居乐业，并重加整饬政务。

其时，一切政令悉由郑松决断，威权日盛，帝亦以为虑。黎及第见此，与帝共谋，欲除郑氏，但为郑松所知，以计杀及第。英宗见事不成，惶恐甚，遂与皇子四人出走乂安。

郑松见皇帝出走，即命人迎接居于瑞原县广施乡的英宗第五子维潭回，立之为帝。复派阮有僚领兵穷追英宗。

英宗逃到乂安，见追兵赶到，慌忙避入蔗园中，但为有僚发现押回，行至雷阳县，郑松所派之人至此，弑之，假称帝自缢而死。

郑松弑英宗后，封赏其同党，并分兵防守各地，与莫军对抗。

自癸酉年（1573 年）至癸未年（1583 年）恰为 10 年，郑松坚守清化、义安之地，使莫军来攻，每必损兵折将。在那么多年里，莫将莫敬典、阮倦和莫玉璘之辈，时而进攻清化，时而进攻清、义两地，但无任何时候能够得手，每次都是胜一二仗，遂又转胜为败，被迫撤军而回。

自己卯年（1579 年）以来，莫敬典卒后，莫敦让领兵攻黎氏，但无一仗得胜。

六、收复升龙城

至癸未年（1583 年），郑松见自己的势力已大，始举兵马进击山南，夺获稻谷而还。自此之后，每年必领兵出击，迫使莫军变攻势而为守势。莫氏因见黎氏日益强盛，遂命军民于大罗城外筑了三重垒，掘三重壕，以为守备之计。

黎军每战克捷，郑松决计举大兵进攻升龙。

辛卯年（1591 年），郑松命演郡公郑文海、太郡公阮七里领兵镇守各海门与险要之处。命寿郡公黎和留守御营及清化所辖各地。各处防守部署完毕后，即率 5 万大军分作五队，令太傅阮有僚、太尉黄廷爱、麟郡公何世禄、世郡公吴景祐[①]各领一队，而郑松亲督两万军，出天关（宁平），过鞍马山（在安山县）、新丰（即先

① 《大越史记全书·本纪续编》卷之二《黎纪八·世宗》辛卯年条：何世禄作何寿禄、世郡公吴景祐作州郡公吴景祐，与此不同。——译者

丰）之地，驻营卒林（？）。

莫朝皇帝莫茂洽也调动四卫与五府军约 10 余万，命莫玉璘、阮倦带领两路兵马，分作左、右翼，茂洽自引中军，列营与郑松军对阵。

郑松见莫军已到，亲率将士发誓灭贼复仇。郑氏军队勇猛进攻，莫军不能敌，大败，斩馘万余级。莫茂洽败逃。郑军乘胜追至升龙城附近。但当时适逢旧历新春佳节，郑松命停战，以使军士休息过节。及至壬辰年（1592 年）正月，郑松设坛备礼，祭告皇天后土及黎朝列祖列宗诸位皇帝，然后以三条约束诸军士：

（一）不得擅入民家，托取柴菜。

（二）不得掳掠财物，斩伐生花（树木）。

（三）不得胁奸妇女及私仇杀人。[①]

如违此三条者，概以军法治罪。接着下令进军，攻打升龙城。

莫茂洽见郑军进逼，命莫玉璘、裴文奎、阮倦和陈百年留守升龙城，自领兵渡珥河驻于土块村。

郑松命诸将分兵攻打各城门。莫军无法抵御，三重城垒都被毁坏，莫玉璘、裴文奎弃城而逃，阮倦被生擒。

郑松攻陷升龙城后，命诸军士毁其土垒壕堑，夷为平地，然后返清化向皇帝告捷。

史书并未说明何以郑松攻陷升龙后，却不继续进攻，竟弃城而返回清化。可能是因为郑军虽然获胜，但军士已疲惫不堪，且莫氏势力尚强，留下恐不能守，所以不得不放弃而返。

① 以上三条，原文见《大越史记全书·本纪续编》卷之二《黎纪八·世宗》壬辰年条。——译者

郑松已放弃升龙返回清化，但茂洽却不知乘此机会来重修武备，改革政治，却仍沉迷酒色，苛待将士，以致社稷倾覆，害及自身。

当时，裴文奎有妻阮氏[①]，容貌出众，莫茂洽欲杀文奎以夺阮氏为妻。

文奎知其意，便携妻回居嘉远县（属宁平）。茂洽派兵去捕。文奎被迫归降郑松。

七、莫朝灭亡

郑松获悉文奎归降，喜甚，忙命黄廷爱出迎文奎，并派为前锋。郑松则亲督大军返回长安，遇莫军于天派江（在南定省懿安县和丰盈县之末端），双方交战，掳得战船 70 艘，莫将陈百年投降。

郑松进兵平陆，复进至清威，安营于精神洲（今为清威县的清神社）。再进至喝江、底江口，出红河，遇莫将莫玉璘，与之交战，获战船以千计。

莫茂洽得知其军队大败，弃升龙城逃奔海阳，驻营于海阳的金城。

郑松进至升龙，即命阮七里、裴文奎与陈百年前去攻打金城的茂洽，此役掳获金银财物不可胜数，并擒得茂洽之母莫太后而还。

莫茂洽因其军队屡败，即将政权交予其子莫全，而自为将，领兵拒战。

① 据《大越史记全书》记载，裴文奎之妻名阮氏年，是阮倦的第三女。——译者

当时，莫官杜汪、吴熖（一作慥。——译者）等17人归降黎朝。

郑松军进驻永赖县，又使范文快领兵追击莫茂洽于安勇县和武宁县（今武江），茂洽被迫弃舟登岸，隐藏于凤眼县一佛寺中。文快追至此，有人指引，擒获莫茂洽。押回升龙，生枭三日，然后斩决，传首至清化献捷。

当时，莫敬典之子莫敬止，窜居东潮之地，闻知莫茂洽被擒，遂自立为帝，驻于青林县。莫氏子孙百余人及莫之文武宿旧相率来归，出榜招募军士，俄顷之间已有六七万人。莫茂洽之子莫全，也来归附敬止。

郑松见敬止复起，声势甚大，官军屡讨不能胜，遂率师进击锦江县和青林县，擒获莫敬止及莫氏子孙、文武僚属共60余人。

郑松战胜，收兵回升龙，派官迎接世宗至东都，受百官朝贺并奖赏诸将士。

次年，莫将莫玉琏寻得莫敬典之子莫敬恭，拥立为帝，占据谅山的安博州，以为根据地。然而不久太尉黄廷爱领兵讨伐，莫敬恭与莫玉琏被迫逃到龙州。未几时，莫玉琏卒，留遗书劝莫敬恭曰："黎氏复兴，乃天数也。我民无罪，徒使之久罹锋刃，是何忍也？我当避居他国，慎守为重，勿复与之力斗，又切勿邀请明人入本国，以致吾民涂炭也。"[①]

① 见《钦定越史通鉴纲目》，正编，卷三十，甲午年条。但《大越史记全书·本纪续编》卷之二《黎纪八·世宗》甲午年条所载，与此颇有不同："初，玉琏将临终，有遗书劝于莫敬恭曰：兹莫家气运已终，黎氏复兴，乃天数也。我民是无罪之民，而使罹锋刃之中，何忍也？我等宜避居他国，养成威力，屈节待时，伺其天命有所归而后可。尤不可以力斗。两虎相争，必有一伤，无益于事也。如见彼兵所至，我当避之，慎勿与斗，要宜谨守为重。又切勿邀请明人，入我中国，以致民苦涂炭，是亦罪之莫甚也。"——译者

忠厚哉，莫玉璘所留劝诫之词！惜乎已无人追随莫氏矣！

自此莫氏失去帝位，日后虽赖明朝袒护而得以回居于高平之地，但也是一边陲蕞尔之地而已。

莫氏称帝自莫登庸至莫茂洽，即从丁亥年（1527 年）至壬辰年（1592 年），前后恰为 65 年。

郑松虽灭莫氏，收复东都，立下大功，但明朝仍执意袒护莫氏而不承认黎氏。况且莫氏孑遗甚多，今日称王于此地，明日复作乱于彼地，因而郑松不得不一方面用智谋来避免明朝的干扰，另一方面用武力来剿平莫氏余党。

八、后黎朝与明朝的交涉

当郑松收复升龙城之后，莫氏派人投诉于明朝皇帝曰：兴兵争夺其王位者乃郑氏，实非黎氏子孙。

明朝皇帝派员赴南关会勘此事。

丙申年（1596 年）三月，世宗命户部尚书杜汪、都御史阮文阶赴南关迎接中国官吏。后又派黎梗、黎榴两位皇亲及工部左侍郎冯克宽领耆老 10 人，赍黄金 100 斤[①]、白银 1000 斤及莫氏安南都统使司印、前黎氏之安南国王印，呈献明朝官员，候行会勘。但明朝官员又逼令世宗皇帝必须亲到南关隘会勘。

郑松命黄廷爱、阮有僚等领兵 1 万护驾，送皇帝赴会。但到达目的地后，明朝官员又索求如前之金人、金印，迁延时日，不

① 《钦定越史通鉴纲目》，正编，卷三十作“一千两”。——译者

肯如期到会。久候不来，事不果，帝乃还京。

至翌年四月，明使复来邀世宗赴南关会勘，朝廷命太尉黄廷爱领兵5万护驾前往赴会。

世宗车驾还京之时，郑松率百官前去迎贺，后命工部左侍郎冯克宽为正使、太常寺卿阮仁赡为副使，赍贡物赴明朝燕京，向明廷朝贡并求封。

明朝皇帝只封世宗为安南都统使。冯克宽乃上表曰："都统使乃莫氏之旧职，而南国国王系黎氏之胄，若封此职，则不相称也。"明帝笑曰："黎氏虽非莫氏之比，然以初封，方且暂受此职，后以王爵加之。"①

冯克宽便拜受而回。自此，明朝与黎朝复通使如前。

九、莫氏子孙在高平

自莫茂洽和莫敬止被擒后，莫氏子孙隐匿各地，妄图复国。当时有莫敬章称壮王，据自东潮县至安广之地。

丙申年（1596年），郑松命海阳镇守潘彦击之，擒获莫敬章。

又有莫敬用者，系莫敬止之子，占据安北（谅山）之地，称

① 见《大越史记全书·本纪续编》卷之二《黎纪八·世宗》戊戌年条，原文是："明帝见表大悦，复诏封帝为安南都统使，……克宽乃上表曰：臣主黎氏，是安南国王之胄，愤逆臣莫氏僭夺，不忍负千年之仇，乃卧薪尝胆，思复祖宗之业，以绍祖宗之迹。彼莫氏，本安南国黎氏之臣，弑其君而夺其国，实为上国之罪人，而又暗求都统之职。兹臣主无莫氏之罪，而反受莫氏之职，此何义也？愿陛下察之。明帝笑曰：汝主虽非莫氏之比，然以初复国，恐人心未定，方且受之，后以王爵加之，未为晚也，汝其钦哉，慎勿固辞……"作者所引有变通。——译者

威王，但不久亦为郑军擒获。

以前逃到龙州的莫敬恭，后又回国攻陷高平和谅山之地。郑松派官领兵追歼，但莫敬恭投诉于明朝，明帝致书迫使黎朝让高平之地给莫氏子孙。

黎朝迫不得已，以高平之地给莫氏寓居。

莫朝世谱

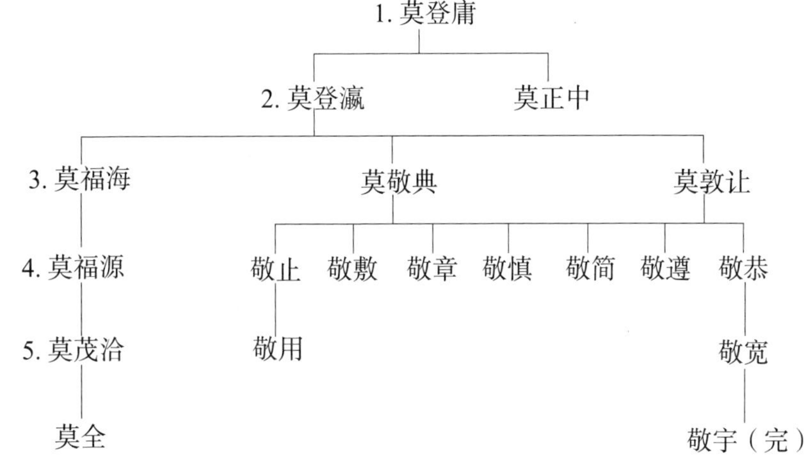

第三章 郑阮纷争

一、郑氏称主北方

郑松自消灭莫氏、为黎氏收复天下之后，日益骄横跋扈，擅权窃柄，欺压君王。居于顺化的阮氏见郑氏专权，也在南方独立，形成南北对立，爆发了给国家带来极大危害的战争。

己亥年（1599 年），黎朝世宗之世，郑松办理完与明朝通使之事并让出高平之地给莫氏子孙后，国内逐渐趋于安定，遂自称都元帅总国政尚父平安王，又制定国王俸禄之例，国王收千社之税称为上进禄，并拨 5000 兵以为宿卫之军。至于官吏任免、征税、抽丁、治民等事，都属郑氏的权限。只有在设朝或接见使臣之时，才需要国王罢了。

自此之后，郑氏一直世袭为王，俗称郑主。

当时，郑氏权重如此，且百官皆趋附郑氏，若郑松意欲灭黎朝而称帝，则也无困难。虽如此，郑松何以不敢这样做呢？其原因在于，害怕北方的明朝制造麻烦，且莫氏还据有高平之地，若有反叛之举，则怕逆军以扶黎讨郑为名，兴兵来犯。

况且南方尚有阮氏，其势力也不容忽视，而且企图独立以与郑氏争权夺利。有什么比不夺国亦如夺国、不称帝而胜似帝王更好的呢？不管何时，若有必要去平定某地，便托天子之命而派人前往，谁人也无可指摘。因此郑氏虽在国中屈居第二位，却掌握全国的实权。

二、阮氏称主南方

昔时阮淦起兵助黎讨莫，已夺得清化、乂安之地，又领兵攻打山南，被莫氏降将杨执一毒死，将兵权全部留给其婿郑检，以图继续讨贼。

阮淦有二子，阮汪与阮潢，也是战将，曾立下不少战功。兄阮汪受封为郎郡公，其弟阮潢受封太尉端郡公。

然而郑检深恐阮氏夺其权，遂借故杀死阮汪。阮潢也怕遭郑检暗算，不知如何是好，遂派人赴海阳，问计于阮秉谦。此公告之曰："横山一带，万代容身"，[①] 意即横山[②]一带，可以作为万世安身之地。

阮潢告知其姊玉宝，请求郑检许其入镇南方。

戊午年（1558 年）英宗之时，郑检始表奏皇帝，使阮潢将兵镇守顺化之地。当时，宋山县的亲族及清化、乂安的兵士，携带妻子儿女，多愿从其前往。阮潢驻屯于广治省登昌县的爱子社（后称杨桃库）。

阮潢是一位精明而又具有仁德之士，广结豪杰，爱抚人民，

① 见《大南实录前编》，卷一。

② 横山位于广平省。

人心悦服。

至已巳年（1566年）[1]，阮潢朝见皇帝于安场行在。次年，郑检召广南总兵阮伯駉回守义安，而命阮潢镇守全部顺化、广南之地。并为其制定税例：每年上缴银400斤，帛500匹。

壬申年（1572年），莫氏乘郑检新丧，其子郑桧与郑松内讧之机，派兵攻打清化，并命其将立暴统水兵舰60艘，由海道，屯驻于胡舍村和阆范〔良苑〕村（属明灵县），以攻阮潢。

阮潢派美女吴氏，以金银献于立暴，诈言求和。立暴甚为高兴，全不为备，猝遭阮军袭击，擒斩之，并击溃莫军。

癸巳年（1593年），郑松已收复升龙，擒获莫茂洽，但莫氏余党尚多，许多地方尚需派兵前去平乱，阮潢遂领兵并携带军械开往东都，在长达8年之久的时间内，帮助郑氏攻剿莫氏，立下了许多大功。但郑松抱有嫉妒之心，不欲让其返回顺化，而当时他也无任何机会可以回去。

庚子年（1600年），因郑氏骄横过甚，官员之中许多人不服。有潘彦、吴廷咸[2]、裴文奎等人起兵，于大安海口（属南定）反抗郑氏，阮潢诈称讨贼率本部将士顺海路返回顺化。

阮潢返回顺化后，恐郑氏多疑，遂将其女玉秀嫁给郑松之子郑椚为妻。他亲守顺化，而命其第六子镇守广南，建造仓廪，积

---

① 原著有误，1566年是丙寅年，此处应为1569年（己巳年）。《大越史记全书·本纪续编》卷之十六有载："己巳，十二年……明隆庆三年……九月顺化镇守端郡公阮潢入朝，拜见于行在……"——校者注

② 《大越史记全书·本纪续编》卷之三《黎纪九·敬宗》庚子年条作阮廷峨。《钦定越史通鉴纲目》，正编，卷三十一作吴廷峨。作者此作吴廷咸，不知何据。——译者

贮粮食。

自此之后，南北分治，外表上仍是和好之态，内则整军经武，互相对峙。

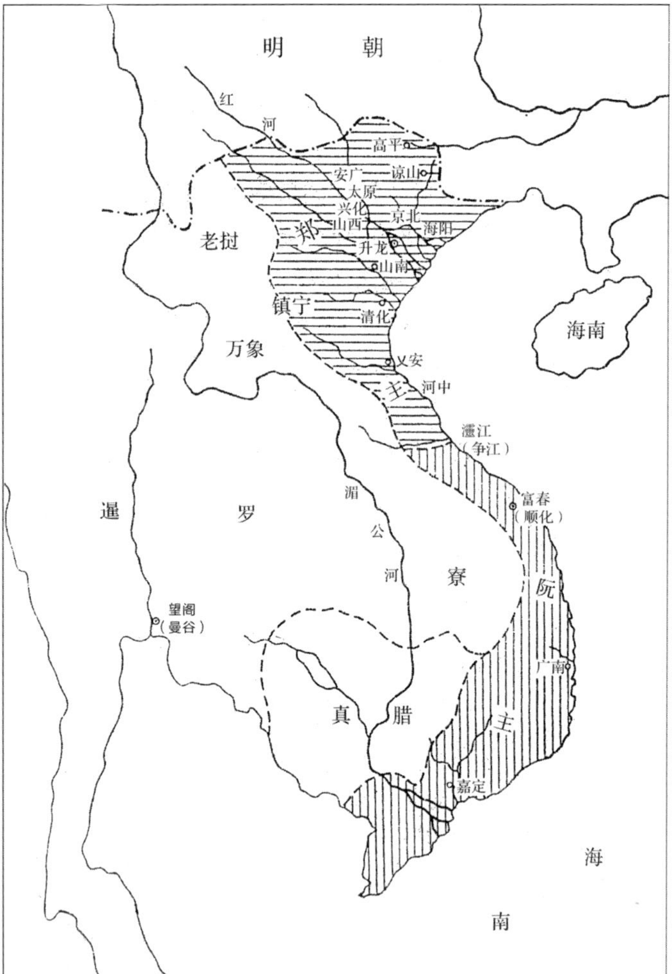

郑主和阮主时代的南国图

第四章　郑阮战争

一、郑氏进攻莫氏于高平

己亥年（1599年），世宗驾崩，郑松与朝廷百官立皇子维新为帝，是为敬宗。翌年（1600年）潘彦、吴廷咸、裴文奎等人在大安海口作乱。郑松在升龙因怕四面受敌，便迎皇帝到清化。

莫氏余党以升龙城空虚，遂请茂洽的庶母裴氏回，尊立为国母，复派人赴高平迎莫敬恭。

潘彦与裴文奎互生猜忌，引起自相残杀；而吴廷咸则转投莫氏。

郑松送敬宗回到清化，然后准备北上收复升龙城，但仍怕顺化方面发生变故，遂命官员前去慰劳阮潢；随后，率领水陆大军北上，擒获裴氏，诛之。莫敬恭逃到海阳的金城，复因其党皆败，又放弃金城，逃回高平。

郑松收复升龙后，派官迎皇帝自清化还京，并命诸将剿灭太原、谅山和安广等地的莫党。

郑松专横跋扈，日甚一日，皇帝也无法忍受，适逢郑松之子郑椿与长子郑梉争权，敬宗遂与郑椿合谋，欲杀郑松，不幸败露，事未成。郑松逼帝自缢死，并擒获郑椿，监禁数月始放之。

郑松弑敬宗后，立皇子维祺为帝，是为神宗。

癸亥年（1623年），郑松得疾，会百官，交兵权予其子郑梉，并以郑椿副之。

郑椿不满，称兵作乱，纵火焚烧京城庐舍。郑松见变，逃回黄梅社，居郑杜之家，后召郑椿至，擒斩之。不数日，郑松卒于清池县的青春寺①。

郑梉继承主位。但因郑椿余党作乱，故迎奉皇帝回到清化。帝封郑梉为太尉清国公，节制水步诸军。

当时，莫敬恭之侄莫敬宽在太原称庆王。前曾为郑氏军队数次击败，被迫退隐高平之地，今见郑氏族党自乱，又领兵回屯嘉林县的土块村。然而未几时，郑梉自清化发兵来攻。敬宽被迫又窜回高平。

郑梉平定东都之地后，即迎皇帝驾还京师，并自称元帅统国政清都王，命其子郑桥攻高平（乙丑，1625年），擒获莫敬恭，槛送京师诛之。莫敬宽则逃至中国，后派人回国呈降表。

朝廷封莫敬宽为太尉通国公，许其占据高平之地，依例进贡。

二、清朝兴起

当郑梉在我安南国刚刚继位称主并正在平定高平莫氏之时，中

① 据《大越史记全书·本纪续编》卷之三《黎纪九·神宗上》，郑松死于青威县青春馆，与此所说不同。——译者

国的明朝灭亡了。

原来在中国的东北，有一地方称为满洲，女真人居住其地。在宋代之时，女真人已建立一庞大的国家称为金，称帝达120年，后被元朝所灭。元朝置万户府统治满洲。

明朝灭元后，朝廷虽在满洲设卫所，但此一地区的人仍保持自治。

其时，满洲之地分为四部：

1. 满洲部（属建州卫）；

2. 长白部（属建州卫）；

3. 东海部（属野人卫）；

4. 扈伦部（属海西卫）。

明末之时，在长白部有名努尔哈赤者，即清太祖，攻取四部之地，建都于沈阳，即当时的盛京。

努尔哈赤崩，其子继立，是为清太宗。后因得中国之传国玺，太宗始改国号曰大清。

太宗之子名福临即帝位，是为清世祖。世祖攻占了明朝的整个辽西之地。

正当明将吴三桂在山海关抵抗清军之时，李自成围攻北京。明朝庄烈〔愍〕帝[1]召吴三桂回救，但行至途中，三桂得悉北京失守，庄烈帝及皇后都遇害，因又返回山海关。

李自成派人召三桂降，三桂不听。自成便领兵攻打山海关。吴三桂降于清，回兵与自成战。

---

① 即崇祯帝。——译者

李自成战败，弃北京而逃，清军占领北京，后迁都至此。

明朝旧臣在南京立福王为帝，但因诸将彼此不和，福王被迫投降。

福王降清后，唐王称帝于福州，然不久也被擒，绝食而死。

明朝宗室桂王称帝于肇庆（属广西省[①]），不数年，清军来攻，败逃缅甸。缅甸王擒获桂王献于吴三桂。吴三桂斩之。自此，清朝统一了中国。

当桂王称帝于广西之时，意欲求助于安南，因封黎神宗为安南国王，封郑柮为副王。

此时北邻中国正当混乱之时，而莫氏已经归降，郑柮始决计趁此之机讨伐南方的阮氏。

三、南方阮氏的情势

阮潢回顺化后，表面上仍未公开与郑氏对抗，但暗中却在加紧备战。癸丑年（1613 年），阮潢临终之际，嘱其第六子阮福源曰："今顺广之地，北有横山、灢江，南有海云山与碑山，实乃天赐英雄用武之地也。故宜爱抚人民，训练士卒，以建万世之基业。"观此言则知，阮氏已有意独立而与郑氏抗衡了。

当北方郑松逝世之时，佛主阮福源告其诸官曰："吾本欲乘此机会进击郑氏，惜乎准备工作尚未完成，因宜派人前去吊唁，首

① 肇庆今属广东省。——译者

先是聊申姻亲之义，其次是乘机探察北方之意图若何。”[①]

当时在南方，又有贤臣襄助，如阮有镒、陶维慈、阮有进等人，皆为才智之士。

阮有镒是清化省宋山县嘉苗庄人氏，博学多才，长于雄辩，善用兵，实乃一文武双全之士。

陶维慈为清化省静嘉府玉山县花斋社人氏。因其为倡优之子，不得入试，遂发奋来到南方，寻求建立功名之路，然未遇荐举之人，竟投身于怀仁府（今平定）丛洲村一富豪之家，为之放牛。他曾写《卧龙岗》一文，以诸葛亮自比。后有勘理官陈德和得知维慈是具有才干之士，便领回供养，并以女妻之，又将其推荐于佛主。佛主任为内赞，封禄溪侯[②]。

阮有进也是清化省人氏，家居玉山县云斋社，精通武艺，用兵甚有法度，实为一有才之将。

上述诸人，共襄阮主，出谋献策，训练士卒，修屯筑垒，以抗郑氏之军[③]。

屯垒已固，兵粮已足，佛主公开表示不再臣服于郑氏，并命将占领瀶江以南的南布政之地，以作为与之抗衡的基地。自此之后，郑氏与阮氏在今广平、河静之地交战达 45 年之久，造成极大灾难。

---

① 见《大南实录前编》，卷二。原文是：阮福源“谓诸将曰：我欲乘此机会大举义兵以扶黎帝，但伐人之丧不仁，乘人之危不武，况我与郑有姻亲之义，莫若先使致赗以觇其势，然后徐为计耳”。作者所引，颇有出入。——译者

② 陶维慈襄助佛主 8 年而卒，享年 63 岁。

③ 陶维慈筑长育屯于丰禄县（广平）。又筑长垒于日丽海门（洞海海门），即今广平的长城。人们常称此垒为先生垒，意即此垒为陶维慈所筑。

四、第一次交战

丁卯年（1627年），趁中国的明朝与清朝正在抗争、高平莫氏已经投降之机，郑梉差官员到顺化，假称为皇帝索取前三年的税银。此行所带敕书，系用字喃写成，其文如下：

皇上谕太保瑞郡公阮福源曰：

朝廷命令，为臣之道，宜谨遵行；府县税款，边将不得自专。

朕曾命工部尚书阮维时、伯溪侯潘文治至顺化，谕朕情意，指明祸福之途，以期迷途知返，而服从朝廷政令。孰料尔执迷不悟，托辞迁延时日，以致拖欠税款，入不敷出，为臣之道岂如是耶？今尔宜改前愆，谨守法度。凡顺、广两地之税，癸亥年以前者，因歉收可蠲免之；而自甲子年迄今者，须依前例计算，载船缴足；并宜整饬兵马，或亲诣京拜谒，或以子代之，以观国中威仪，而表人臣之心迹。倘能如此，朝廷将加封荣显职爵，光耀祖宗。若推搪不至，违抗朝廷之命，罪不容赦矣！

钦再谕敕！①

---

① 此敕书与《大越史记全书·本纪续编》卷之三《黎纪九·神宗上》丁卯年条所载，大不相同，兹录出原文如下，以供参考："谕顺广太保瑞郡公阮福源曰：贤杰之人，可共成事功。丈夫为志，贵能明时势。窦融自河西纳款，名在汉廷。田兴以魏博归朝，勋高唐社。自古贤人君子，智炳识真，所以建功当时，流芳后世。我

佛主接见了来使，但不肯纳税。郑柮又派使者赍黎朝皇帝敕书来谕佛主，令其子诣京拜谒，并索象 30 头、船 30 艘，以备向明廷朝贡。佛主抗命不从。

郑柮见此，遂决计征讨阮氏，命阮启、阮名世领 5000 兵为前锋，进驻于河中社（俗称求营），然后率大军挟黎朝皇帝御驾亲征。

佛主以其侄阮福卫为节制，与阮有镒共同带领兵马扼守各处险要之地。郑军来攻，伤亡惨重。阮有镒等又设一计，虚报郑嘉、郑岳在北方作乱，迫使郑军撤回。

郑柮闻此讯，内心生疑，不知虚实，遂护驾撤军返回北方。

五、第二次交战

庚午年（1630 年），佛主从陶维慈之言，派人将敕书交还黎

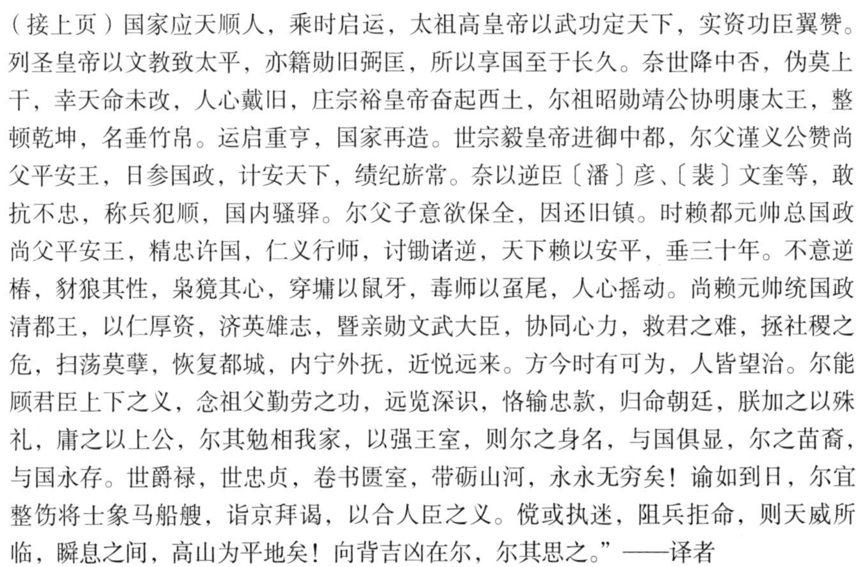

（接上页）国家应天顺人，乘时启运，太祖高皇帝以武功定天下，实资功臣翼赞。列圣皇帝以文教致太平，亦籍勋旧弼匡，所以享国至于长久。奈世降中否，伪莫上干，幸天命未改，人心戴旧，庄宗裕皇帝奋起西土，尔祖昭勋靖公协明康太王，整顿乾坤，名垂竹帛。运启重亨，国家再造。世宗毅皇帝进御中都，尔父谨义公赞尚父平安王，日参国政，计安天下，绩纪旂常。奈以逆臣〔潘〕彦、〔裴〕文奎等，敢抗不忠，称兵犯顺，国内骚驿。尔父子意欲保全，因还旧镇。时赖都元帅总国政尚父平安王，精忠许国，仁义行师，讨锄诸逆，天下赖以安平，垂三十年。不意逆椿，豺狼其性，枭獍其心，穿墉以鼠牙，毒师以虿尾，人心摇动。尚赖元帅统国政清都王，以仁厚资，济英雄志，暨亲勋文武大臣，协同心力，救君之难，拯社稷之危，扫荡莫孽，恢复都城，内宁外抚，近悦远来。方今时有可为，人皆望治。尔能顾君臣上下之义，念祖父勤劳之功，远览深识，恪输忠款，归命朝廷，朕加之以殊礼，庸之以上公，尔其勉相我家，以强王室，则尔之身名，与国俱显，尔之苗裔，与国永存。世爵禄，世忠贞，卷书匮室，带砺山河，永永无穷矣！谕如到日，尔宜整饬将士象马船艘，诣京拜谒，以合人臣之义。傥或执迷，阻兵拒命，则天威所临，瞬息之间，高山为平地矣！向背吉凶在尔，尔其思之。”——译者

帝，并命将攻取瀊江南岸之地，以与郑军相抗。至癸酉年（1633年），适有佛主的第三子名渶者，镇守广南，企图夺权，遂派人持书赴升龙，请求郑主领兵来攻，约以放炮为号，作为内应。渶还请求佛主让其镇守广平，以便行其奸计，但佛主对之生疑，不准其请。

当郑梉收到渶所送密信，即率领大军进驻日丽海门（洞海海门）。

佛主命阮云胜和阮有镒领兵抵抗。

郑军开到等候10余日，无渶之任何消息，遂撤退以俟。

军兵久候，士气松懈，阮军出其不意，突出追击。

郑梉见事不成，便撤军而回。

六、第三次交战

乙亥年（1635年）佛主阮福源卒，其子阮福澜继位，称为上主。

此时，在广南的阮渶获悉佛主死后其子继位，便称兵作乱。当时有阮福溪襄助上主，派兵讨伐，擒获阮渶，以“兄弟是私情，国法为大义”而杀之。

郑梉以阮氏兄弟争权，遂命将攻打南布政之地，杀死阮将裴公胜，然后进兵于日丽海门。

至癸未年（1643年），郑梉率大军并挟黎帝，进至北布政之地。但此时正值四月时令，天气甚为炎热，军士病死者颇多，郑梉被迫撤兵北还。

七、第四次交战

戊子年（1648年），郑梉命都督进郡公黎文晓[①]率水步兵进攻南方。步兵进驻于南布政之地；水军进攻日丽海门。

当时有张福奋父子固守长育垒，郑军屡攻不能下。

阮主命其子阮福濒领兵抵抗郑氏，进至广平时，与诸将议曰："郑军虽多，善战者少。我若乘夜以象冲之，〔彼必夺气奔溃，〕然后大兵攻之，一举可擒矣！"[②]随后，一方面命水师埋伏于锦罗江，切断郑军退路；另一方面命阮有进驱大象100头，于五更时分冲入郑军营寨，步兵继之发起冲锋。果然，郑军大败北逃，复遭阮氏水师拦截，一直追到蓝江始罢。

此役，阮军擒获郑氏之将数人，士兵3000名。

郑梉因其军战败，便命黎文晓与陈玉厚领1万大军驻扎河中，黎有德与武良驻扎横山，范必全（一作仝。——译者）驻扎于北布政，以防御阮氏军队。

当时在南方，上主薨，传主位于其子阮福濒，是为贤主。在北方，黎真宗驾崩，无嗣，郑梉复迎太上皇神宗回，再次称帝。

郑氏攻打阮氏已有数次，每次均损兵折将，但仍不肯停止战争。至乙未年（1655年）郑军又攻打南布政。此时，贤主始决计领兵反击郑氏。

---

① 有的史书记载为郑梼或韩进。

② 见《钦定越史通鉴纲目》，正编，卷三十二，戊子黎真宗福泰六年条，并参见《大清实录·前编》卷三。——译者

八、第五次交战

乙未年（1655 年）四月，贤主命顺义侯阮有进、昭武侯阮有镒领兵越过瀍江，进攻北布政之地，郑氏之将范必全投降。

阮氏军队进至横山，遇黎有德军，交兵后，乘胜攻到河中营，黎文晓不能敌，与黎有德退守安场（即今乂安城）。

阮有进领兵进至石河县，黎文晓和黎有德再退，驻营于大奈社[①]。

郑柇因黎文晓等将败于河中，遣使召之回京，并以郑杖为统领，经略乂安之地。

黎文晓中飞弹伤足，死于归途中；黎有德、武良等皆受降职处分。

郑杖进兵到奇华县，命水师驻扎于奇罗海门。

阮有进见郑军已进军，遂退至瀍江，以诱敌军。郑杖因阮军撤退如此秩序井然，恐中其计，不敢贸然追击，遂驻军于乐川，复派 500 人进屯河中营。

阮有进见郑军不追击，便领兵攻打乐川的郑军；而阮有镒则带水兵攻奇罗海门，迫使郑氏战船退回州涯海门。[②]

阮有进和阮有镒乘胜进军，攻打郑氏军队，复攻占乐川营。郑氏兵将被迫逃回安场。

当时，蓝江（即今大江）以南七县，即奇华县、石河县、天

---

① 《钦定越史通鉴纲目》，正编，卷三十二，乙未年条注："大奈：社名，在石河县。"——译者

② 《大越史记全书》作丹涯海门。——译者

禄县、宜春县、罗山县、香山县、清漳县，已全部归阮氏所属。

郑军乐川之败的消息传到升龙，降郑杖为都督，又命其子郑柞赴乂安，任统领，抵抗阮氏军队。

阮有进等人见郑柞军队重整旗鼓又来进攻，乃自退兵，驻营河中，以保住阵势。然因其时北方多事，郑梉命郑柞回京，以陶光饶留守乂安，驻营于安场，以申文觥、闵文莲屯接武（社名，属天禄县），水师泊于驱犊江（属宜春县）。

至丙申年（1656年），阮军进攻接武营，申文觥等败走，阮有进领兵进屯三制江。阮有镒进兵到鸿岭，遇郑氏军队，追击至敏墙之地，再遇武文添水师，与之战，文添败走。阮军乘胜追击，至明良村与平朗村〔山〕，遇陶光饶之军队，双方大战。陶光饶败走，逃回安场，上表谢罪，并请求援兵。

郑梉派其幼子宁郡公郑椴（俗称宁公）任统领，前去镇抚乂安之地。

郑椴到乂安，督诸将进至石河，命陶光饶和杨湖领兵进驻香瀑村和大奈村，命黎仕厚、裴士良率水师泊于南界（？）海门，并命武文添领水兵泊州涯海门。

阮有进见郑军作如此布防，便命杨智、宋福康与阮有镒一起领水步兵进攻南界的郑军，夺得战船30余艘，复进下蓝江，攻击屯于州涯的武文添军。武文添弃船而逃。

郑椴见其诸路水师皆败，遂撤兵回驻于活津，突闻陶光饶军被围于香瀑[①]，立即领兵赴援，双方大战于大奈村，阮军战败，逃回河中。郑椴与陶光饶领兵追击，行至三弄，遭阮有进和阮有镒拦

---

① 《钦定越史通鉴纲目》，正编，卷三十二作香瀑。——译者

路截击。郑榐复败，逃回安场。

郑榐自镇守义安以来，厚待将士，爱抚军民，人心多归服之。然而不久，郑梉薨，郑柞继位，因其弟甚得人心，乃生猜忌之心，遂命其子郑根与之共同镇守义安，以防发生变乱。其后又派人召郑榐回京，责其不奔父丧之罪，拘捕下狱而死。

义安兵权收归郑根。至丁酉年（1657年）六月，郑根分兵三路，以黎宪为中军将军，黄义胶为左军将军，郑世功为右军将军，渡蓝江，进击阮将宋有大于南华村（属清漳县）。

但因事前有人报信，阮有进已有防备，郑军到时，中计大败，幸有郑根军接应，始能撤军而回。

自此之后，双方相拒于蓝江一线，间或发生战事。例如戊戌年（1658年）腊月，双方交战于循礼村（香山县），阮军败退；至庚子年（1660年）八月，交战于宜春，郑军败退，弃船而逃；到是年九月，当阮军还驻于花园村（即今之春园村）之时，郑根欲夺取斉山以保住自己的阵势，即命黄义胶和潘兼全领兵到阴功村渡过蓝江，又命黎宪[1]开到会统，由此渡江，候至夜半时分，两路军队同时进发。

黄义胶[2]之一路军进至斉山，遭阮有镒袭击，并被重重紧围。其时，郑根登决勇山[3]（在今水津附近）观战，望见其军队被围，甚为危急，迅速发兵前去救援，并命水兵各队进至江岸，向敌连射，阮军被迫撤退。

① 有的书记载为黎时宪。

② 原文误作陶义膠，今正之。——译者

③ 《大越史记全书》作勇决山。——译者

黎宪与闵文莲的一路军进到左澳村与阮军相遇，双方交战，闵文莲阵亡。但阮军战败，被迫放弃花园，退守宜春。

其时，阮有进的大军驻于宜春，而阮有镒军则驻于驱犊。贤主也领兵前去接应，驻军于扶路村（今为广平省平政县扶安村）。阮有镒潜回谒见贤主，陈述攻取之计。贤主喜甚，赐有镒黄金宝剑一把，又令其返回继续抗敌。

阮有进探知此事，心中颇为不满。适值乂安之地常有新降士卒逃亡，有进会诸将商议进退。诸将都主张撤退，唯有镒锐意进兵。

正当阮氏诸将商讨之际，传来消息称：郑根命黎宪等人沿海岸进至刚涧村；黄义胶等人进至簫邹村[1]和幔长村，复进击安恬村和芙蕾村，阮军战败。阮有进闻此讯，决意撤兵，但表面上仍传令诸将：至二十八日夜各路军都前去进攻安场，以阮有镒领兵为后援。然后又密令诸将于夜半时分撤军回南布政，而独不使阮有镒知之。阮有镒已做好一切准备，久候无消息，遂派人察探，始知其军已南撤了。此时郑军已渡江来攻驱犊营。有镒使用疑兵之计，使郑军不敢贸然进攻，然后领兵逃走，行至横山始遇阮有进之军。当时郑根之军适追到，双方交战，伤亡甚众。

郑根退兵驻营奇华。而阮有进则驻日丽，阮有镒驻东高，扼守各处险要之地。自此时起，蓝江地区七县，又归北方郑氏所属。

郑根因见阮军固守各地，料不能取，遂命陶光饶留下镇守乂

① 原文为 Làng Lũng-trâu。《大越史记全书·本纪实录》卷之十五载："能绍等由陆道经咙、邹、幔、长地方社名"，可知此处应该为咙村和邹村。——校者注

安并兼领北布政之地，以防守之，而自己则返回升龙。

九、第六次交战

至辛丑年（1661年）十月，郑柞举大兵，并亲挟黎帝征阮主，命郑根为统领、陶光饶为统帅，黎宪和黄义胶为督帅，黎仕澈、郑〔时〕济为督视，率领大军，渡瀶江，进驻于福寺村。

阮氏南布政镇守官阮有镒，驻营于福禄村，分兵筑垒，坚守各处，郑军攻数月不能胜。

至壬寅年（1662年）三月，军士疲惫，粮食殆尽，郑柞被迫罢兵，并挟皇帝车驾北还。阮有镒领兵追击，至瀶江而止。

是年神宗还京，至九月而崩，郑柞立太子维禂[①]为帝，是为玄宗。玄宗在位9年而崩，郑柞又立皇弟维禬为帝，是为嘉宗。

十、第七次交战

自辛丑年（1661年）郑军败于北布政后，郑柞忙于料理国事并征讨盘踞高平的莫氏，无暇窥伺南方。直到壬子年（1672年）郑柞又发数万大军，并亲挟嘉宗皇帝进至北布政之地，以讨阮氏，任命郑根为水军元帅，黎宪为步军统帅。

贤主亦命其四弟协[②]任元帅，领兵与阮有镒、阮美德等人据守

① 《大越史记全书》作维禂，但《钦定越史通鉴纲目》作维禑。——译者

② 据《大南实录前编》卷五、《钦定越史通鉴纲目》正编卷三十三，协为贤主的第四子，非四弟。——译者

各处险要之地以拒敌，并自率大军接应。

郑军进攻镇宁垒甚猛，有两三次即将攻陷，但阮有镒竭力死守，郑军久攻不下，被迫撤回北布政。时至腊月，天雨寒冻，又获悉郑根行至瀿江病重的消息，郑柞乃命黎宪留下镇守义安，黎仕澈为都督[①]驻营河中，扼守各要路，以瀿江即今之争江为划分南北的界线，然后撤军还升龙。

自此南北停止了战争，直到西山起兵之时，郑氏才乘机攻取顺化之地。

自丁卯年（1627 年）神宗第一次临朝之时起，以迄壬子年（1672 年）嘉宗之世为止，恰为 45 年，郑氏与阮氏交战共七次之多。在这七次之中，阮氏只有一次进攻郑氏，夺取了蓝江以南七县之地，然因阮氏诸将不能同心协力，又被迫放弃而退守故地。

就兵力、粮饷的实力而论，郑氏较阮氏为强，但北人作战路途遥远，运输困难，而南人则在本土作战，有坚固的屯垒可守，将士尽心，因而造成双方对峙、不分胜负之势，只是给百姓带来无数沉重的赋役和饱受摧残破坏之苦。

① 据《大越史记全书》当为督视。——译者

第五章　郑氏在北方所建的业绩

一、与清朝的交涉

癸卯年（1663年），其时明朝已亡，清朝曾遣使来谕安南朝贡。此时郑柞始遣使携带贡物赴燕京（即北京），为黎氏国王求封。至丁未年（1667年），清朝康熙皇帝遣使来封黎帝为安南国王。

自此之后，两国互通使节成为常例。后来，虽然在上游地区发生寇掠和边界纠纷之类的麻烦事情，但清朝皇帝一贯主张和平，因而诸事皆得顺利处理完毕。

二、夺取莫氏高平之地

乙丑年（1625年）莫敬宽已归降，受封为太尉通国公，许其据有高平之地。但至戊寅年（1638年），敬宽卒，其子莫敬宇

（有的书载为莫敬完）不接受封职，也不愿朝贡，又自称为帝，号顺德。

自此，莫氏常来剽掠太原地区，官兵多次追歼，但未能尽除。

丁未年（1667年）郑柞带领大军会同丁文左、黎珠、黎宪诸将攻取高平之地。莫敬宇败逃中国。郑柞遂张贴告示，安抚召集流民回乡复业，并设官治理，以武荣[①]为高平督镇，丁文左为七泉（即今七溪）镇守。

莫敬宇在中国，以黄金白银贿赂清朝官吏，请其疏奏清帝迫令郑氏归还高平之地。清帝令敬宇回居南宁，便遣使与南朝商议此事。安南朝廷与清使几经商讨，郑柞最终被迫答应将高平4州之地即石临州、广渊州、上琅州、下琅州归还莫氏，并召所派督镇官武荣回朝。

后来，吴三桂在云南和广西反叛清朝，莫敬宇亦归降三桂，随之抗清。及至三桂死后，清朝重新收复了广西之地，郑氏欲乘此机而根除莫氏，乃命丁文左与阮有登领兵攻打莫敬宇。至丁未年（1667年）八月，丁文左占领了高平城，莫敬宇及其族人逃至龙州，被清朝官吏擒获，押还安南。

自莫茂洽被擒，莫氏失守升龙后，其子孙逃往山区，赖有中国之助，而保有高平之地，相传三代，即莫敬恭、莫敬宽、莫敬宇，至今始被彻底消灭。莫氏子孙或被擒，或归降，也有不少人被释放，而做郑氏之官。

① 《大越史记全书·本纪续编追加》,《黎纪十·玄宗》作武荣进。——译者

三、官制

莫氏篡位之前，黎朝官制一如洪德时之旧，然自黎朝中兴以后，郑氏擅权，因而官制遂多少有所不同。从前，最高的官职有参从和陪从，管理政务，相当于昔日的宰相职位，其下为六部尚书。

六部是：吏部管理官员的铨选、调转、加衔赏爵、革职降秩，即专司国中官吏之事。户部管理田土、民丁、税务、钱粮收支。礼部管理礼仪祭祀、教育科举、衣冠品服与印符、草拟表章、派遣使臣、观天文制历法、制药、占卜以及有关僧尼道士和音乐歌唱之事。兵部管理各武官、兵丁与防守边疆诸事。刑部管理刑法、诉讼。工部管理修建城池、宫殿、桥涵、道路以及河川、山林。[①]

至戊戌年（1718年）裕宗之世，郑棡又于其主府设置六番[②]，也如朝廷之六部，管理政务。

关于武备，从前曾有五府：中军府、东军府、西军府、南军

① 关于六部职制，可参考《钦定越史通鉴纲目》，正编，卷三十三，乙卯黎嘉宗德元二年条如下记载："申定六部职制。吏部掌官爵封赐、铨选考课黜陟之政，充填补给之事；户部掌土地人民仓库调发之政，禄食贡赋盐铁之事；礼部掌仪礼祠祭庆飨学校科举之政，衣冠印符章表贡使朝觐之节，兼总司天医卜及僧道教坊同文雅乐之属；兵部掌兵戎禁卫车马仪仗器械之政，边夷镇戍铺驿险要紧急之事；刑部掌律令刑法案覆狱讼之政，治五刑之罪；工部掌城池桥梁道路土木工匠之政，缮修营造之事，山林园苑川泽之禁。"——译者

② 《钦定越史通鉴纲目》，正编，卷三十五，戊戌黎裕宗永盛十四年条载："秋九月，郑棡自置六番。郑府旧设兵、户与水师三番，至是增置吏、礼、刑、工，与兵、户为六番。又并征收各号，分为六宫。凡属宫（官？）租庸簿籍，六番以本番分掌之，诸镇财赋兵民之政并属焉。令文臣知番，内监与文属充副佥（官名），属吏六十人。自此政权尽归六番，而部寺徒为虚设矣。"——译者

府、北军府。每府都设有一都督府，有左、右都督官，管理全军。在圣宗之世，清化、乂安属于中军；海阳、安邦属东军；山南、顺化、广南属南军；三江、兴化属西军；京北、谅山属北军。至甲辰年（1664年）玄宗之世，郑柞又加设掌府事和署府事两职，统管所有诸军。

当时各官分为三班：文班、武班和监班。按照通常之例，只有文班和武班而已。然自郑氏擅权之后，喜用内监，常用其担任官职管理政务，因此始有监班之设。此班至景兴（1740—1786年）末年始废之。

郑氏掌权之时，皇室称朝廷，主府则称府僚。一切政务和军民之事，悉由主府定夺，故此人们常用府僚二字，而甚少使用朝廷之名，因为朝廷仅徒具虚名，无任何实权。

官吏的铨选，按规定每隔数年考核一次，不称职者降之。

官员退休（致仕）后，仍可享受民禄（称致仕恩禄。——译者），如系一品官，每年可得四五社400贯钱的民禄；二品官，得两三社300或250贯；三品官，得一两社250或150贯；四品官，得一社150贯；五品官，得一社100贯钱的民禄（文、武并同）。

此时还颁行了一条很好的法令，禁止官吏在其辖区内擅立庄寨，因有不少人仗势强行占夺民间的田产，蓄养奸恶之徒为奴仆，骚扰人民，致使许多地方百姓流离失所。此法令之设，既可为民减少祸害，亦可使官吏守廉。

但是后来自郑杠时代以降，王室荒淫奢侈，加之乱事频仍，国库空虚，遂千方百计敛财，定出四品（《钦定越史通鉴纲目》作六品。——译者）以下纳钱600贯者可升一级之例。布衣之人纳钱2800贯者可补知府，纳钱1800贯者补知县[①]。

如此，有钱者即有治理百姓之权，无需乎任何才能，致使当时官吏的品格日趋低下。

四、兵制

当黎朝中兴讨伐莫氏之时，军队之数不过56000余人[②]。后来，讨平莫氏，郑氏分兵为两种：一种称优兵，兵源来自清化3府和乂安4府，按三丁抽一之例抽兵。另一种称为一兵，兵源来自北方四镇即山南、京北、海阳、山西，按五丁抽一之例抽兵。

优兵则驻防于京城，选充宿卫军，守卫皇宫、主府。此种兵既得颁赐的公田，又可获加封的职敕[③]。

一兵则仅是轮值守卫各镇，侍候官员，多余者令其回乡种田，有必要之时方征召之。如在郑楹时代，盗贼蜂起，必须征讨许多地方，始才征召四镇之兵共11500余人，分作20卫。后又改为奇，为队，每奇200人，留100在伍，其余100人返乡种地，如此轮流交替回乡。

---

① 出卖官衔之事，自陈裕宗和黎圣宗之时已有之。然其时仅授虚衔，而无实权。

② 黎太祖抗明之时，兵数为25万人，分为五军，称中军、前军、后军、左军、右军，到战事已毕，遣散15万人回乡务农，尚留10万人，分作五道，称为东道、西道、南道、北道和海西道。

③ 职敕为越南旧农村对有封职者之称。——译者

五、刑律

此时的刑律，大体上来说，仍如前黎之旧。刑罚分为五种，称为五刑：笞、杖、徒、流、死。然而从前无论何罪都可以金钱赎罪[①]，至玄宗之世，郑柞重新加以修订为：除进入“八议”[②]之列者外，凡犯罪者，皆应按照所犯罪行轻重量刑，不准再以金钱赎刑。

从前犯流刑之罪者，还要受断手之刑。至裕宗之世，郑㭎始废弃断手之刑，将断两手流远州者，改为无期徒刑（徒居作终身）；断一手流外州者，改为12年徒刑（居作12年）；断二指流近州者，改为6年徒刑（居作6年）。而盗窃犯则不在此例。

郑柞又制定出两项审理诉讼的法规。将诉讼分为两类。谋杀、盗、劫称为大讼，户、婚、殴打称为小讼。审判官判案不公，则科以罚款；而依法审判完毕的案件，倘原告仍要投诉，则也应罚款。

命案、盗窃案和民事、婚姻、田土案件，则须按一定程序而

① 犯有杖罪者，三品官可以5陌赎1杖，四品官以4陌赎1杖，五品官3陌，七、八品官2陌，自九品下至庶民以1陌赎1杖。

犯有徒罪，徒作象坊兵者，则以60贯钱赎之；徒作屯田兵者，以100贯赎之。

流近州者，须以130贯钱赎之；流远州者，以290贯钱赎之。

死刑者，须以330贯钱赎之。（以上见《钦定越史通鉴纲目》，正编，卷三十三，癸卯黎玄宗景治元年条。——译者）

② 已于黎太祖之世叙述过了。（参阅第三卷自主时代第十五章：一、黎太祖。——译者）

审理之。如命案由府县官审理（验断），然后呈递承司和宪司会同复审（复堪）。盗窃案，在京都者，由提领官复审，在各镇者，由镇守官复审。

凡大讼、小讼而在县、府或承司、镇司，未能审完结案者，则呈宪司复审。宪司未结案者，呈监察复审。监察和提领未结案者，呈御史台复审。

人命案限期 4 个月、盗窃或田土案限期 3 个月、婚姻或殴打案限期两个月审理完毕，不得拖延搁置过久，以免影响百姓的生业。

六、丁税、田税和徭役

按照前例每六年编定一次户口簿籍，然后按人丁数目的多寡而课税，称为“季”[①]，每年每丁按照等级或纳 1 贯或纳 1 贯 8 陌，此为身税。至己酉年（1669 年）玄宗之世，参从官范公著请求订立平例之法，即编制户口簿籍以此一次为准，此后无论何村应纳若干丁税则永远以此为据，有新出生增加人丁者不计，而有死亡者亦不除。

订立此法是为了使百姓免报户籍，而官吏也不必查核，然有一项不便者，即此后人丁增减多少，官吏不再能知其详。至癸巳年（1713 年）裕宗之世，据史载：须向皇室纳税的内籍人丁数目，总共仅 206315 名而已。

---

① 《钦定越史通鉴纲目》正编，卷三十三，癸卯黎玄宗景治元年条注：“季税：计民丁而赋曰季，设公田而征曰税。”——译者

至于田税，在己亥年（1719年）裕宗之世，郑棡命令府县和承政、宪察诸官丈量土地，以公平摊派各社百姓的税款。按当时之例只丈量公田公土而纳税，称为“税”，分作三等：头等每亩每年缴纳1贯钱，二等8陌，三等6陌。

徭役如帝殿、主府中之祭祀，修理考场、筑桥、铺路、护堤等，则随宜分摊给诸人丁，用收钱代役的办法，来保证充足的供应。

以前诸种税收即按此例执行。至癸卯年（1723年）参从官阮公沆根据唐朝的租庸调之法而加斟酌修订，作如下规定：

> 租法即是课田土税之法，每亩公田缴纳税款八陌，而双季稻田则将收成分作三份，官取其一。滩地之官田每亩纳税款一贯二陌。桑田所纳之税一半以蚕丝缴纳，非种桑之田则全以钱缴纳。
>
> 从前私田并不缴税，到此时始行抽收：两造之田每亩三陌，一造之田每亩二陌。
>
> 庸法即课身税（人头税），每丁每年纳税一贯二陌。生徒、老者和黄丁[①]则缴纳其半。
>
> 调法即强迫百姓缴纳赋役钱之法，每丁每年分作两季缴纳，夏季缴六陌，冬季缴六陌。官吏以此钱办理诸事，不再麻烦百姓。[②]

① 老者是50至60岁之人。黄丁为刚满17至19岁之人。

② 以上材料见《钦定越史通鉴纲目》，正编，卷三十六，癸卯黎裕宗保泰四年条，兹录出原文，以供参考：“夏五月，初行租庸调法。租法：旧制公田全年出钱，每亩有一贯、八陌与六陌之差；今定诸公田每亩钱八陌，二熟田出粟三分之二，

七、杂税

此时征收土产税、矿产税、摆渡税、市场税等杂税。但这些税时征时停，没有一定之规。

1. 巡司税：各种船只运载货物在内河航行往来经商，也需纳税。国中共设 23 所巡司来收税：例如竹木每十成抽税一成，杂货四十成抽一。

2. 盐税：辛丑年（1721 年）郑棡设置监当官以收盐税，每十成抽取两成。盐商须领取监当官所发的牌照，始得购盐，而且还得先向官吏们购盐，然后才能向制盐人购买。[①] 由于盐税苛重，致使盐价高达 1 陌钱 1 斗，百姓吃盐困难。因此，至壬子年（1732 年）郑杠废除盐税，不再征收。

（接上页）一熟田出粟三分之一（出粟一分二分者，就公田同年每亩八陌上均为三分，二熟田出粟二分、钱一分，一熟田出粟一分、钱二分）；官洲土以见耕分二等，每亩钱一贯二陌，有植桑者半出丝，无桑者代纳钱。私田向无征税，今定私田以二熟、一熟为差：二熟田一亩钱三陌，一熟田一亩钱二陌。庸法：旧制身税每丁同年随项出钱有一贯至一贯八陌。今定每丁一贯二陌，生徒、老项、黄丁半之。调法：旧制递年牌表、祠祀、殿庙、堤路、桥梁、仓库、试场诸务并计丁率随宜分敛输纳，多有逾制，且催科四出，民不胜扰。今定每丁夏冬输钱六陌，官以此钱代为供应，谓之调钱。又定亭门、教坊庸调钱，亭门钱以巨、中、小社为准。四镇教坊只纳庸钱，清、乂教坊只纳调钱。乂安视四镇十分之五，清化尤轻。”——译者

① 见《钦定越史通鉴纲目》，正编，卷三十五，辛丑黎裕宗保泰二年条：“初行榷盐法。榷法置监当官，凡海民煮盐者为灶丁，商贾贩盐当为盐户，各得免其赋役，量征十二为官盐。盐户有监当牌，方听赴场。先买官盐，次及灶盐，买卖各有文契为凭。”——译者

至丙辰年[1]（1746年），郑楹又重新制定征收盐税之法，以50亩盐田为1灶，每灶纳税盐40斛，每斛盐估价180文铜钱（即3陌）。

3. 土产税：甲辰年（1724年）郑棡制定征收各类土产之税例，如金、银、铜、锌、漆、硝盐、木炭、煤、竹、木、丝绸、肉桂、鱼、鱼露，其他食品如酒、蜂蜜、油，以及各种什物如纸、席、布等，都得纳税。

八、收支册籍

在郑杠为主时代，盗贼蜂起，军饷开支甚巨，故于己未年（1731年）[2]各官要求设官会同户番共同编制册籍，载明每年收入若干和支出花费若干，以掌握收支平衡。

九、开矿

我国此时在宣光已有聚龙铜矿，南昌和隆生银矿。在兴化，则有呈烂和玉碗铜矿。在太原有爽木、安欣、廉泉、送星、务农铜矿，金马、三弄金矿，昆铭锌矿。在谅山有怀远铜矿。

这些矿藏都是清朝人来开采的，许多权益完全握于清朝人之手，十成物产国家不能得其一。而且清朝矿工常常骚扰百姓。虽然丁酉年（1717年）郑棡曾规定：清朝人前来开矿，最多的地方

① 当为丙寅年之误。——译者

② 原文如此。公元1731年对应的干支纪年为辛亥年。——再版注

不得超过 300 人，次者 200 人，少者 100 人，但是后来有的地方清朝矿工竟多以万人计，因而滋生械斗之事，常须用兵前去弹压始能平息。

十、铸币

后黎中兴，仍沿用洪德时代的钱币，且在各镇都有铸币场，冗滥不堪。因而至癸酉年（1753 年），郑楹遂取消各镇的铸币场，而只保留京师附近的两个场。至丙申（1776 年）显宗景兴年间，郑氏占领顺化之地后，又在富春开炉铸币，铸出景兴〔顺宝〕官钱 3 万缗。

此时也铸成银两而流通。每两是 10 钱，每钱值 2 陌。此银也可割开来花。

十一、度量衡

度量衡前此仍沿用旧制，以 6 合为 1 升。然自甲辰年（1664 年）范公著始重新厘定之，以称为“黄钟管”者为标准。此管可容 1200 颗黑粟子，称为 1 龠，复以 10 龠为 1 合，10 合为 1 升，10 升为 1 斗，10 斗为 1 斛。

十二、印书

我国之人习用汉文相沿已久，然所学之书如五经、四书等，都使用中国刊行的版本。甲寅年（1734 年）纯宗之世，郑杠始命刻版印书，所印之书颁行各地，并禁止再买中国印行的书籍。此举亦有利于我国的财政。

十三、教育科举

后黎时代的教育，大致与前黎之世相同，国内无论何地均以儒学为重。在国子监设祭酒官和司业官为讲官，每月一小习，三月一大习。

至于科举，乃国家选拔人才用以管理国家大事的途径，故而各朝各代都有之。自莫氏与黎氏争夺君位以来，北朝莫氏乃在升龙开科取士；而南朝黎氏则因忙于兵备，因而直至庚辰年（1580 年）始举行会试于西都。自此之后，每三年举行一期会试，然科试的方法尚称疏阔，至甲辰年（1664 年）玄宗之世，郑柞始重新制定会试的规则。

乡试至戊午年（1678 年）始制定出详细的条例。自此后每三年举行一期乡试：清化、乂安、山南、山西、京北、海阳、太原、兴化、宣光、谅山、安广等地均设考场。然此时的乡试，甚为马虎，不如洪德时严格。如在裕宗保泰年间，规定考生缴纳明经钱，以为修建校舍和官场中各种应酬之用[①]。

至庚午（1750 年）景兴年间，国库空虚，又规定收通经钱，

① 见《钦定越史通鉴纲目》，正编，卷四十一，庚午黎显宗景兴十一年条。原文是：“保泰行调法，场卷仰于官，明经钱亦输官支给场事，供顿需用。”——译者

纳3贯钱者即可赴试，并免去考核。一时田舍郎、商贾、屠夫之流皆可纳款应试，以致一到试期，人们争相拥入考场，相互蹂践而有致死者。在考场之中，考生可挟带书籍，有的更雇人捉刀代作文章，考生与学官串通一气，使考场变成市场。此时科举之法确乎是混乱不堪，不足取也。

十四、习武学堂

裕宗之世，郑棡又开办习武学堂，延聘教授以教导各官子弟，修习武经战略，每月一小习，三月一大习。春秋二季学习武艺，冬夏二季则学习武经。

同时，规定三年举行一次武试。所考大抵是弯弓射箭、舞槊、舞剑、飞马射箭和跑步射箭，然后口试书义以考核其学力，问方略而观其才能[①]。

庚申年（1740年），郑楹建武庙，正位奉祀武成王姜太公、孙武子、管子等，后面奉祀兴道大王陈国峻，并另建一庙奉祀关公。春秋二季均行祭礼。

十五、编纂国史

自武琼编成《大越通鉴》之后，直至后黎玄宗之世，郑柞

① 《钦定越史通鉴纲目》，正编，卷三十五，辛丑黎裕宗保泰二年条载："秋八月定武学武选法。……其试法，先略问孙子大义，通者许入校艺：一马稍、二剑盾、三舞刀，终场试方略。合格者引入府庭复试，随高下叙用。"——译者

始命参从官范公著编纂《越史全书》，述自后黎庄宗，以迄神宗之世，分为 23 卷。然而此书并未付梓。至丙辰年（1676 年）熙宗之世，命胡士扬重新监修此国史，然此公不久逝世，又命黎僖和阮贵德续编，自玄宗以迄嘉宗为止，增加 13 卷，称为《国史实录》。

乙未年（1775 年）景兴年间，郑森命阮俒、黎贵惇、吴时仕、阮攸等人纂修国史，续写自熙宗以迄懿宗之世，称为《国史续编》，共为 6 卷。

十六、平定内乱

在郑柞、郑根、郑棡称主之时，均致力于民治，又有范公著、阮公沆等贤臣全力襄助，因而兴革殊多，国家安定。然自郑杠继位称主后，弑黎帝，害及阮公沆、黎英俊等大臣，并多行暴政。此人性情暴虐，奢侈无度，致使赋税日益繁多，徭役日重一日，人民痛苦，盗贼遍地蜂起，驿站道路为之不通，遂筑火号屯于高山之巅，以备有事之时，举火报警。

当时，在朝中有黎维禟、黎维禨、黎维祝[①]等 9 位宗室与朝臣范公势、武铩等人，预谋焚烧京城以除郑氏，然不幸事机败露，被迫外逃。外地各镇，则处处都有盗贼。在海阳，有阮选、阮蘧起兵于宁舍村（属至灵县），武卓莹起兵于慕泽村（属唐安县）；

① 维禟、维禨系裕宗之子，维祝乃熙宗之子。

在山南，则有黄公质[①]。他们都以扶黎灭郑为号召，因而东南地区的百姓荷锄挟杖而从寇。这些盗贼，多者啸聚万人，少者亦有成百上千人，四出剽掠乡村，围攻城邑，官兵不能制。

正当寇盗如此猖獗之时，郑杠仍然荒淫无度，又挖掘深坑建造地下宫殿以避雷殛，而政事完全交给宦官黄公辅之辈，任其专权胡为。府僚中的阮贵[illegible]、阮公宷、武公宰等官员，遂废黜郑杠，而拥立其弟郑楹为主，以剿平贼盗。

当时寇盗如麻，而需要费时清剿的巨寇大盗，则有海阳的阮选、阮蘧和〔慕泽〕武卓莹；山南的黄公质、武廷镕；山西的阮名芳、阮筵、济、篷；东南地区的阮有求；清化、乂安之地的黎维禟。当时幸有良将黄义伯、黄五福、范廷重、阮潘、裴世达等人，郑楹和郑森始能逐渐平定各地。

银茄贼：庚申年（1740 年）当海阳宁舍村阮选、阮蘧作乱之时，山南的银茄村，则有武廷镕、段名振、秀高之辈，剽掠甚为猖獗，杀死督领官黄金瓜。贼势甚为强大，郑楹不得不自任将军领兵前去讨伐，擒获武廷镕而斩之，并改银茄社名为来格（今嘉禾）。

宁舍贼：阮选、阮蘧、武卓莹和阮筵等人，最先在己未年（1739 年）起兵作乱于海阳，后复纵横驰骋于慈山、顺城、南策和洪州之地。阮蘧占据嘉福的杜林之地，阮选据至灵之抛山，建屯筑垒，相互联络，啸聚数万之众，官军前去讨伐，有许多人为其

① 《钦定越史通鉴纲目》（正编卷三十八、三十九）以及〔日〕岩村成允《安南通史》等书，作黄文质。《钦定越史通鉴纲目》卷三十九注："黄文质：一名公舒，南定舒池人，一云富川云黄人。"并称其为"山南草寇"。——译者

所擒。

辛丑年（1741 年）[①] 海阳统领黄义伯攻破抛山、宁舍和嘉福的贼寨，阮选走死，武卓莹不知所终。阮蘧则逃到谅山，数月后又返回东潮，然因粮尽被迫隐匿于卧云山，为协同官范廷重所执，槛送京师诛之。自此蘧贼和选贼始告瓦解。

阮有求：阮有求俗称鲧爷（quận He），海阳人氏，前为盗，后从阮蘧作乱。阮蘧被擒后，阮有求率其余党据涂山与云屯之地。癸亥年（1743 年），有求杀水道督兵郑榜，自称“东道统国保民大将军”，声势浩大，威震一方。后〔甲子黎显宗景兴五年〕黄五福领兵来讨，被围于涂山，有求突围而出，攻陷京北城，镇守陈廷锦和都同官武方提败于市桥，弃印信而逃。此讯传出，京师为之震骇。

黄五福领兵回，与张洭合力收复京北城，然阮有求的势力仍甚为强大，败张洭军于玉林（属安勇县）；追统领丁文佳之军于昌江（属保禄县），又包围市桥营。

郑楹命黄五福与范廷重领兵讨阮有求于昌江城，杀贼将通，掳获军资、战马无算。

阮有求为当时寇盗中之最桀黠者，诡计多端，神出鬼没：有时被围数重，单骑突出，数日后复有众万余相从。因为平日劫掠商船粟米，辄分予穷人，故而无论走至何处都有人相随，欲筹集多少军粮亦有之。

诸将士人人害怕有求，唯有范廷重可战胜之，因此，有求掘

① 当为辛酉年之误。——译者

廷重母之墓，抛尸江中。自此之后，范廷重誓言与阮有求不共戴天。亦因此之故，当丙寅年（1746 年）有求命人以黄金贿赂杜世佳及内监阮芳挺，请求归降，郑楹从之，并〔赐号宁东将军〕，封向义侯，又命佥知阮丕爽赍旨谕范廷重不要再攻阮有求之时，范廷重拒不执行，并告阮丕爽曰："将在外君命有所不受。君奉王命招贼归降，但招之；我奉王命讨贼，自讨之。"[①] 言毕，立即出兵。

其时，范廷重曾招募清河[②]、四岐、永赖、上洪等县的人，置为四奇，委其手下两名部将管领之。在府僚之中，杜世佳等人以此事进谗言于郑楹，但郑楹原知范廷重乃忠诚之士，置之不问，并赐诗予此公，以安其心。

阮有求虽已归降，但仍继续剽掠各地，后又攻破山南之地。一日，范廷重追击有求于锦江，有求与其部将谋曰："吾初败，捷至京师，必然无备，袭之必克。"[③] 言讫，即于当夜回师菩提津。开到之时，天色刚亮。郑楹闻讯，亲自领兵扼守南津。范廷重知之，也领兵回攻其后，有求败走。

自从菩提之役战败以后，有求与黄公质同掠神溪与清关县地。范廷重与黄五福领兵追剿。

黄公质逃入清化，有求逃入义安与阮筵会合于香览（属南棠

---

① 见《钦定越史通鉴纲目》，正编，卷四十，丙寅黎显宗景兴七年条。原文是："廷重曰：将在外君命有所不受。我与有求不共戴天，曾于上前言之矣。君自受命招降，我自受命灭贼。倘于势有可乘，亦不以君故逗留也。"作者所引有出入。——译者

② 原文作清化，当为清河县之误。——译者

③ 见《钦定越史通鉴纲目》，正编，卷四十，戊辰黎显宗景兴九年条。——译者

县）。范廷重领兵攻陷贼寨，追有求至黄梅村而擒获之，将其装入囚笼，押回京师献给郑主。时在辛未年（1751 年），即景兴十二年。

阮名芳：庚申年（1740 年），有济与篷者作乱于山西之地，征西大将军武佐理往剿，擒获此 2 人于安乐县（属永祥府）。当时，济的部下阮名芳（号庚午，又号五十），称荖爷（quân Heo），率其余党出据三岛山。一方面招募士卒耕田积谷；另一方面则派人向官府诈降。

当时，正值黄公质和阮有求在东南地区作乱之际，因而郑楹也暂许之归降。

甲子年（1744 年）阮名芳率众万余占据越池之地，寇掠白鹤县。其时山西督率文廷亿领兵前来围剿，名芳败走，还据清泠村（太原平川县）。此后，阮名芳建大营于玉佩山（平川县与三阳县交界地方），中营于香粳，外营于郁岐，自称顺天启运大人，立宫殿，置官署，征收宣光之地的各项赋税，其浩大的声势，继续 10 余年，俨然成为南国之中的另一国家。

庚午年（1750 年），郑楹自督大军取太原道，前去征剿，攻破郁岐营寨。当进抵香粳营时，贼军放枪，弹射如雨，官军不能进。郑楹乃拔剑交与阮潘，而告之曰："此屯不破，即以军法从事。"阮潘领兵猛冲，随即脱下战袍，下马步战，并告其部属曰："诸军名在尺籍，自有军法。汝等皆我私人，今正我捐躯报国之秋，亦正汝报我之日，诸有亲老子幼情不容断者，各退出，余当与我决一死以报国，无生负此男子须眉也。"[①] 部下无肯退者，都请随之冲

① 见《钦定越史通鉴纲目》，正编，卷四十一，辛未黎显宗景兴十二年条。——译者

击，攻陷香粳营。名芳退守玉佩营，郑楹纵兵追击。阮潘命持短兵器的部下向前冲锋，大军继之，贼不能守，弃营溃逃。阮名芳逃入独尊山，官军追到立石县净练村，擒获之。郑楹班师回京，行至金英县春熙村，遇见范廷重所派的人，押解阮有求而至。郑楹即命设宴犒劳军士，强迫阮名芳为之行酒，阮有求吹喇叭（吹竽），是夕三军至为欢乐。

返抵京师，阮有求与阮名芳均被处斩。

黄公质：黄公质与阮选、阮蘧同时起兵作乱。先破山南的快州和春长辖地。至乙丑年（1745 年）又擒斩山南镇守黄公琦，后为官兵追击，窜入清化，又到兴化，与〔山贼〕名成者作乱于此地区。辛巳年（1761 年），成为官军捕获，黄公质窜据猛天峒（兴化之北面），复占领邻近数州，其党徒以万数。自此，黄公质经常剽掠于兴化和清化之地。直到己丑年（1769 年），郑森始命统领段阮俶领山西之军讨猛天峒。官军开抵其地时，黄公质已死，其子黄公瓒不能抗，弃峒逃奔云南，同党尽散。

黎维禬：戊午年（1738 年）懿宗之世，皇亲黎维禬、黎维禨、黎维祝共谋杀死郑氏，然事机不密而败露，逃入清化。后维禨与维祝病殁，唯留维禬据守西南面的上游之地。与维禬同谋的人全为郑氏捕获杀害。其时，维禬曾捕获范公势，问之曰："子科甲中人，何以从逆？"公势笑而对曰："名分不明久矣，顺逆安辩乎？"[①] 言毕，延颈受刑。

---

① 语出《钦定越史通鉴纲目》，正编，卷三十八，戊午黎懿宗永祐四年条。原文是："范公势辰为东阁校书，从维禬起兵，战败被执，朝臣数之曰：子甲科中人，何以从逆？公势笑曰：名分不明久矣，顺逆安辩乎？引颈受刑，无所屈挠。"可见范公势是为郑氏所擒，非为黎维禬所获，作者所说有误。——译者

黎维禬自逃回清化，召集士卒，复自庚申年（1740年）即景兴元年起，回攻兴化与山西之地，后又与贼寇名锵者共据玉楼屯寨（属石城县）〔称天南帝子〕。到郑将攻陷了玉楼屯，锵阵亡，黎维禬遂逃入乂安〔据古南峒〕，后至镇宁，据呈光山为根据地。

甲子年（1764年）[1]，黎维禬派人持书向阮主武王求救。然阮主不欲与郑氏寻衅滋事，故不为其助。

丁亥年（1767年），闻郑楹新丧，其子郑森继位称主，黎维禬领兵进攻香山和清漳之地，后又撤回镇宁。郑森派人持书往安抚之，不果，乃决计用兵以除乱根。

己丑年（1769年），郑森以裴世达为乂安统领，阮潘为清化正督领，黄廷体为兴化督兵（应为督领。——译者），三路共进，攻打镇宁。当裴世达与阮潘之军来围呈光之时，黎维禬坚守险要之地不出战。不料其婿赖世玿叛变，打开屯垒之门迎郑氏军队入。维禬闻变，乃与其妻儿纵火自焚而死。〔时在庚寅黎显宗景兴三十一年春正月。〕

＊　＊　＊

纵观之，郑氏在北方也有不少兴革的业绩，且可分作三个时期来叙述：

第一个时期，即郑检、郑松、郑梉称主时期。此时因需讨伐北方的莫氏，又与南方的阮氏相抗，因而只有对外战争而已，国内事务，兴革无几。

第二个时期，即郑柞、郑根和郑棡称主时期。此时战争业已

① 当为甲申年之误。——译者

平息，国内安定，历代之主遂开始着手改革和整顿诸项法规、律例、赋税、教育和科举等。

第三个时期，即郑杠、郑楹、郑森称主时期。此时因郑杠失政，盗贼蜂起，官军东征西讨达三四年之久，无任何有益的建树，遂致民穷国弱，政治衰败。因之为时不久，郑氏倾覆，而黎朝亦亡。

后黎世谱

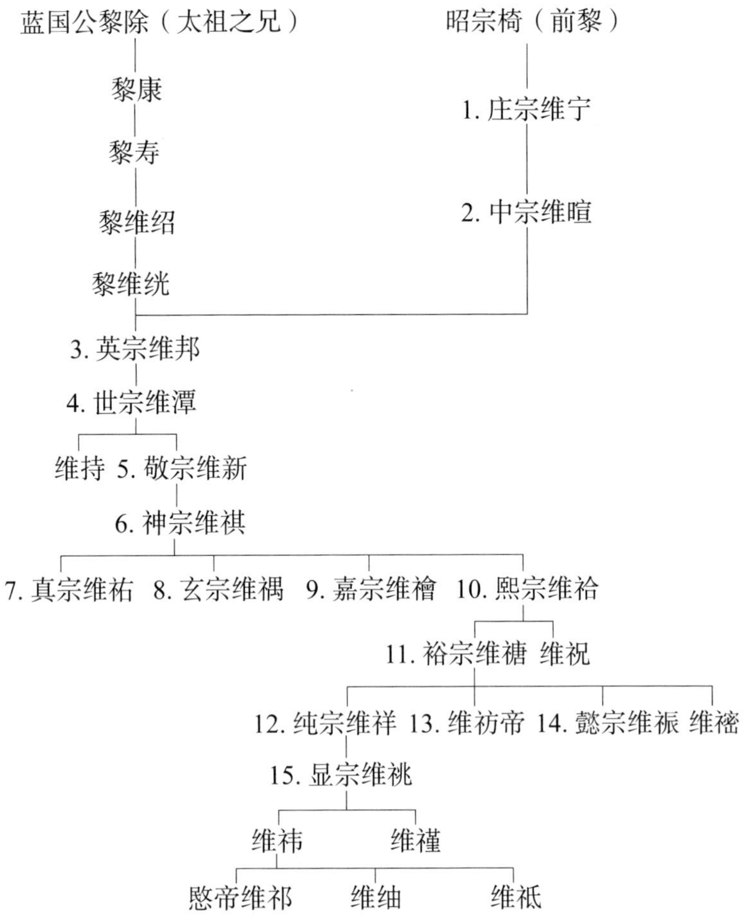

- 蓝国公黎除（太祖之兄）
  - 黎康
    - 黎寿
      - 黎维绍
        - 黎维绕
- 昭宗椅（前黎）
  - 1. 庄宗维宁
    - 2. 中宗维晅
- （黎维绕、2. 中宗维晅之后）3. 英宗维邦
  - 4. 世宗维潭
    - 维持
    - 5. 敬宗维新
      - 6. 神宗维祺
        - 7. 真宗维祐
        - 8. 玄宗维禑
        - 9. 嘉宗维禬
        - 10. 熙宗维祫
          - 11. 裕宗维禟
            - 12. 纯宗维祥
              - 15. 显宗维祧
                - 维祎
                  - 愍帝维祁
                  - 维䄈
                  - 维祇
                - 维禵
            - 13. 维祊帝
            - 14. 懿宗维祳
            - 维禨
          - 维祝

第六章　阮氏在南方所建的业绩

一、官制　二、科举　三、武备　四、赋税　五、财政收支　六、攻略占城之地　七、开拓南越和与真腊的交涉　八、与暹罗国的交涉　九、设营定府

阮氏已在南方割据一块土地，另建主业，世代相传，因此，在政治、赋税、军事方面，无论何事，均按一自主国家而自行兴革与处理。

一、官制

当阮氏尚未公开抗拒郑氏之时，官吏仍由北方派遣，然自佛主阮福源拒绝向黎朝纳税并领兵在北布政与郑军抗衡之后，各官员均由阮主自行任免。

在阮主驻跸的正营，设置三司，以帮助其处理政务。三司为：舍差司、将臣吏司、令史司。

（1）舍差司管理诉讼文案，以都知官和记录官为首。

（2）将臣吏司管理收钱收税、支发各道军队粮食，以该簿官[①]

① 该即 cai，意为“管理”。该簿官，即为管理民事和户口簿籍的官员。——译者

为首。

（3）令史司管理节日、祭祀以及支给正营兵丁薪饷，以衙尉官为首。

每司又设该合、首合以及各吏司以处理各事。

在外诸营，有些地方只设一令史司兼管舍差司和将臣吏司所管之事，而有的地方则设舍差司与令史司以管军民、诉讼、丁田、簿籍以及赋税等事。即视此一地方之重要与否，而决定增减其官员的设置。

在府县，则设知县、知府，以管理诉讼，其下属有提吏、统吏专司监察。复有训导、礼生之设，专管所在地的祭祀。至于税收，则另行设官管理之。

到上主阮福澜之世（1635—1648 年），又增设内左、外左、内右、外右，合称四柱，襄助阮主治民。

至于武官，则设掌营、掌奇、该奇、该队等官，以管军事。

二、科举

丁亥年（1647 年），阮主开科取士，称为正途试和华文试。

正途试分为三场：第一场考四六骈文，第二场考诗赋，第三场考策文。知府、知县任初试主考官，该簿、记录、卫尉等官任监考。考中者分为三等：头等称监生，可任知府、知县；二等称生徒，可任训导；三等也称生徒，可任礼生或饶学。

华文试也需考三天，每天只要作一首诗而已。考中者可入三司任事。

乙亥年（1695年），国主阮福凋（1691—1725年）在主府之内开科试，称为文职试和三司试。三司试即舍差司试、将臣吏司试和令史司试。文职试则考四六骈文、诗赋、策文；舍差司试，则考问兵丁、钱谷、决狱之事；将臣吏司和令史司之试，则只要求作首诗而已。

庚申年（1740年），武王阮福阔（1738—1765年）重新更定试法：第一场考中者称为饶学，可免五年差役；第二和第三场考中者，则免终身差役；第四场考中者称乡贡，可补任知府、知县。

观此可知，当时南方的科举制度，尚甚疏阔、简陋。

三、武备

当时阮氏与郑氏抗衡，因而必以武备为重。军队分为五奇：中奇、左奇、右奇、前奇、后奇。军队数目不足3万人。

辛亥年（1631年），佛主建立铳炮铸造厂〔置内炮匠司及左右炮匠二队〕，并开设射击场、驯象场和驯马场，每年演习，进行备战。

四、赋税

田土分作三等纳税。又有一种称为秋田、旱田，即贫瘠之地，所纳之税也较普通之田为轻。

公田给与百姓耕种而纳税。由荒地开垦成的田地，谓之私田。

矿税：在广南、顺化有金矿，广义有银矿，布政有铁矿。开采这些矿产均需纳税。

进出口税：规定从上海和广东来的船只，应纳税 3000 贯，出港回程时则纳 300 贯。自清朝澳门和日本来的船只，纳税 4000 贯，回程纳 400 贯。自暹罗、吕宋来的船只，纳税 2000 贯，回程纳 200 贯。自西方各国来的船只，纳税 8000 贯，回程纳 800 贯。

此税分作 10 成:6 成上缴国库，4 成留给管理收税的官吏兵丁。

五、财政收支

癸酉年（1753 年），武王命掌太监枚文欢计算每年收支黄金、白银与钱币的数目为若干。

当时的钱数，有一年收入 338100 贯，支出高达 364400 贯；另一年收入 423300 贯，支出 369400 贯。黄金有一年收入 830 两，另一年收入 890 两。白银则甲银（？）有一年收入 240 两，另一年收入 390 两；榕银（？）有一年收入 2400 两，另一年收入 1800 两；鸡银（？）有一年收得 10100 文，另一年收 400 文，也有一年分文未收。

自丙寅年（1746 年）至壬申年（1752 年）的 7 年间，平均每年收入黄金 5768 两，甲银 9978 两，榕银 14276 两，鸡银 21150 文。[①]

自此以后，每年须编制册簿，详细胪列年内黄金、白银和钱币收支若干，规定于次年正月初三日呈递阮主审阅。

国内流通的钱币，有铜钱和锌钱两种，皆刻太平二字。

① 以上见《大南实录前编》，卷十，癸酉年条。——译者

六、攻略占城之地

昔时，郑检只委派阮潢前去镇守顺化之地，后至庚午年（1570年），郑氏召回广南镇守官阮伯駉。改派其镇守乂安，以广南之地命阮潢兼领之。

辛亥年（1611年），阮潢征占城国，取其地置富安府，分为同春、绥和[①]两县。至癸巳年（1653年），占城国王婆沁骚扰富安之地，贤主阮福濒遣该奇官雄禄领兵讨之。婆沁战败，上表请降。阮主以潘郎江以南之地归占王，取潘郎江以北之地置泰宁府，后改为延庆府（即今庆和），建泰康营，以雄禄为太守。[②]

癸酉年（1693年），因占城国王婆争不修职贡，阮主阮福淍命总兵官阮有镜（阮有镒之子）领兵前去征讨，擒获婆争及其大臣左茶员、继婆子与皇亲〔娘榻〕婆恩等，掳回富春。阮主改占城之地为顺府，任用左茶员和继婆子为勘理、婆恩的三个儿子为提督，镇守顺府，并强令他们改穿安南人的衣服，以安抚占城人。次年，又改顺府为顺城镇，以继婆子为左都督。丁丑年（1697年），阮主置平顺府，将潘里（Phan-ri）、潘郎（Phan-rang）之地置为安福、禾多二县。

自此，占城国遂告灭亡。

占城国正是古之林邑国，数百年来，曾与李朝、陈朝为敌，

---

① 原文为宣和县，当为绥和县之误，今正之。——译者

② 见《大南实录前编》，卷四，癸巳年条。但作者所引与原文有出入，请参考原文。——译者

并抗击蒙古军队，不许其侵犯国境，早已建成一个有君主、有大臣、有政制和法律的国家。但只因此国之人常喜剽掠安南之地，造成两国之间绝少和好之时。

既然是敌对，则难逃进化的共同规律，即弱肉强食，强存弱亡。因此，自黎圣宗夺取广南并分占城国之地为三个国家之后，其国势日益衰微，民情日益不振。不但其国终为阮主所灭，而且现在尚存的占城遗种也不过数千人矣。一个昔日那样昌盛的国家，今日竟是这样下场！尽管此国心甘情愿同化于我国，但思之亦感痛心的是：弱国难以逃脱小鱼为大鱼所吞之祸。

七、开拓南越和与真腊的交涉

原来真腊国位于湄公河下游，其地河流纵横，田地很多。而我南国则常因歉收，人民饥苦，且又值阮主与郑主交战之时，迫使许多人离开家园，前去每楸（巴地）和同狔（今属边和）地区垦荒谋生。

戊戌年（1658年）真腊国王驾崩，叔侄争夺王位，来向阮主求救。其时阮主为贤主，即派将领兵3000前去攻打每吹[①]（今属边和省福政县），生擒该国国王匿螉禛[②]，解回广平关押了一段时间，后释放回国，令其朝贡并保护来此谋生的安南人。

① 据《大南实录前编》，卷四所载："率兵三千至兴福城，时称每吹，今属边和省福政县"，与"每楸（巴地）"并非同一所指。——校者注

② 真腊国王多有重名者，《大南正编列传初集》卷三十一《高蛮传》引《嘉定通志》曰："国人有名无姓，凡王之子孙皆称匿螉禛，其名也。而名则以美者命之，虽子孙同名亦不讳避。"——译者

甲寅年（1674 年），真腊国有匿螉苔者，求援于暹罗国，以攻匿螉嫩。

匿螉嫩奔泰康营（今庆和）求救。贤主遂命芽庄道该奇阮扬林和参谋阮廷派，领兵分为两路进击匿螉苔，攻陷柴棍，进围南荣城。匿螉苔弃城败逃，死于丛林之中。匿螉秋出降。因匿螉秋为王室嫡系长子，故阮主立之为正国王，驻跸于龙澳；以匿螉嫩为第二国王（即副王。——译者），驻跸于柴棍，并强令他们每年朝贡。

己未年（1679 年），有明朝龙门（广西）总兵镇守杨彦迪，副将黄进，高、雷、廉诸州（属广西）总兵陈上川，副将陈安平者，不甘臣服清朝，率兵 3000 与船 50 艘来归，请求为安南之民。贤主正欲借之开垦真腊之地，乃许其入居于东浦之地（即今嘉定）。彦迪等人分别散居于鹿野（即同狔，属边和）、美萩（属定祥）、盘辚（属边和）等地，垦田造屋，设立铺市街坊，西方、日本、爪哇〔阇闾〕之人辐辏其地贸易者甚众。

戊辰年（1688 年）客居于美萩之地的外人作乱。黄进杀杨彦迪，后率众屯驻于难溪，造船铸铳，与真腊人相抗。真腊国王匿螉秋也掘壕筑垒，为固守之计，并不愿再臣服于阮主。

当时的阮主为阮福溱，派将领兵前去讨伐，用计杀了黄进，并迫使真腊国王依例朝贡。

戊寅年（1698 年）阮主阮福凋命阮有镜经略真腊，划分东浦之地为营、为县，以同狔地区为福隆县，并以柴棍地区为新平县。设置镇边营（即边和）和藩镇营（即嘉定），派官员前去治理。又招募流民从广平南下，建立社村邑坊，开垦土地。而居镇边之地（边和）的中国人，则立为清河社，居藩镇（嘉定）者立为明乡

（亦作香）社。这些人都属于我国户籍。

当时，又有广东人名鄚玖者，当中国明清鼎革之际，离乡来到真腊，因见柴末府各国之人来此贸易者甚多，遂开设赌局，以所得的钱招募流民建立7社，称为河仙。戊子年（1708年）鄚玖请求臣属于阮主。阮主授以总兵之职，令其镇守河仙之地。

及至鄚玖卒，阮主又授其子鄚天赐为总督，镇守河仙。鄚天赐修筑城垒，扩展街衢市面，铺设道路，并延聘教师教授儒学，以开化河仙之地。

其时真腊经常发生乱事。己卯年（1699年），该国国王匿螉秋领兵反抗阮主的军队，阮主即命总率官阮有镜往讨之。我军进至南荣城，匿螉秋败逃。匿螉嫩之子匿螉淹开城门出降。后匿螉秋亦归降，请求遵照旧例朝贡，我军撤还。

为时不久，第二国王匿螉嫩崩，正王匿螉秋封匿螉嫩之子匿螉淹为官〔参的诧膠锤〕，并以其女妻之。后匿螉秋年老体弱，传位于其子匿螉深。

乙酉年（1705年）匿螉深怀疑匿螉淹有造反之意，便构兵相攻。匿螉深还带领暹罗之兵前来相助。匿螉淹被迫逃到嘉定求救。

阮主命该奇阮久云讨匿螉深。阮久云击败暹罗军队，送匿螉淹还罗壁城。自此之后，避居暹罗的匿螉深不时引兵前来攻打匿螉淹。

甲午年（1714年），匿螉深的军队攻陷罗壁城，并围攻匿螉淹，局势甚为危急。匿螉淹派人赴嘉定求救。藩镇（嘉定）都督陈上川与镇边（边和）副将阮久富发兵征伐，围匿螉秋和匿螉深于罗壁城中。匿螉秋与匿螉深惧，弃城逃回暹罗。陈上川等乃立匿螉淹为真腊国王。

辛亥年（1729 年）[①]，真腊军骚扰嘉定辖境。阮主乃设置调遣所，以统摄此区军务。

丙辰年（1736 年），匿螉淹崩，其子匿螉他继立为王。至戊辰年（1747 年）[②]，匿螉深又从暹罗回，举兵驱逐匿螉他，夺得了王位，匿螉他逃到嘉定。

不久，匿螉深卒，其子匿敦、匿轩和匿厌争立。阮主命调遣官阮有允领兵讨匿敦等人，并送匿螉他还国。

匿螉他还国仅数月，又被匿螉深之次子匿原引暹罗兵所驱逐，匿螉他逃至嘉定而死。

匿原回国做了真腊国王，常欺凌昆蛮[③]，并与北方郑主通使，图谋合攻阮主。阮主知其意，至癸酉年（1753 年），乃命阮居贞讨匿原。乙亥年（1755 年）匿原战败，弃南荣城，逃到河仙，投靠鄚天赐。

次年，鄚天赐上书称：匿原请献寻奔、雷巄二府之地以赎罪，并恳求许其还国。阮主不欲从其请。当时阮居贞上疏，奏言开拓之策，宜用“蚕食”之计，即应逐步进行，如蚕之食叶，始能稳妥可靠。阮主听其言，遂接受二府之地，并准许匿原返回真腊。

丁丑年（1759 年）[④]匿原死，其叔匿润监国（权监国事）。匿润正欲请阮主封之为王，却被其婿匿馨所杀，而夺得王位。

---

① 原文如此。1729 年对应的干支纪年为己酉年。——再版注

② 原文如此。1747 年对应的干支纪年为丁卯年。——再版注

③ 昆蛮是聚居于真腊地区的占城人。

④ 原文如此。1759 年对应的干支纪年为己卯年。——再版注

总率官张福猷乘机进攻，匿馨败逃，为其部下所杀。当时，匿润之子匿尊投奔河仙鄚天赐。鄚天赐上疏请立匿尊为真腊国王，阮主从之，并命天赐护送匿尊还国。

匿尊献寻枫龙之地，以谢阮主之恩。阮主遂命张福猷和阮居贞迁龙湖营于寻泡处，即今之永隆省会，并置三道：东口道在沙沥，新洲道在前江，朱笃道在后江。

匿尊又献香澳、芹渤、真森、柴末和灵埛五府之地，以谢鄚天赐之恩。鄚天赐将这些地方献于阮主，阮主以之归属河仙镇管辖。

这样，现今南越六省之地，是夺取真腊国之地而由越南人开拓出来的。

八、与暹罗国的交涉

暹罗是一个位于湄公河西南面的国家，泰人苗裔居住于此。

据中国和我国史籍所载，其国最初称扶南国。至中国隋唐即公元6、7世纪之时，扶南之地分为二：东半部有一异族前来建立了真腊国，而西半部则仍是扶南人居之，称赤土国。

到宋朝和金朝的时候（11、12世纪），赤土国又分之为二：一国称罗斛，另一国称为暹。中国元朝之时（13、14世纪），史籍记载此两国曾向中国朝贡。

后来罗斛国兼并了暹国，始称暹罗斛国。至明初（14世纪末）该国国王前往中国求封，明太祖始封之为暹罗国王。

起初之时，暹罗还是一个弱小的国家，常遭真腊人的压迫。

后来逐渐强盛起来，在明朝万历年间（1573—1620 年），暹罗反而侵略真腊，称雄称霸于此方。

在暹罗阿瑜陀耶王朝纳雷王（Phra Naroi）[1] 当政时期，曾任用一个名叫康斯坦丁·华尔康（Constantin Phaulcon）[2] 的希腊人为将。此人请求暹罗王与法国通好。因此之故，公元 1620 年始有暹罗使团前去拜谒法王路易十四于凡尔赛宫。

此时，阮主还正在开拓富安、庆和之地。但当阮主鲸吞了全部占城之地后，就又向真腊之地扩张。暹罗人企图阻止这种扩张，而据真腊之地为己有。然因阮主势力较暹罗为强，故不得不接受阮主对真腊的保护。

虽然如此，暹罗仍常常利用反对真腊国王之人，以兵相助，使其回国作乱。故而我国军队曾多次前去协助真腊国王，以驱逐暹罗军队。有时暹罗军队也前来进攻河仙，例如乙未年（1715 年），真腊人匿深带领暹罗军队来犯河仙，河仙总兵鄚玖战败，弃城而逃。

我国军队与暹罗军队多次交战。故双方互不通使。直至庚午年（1750 年）阮主武王阮福阔时代，始见史载：阮主命使臣持书前去谴责暹罗国怂恿真腊逆臣作乱。

乙亥年（1755 年），暹罗国遣使前来请求免除该国抵阮主领域内贸易的商船的税收。阮主复书答称：此税为既定之成宪，不可免。

---

① 即那莱王。——校者注

② 有关华尔康事迹请参阅〔英〕霍尔：《东南亚史》，商务印书馆 1982 年版，上册，第 442—451 页。——译者

丁亥年（1767年）[1]，缅甸军队攻打暹罗，掳获该国国王疯王[2]、王子昭督及百姓数万人回缅甸。疯王尚有二子，一子名昭侈腔者逃到真腊；另一子名昭翠者逃到河仙。

当时，暹罗国虚无主，万作（Mang-tát）[3]丕雅（Phya）郑国英遂起兵自立为王。郑国英为中国广东省潮州人氏，其父名偃，流离暹罗，为万作之长。偃卒，其子继立，称丕雅，是一相当于社长之职。

郑国英称王后，遣使向真腊国王匿尊索贡，匿尊以郑国英非暹罗族裔而拒之。

暹罗王以此为恨，命贲麻为将带领真腊人匿嫩回攻匿尊。匿尊坚守各地，暹军无功而还。

郑国英得知旧王子昭翠仍在河仙，恐为后患，故于辛卯年（1771年）十月带领兵船围攻河仙。总兵鄚天赐不能守，弃城逃回朱笃。

暹罗王留其将陈联驻守河仙，移兵攻打真腊。真腊国王匿尊败逃。暹罗王驻军于南荣城，并立匿嫩为真腊国王。

次年（1772年）六月，阮主以总率阮久潭领调遣之职，率兵船攻暹罗军。阮久潭军进至南荣，暹罗军败回河仙，匿嫩亦走芹渤。

匿尊重新恢复了真腊国的王位。

暹罗国王回至河仙，派人持书召鄚天赐回，以便讲和。鄚天赐却之。暹罗王遂留陈联按守河仙，亲率本兵，掳鄚天赐子女及

① 据《大南实录正编列传初集》卷三十《暹罗传》，此事系在丙戌年（1766年）。——译者

② 当时暹罗国王患麻疯病，故史称疯王。

③ 亦作茫萨。——译者

昭翠还国。

翌年，鄚天赐见事未完，便派人赴暹罗请和。暹罗王召陈联收兵回国，并放鄚天赐子女还河仙。至于昭翠则加杀害。

自此，鄚天赐又回镇河仙之地。

九、设营定府

起初阮潢开始镇守顺化，驻营于爱子村（属登昌县，在广治省会附近）。13 年（1570 年）之后，阮潢又移营于该县的茶八村，即为葛营。至丙寅年（1626 年）佛主阮福源行将与郑氏相抗，便移营于福安村（属今承天省广田县），并改其驻所为府。

丙子年（1636 年），上主阮福澜又迁府于金龙村（属承天省香茶县）。

丁卯年（1687 年），阮主阮福溱移府于富春村，即今京城之地，称之为正营。旧府所在之地，留作太宗庙，奉祀贤主。

甲子年（1744 年）武王始称王号，改府为殿，改法制并定朝服。又分其国为 12 营：

1. 正营（富春）
2. 旧营（爱子）
3. 广平营
4. 武舍营
5. 布政营
6. 广南营

<table>
<tr><td>7. 富安营</td><td rowspan="3">占城之地</td></tr>
<tr><td>8. 平康营</td></tr>
<tr><td>9. 平顺营</td></tr>
<tr><td>10. 镇边营</td><td rowspan="3">真腊之地</td></tr>
<tr><td>11. 藩镇营</td></tr>
<tr><td>12. 龙湖营</td></tr>
</table>

各营都设镇守、该簿、记录等官进行统治。至于广义府和归仁府，则属广南省，故每府另设巡抚和勘理官以管理诸事。河仙之地置为镇，设都督治理。

*　*　*

纵观之，阮氏称主南方，初时仍守黎朝皇帝所封之职，直到18世纪壬午年（1702年），阮福凋始遣使赴清廷朝贡并乞封为王，但清朝答称：南国尚有黎氏，不能再封阮氏。此事未成。阮福凋乃自称国主，并铸大越国阮主永镇之宝印信，以为传国之宝，一直沿用到世祖时代始废。时至甲子年（1744年）阮福阔始称王号，并改制定朝仪。

当时南方之地虽独立，但阮氏只称主而不称王，且仍未置国号。然而外国人却常称阮主领地为广南国。这是因为广南有会安庯（费福，Faifo），为中国人和其他诸国人出入贸易之地，故以广南之名称之。

至若阮氏在南方所建立之业绩，其中对我南国最关重要者，即开扩疆域，使版图增大，人口加多，特别是招募国内穷苦之人前去开发那些肥沃的荒地，形成今日富甲天下的南越地区。此实为阮氏对南国所立下的大功！

阮氏世谱

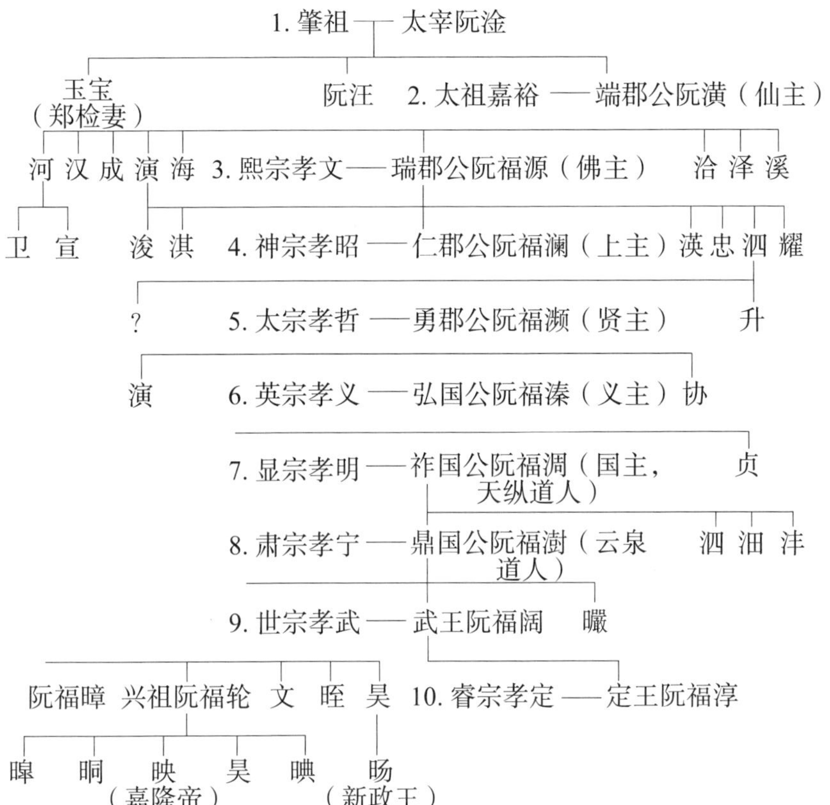

1. 肇祖 —— 太宰阮淦
玉宝（郑检妻）
阮汪
2. 太祖嘉裕 —— 端郡公阮潢（仙主）
河 汉 成 演 海
3. 熙宗孝文 —— 瑞郡公阮福源（佛主）
洽 泽 溪
卫 宣
浚 淇
4. 神宗孝昭 —— 仁郡公阮福澜（上主）
漢 忠 泗 耀
?
5. 太宗孝哲 —— 勇郡公阮福濒（贤主）
升
演
6. 英宗孝义 —— 弘国公阮福溱（义主）
协
7. 显宗孝明 —— 祚国公阮福凋（国主，天纵道人）
贞
8. 肃宗孝宁 —— 鼎国公阮福澍（云泉道人）
泗 洄 沣
9. 世宗孝武 —— 武王阮福阔
曮
阮福暲 兴祖阮福轮 文 晊 昊
10. 睿宗孝定 —— 定王阮福淳
暭 晍 映（嘉隆帝） 昊 晪
旸（新政王）

第七章　欧洲人来到安南

一、寻求领地　二、传教

欧洲人周游天下，是因为有两种原因：一是为了寻求领地进行贸易；二是为了把天主教传播到各国。

一、寻求领地

（一）欧洲人来到东亚

从罗马时代起，已有史籍记载欧洲人曾抵达中国，然其交涉情况不得其详。直到 13 世纪，始有意大利人马可·波罗来到元世祖忽必烈时代的中国，寓居 17 年之久，后途经印度洋返国，撰写出《世界奇观》（*Les merveilles du monde*）[①] 一书，记述其见闻。

至 15 世纪时，哥伦布（Christophe Colomb）使用指南罗盘（boussole）欲渡过大西洋而抵印度，不意却发现了亚美利加洲（Amérique）。及至 1479 年，葡萄牙人瓦斯科·达·伽马（Vasco de Gama）绕过好望角（Cap de Bonne Espérance），渡印度洋抵达

① 汉译《马可·波罗游记》。——译者

印度。1521 年又有一名麦哲伦（Magellan）的葡萄牙人，越印度洋，入太平洋而抵达菲律宾[①]。

自此之后，葡萄牙人、西班牙人和荷兰人，始相率来到东亚，占领殖民地，开设商馆，进行贸易。

癸亥年（1563 年），明朝嘉靖年间，葡萄牙人抵达中国的澳门（Mã-cao）。

戊辰年（1568 年），西班牙人占领菲律宾为其殖民地。

丙申年（1596 年），荷兰人占领爪哇（Java）为其殖民地。后来，又有葡萄牙人、法兰西人、英吉利人渐次移居印度。

（二）欧洲人来到安南

欧洲人前来我国贸易，其最早者为葡萄牙人抵达南方，在广南所属的会安庯即费福（Faifo）开设商馆。此地还有众多中国人、日本人和荷兰人前来贸易。据梅本（Maybon）和茹西埃尔（Ruissier）[②]合著之书[③]记载：甲寅年（1614年）佛主时代，已有一个名叫让·德·拉·格瓦（Jean de la Croix）的葡萄牙人来到顺化开设了一家铸造枪械的作坊，以至于今天顺化的人们还把此一地方称为铸造坊。

在北方，早就有葡萄牙人的商船出入贸易，然而直到丁丑年

---

① 作者所说麦哲伦航行不甚确切。事实是：1519 年麦哲伦奉西班牙政府之命率领船队寻找通往东方的西航路线。由圣卢卡尔出航，横渡大西洋，沿巴西海岸南下，经南美大陆和火地岛之间的海峡（后称麦哲伦海峡），于 1521 年横渡太平洋，过关岛，至菲律宾。——译者

② 原文如此。——再版注

③ 见本书卷首所开参考书目法文部分，第二本。——译者

（1637年）黎神宗之世，清都王郑梉始准许荷兰人在宪庯（今兴安省会附近）开设商馆。后来，有日本人、中国人、暹罗人到此贸易者，计2000家，形成一个十分繁荣热闹的地方，因此当时有句俗语称：第一京畿，第二宪庯。

其时，在南方，葡萄牙人来贸易者较多；而在北方，则荷兰人较多，然此时两国之人常喜相互竞争，因此郑氏和阮主都欲乘此机会请他们帮助自己一方。但因商业利益的关系，他们不肯公开全力相助某方，久之，各主亦生厌烦，又因宗教纠纷，至庚辰年（1700年）黎熙宗之世，荷兰人遂不再赴北方贸易。

当此之时，英吉利人和法兰西人也前来我国贸易。壬子年（1672年）黎熙宗之世[①]，英吉利人驾驶“桑特”（Zant）号商船前来请求开设商馆，进行贸易，郑主许其在宪庯居住，后因贸易不能获利，英吉利人只居住到丁丑年（1697年），便不再前来。

法兰西人则自庚申年（1680年）已有商船开来，要求在宪庯设立商馆；至壬戌年（1682年）又有“圣·约瑟夫”（Saint Joseph）号船从暹罗驶来，携带物品，呈献郑主。

在南方，丙寅年（1686年）一个名叫韦利（Verret）的法国人获准在昆仑岛开设商馆。到己巳年（1749年）又有名叫波福尔（P. Poivre）的法国人，乘坐“马肖尔特”（Machault）号船驶入会安海口，请求谒见阮主，并呈递国书和礼品，以表两国通好之情。阮主复书，准许法国人前来通商。但为时不久，法国在印度的公司关闭，因而与法国人通商之事也作罢。

① 1672年当在黎嘉宗之世，原文有误。——译者

二、传教

（一）天主教

古时欧罗巴全洲并无统一的宗教。每个民族崇信自己特有的几种神。常是根据自然的活动力而想象出各种神灵，而后建庙设坛，进行祭祀。例如希腊人和罗马人供奉朱庇特（Jupiter）神和阿波罗（Apollon）神以及其他的神灵。唯有居住在小亚细亚[①]的犹太人（Juifs）（其居住地今为巴勒斯坦，已获独立），独尊耶路撒冷城的耶和华神。他们相信：耶和华创造万物和人类，因此人们只应信奉此一位神。到罗马人吞并了全部小亚细亚、北非和欧洲西南部之地时，犹太人也属于罗马，而当时之犹太教亦颇为衰落。此时圣人耶稣降生，借助犹太教而创立新教[②]，教导人们以博爱和敬奉天主为本，以仁慈、视人为亲兄弟为怀。自此之后，耶稣的门徒把其教传播到各地。圣彼得（Saint Pierre）在京城罗马建立了教堂，圣保罗（Saint Paul）则在国内各地传教。

起初之时，天主教多次遭到罗马皇帝的严禁，以极刑处死教士和皈依新教之人，虽然遭到如此肆意迫害，其门徒仍不顾一切地奔走四面八方传布此教。到4世纪初（313年），罗马康斯坦丁皇帝（Constatin）开始允许天主教在国内各地布道。自此之后，天

① 为西亚之误。——译者

② 耶稣所创之教，因此人们常称为耶稣教；又因此教只信奉天主，故又称天主教。可能因christ（救世主）一词而称基督教。

主教日益兴盛，设教皇统一教务，置主教管理各地教务，又派出教士到天下各地传教，大凡有人类居住的地方，就有教士到那里传教布道。因此，为时不久，全欧洲都信奉了天主教。

在我们东亚，从唐代（618—907年）起，史籍记载已有景教[①]即耶稣教的一个派别来到中国，但因其时佛教正在盛行，景教便逐渐泯灭了。直到元代、明代，始确有教士来中国传播耶稣教。

（二）天主教传到安南

在我南国，自有欧罗巴人前来贸易，即必有教士随之而来传教。据《钦定越史〔通鉴纲目〕》一书所载，黎庄宗元和元年（1533年），有西方人名依尼枢者，自海上来，在南真县（即南直县）所属的宁强村、群英村以及胶水县所属茶侣村传教。

张永记的《南史》一书载：丙申年（1596年）阮潢时代，西班牙传教士迪戈·阿韦特（Diego Adverte）最先来南方传教。但其时又有几艘西班牙船与之俱来，阮主害怕其有骚扰之意，遂驱逐之。

到乙卯年（1615年）佛主时代，P. 比索米（P. Busomi）教士又来传教。后至甲子年（1624年）法兰西传教士让·罗德（Jean Rhodes）[②]来到富春传教，并设立了教堂。丙寅年（1626年）黎神宗之时，传教士巴迪诺蒂（Baldinoti）到北方传教，遭郑主拒绝，被

① 景教为聂斯脱利（Nestorius）主教于公元5世纪在东罗马所创的耶稣教的一个教派，后传到波斯和中国。

② 据霍尔《东南亚史》及其他一些著作，此人即罗德岛的亚历山大（Alexander of Rhodes），因称亚历山大·罗德。——译者

迫离去。不久，让·罗德由南方到北方，谒见郑主，献自鸣钟，郑主许其在京师传教。

自此之后，教士逐步渗入我国传教，而国人信之者亦日多。然我国自古以来均信奉儒教，以敬奉祖先为重，视祭祀神圣为天经地义之事，且国之礼法亦以祭祀为十分重要的大事。突见许多国人皈依天主教，完全放弃旧有的礼俗，而只一念信仰新教，因此南方和北方的帝王和国主，都视此教为邪道，有伤国家自古之风化，乃降旨禁止国人再信新教，并制定法律严惩不遵行此谕旨的人。

据史载：辛未年（1631 年），南方上主阮福澜下令禁止西方人前来国内传教。

癸卯年（1663 年），北方郑主郑柞驱赶教士并禁止国人信奉耶稣教。

甲辰年（1664 年），南方的贤主捕杀在沱灢[①]传教的教士。

丙子年（1696 年）黎熙宗之世，郑根下令全部焚毁耶稣教经典和各地教堂，并驱逐传教士出境。

壬辰年（1712 年）黎裕宗之世，郑棡逮捕耶稣教徒，削其额发，黥“学花郎道”[②]四字于其面。

甲戌年（1754 年）景兴年间，郑楹更以一种严酷的方法，禁止我国之人信教，对各教长和教徒格杀勿论。

自此之后，禁教之令日严，而传教之人却不以国法为惧，一

① 即今岘港。——译者

② 花郎即荷兰（Hollande）。荷兰人最先到北方贸易，因称其教为花郎道（教）。当时我越南之人尚未能分辨为何国之人，凡见西洋人，都称为荷兰人。

味尽力劝更多的人入教。后来国人逐渐分为教民与非教民，彼此怨恨，甚于仇敌。国王和官吏因见常法不能禁，便使用极刑以惩治之，杀害了无数无辜之人。

总的来看，倘若外国人来我国仅只是为做买卖，则我国自古以来是一文献之邦，君主和官吏也不会以任何理由而加禁止；然因关乎信仰之事，不管是好是坏，人们都认为自己的信仰较优，各不相让，以致用权势来压制对方。亦因此之故，我国后来也不肯细察是非曲直，做了不少残恶之事，以致损害了与西方各国的和好，并给国家招致变乱。

第八章　阮主中衰

一、张福峦专权　二、西山起兵　三、郑军攻占富春　四、阮主入嘉定　五、阮王起兵讨伐西山　六、阮王向法兰西国求援　七、阮惠破暹罗军

一、张福峦专权

自阮潢以降，阮氏在南方称主，北与郑氏抗衡，南略占城和真腊之地，传至武王阮福阔时代，始称王号。武王定朝仪，筑宫殿于富春，并封其第九子阮福昊为世子。

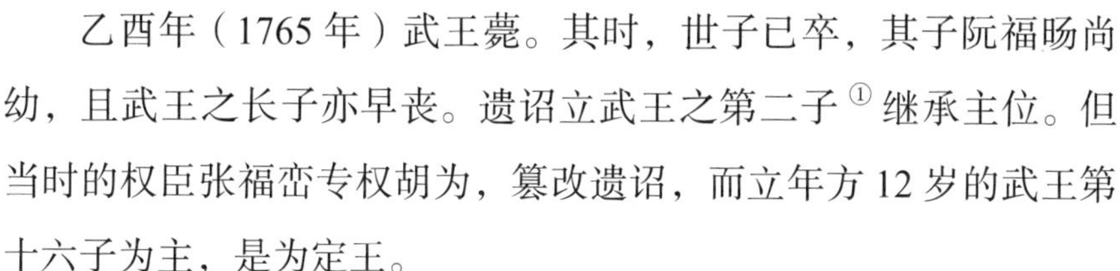

乙酉年（1765 年）武王薨。其时，世子已卒，其子阮福旸尚幼，且武王之长子亦早丧。遗诏立武王之第二子[①]继承主位。但当时的权臣张福峦专权胡为，篡改遗诏，而立年方 12 岁的武王第十六子为主，是为定王。

张福峦为一贪婪之辈，多行残恶之事，国中人人恨之，因此之故，南有西山起兵攻打归仁之地，北则郑军入侵占领富春，致使阮氏基业倾覆。

① 即皇考世祖，后追尊为兴祖孝康皇帝。

二、西山起兵

当时，在归仁符篱县（今改符吉县），有阮岳者，起兵反抗阮主。

阮岳的四世祖本姓胡，与昔时的胡季犛同宗，乃乂安兴元县人氏，当郑主与阮主交兵之时，为阮军所俘，被遣送至归仁所属的西山邑[①]。至其生父胡丕福时，迁居于坚城邑，即今绥远县富乐村。丕福生三男：长子岳、次子侣、三子惠。

岳兄弟欲倡乱，便取母姓阮氏，俾易收复人心，因南方仍为阮主之地。

阮岳曾任云屯巡卞吏，因此后来人们常称其为卞岳。然因性喜赌博，花光税钱，恐被惩处，遂入山为盗。至辛卯年（1771年），始在西山之地建立屯寨，招纳军士，追随者日众。常掠富豪之财，周济穷家，因此穷苦之人多归之。

阮岳势力日益强大，阮主军队不能制。且阮岳颇具胆识，多机智。一日，欲夺取归仁城，遂设一计：自坐囚笼之中，令其党徒抬入城，献于当地巡抚阮克宣。阮克宣信以为真，令纳城中。及至半夜，阮岳破囚笼而出，打开城门，使其军队入城，赶走官军，遂占据归仁城以为根据地。当时又有华人客商名集亭和李才者，也招募军队，起来帮助西山。阮岳分其军为中、前、后、左、

① 西山邑今为怀仁府所属之安溪、久安二村。因阮岳兄弟起兵于此，故称为西山朝。

右五屯，进取广南之地。不多久，自今广义直到平顺之地，皆为西山所有。

三、郑军攻占富春

当时的南方，内有权臣专政，外有西山攻掠，北方的郑主郑森见此情形，即命大将黄五福率领水步3万余大军，与黄冯基、黄廷体、黄廷宝等人，入布政之地，进攻阮氏，而诈称讨张福峦。

至甲午年（1774年）十月，黄五福军渡过灩江，命黄廷体领兵攻取镇宁垒，因有内应，不攻而占领此垒。郑森得黄五福攻陷镇宁城捷报，便决计亲率大军前去接应。至腊月，五福军进屯胡舍村（属广治明灵县），并传檄各地称：北军此番专为讨张福峦，别无他意[①]。富春各官便共谋擒张福峦送五福军。

黄五福擒获张福峦之后，又进兵至登昌县，命人持书至富春宣称：虽张福峦已除，然西山犹存，故引兵至富春相会合，以共同讨贼。

阮主深知黄五福欺骗之谋，实欲攻占京城，便命尊室捷与掌奇阮文政领水步兵防御于拜答江（今称夫丽江，在广田县）一线。黄五福命黄廷体领兵循山路而行，然后两面夹击，阮氏军队全线溃逃，北军进占富春城，阮主与各官逃到广南。

当时，郑森驻营于河中，得黄五福攻陷富春捷报，喜甚，遣

① 见《钦定越史通鉴纲目》，正编，卷四十四，甲午黎显宗景兴三十五年条。原文是："檄言张福峦壅蔽罪状，此举止为先去一福峦，后除黠贼，实无他意。"——译者

官赏五福黄金百两，将士白银五千两，又封五福为顺化大镇抚，以筹划夺取广南之地。之后，郑森撤军北还。

四、阮主入嘉定

阮主到广南，驻跸板津，立皇孙阮福旸为东宫[①]，以图讨贼。过了几个月[②]，西山军从归仁出发，攻取广南，阮主军队不能抗，退保茶山。

阮主料不能守，便与其侄阮福映乘船逃入嘉定，留东宫在广南拒贼。东宫驻屯于俱低村（属和荣县）。

阮岳知东宫势力薄弱，并欲借其名义而惑众，便命其党徒迎东宫回驻于会安（Faifo，属广南）[③]。

正在此时，黄五福之军已过海云山，占领了和荣县的中山屯和俱低屯。阮岳使华人集亭为先锋，李才为中军，自为袭后，与郑军战于锦沙村（属和荣县）。集亭之兵，皆广东人和高大的蛮人，个个裸身，头缠红巾，手执藤牌、大刀，攻势甚猛。五福军前队不能抵挡，乃命黄廷体与黄冯基带领骑兵冲击敌阵，步兵随后涌进，集亭败逃。阮岳与李才被迫退保板津，后送东宫还归仁。集亭为人暴悍难制，阮岳欲借其败谋诛之。集亭知其意，逃回广

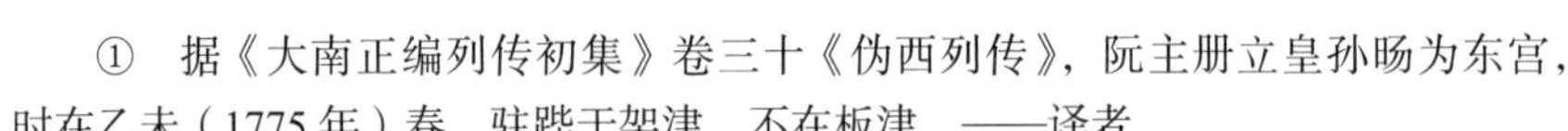

① 据《大南正编列传初集》卷三十《伪西列传》，阮主册立皇孙旸为东宫，时在乙未（1775 年）春，驻跸于架津，不在板津。——译者

② 按前引《伪西列传》原文为“居数日”，此言“过了几个月”当有误。——译者

③ 原文如此。Faifo 按西文转写的拼法直译为“费福”，追根溯源，其词源应该是“会庯”（Hoifo），即会安的另一名称。——再版注

东，后为清朝官吏所杀。

当时，南面有龙湖留守宋福洽领兵克复了平顺、延庆、平康三府，又进克富安之地；北面有郑军驻扎于广南，阮岳料其势不能敌，便使潘文岁持书并以金帛行贿于黄五福，乞纳广义、归仁、富安之地，求为征阮氏的前驱。

黄五福也欲利用阮岳进取嘉定之地，便上表请求郑主授阮岳为前锋将军、西山校长[①]，遣阮有整赍敕印旗剑送与阮岳。

阮岳解除了北顾之忧，遂定计攻取南方之地；将其女寿香献与东宫，并待之十分尊敬，又使人诣宋福洽军诈称乞降，以共图恢复富春之地。福洽遣使者来探虚实，阮岳引东宫出迎，并修书交使者递回，书中表达扶立东宫奠安社稷之意，福洽信之，不为备。

阮岳知此详情，便使其弟阮惠领兵掩击宋福洽。阮氏军队大败，退保云峰。阮岳使人向黄五福告捷。五福表请郑主封阮惠为西山校前锋将军。

黄五福军进驻于珠坞，地当广义界首，至是年乙未（1775年）腊月，因疫疠大作，军士多死。五福修书请求郑主许其退保顺化。郑森从之。黄五福引还富春，旋即病逝，郑主以裴世达代之，并以黎贵惇为参视，共同镇守顺化之地。

当时顺化之地，自南布政以南计有肇丰与广平[②]2府、2县、8州。人丁126859口，田地共265507亩，除去山林地和其他不毛之地

① 据《大南正编列传初集》卷三十《伪西列传》所载，授予阮岳的封号为“西山校长、壮烈将军”，作者此处所说恐有误。——译者

② 肇丰府领5县，广平府领3县1州。

外，尚余153181亩须纳税。

自从郑军撤回顺化后，广南之地再度归西山所有。丙申年（1776年），阮岳使其弟阮侣领水军渡海攻打嘉定，占领了柴棍城，阮主逃到镇边（即边和）。

其时在东山，有杜清仁起兵抗拒西山，收复了柴棍城。阮侣掠载仓粟奔回归仁。

阮岳见自己的势力日强，遂下令增筑阇槃城（昔时占城故都），至丙申年（1776年）三月[①]，自称西山王，并加封其属下诸人职爵。当时西山迁东宫于什塔寺，东宫因乘间搭船逃入嘉定。

华人李才前曾弃阮岳而助阮主，后又反叛，攻打阮主，今闻东宫逃回，便引兵迎之回柴棍，立为新政王，尊定王为太上王，以共图恢复。

丁酉年（1777年），阮岳遣使请求郑主许其镇守广南之地。郑森此时亦厌用兵，乃从其请，封阮岳为广南镇守、宣慰大使、恭郡公。

阮岳获封之后，无北顾之忧，即命阮侣和阮惠率水步大军进攻嘉定。李才不能抗，其兵溃逃。新政王逃到茶津（属定祥），复下巴滶（属永隆）。太上王则逃回龙川。但不久阮惠追兵赶到，擒获太上王和新政王，俱杀之。

阮侣和阮惠占领了嘉定之后，留总督凋镇守，然后引军还归仁。次年戊戌年（1778年），阮岳自称帝号，建元泰德，名阇槃城为皇帝城，封阮侣为节制，阮惠为龙骧将军。

① 据前引《伪西列传》，当在丙申年二月。——译者

五、阮王起兵讨伐西山

当太上王和新政王被擒之时，太上王之侄阮福映幸得逃脱。及至阮侣和阮惠引还归仁之后，阮福映即招纳旧臣自龙川起兵，进至沙沥，并与掌营杜清仁、该队黎文勾[①]以及阮文弘、宋福匡、宋福梁等将，击走总督凋，收复柴棍城。此时阮福映年方 17 岁，众将共尊之为大元帅摄国政。

不久，西山帝又命总督朱、司寇威和护驾范彦率水师，来攻镇边、藩镇和沿海诸地方。杜清仁率东山军击之，斩司寇威，西山军败走，阮福映即命黎文勾领兵攻占平顺城和延庆城。

收复嘉定之后，阮福映遣使与暹罗国通好，并命杜清仁、胡文璘领兵平定真腊，立匿尊之子匿印为王，留胡文璘保护之。在嘉定之地，阮福映则大事兴革：设官管理各营，制定税例抽税养兵，并造战船、练兵马以备战。

庚子年（1780 年）阮福映称王，封杜清仁为外右辅政上将公，并封赏诸将士有差。但因后来杜清仁恃功弄权，阮王诛之。亦因此之故，前曾尽心辅佐阮王的东山军，纷纷离去，背叛阮王，造成必须前去平定的紊乱局势。

辛丑年（1781 年）十月，暹罗国王郑国英派其将质知（Chakkri）[②]和刍痴两兄弟，前去攻打真腊。阮王命掌奇阮有瑞和胡

① 黎文勾是嘉定永祥人氏，初随朱文接，后为杜清仁的部将。也作黎文匀。

② 质知，暹罗史书称却克里。——译者

文璘将兵3000赴援。正当安南和暹罗军队还在真腊对峙之时，暹罗国王在望阁[1]监禁了质知兄弟的妻儿老小，因此之故，此二将与阮有瑞交结，誓在患难之中相互救援。然后质知领兵还暹罗。正在此时，暹罗国内发生变乱，国王被丕雅冤产[2]所驱并夺去王位。质知回到望阁，派人寻回国王郑国英杀之，并诛丕雅冤产，乃自立为王，称佛王，封其弟刍痴为第二王，其侄摩勒为第三王。质知家族直至今日仍保有王位，其诸王皆称拉玛（Rama）。

壬寅年（1782年）三月，西山帝阮岳与阮惠率战船百余艘[3]，入芹蔭海口，与阮王军队战于七岐江。此役阮王军大败，有法兰西人名幔槐[4]（Manuel）者为船主，被迫焚船而死。阮王弃柴棍城，退保三埠，复匿避于富国岛。〔柴棍一境复为西山所据。〕

西山帝平定嘉定后，引军回归仁，留〔东山〕降将杜闲蛰守柴棍城。

当阮岳和阮惠军队回归仁后，阮氏诸将又举兵反攻西山军。当时有朱文接者，归仁人氏，乘骚乱之际，聚众据茶郎山（属富安）。及至阮主弃富春城逃入嘉定之时，朱文接领兵前去勤王。未几，阮主不幸失势遇害，阮王继位，朱文接也辅佐之，被封为掌奇，领兵讨西山，为西山军所败，退保茶郎。此时闻知嘉定失守，文接遂领兵自富安入援，会合诸道兵，击走西山军，收复柴棍城，

① 望阁今译曼谷。——译者

② 泰国史籍称披耶·讪卡。——译者

③ 据《伪西列传》，阮岳、阮惠率战船数百艘，此言百余艘，恐有误。——译者

④ 当译马纽尔，越译幔槐。——译者

然后派人到富国岛，迎阮王回。

阮王回来后多方准备以抵拒西山，然而次年癸卯（1783 年），西山帝又命阮侣和阮惠领兵来攻。阮王被迫再次奉王母及宫眷走富国岛。至是年六月，阮惠攻富国岛，阮王败走昆仑岛。西山军兵船又来围攻昆仑岛，但幸赖当时风暴大作，西山战船多倾覆，因而阮王始能冲出重围，逃到古骨屿，后又回归富国岛。

六、阮王向法兰西国求援

其时粮食殆尽，阮王及其随从不得不采草芋而食，势穷力竭，处境实甚危难。因为从前阮王曾认识一个法国人，为耶稣教的主教，名百多禄（Pierre Pigneau de Béhaine，évêque d'Adran，皮埃尔·悲柔·德贝埃纳，阿德朗主教），此时正在真奔[①]（属暹罗国），阮王遂派人前去与他商议。百多禄认为，应该赴法国求救，但须让皇子前去作人质方可。

阮王从其言，便将皇子景及国玺交付百多禄，又修国书，并授予此人与法国交涉的全权，以请援兵。

此国书计有 14 款，其大略曰：委派百多禄前去请求法国援助 1500 军士以及足够的战船、枪炮、弹药。阮王愿将会安港（Faifo）、昆仑岛割让给法国，并另给法国人进入南国贸易的特权[②]。

---

① 又作泽汶或沾泽，今译尖竹汶（Chantaboun）。——译者

② 此国书及阮王致法国国王的信函，今仍存巴黎外交部。（按作者此处所说，应为百多禄代表阮福映与法国政府签订的 1788 年 11 月 28 日的《凡尔赛条约》。——译者）

阮王又修一致法国国王的私函，并派副卫尉范文仁和该奇阮文廉护卫当时年仅四岁的皇子景。

诸事已安排停当，然因季候风不顺，百多禄未能启航。阮王虽已听从百多禄之言，拟向法国求援，但内心仍犹豫不决，还有意求助于暹罗国。

原来在柴棍战败之后，朱文接曾赴暹罗乞援。至甲辰年（1784年）二月，暹罗国王派其将知蚩多[①]领水军至河仙，寻找阮王前来商议援助事宜。阮王又接到朱文接密奏，遂前去与暹将相会，随后同赴望阁，请兵救援。

暹罗国王尽礼接待阮王，并派昭曾、昭霜二将领兵2万、战船300艘，前去援助阮王。暹军入境，占领了沥架、巴色、茶温、斌潵、沙沥等地。在攻打斌潵之时，朱文接受重伤而卒。自此之后，暹军恃势到处骚扰百姓，为非作歹，残恶凶暴，致使人心对之甚为愤恨。

七、阮惠破暹罗军

西山镇守嘉定之将张文多，因见暹军来攻，势力甚强，便派人回归仁告急。西山帝命阮惠领兵前去抵抗。

阮惠抵达嘉定，引诱暹罗军进至美萩上方的沥涔和楸葴附近，然后纵兵掩击，杀得暹军仅存残卒数千，循上道逃窜回国。阮惠战败暹军后，引兵追击阮王。当时阮王粮食已尽，仅同数人逃回

① 亦作挞齿多。——译者

镇江，赴上硃屿、古骨屿，后赴暹罗。

平定之后，阮惠领兵还归仁，留都督邓文真守嘉定之地。

阮王见势不能依靠暹罗人，便催促百多禄带领皇子赴法国求援。百多禄走后，阮王迎王母及宫眷前来望阁居住，等待复国之机。

第九章　郑氏丧失主业

一、郑主废长立次　二、骄兵　三、西山夺取顺化　四、西山灭郑氏

一、郑主废长立次

自从郑主军队占领顺化[1]之后，郑森得意扬扬，更加骄横，又有篡夺黎朝帝位之意，乃遣侍郎武陈绍赴清朝上表奏称：黎氏乏贤子孙可再做国王，又派内监与武陈绍同行，携带金银财宝前去贿赂，求封其为王。但行至洞庭湖，武陈绍焚表仰药而死，因此求封之事半途而废，不再提及。

后郑森宠爱邓氏惠，废长子郑楷，而立邓氏惠所生之子郑榦为世子。自此之后，有的人追随邓氏，也有人扶助郑楷，在主府之中分党分派，各有党羽。

壬寅年（1782 年）九月，郑森卒，遗诏立郑榦为主，并以晖郡公黄廷宝为辅政。郑榦年幼多病，无几人肯服，因而酿成变乱。

---

① 原文作清化，当为顺化之误，今已改正。——译者

二、骄兵

自郑氏襄助黎朝中兴以后，京畿之地专用清〔化〕兵、乂〔安〕兵，称为优兵，充宿卫军。

这些兵常恃功违法。甲寅年（1674年）郑柞时代，三府兵即清兵、乂兵，就曾杀死参从官阮国桢，并捣毁范公著之家。辛酉年（1741年）优兵又捣毁参从阮贵憼之家，并欲杀之。在优兵如此作乱之时，郑主虽曾抓几个为首者治罪，但他们已习以为常，往后稍遇不平，则又起而作乱。

到壬寅年（1782年），郑森卒，邓氏与黄廷宝拥立郑檊为主。郑森长子郑楷与三府军合谋，以夺取主位。当时有捷宝队卞〔军〕吏名阮朋者，乂安人氏，起而领头，进入主府以击鼓三声为号，将优兵引至围府，随即涌进府内杀死黄廷宝，废郑檊及邓氏惠，拥立郑楷为主。

郑楷封阮朋职爵，并重赏三府军士。自此之后，三府兵日益骄横，经常打家劫舍，无人能制。甲辰年（1784年），三府兵又捣毁参从阮俪及杨匡之家，并杀死阮霑于主府之前。当时阮俪幸得逃脱，走山西与其弟阮条商定，迎郑楷外出，然后召各镇之兵，回京除骄兵。然而事机泄露，骄兵把守主府，郑楷无法外出。这些兵又分守各个城门。诸镇之兵亦恐郑主被害，不得不撤兵而回。自此，骄兵常纠合成百成千之众，到各村劫掠。倘有三府兵单独外出，村民即擒杀之，致使军民之间视若仇敌，而文臣武将也对之束手无策，无所作为。后赖参从裴辉璧劝诱，始渐稍安。

当时，内有骄兵作乱，外则西山乘机领兵攻打，因此之故，郑氏基业遂遭倾覆。

三、西山夺取顺化

从前黄廷宝镇守乂安之时，其麾下颇多良将，有乂安真禄县人氏，名阮有整者，即为其中之一。阮有整 16 岁考中乡贡，俗称贡整，性格豪放，多机智，胆识过人，且具辩才。前随黄五福，常去讨伐海寇，寇甚惧之，称为恶鸟；黄五福死后，有整归隶黄廷宝麾下。

及至骄兵杀死黄廷宝后，有人告知有整。有整即就商于乂安镇守武佐瑶，欲在乂安一隅自立。武佐瑶害怕不敢干，有整遂弃之，投奔西山帝阮岳。

昔日阮有整随黄五福征广南之时，常与阮岳有来往，彼此相识，因此深得阮岳信用，待之为上宾。从此，阮有整出谋献策，请求西山帝出兵攻打顺化和北河之地。

且自黄五福死后，郑森命裴世达镇守顺化，后又命范吴俅前去代替裴世达。范吴俅乃一懦弱无能之辈，且性贪婪，只图肥私，不顾兵备。副督视阮令宾曾修书言明其事，请求郑森以别的将领取代范吴俅，郑森不从，反召阮令宾回。

西山帝得知顺化之地无有防备，便命其弟阮惠为节制，其婿武文壬[1]为左军都督，阮有整为右军都督，率水步大军进攻顺化。

---

① 《伪西列传》作武文仕。——译者

一日，范吴俅见一言术数的客商，客商对他说："相公后运福禄无穷，然今年有小难，患病痛，宜设坛营斋，始可保平安。"范吴俅从其言，设祭坛祈祷 7 日 7 夜，并强令军士服役侍候，不得片刻休息。正在此时，突然闻报：西山军已占领海云屯，该屯守将黄义湖阵亡；另据报：西山水军已驶入海口，水步两军正来夹击。范吴俅惊恐万状，遂自祭坛回营，召集兵将抵抗，然因兵士早已疲惫不堪，皆无战心。

范吴俅又性多疑，阮有整遂加利用，修一封书信，信封上写致副将黄廷体，诱其归降西山，并派人假装送给吴俅，以为诈。范吴俅接信，怀疑黄廷体有二心。及至西山军来攻之时，黄廷体领本兵迎战，战至药弹俱尽，范吴俅紧闭城门，不予接应，黄廷体及其二子与裨将武佐坚皆死于阵。

及至西山军攻城，范吴俅竖白旗，开城出降。驻守各屯的郑军都溃逃。数日间，自顺化到灑江之地，尽为西山所有。时在景兴四十七年丙午（1786 年）五月。

四、西山灭郑氏

阮惠既克顺化，派人送范吴俅回归仁定罪杀之。然后会合诸将，商议派人修理洞海屯〔长垒〕，打算仍守罗河旧界[①]。阮有整献言曰："将军一举而定顺化，威振北河。用兵之道，一曰辰，二曰

① 参见《钦定越史通鉴纲目》，正编，卷四十六，丙午黎显宗景兴四十七年条，并《伪西列传》。《伪西列传》此处原话是："惠既克吴俅，乘胜攻洞海，守将宁逊弃城遁。惠遂修理罗河旧界，欲画以为守。"——译者

势，三曰机，三者可乘，无往不胜。今北河将惰兵骄，朝廷无复纪纲，公挟此声威，领兵取之，无不克捷。[①]此机与辰、势均不可失也。”阮惠曰：“北河人才最多，岂可轻易。”有整答称：“北河人才，唯整一人，整去便为空，国公请勿疑。”阮惠笑曰：“他人无可疑，疑或在君尔！”有整失色谢曰：“整亦自举其庸愚甚，言北河之无人才耳。”阮惠复以好语慰有整曰：“黎氏数百年之国，一旦攘而取之，人心未必追随于我。”[②]有整曰：“今北河有帝复有王，乃古今极变之事。郑氏名曰辅政，实乃胁制，国人之不与者久矣。所不敢动者，势耳。将军诚能以扶黎灭郑为名，天下莫不响应〔，此千载一会也〕。”[③]阮惠曰：“卿言甚好，然余只奉命攻打顺化，却不曾奉命攻取北河，深恐犯矫命之罪，则为之奈何？”[④]有整曰：“矫命为小罪，将军所为大功也[⑤]。况将在外君命有所不受，公岂不闻乎？”

阮惠乃遣阮有整率水师为先锋，驶入大安海口，攻夺渭潢江畔的粮库。阮惠自引大军继发，并与有整相约：抵达渭潢，举烽火为号。

---

① 阮有整言及下面与阮惠的对话，参见《钦定越史通鉴纲目》，正编，卷四十六，并《伪西列传》。《钦定越史通鉴纲目》这一句的原话是：“公挟此声威，乘其已弊，诚以扶黎灭郑为名，天下莫不响应。”而《伪西列传》则是：“我乘大胜而取之，所谓兼弱攻昧，取乱侮亡，此辰与机不可失也。”——译者

② 此句《伪西列传》原文是：“数百年之国，一旦攘而取之，人之称斯师也谓何？”——译者

③ 括号内为作者漏引之句。——译者

④ 此段《伪西列传》原文是：“卿言甚好，至如矫命何？”——译者

⑤ 此句《伪西列传》原文是：“春秋传曰：矫小而功大为有功，何矫之有？”——译者

阮有整领兵过乂安、清化，镇守官裴世遂、谢名垂无敢拒之者，及至渭潢，当地守将望风奔溃。有整取得仓粟百余万斛，遂举火为号，阮惠军开至，驻扎于此。

起初，富春城陷落的消息传到升龙，诸官议曰：此处原非朝廷之地，今失之亦不足惜。因此，只派郑自权率27奇军队前去防守乂安。郑自权收拾准备10余日尚未就绪，待开拔行进约30里时，即已听到西山军进驻渭潢江的消息。自权遂领兵防守金洞方面。山南镇守裴世胤领步兵进驻东安县所属的扶沙社〔江岸〕，丁锡壤率舟师守噜口[①]。当时东南风大作，及夜，惠命以木像〔偶人〕置船上，然后击鼓摇旗，放船顺水漂流。丁锡壤见此，以为是西山军来攻，即命战船摆成一字阵，放炮射击。射了很久，始知船上之人乃是木像。而当西山军进攻之时，则丁锡壤药弹已耗尽，被迫弃船而逃。裴世胤、郑自权之军也溃散。阮惠攻陷山南城后，一面传檄诸路，以扶黎灭郑为名；一面引军进取升龙。

当时在京城，骄兵无法调动，而西山军已兵临城下，郑楷始召在山西的黄冯基回来，领兵驻守万春湖（青池县万富社），而水师则屯于西龙津（寿昌）[②]，以防御之。西山军进攻，击溃郑氏水师，黄冯基败逃。郑楷戎装执令旗骑象上，临阵督战，然而西山军势甚强，无法抵抗，郑楷败走山西。行至安朗县下雷乡，遇一名阮庄者，受其欺骗而被擒获，送至西山军。郑楷行至日照村，

① 《伪西列传》作噜江。《钦定越史通鉴纲目》，正编，卷四十六，丙午年条作绿门。——译者

② 据《伪西列传》，郑军“老将黄冯基步兵次万春湖，水师屯翠霭，惠连破之，鼓噪直抵西龙津……”与此说水师屯西龙津稍有不同。——译者

拔剑自裁身死。时在丙午年（1786 年）。阮惠命以王礼为郑主送葬，然后进升龙城谒见黎帝。

郑氏襄助黎朝中兴，后来把持政权，创立主业，自郑松传至郑楷（1570—1786 年）凡 216 年，至此而亡。

郑氏世谱

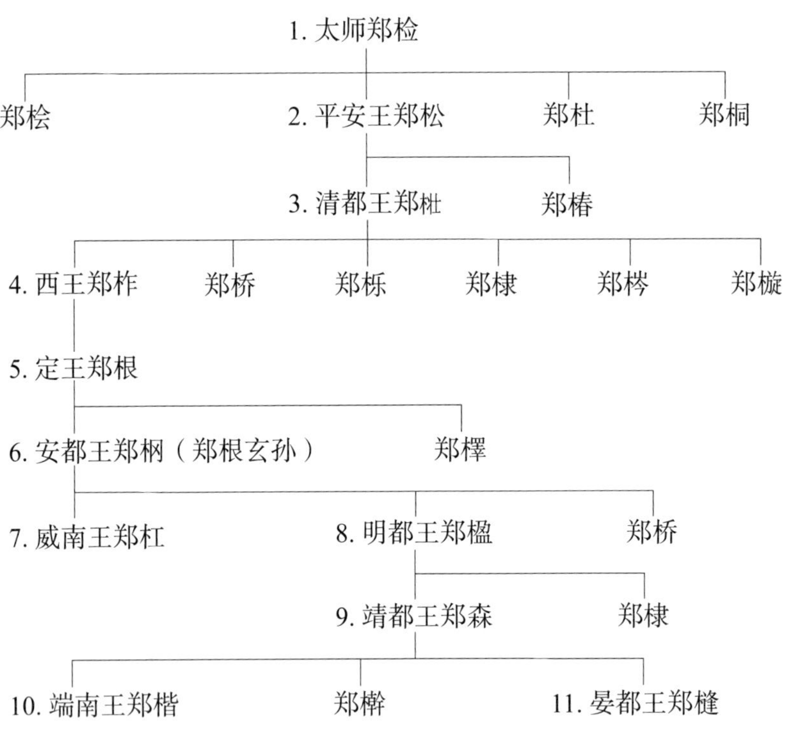

第十章　后黎丧失帝位

一、西山撤兵南返　二、阮有整专权于北地　三、西山占领北河

一、西山撤兵南返

阮惠灭掉郑氏，进入升龙城，下令禁止士兵抢掠民间财物，并请选定日期进谒黎帝于万寿殿。

当时显宗正在病中，不能坐起接待，遂请阮惠坐于御榻之旁，温存慰劳。阮惠奏明此次领兵前来，本为扶黎灭郑，别无其他任何企图。帝闻之大喜，对阮惠称谢。

当西山军开抵升龙之时，朝廷大臣逃匿殆尽，仅留几位内监侍奉皇帝。阮有整见此，遂奏请皇帝下诏传令诸官回朝。不数日，有 10 余人陆续回来。帝乃定于七月初七日设大朝于敬天殿，阮惠率领诸将入朝参拜，并呈献军民簿籍，以明尊扶一统之意，即自此之后，黎朝享有自主之权。

帝封阮惠为元帅〔扶正翊运〕威国公，并以其女玉忻公主妻之。未几时，显宗驾崩，皇孙维祁继立，改元昭统。

起初西山帝阮岳本无攻打北河之意，及至接到阮惠行将北伐之信时，连忙派人到顺化阻拦。然而使臣到达时，阮惠已领兵出

发了。后又闻报：西山军已陷升龙城，并留下襄助黎朝。阮岳恐其弟久留北河或有他变，便率500亲兵急赴顺化，再加添2000军队，日夜兼程直驰升龙。

昭统帝闻西山帝北上，即率百官至南郊迎接。但阮岳却驱兵直驰，使人致辞，改日相见。数日后，阮岳请昭统帝到其府堂行相见之礼。阮岳中坐，昭统帝左边坐，阮惠右边坐，文武各官侍立两侧。

行相见礼毕，昭统帝请割几郡犒师。阮岳曰："臣愤郑氏胁制，故为此尊扶之举，若郑氏土地一寸不留，至黎家土地一寸亦不敢取。惟愿嗣皇奋发乾纲，保安宇内，世睦邻交，此两国之福也。"[①]

相见后昭统帝回宫。次日，西山兄弟共商撤兵南返，因见阮有整是一狡谲之人，欲弃之留北河，便密令各将整顿水步军，尽掠库藏货宝，到八月十七日夜半，引军南返。次日晨，阮有整知西山已撤，十分恐慌，连忙掷掉所有家私，搭乘一艘商船驶至乂安，追随西山帝。阮岳见有整又来相随，不忍再弃之，命其留下与阮〔文〕睿同守乂安之地。

当时北河权柄全归黎朝皇帝，实为一重建黎朝自立之业的少有良机。可惜昭统帝优柔寡断，而当时的廷臣又无知经纶之人：他们一见寇至则逃之夭夭，而当贼寇他去便结队而出，高谈阔论，争来争去，或议重建主业，或欲尊扶王室。复有郑氏族裔郑棣和郑槰分党立派，互相攻伐，争夺大权。昭统帝不得已，封郑槰为晏都王，重建主府。郑氏党羽又企图重走挟制王室的老路，昭统

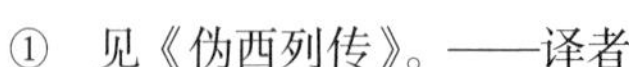

① 见《伪西列传》。——译者

帝被迫下密诏，召阮有整前来襄助。

二、阮有整专权于北地

阮有整自返回乂安后，招募兵勇，日夜训练。因奉皇帝之召，即整编军队万余，前去襄助黎帝。郑樤领兵拒之，战败而逃。有整谒见昭统帝，并窃夺了兵权。

郑樤曾几次兴兵企图恢复主业，但均告失败。因生悲观厌世之情，遂出家为僧，不知所终。郑氏自此亡。

阮有整击走郑氏以后，黎帝封之为大司徒鹏忠公。自此之后，有整恃功骄横，多行不法，黎帝亦以为忧。但无人可以依靠，只得忍之。

三、西山占领北河

在南方，自西山帝阮岳回归仁后，自称中央皇帝，封阮侣为东定王，居嘉定之地；封阮惠为北平王，居顺化，以海云山为界。

未几时，阮岳与阮惠之间发生嫌隙，阮惠领兵围攻归仁城，危急万分，迫使阮岳亲自登城恸哭，呼阮惠而语之曰："皮锅煮肉，弟心何忍？"[1] 阮惠为之感动，始解围撤军回顺化。

正当西山兄弟阋墙之时，阮有整乘机出据北河，及至西山兄

① 平定人风俗，猎获麋鹿等猎物，则剥皮为锅，而烹其肉。阮岳此言，意即兄弟皮肉相连，何忍骨肉相残。

弟讲和后，在富春的阮惠因见阮有整在北地声势显赫，势不可制，便派武文壬[①]往捕之。

丁未年（1787年）十一月，武文壬击败阮有整军队于青厥江（嘉远县青厥村）和珠桥（里仁府），又追击至升龙城。

昭统帝见阮有整军已败，便弃京都，逃到京北，并命黎侗与宗室皇亲30余人扈送皇太后、皇妃和皇子赴高平。帝与有整回屯于安世的睦山。

西山之将阮文和领兵追击，擒获有整，送回升龙治罪〔，支解诸城门以殉〕。

武文壬杀阮有整后，派人寻找昭统不获，遂尊崇让公黎维禯为监国，以收复人心。

当时，百官无肯从之者，崇让公居于宫殿，仅有几位皇亲和数员武将晨昏奉侍，并无任何人向其奏事。他每日步行到武文壬营侍候，而武文壬亦不知如何是好。京城之人见此，称崇让公为"提吏监国"。初北平王阮惠委派武文壬讨伐阮有整之时，对之就颇有疑心，因而复以吴文楚和潘文璘为参赞军务，以分减其兵权。及至文壬攻占升龙城、俘获阮有整之后，有意恃才并呈骄横之态。吴文楚将其事修书回禀，言文壬企图谋反。北平王立即下令出师，引骑兵日夜兼程驰抵升龙城，夜半时分到达擒武文壬杀之。又传令召黎朝文武各官前来谒见，设六部和各镇守官员，仍以黎维禯为监国，主持祭祀，任用吴时壬为吏部左侍郎。至若黎朝各官，

① 据《伪西列传》和《钦定越史通鉴纲目》都作武文仕。文仕为阮岳之婿，后为阮惠所杀。——译者

有留下任职者，有逃匿者，亦有殉节者。

北平王改任了军政官员及整顿完诸事之后，选定吉日引军南返，留吴文楚等人镇守北河之地。

昭统帝自睦山之败避居保禄山，后至海阳，又至山南，与几位忠义之士思虑复国，然因势力日益衰弱，群臣之中有如丁锡壤者则反目谋叛，其余之人纷纷逃散。因此之故，黎朝基业遂告倾覆。

黎朝自太祖起义，驱逐明军回中国，重建自主国家，传至昭宗则被莫氏所篡。后赖阮氏和郑氏襄助，后黎中兴，传至昭统即愍帝而终。

黎氏为帝包括前黎和后黎，凡 360 年（1428—1788 年），先后兴革之事颇多，学术、法律、农耕之事，都较前有所发展。但自中兴之后，皇帝为郑氏所胁制，造成有帝复有主的局面。皇帝徒具虚名，政权全操于主手。及至主业式微，则帝位也难保了。

第十一章　西山阮朝

（1788—1802 年）

一、西山阮朝建业

中国和我国纂修国史的人，常把那些帝王之家分为正统和伪朝。某家某姓，一是平乱开国，建立基业；二是世代相继，王统分明，臣民皆服；三是平乱安民，建业于中原之地，则认为是正统。而某家某姓，一是臣仆篡位，或是篡夺未能成功；二是称王称帝于山区或边地；三是外族入侵，占领国土称王称帝，则认为是伪朝。

今以上述原则来研究西山阮朝是正统或是伪朝，以便给予公平合理的评价，并使之与作古的英雄们的名号相称。

我国原是一个君主国家，君臣之义重于一切。然自黎朝中兴之后，阮氏雄踞南方，郑氏称主北地，上面虽还尊奉国王，而一切权力归于主家。在我国，有帝复有主，造成君不君、臣不臣的局面，此为一乱世。及至后来在南方有张福峦专权胡为，在北方则有骄兵作乱，杀害大臣，帝与主被迫对之屈身款待，廷臣对之束手无策，此又是一大乱之时。

此时，阮岳兄弟起自布衣，举兵于西山邑，反抗阮主，建业于归仁之地。虽对阮氏来说是一仇敌，然对南国而言，亦是一个立身于乱世的英雄。

至如阮惠，为西山阮朝的太祖皇帝，先前曾助其兄四次进攻嘉定之地，都获全胜，又破暹罗 2 万虎豹之师，打得他们仅剩残卒数百逃窜回国；后来出师北河，消灭郑氏，尊奉黎帝，重整朝纲。此真乃具有雄伟的魄力，而又深明大义者也。

然因黎朝皇帝懦弱无能，而当时廷臣又无具经纶之才者，致使郑檋与阮有整相继擅权，酿成变乱。尽管如此，当阮惠杀了武文壬之后，仍不忍灭掉黎朝，还设监国以守前朝宗庙。如此做可谓待黎氏不薄。

后来，黎昭统帝与皇太后赴中国求援。清帝乘此机会，以助黎为借口，欲夺南国，遂派兵将前来占据升龙城。当时按清帝的密旨，则我南国表面上虽未灭亡，而实际已沦入中国人之手。

国已失，则须复国，阮惠始登皇帝位，传檄各地，堂堂正正领兵出击，破清朝 20 万大军。清将孙士毅弃印信而逃，致使清朝君臣震惊，将士丧胆。此可谓我国空前未有的赫赫武功。

况且驱逐中国人复国称帝，有何不合道理之处？这岂不是要比李朝和陈朝趁幼君、女主之时而行篡夺更好一些吗？因此，有何理由称之为伪朝？何况之后清朝皇帝也承认阮惠称帝南国，并遣使按前朝旧例封其为安南国王，如此西山阮朝的开国何异于丁朝与黎朝的开国？

虽然不久之后西山阮朝发生内乱，阮朝世祖高皇帝重新复辟而使南北混一，但成败兴亡乃天命，且两英雄逐一鹿必以对方为仇敌。因此，若以尊奉本朝（指阮朝。——译者）之理而论之，则西山阮朝为伪，而若以公理而论，则光中帝阮惠是一位可与丁先皇、黎太祖媲美的君王，西山阮朝也是像丁朝和黎朝一样的正统王朝。

二、光中帝（1788—1792年）

阮惠（后改名阮光平）是一体力过人、有智谋通权变、料事如神之人，起兵于西山邑（属平定安溪县），助其兄阮岳建立大业，受封为北平王，驻于富春之地。

戊申年（1788年），清军借来助黎朝之名，占领升龙城，企图夺取安南之地，北平王遂登皇帝位，改元光中，然后领兵进攻敌人。

三、孙士毅领兵来安南

昭统帝曾数度企图复国，但都未成功，被迫栖身于谅江之地；而皇太后则携带皇子赴龙州，投诉于中国官吏，乞求援兵。当时两广总督孙士毅表奏乾隆皇帝，其大略曰：黎氏乃中国贡臣，今该国被贼破灭，嗣君之母妻款关乞援，情实可怜。且安南本为中国故地，若复黎之后，又得安南之地，尤为两得。[①]

乾隆皇帝从其言，遂命孙士毅发广东、广西、贵州、云南四省兵，前去征剿西山。孙士毅分兵三路：由云南和贵州总兵率一路军开往宣光[②]；由田州知府岑宜栋率一路军开往高平；孙士毅与提督许世亨率一路军开往谅山，三路大军约定日期进兵攻打安南。

西山之将吴文楚，在升龙闻报中国军队已临境，自料势力薄弱，不能抗御，遂率水陆军退保三叠山[③]至海滨一线，然后派人回富春告急。

孙士毅领兵至京北（北宁），昭统帝迎师，即随中国军队返回升龙。孙士毅驻营于珥河南岸沙堆上，于河上造浮桥以通往来，并分兵驻守各地。

次日，孙士毅举行典礼，宣读清朝皇帝敕书，封昭统帝为安南国王。

昭统帝虽已受封，但文书仍用乾隆年号。每逢朝会一毕，又

---

① 作者此处主要根据《伪西列传》，其原文是：孙士毅“遂上表略言：黎氏贡臣，该嗣孙例应承袭，不幸该国破灭，该母妻款关哀诉，情实可怜。清高尊览奏，语内阁大学士和珅曰：安南黎维祁虽未受封，然是应继之人，兹尚在国中图兴复，国人尚怀戴旧，亦有可了之理。阮惠恃强夺国，法所不容。已派广西兵以备调遣，若仍前猖獗，即率大兵四面会剿，明正其罪。著传谕士毅，先行檄送安南，俾咸知之。毅续奏：安南中国故地，若复黎之后，因以兵戍之，是存黎而得安南，尤为两得……”，即清廷出兵是企图占领安南之地。但这种说法却未在中国史籍中得到证明。大量中国史籍表明，当时清廷出兵，主要是“兴灭继绝”、“灭阮扶黎”，“原非利其土地”。——译者

② 昔时河江、老街、安沛等地，属宣光省管辖。

③ 三叠山，昔称三垂山，位于宁平和清化省接界处。

要到孙士毅营前去禀报军国机密。昭统骑马而行，相随侍候者约10名兵丁而已。士毅则傲然自得，对待昭统十分轻慢，有时昭统前来伫候，竟不让入营谒见，只派人站在铦架下传话说：无甚么军国之事，回宫休息去吧。

当时人们私下议论曰：我南国自有帝王至如今，未曾见过有何君王如此卑下。名为帝王而必须沿用清朝皇帝之年号，凡事亦须禀报总督，这与内属何异？

当时国王和朝臣凡事都依靠孙士毅，日夜只考虑报其恩怨，杀害前时追随西山之人。孙士毅则日益骄矜，麻痹轻敌，又纵兵丁抢掠民间财物，肆行骚扰百姓。因此，人心丧失净尽，无肯依之者。

四、光中帝大破清军

北平王闻报清军已进占升龙，立即召集将士议进兵出击之计，诸将咸劝请先正位号，以系人心，然后出兵。

北平王乃命筑坛于屏山，在戊申年（1788年）十一月[①]二十五日举行典礼，登皇帝位〔，改元光中〕。随即亲率水步大军前去攻打清军。进至乂安，驻师休息十日，以增选兵丁，计得兵十万，战象百余匹。

光中帝大阅军士，传谕人人应奋力平寇报国。然后引军北发，

① 阮惠称帝日期，据《伪西列传》等史料记载，当为戊申年十一月二十五日，但原文此处误作一月二十五日，今已改正。——译者

腊月二十日进抵三叠山。吴文楚、吴时壬[①]等皆出迎谢罪，禀称：中国军队势甚强，恐不能抗御，因退守险要之地。

光中帝对之笑曰：彼等前来送死而已。朕此番亲率大军，进攻方略已有成算。不逾十日，可逐清人。然虑及彼乃十倍于我国之大国，今一败之后，必以为耻，断不甘休。但两国交兵，亦非生民之福，故打完此仗，朕须赖〔吴〕时壬善于辞令以弭兵端。待十年之后，蓄威养锐，国力富强，吾何畏彼哉？[②]

光中帝令诸将士提前欢度春节，至除夕即发兵，予定正月初七日入升龙城再开筵宴庆贺。并传令三军听候差派[③]。

大司马楚、内侯璘将前军，为先锋。嘑虎侯将后军督战。

大都督禄、都督雪将右军[④]并水师，越海入六头江。然后雪则经略海阳，为东道之应，禄则取道谅江、凤眼、安世等地方，以遏截清兵归路。

大都督保、都督谋将左军[⑤]，统领象马军，走山道出击西面。谋穿出彰德县（今彰美县），取路直趋清池县之仁睦村，以横击田州军；保专统象马军由山朗县出清池县的大盎村，为左支之应[⑥]。

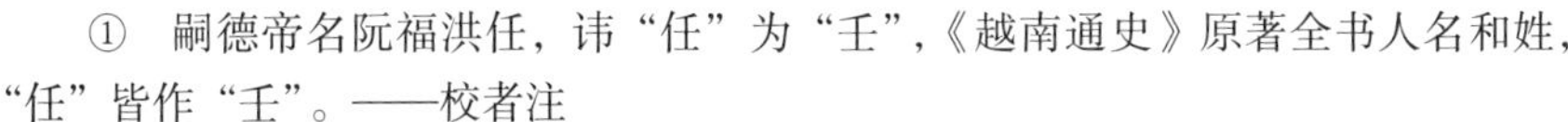

① 嗣德帝名阮福洪任，讳“任”为“壬”，《越南通史》原著全书人名和姓，“任”皆作“壬”。——校者注

② 以上这段话是作者糅合了《皇黎一统志》（361 页）和《伪西列传》中的记载编成的，并非出自一处，所引亦有出入。——译者

③ 此段材料，来源于《伪西列传》，其原文曰：光中“乃大飨将士，语之曰：今且先行元旦节礼，俟开春初七日入升龙城，再开筵宴，汝等各记我言诬乎否也？乃传令三军，听候差派。……”——译者

④ 按《伪西列传》所载当为左军。——译者

⑤ 按《伪西列传》所载当为右军。——译者

⑥ 按《伪西列传》所载当为“右支之应”。——译者

五军皆拜命，都已准备停当，至除夕即击鼓北发。当大军渡过涧水[①]，黎朝的一支义军先自溃逃。光中帝亲督诸军追至富川县，全部生擒驻扎于此的清朝军队，无一人逃脱，因此不能回去报信，使河洄和玉洄的中国驻军全然不知。己酉年（1789年）春正月初三日夜半[②]，光中军至河洄村，密围敌屯，以喇叭筒喊话劝降，敌军应者迭诺，近数万人。当时屯中的军士才知被围，惊慌失措，皆请投降，尽获其军资器械。初五日黎明，西山军进至玉洄村，中国军队弹射如雨。光中帝命人以木板三块紧拼在一起，外面裹以湿稻秆，然后命骁勇的军士每20人扛一块，每人腰插尖刀，并有20人手持武器随其后。光中帝骑战象督战，安南军冲至垒门附近，各掷木板于地，抽刀冲入乱砍，后续之军亦拥入参战。中国军队敌不住，奔溃四散，互相践踏。南军乘势长驱，连破诸屯，杀得清军尸横遍野，血流成河。其他诸路军亦获全胜。清提督许世亨、先锋张士龙（当为张朝龙之误。——译者）、左翼尚维升皆阵亡；田州知府岑宜栋驻于栋多[③]，遭安南军围攻，也自缢而死[④]。

孙士毅夜半闻报，惶恐万分，马不及上鞍，人不及披甲，即率骑兵数名，渡河北逃。各寨军士得知此讯，喧嚣散乱，夺路而逃，争相渡桥，顷刻桥断，落水溺死，珥河积尸为之不流。

① 涧水无疑即今宁平省与河南省交界的涧渡口。

② 原文作初五日夜半，按《伪西列传》所载当为“己酉年春正月初三日夜半”。今已改正。——译者

③ 在河内附近太和邑之旁。

④ 后来旅居升龙的华侨在帆行街之后岑公巷建祠奉祀岑宜栋，胡春香女士有绝句咏之：“翘首遥望匾高悬，太守祠堂立山巅。如我能变男儿汉，英雄事业反掌间。”

昭统帝也从孙士毅渡河，与皇太后及近臣数人一起逃往中国。云南与贵州一道兵初下山西[①]，闻孙士毅败讯，也撤军逃回。

是日光中帝督军与敌人战，所服御袍为火药所熏变为焦黑色，至中午进入升龙城，遣将领兵追清军至南关隘。谅山附近的中国人大为震骇，老幼扶携奔走，自关隘以北数百里，绝无人烟声息。

光中帝进入升龙城，下令招安，凡逃匿于各处的中国人出而服罪，都给衣服、饮食。又得孙士毅所弃印信，并于文牍中获乾隆帝密谕，其文曰："军宜缓行无急，先传檄为之先声，放黎旧臣回国，纠合义兵，寻黎嗣孙出头，与阮惠对敌，试看事态如何。若南国人心仍思黎氏，有我大兵开至，何人不效死力。阮惠必退避，我因乘此机使嗣孙追蹑，而以大兵继之，则不劳而成大功，此策之上也。如通国之人，左右袒各半，阮惠必不肯退师。我宜致书告以祸福之途，看其如何作答。俟闽、广水师放洋，先攻顺化、广南，即以步兵前进，阮惠腹背受敌，势必归服。此时我乘机施恩于两方：顺化、广南以南之地给阮惠，欢州、爱州以北封予黎朝嗣孙。我留驻大兵，以拑制双方，俟后别有处置。"[②]

光中帝将此密谕告于吴时壬曰："我看清帝敕书，不过欲借

① 从前富寿、永安之地属于山西省管辖。

② 见《伪西列传》，此处所引略有不同，兹将原文录出，以供参考："初，清帝遣毅出师，寻有密谕：缓行无急，先传檄为之先声，放黎故臣回国，寻黎嗣孙出头，与阮惠对敌。若惠退避，因使黎嗣孙追蹑，而以大兵继之，则不劳而成功，此策之上也。如通国之人，左右袒各半，惠若不退师，俟闽、广水师放洋，先攻顺广，即以步兵前进，惠腹背受敌，势必归服。我因而两存之，顺广以南割以栖惠；欢爱以北复以封黎。因顿大兵于其国，以遥制之。俟后别何处置。"——译者

〔存黎之〕名以取我国而已。今一败之后，必以为耻，断不甘休。两国交兵只苦百姓。因应以善辞令者，使其免于兵刀，此事赖卿主之方可。”[①]

吴时壬奉命修书，其大略曰：南国本不敢抗拒大国，只因孙士毅之失误而取败。今请谢罪并求讲和。

光中帝遣使持书赴清朝，并命人将俘获之清军集中一地安顿，供给粮食，以待回国之期。诸事安排就绪，即引兵南返，留吴文楚和潘文璘统理北城军国大事，而与中国交涉之辞令，则专委吴时壬与潘辉益自便处置，事无关紧，不必禀报。

五、光中求封

清帝闻孙士毅兵败，大怒，即降旨以阁臣福康安[②]代孙士毅为两广总督，率领九省兵马，前去经理安南之事。

福康安抵广西，听到安南军势甚强的风声，心中害怕，意欲讲和，遂派人持书前来谕以利害，并告以必须上表谢罪，始能停止干戈。

光中帝即命人以金银贿赂福康安，求为玉成，并遣其侄阮光显及陪臣武辉瑨赍贡品赴京城朝觐清帝，上表乞封。

---

① 材料来源于《伪西列传》，其原文如下：“及〔孙士〕毅狼狈北走，所带敕书遗弃于道，〔阮〕惠得之，语吴〔时〕壬曰：我看清帝敕书，不过视强弱为左右耳。存黎之举，非出本心，特假此为名，而实图自利而已。今一败之后，必以为耻，断不甘休。但两国交兵，亦非生民之福，今惟有善于辞令，方能弭得兵端。此事须卿主之。”——译者

② 福康安为满洲人，属黄旗营，原为清帝信用之宠臣。

当时，外官有福康安上奏予以帮助，朝内官员则有和珅[1]等作主张，清帝始肯听从讲和之议。和珅得到光中的金钱贿赂，以巧言说情，所言皆合清帝之意。清帝乃遣使封光中为安南国王，又降旨谕国王亲自入朝觐见。

光中帝便选一相貌与自己相像者名范公治，冒充国王，使其臣吴文楚、邓文真、潘辉益、武辉瑨等送至京城，入觐乾隆皇帝。除了照例应该携带的贡品之外，光中又另外加贡雄象两只，使中国方面驿递劳顿，沿途苦之。两广总督福康安和广西巡抚孙永清须伴送安南国王入京。

及抵京城，清朝乾隆皇帝信以为是真的阮光中，召至热河行宫入觐，行抱膝礼，如一家父子之情，并赐宴与诸亲王同席。及至陛辞回国，帝又命画师绘其传神之像以赠之，款待之礼甚厚。

六、黎昭统在中国受辱

昭统帝随孙士毅到广西南宁城，未几，清帝即以福康安代孙士毅。福康安欲与西山讲和，便邀请昭统到桂林。此时黎朝旧臣黎维袳、丁迓衡、丁令胤、陈辉林、黎允、黎灏、潘启德、闭阮恭、闭阮允等都陆续随昭统帝入谒福康安。

福康安任用丁迓衡为全州守备，潘启德为柳州都司，其余每人随便安置于一个地方。唯有黎维袳、陈辉林、黎允、黎灏回桂林，随从黎帝。

---

① 和珅亦为黄旗营满洲人，与福康安共同掌管远藩之事。

至己酉年（1789年）四月，黎朝君臣到桂林城，福康安托辞对昭统说：时值夏季炎热，出讨南方不便，待秋季凉爽即行起兵。国王宜督促属将以为前驱。然今尚请国王一时剃发易服，如中国人一样，以便回国之时，敌人无法认出。兵不厌诈，待大功告成，再按国俗穿安南服装。昭统未料福康安是欺骗自己，乃与各高官皆剃发易服。

福康安乃提本向清帝奏称："南国国王黎维祁无意再乞援兵，其君臣现已剃发易服，愿安居中国。因请罢征安南之兵。"[①] 在朝内又有和珅赞助，清帝乃降旨罢兵。

清帝既已从福康安、和珅之言，又封光中为王，即降旨召黎朝君臣至京师[②]。

庚戌年（1790年）春，昭统与相随诸官入京。乾隆帝安置昭统、太后及太子居于京城西定门[③]国子监胡同，门外题"西安南营"四字；其余相随安南官员居于东直门杨浦胡同，门外书"东

① 以上材料见《钦定越史通鉴纲目》，正编，卷四十，己酉年条，其原文曰："四月福康安回桂林，托言夏天炎暑，暂且休兵，俟秋调遣。又绐帝曰：师期不远，嗣王当亲率将属前导，但安南服色素为西山所侮，兵行诡道，不若薙发改装，以眩贼兵，俟复国后，仍从本俗。帝不虞其诈，遂勉从之。凡我国人前后至者，康安亦悉令薙发易服，即密奏言：黎嗣情愿安居中土，无意乞援，请纳西山使……"——译者

② 黎倘、郑宪等十人，后亦被福康安召至广西，强迫其剃发易服如中国人之样。黎倘说：公召我等前来未议何事，而劝我等剃发易服，究为何意？吾等头可断，而发不可剃，皮可剥，而服不能易！

福康安大怒，令将其全部解回燕京，行至山东适逢乾隆出游，帝垂问安南国王已遵清俗剃发易服，而何以此辈不肯？黎倘奏称：吾等万里相从，请按本国之俗面见国王，尔后遵旨。清帝赞其忠。然终因黎倘不肯剃发，按违命之罪长期监禁。

③ 似为安定门之误。——译者

安南营”。

昭统到京城数日，即见镶黄旗都统金简奉清帝之旨，封其为佐领之职，并颁与三品冠服。其他相随各官，则每人给银 3 两，米 1 石。

昭统帝痛恨为中国人所骗，遂与范如松、黄益晓、黎昕、阮国栋、阮曰肇、黎贵适、阮廷绵、黎文张、黎松、黎式等臣，歃血盟誓，拟冒死具表请求援兵。如不允，则愿得宣光、太原二省之地，归奉宗祀；若再不允，则请准予归国，入嘉定之地，与阮主共图复国。

表章草拟完毕，先面陈金简，金简不听，黎朝君臣伏地哭号。金简不得已而慰之，并称：先请回馆休息，容商量后作答。

金简遂与和珅共谋，分置安南君臣每人于一地，以免其号叫难耐。

至辛亥年（1791 年）四月，黄益晓被流放到伊犁；黎昕到奉天（满洲）；范如松到黑龙江（满洲）；阮国栋到吉林（满洲）；阮曰肇、黎贵适、阮廷绵、谭慎厂、黎文张到热河张家口（属直隶省）。只留范廷僖、丁迓衡侍奉黎帝。

昭统闻知此事，忧虑痛楚，心急如焚，次日晨骑马到金简府邸，为几个被流放之人喊冤叫屈，适值金简到圆明园朝见清帝，昭统追至园门，被守园兵丁阻拦不放入内。其时有随侍国王之人（马僮）名阮文涓者，见兵丁无礼，大怒骂曰：“汝等吴狗，敢辱我国王！”拾起砖头向他们砸去。他们围上来打文涓。文涓回城后成疾而卒。

自此之后，昭统心中忧愤，不敢再言请兵之事。到壬子年

（1792年）五月，皇子因染天花而卒。昭统因此哀痛病倒，病势日益严重，至癸丑年（1793年）十月薨，享年28岁。

清帝命以公爵之礼，葬于东直门外〔将台窝〕。

己未年（1799年）十一月，嘉庆年间，太后殂。

到壬戌年（1802年），我安南国阮朝世祖已一统南北，并有使臣前来求封，黎朝各官遂乘机上表请求将太后及故君之柩移葬回国。清嘉庆帝许之，并送所有追随黎氏国王来中国的安南人还国。

史籍记载：当改葬故君挖开坟墓之时，看见其皮肉俱已化尽，而心独不坏，血点鲜赤如生。见者莫不悲诧。不管此事真假如何，但想到当时昭统帝之情景，谁人亦为一国之君竟受虐待到如此地步而感到于心难安，其境遇真可写成一出令万世感到悲惨的悲剧。虽说是因黎朝君臣不善计谋而遭人欺骗，但亦应责备清朝皇帝和官员不善处置和薄待一个投靠其国的亡国之君。这也是专制时代的一种野蛮行为，致使人们的冤苦万世不能消除。

当把太后和昭统帝之灵柩送回安南之时，前曾隐匿于京北之地的皇妃即到关隘迎接，回升龙后亦绝食而死。

十一月二十四日，迎故君、太后、皇妃和皇子的灵柩，葬于清化的盘石陵。

七、光中帝的德行与胸襟

西山阮朝光中皇帝是一位英勇的君主，以武力建立帝业。但他颇有肚量，善于治国，深知重视文学贤才。当夺取北河之时，诸如吴时壬、潘辉益等人都得重用，特别是对待处士阮浃，则确乎是尤不寻常。

阮浃，字启颛，号月澳，别号幸庵。筑屋居于六年城，属今河静省罗山县，因此人们称之为六年先生或罗山夫子。光中帝领兵出征北河之时，得知阮浃声名，曾数度派人携带礼物邀请先生出来襄助，先生不受礼，亦推辞不肯出山。至光中已登基，复数度派人相请，先生曾去拜谒，并劝谏光中帝应以仁义而治民治国，见毕复请回乡。光中帝虽未能任用阮浃，但任何时候都敬之如师，国中政务常按其所陈之意行事。

八、光中帝的政治

光中帝虽已受清朝之封，但仍俨然以皇帝自居，立黎显宗之女玉忻为北宫皇后，立其子光缵为太子。又因义安城是国之中心，且为祖贯所在之地，便命工匠运石、木、砖、瓦，筑起楼殿，并命诸道军挖取石料以建内城，称为凤凰中都。改升龙城曰北城，分山南之地为二镇，称为山南上和山南下[①]。

每镇设镇守和协镇。每县，文则设分知之职，司诉讼；武则设分率之职，管兵粮之事。

九、官制

当时的官制未见史书详载，然散见于野史者则有：三公、三

① 山南上镇镇治在珠球，山南下镇镇治在渭潢。

少、大冢宰、大司徒、大司寇、大司马、大司空、大司会、大司隶、太尉、大总管、大董理、大都督、大都护等。又有中书省、中书令、大学士、协办大学士、侍中御史、六部尚书、左右同议、左右奉议、侍郎、司务、翰林等。

至若各路军兵，则设前军、后军、中军、左军、右军等。

十、丁田

丁分三项：2 岁[①]至 17 岁为未及格项，18 至 55 岁为壮项，56 至 60 岁为老项，61 岁以上为老饶项。

田也分为三等：一等〔公〕田，按例每亩纳粟 150 钵[②]，二等每亩 80 钵，三等每亩 50 钵。又收什物钱每亩 1 陌和券库钱每亩 50 文。

私田也要纳税：一等每亩纳粟 40 钵，二等每亩 30 钵，三等每亩 20 钵。什物钱按公田之例，券库钱每亩 30 文。

十一、学术

西山时代的公文常使用字喃。皇帝欲使安南人使用安南语文，以养成国家精神和写出独具特色的文章，而不必借用中国语文。因此，在科举之时，常命考官出字喃试题，并命考生以字喃作文

① 按《伪西列传》所载："九岁至十七岁为未及格项"，此言"二岁至十七岁为未及格项"，恐有误。——译者

② 据《钦定越史通鉴纲目》，正编，卷三十九注："官钵：七合为钵，每钵得粟八万四千籽。"——译者

答题。当时有许多人尚不了解此举的深远意义，而认为是西山帝以苛政压迫人民。

十二、修建庙宇

光中帝见每个村庄都有寺庙，而出家的僧徒大多愚昧无知，无有几人能通晓佛家高深之道，只借神圣之名愚弄百姓。因此下诏废除各村小寺，用其木料砖瓦在每府每县建造甚大且壮丽的寺庙，选用有学识有道德的僧人住持寺庙，敬奉佛祖。其余不称职的僧众迫令其还俗。光中帝认为，敬佛之地应是庄严的，而修行出家之人应是真修慕道之人方可。

此项改革甚有意义，然因此时战乱频仍，且西山朝维持帝位不久，致使未能取得什么功效。

十三、拟攻清朝

前此光中向清朝求和并接受其封号，主要是为了等待有足够力量之时而进攻。因此，自国内乱事平定之后，昼夜筹划进攻清朝。廷臣共议，应审核民丁确实数目，以选拔士兵。帝遂下诏命各镇重造丁册，人人都须编入簿籍。然后每人发给一牌，刻“天下大信”四字，其旁著姓名、贯址，并押手指印为记。任何人都须携带此牌，称为信牌。无牌者为漏民，罚充房役，并罪其总长、社长。因有此事，吏役勾结社长相与为奸：常入村围捕小民查问信牌，致使民间骚扰至甚，许多人被迫匿避山林而居。[①]

丁册编定后，每 3 丁抽 1 兵。

军队则分为道、奇、队。道统各奇，奇统各队。各奇各队均应按其所属系统，经常进行演习。

当时，中国有乌艚海匪，骚扰沿海，为清军驱逐，逃到我国请求归属，光中授乌艚之将为总兵，命其前去骚扰中国沿海之地。又有作乱于四川的天地会之人，光中亦收纳之，用以为将。

诸事都做了充分准备，到壬子年（1792 年）光中遣使赴中国求婚，并请将两广之地归还安南。此事虽非本意，然欲借此以探清帝之意。不料光中帝病卒，各官遂把求婚和请求归还土地之事压了下来，不使清朝知之[②]。

十四、光中帝驾崩

光中帝驾崩于壬子年（1792 年），在位 4 年[③]，寿 40 岁，庙号太祖武皇帝。

---

① 以上材料来源于《伪西列传》，其原文是："又以瀼江以北户口多隐占，不以实催集，簿民人给一牌，号曰信牌（著姓名、贯址，押手指为记。内印'天下大信'四大字）。无牌者为漏民，给充房役，而问罪其里长。吏役因缘为奸，四出搜捕小民，至有藏穴以避，不胜其苦。"——译者

② 阮惠企图侵略清朝之事，散见于《伪西列传》者有两处。其一处曰："惠移书两广总督，请申明故疆。广督以疆界已定，却其书。惠由是稍不平，励士卒，造船艘，阴窥觎两广之志。尝语将校曰：假我数年畜威养锐，吾何畏彼哉？"又一处曰："壬子，惠修表如清请婚，以探清帝意，亦欲借此为兵端。会遘疾不果行。"——译者

③ 据《伪西列传》载：壬子年"九月二十九日惠死。僭位五年，年才四十，太子光缵嗣伪位"。阮惠在位当为 5 年，与作者所说 4 年不同。——译者

当时朝臣裴得宣、陈光耀[1]、武文勇等拥立太子阮光缵继帝位，并遣使奉表赴中国告哀求封。表文诡言：光中遗嘱死后葬于北城附近之西湖，庶得近依天阙。清帝览表，信以为真，佳其忠，赐谥忠纯，并亲制诔诗一章，派广西按察成林赍往祭吊，且封光缵为安南国王。其祭文有云：

> 祝厘南极效忠，特奖其趋朝；妥魄西湖没世，无忘于恋阙。[2]

十五、景盛帝（1792[3]—1802 年）

光中帝驾崩之时，太子阮光缵年方 10 岁，朝廷尊立为帝，置年号曰景盛。后富春城失守，西山朝君臣逃到北河，又改年号曰宝兴。

景盛帝虽已继位，但无论何事都由太师裴得宣决断。裴得宣乃太后之胞兄，位极人臣，恣行威福，文武各官多有不服，因此后来朝中分党立派，大臣之间互相杀戮。况且当时又有阮朝世祖高皇帝，是一有才智的君王，立志复仇，因此西山朝基业未能维持许久而被推翻。

① 有的史书记载为阮光耀。

② 见《伪西列传》，作者在此所引为大意，今已据原文补正。——译者

③ 原文误为 1782 年，今已改正。——译者

第十二章 阮王统一南国

一、阮王映在暹罗 二、阮王回取嘉定 三、阮王在嘉定兴革诸事 四、开垦田土 五、贸易 六、百多禄与皇子景自法回国 七、阮王第一次攻打归仁 八、西山的势力 九、阮王第二次攻打归仁 十、阮王第三次攻打归仁 十一、西山军包围平定城 十二、阮王收复富春 十三、武性殉节 十四、镇宁之役 十五、阮王登尊位 十六、南军夺取北河

一、阮王映在暹罗

乙巳年（1785年）四月，阮惠破暹罗军队于美萩之地，阮王势孤力穷，被迫再次投依暹国，寄人篱下。及至诸将得知阮王居住暹罗之时，陆续前来拜谒，当时有旧臣名黎文勾[①]者率部下600人来归。暹罗国王让安南人另居一处，称为龙圻[②]，在望阁（Bangkok，曼谷）城外[③]。

---

① 《大南实录正编第一纪》，卷二，作黎文匀。下同。——译者

② 今在曼谷有一地方称为嘉隆村，即昔时阮王居住之地。

③ 据《大南实录正编第一纪》，卷二，阮王当时“驻跸龙邱（暹称芋原，在望阁城外）”。因此作者所言龙圻，恐为龙邱之误。——译者

阮王遂分派诸人前去做以下各事：有人种田生产稻谷，以供军饷；有人到各岛建造战船；有人则潜回嘉定招募义勇，以待复国时机。

当时，因有缅甸军队前来攻打暹罗，阮王与黎文勾、阮文诚等人率本部之兵参战，帮助暹国。阮王又有功于讨平常来沿海地区骚扰的马来人之寇。因此，暹国更加厚遇阮氏君臣。

二、阮王回取嘉定

当阮王尚栖留于暹罗之时，阮惠进兵北河，杀死郑楷，尊立黎帝，然后南返，受封为北平王，驻于富春。而阮岳自称中央皇帝，封阮侣为东定王，驻守嘉定之地。

然而为时不久，阮岳与阮惠不和。阮惠带领富春之兵包围归仁城，情势甚为危急。阮岳被迫召都督邓文真率领嘉定之兵前来救援。

自此之后，西山在嘉定的军势已弱，在各地更有许多追随阮主的党徒，起兵攻打，致使西山军日益难以防守。况且在西山兄弟之中，唯有阮惠一人最为英雄聪敏，已专守北方，而镇守南方的阮侣，是一庸才，致使西山在此地区形成衰弱之势。

当时，阮王居于暹罗，仍有人前来报信，知有夺取嘉定的机会，也知暹人援助无望，且生嫉妒仇视之意：如丁未年（1787年），葡萄牙人〔安尊磊〕赍国书来呈阮王，请许其带领果阿（Goa）[1]的兵和船前来帮助阮王。暹罗国王知道此事，颇为不满，

① 葡萄牙在印度的殖民地。

阮王被迫拒绝并谢葡萄牙人之恩。

及至得到嘉定之地可以攻取的消息时，阮王遂留下书信，辞谢暹罗国王，于夜半时分携王母及宫眷乘船回国。时在丁未年（1787 年）七月。

阮王行经古骨屿时，有清人名何喜文者，为天地会的党徒，带领数人来归。王至河仙，便命人送王母及宫眷到富国岛居住，然后与诸人进驻龙川。

此时，阮王所到之处，豪杰之士来归者甚众。又有西山之将阮文张，领兵 300 人、战船 15 只归降。至九月，王入芹蒢海口，军势大振。东定王阮侣惧甚，命太傅范文参留守柴棍城，而其自己则退屯属于边和的谅埠。

阮王命人伪造一封阮岳致阮侣的书信，信中告以应将范文参杀掉，又派人假装将此信误投于范文参处。范文参得此信甚为恐惧，立即回谅埠向阮侣分辩冤情，然而阮侣突见范文参领兵前来，且有白旗先行，以为文参已投降阮王，慌忙弃城逃回归仁，不久即病死。

范文参回守嘉定城，击败阮王的军队。阮王被迫退至美萩地区，只剩军队 300 人、战船二三十只，势力甚为薄弱。幸而募得几千高棉人，又有几批西山军归降，军势始稍振。

当时因赖有骁将武性之襄助，阮王又进攻回涡，范文参退保巴忒。

武性是边和人氏，其兄武仁为杜清仁部将。后杜清仁被杀，武仁收集东山军残部造反，攻打阮主，然不久亦被擒斩。武性始率其兄的东山余党，驻守于牛栏（属嘉定），后又驻于鹅贡，自称总戎，拥众数万人，西山军多次被其战败，尝相戒曰：“嘉定三雄，武性其一，不可犯也。”[①] 当阮王自暹罗回国之时，曾派阮德川前去劝谕武性相助。及至阮王驻回涡时，武性率部追击范文参，后至戊申年（1788 年）四月，始带领武文谅、阮文孝、莫文苏、陈文信等至行在谒见阮王。阮王甚喜，封武性为前锋营掌奇，并以其妹玉瑜公主妻之。武文谅等皆受封为该奇。

是年（1788 年）七月，阮王驻军于三埠，复命尊室会与武性领兵进攻西山督战黎文明于伍桥堡，烧毁其营寨，掳获将士甚多。又有阮王之将阮文义战败西山军于鹿野（即同犯[②]）。八月，阮王进入嘉定城，安抚百姓，修改法令，并封赏诸将士有差。

当时，西山太保范文参仍驻屯于巴忒；阮王命将扼守诸海口，不使西山军逃脱，然后遣阮文闲赴暹罗告捷；又派阮文仁和张福教前往富国岛，迎接王母及宫眷回嘉定。

至己酉年（1789 年），范文参在巴忒领兵乘船欲由海路回归仁，但阮王已派黎文勾、尊室会、武性、阮文张合兵攻之于虎洲，范文参军无法突围，又被迫退回巴忒。文参等不到援兵，料不能守，遂领兵出降，不久获罪被杀。

自此嘉定之地便全部归属于阮王了。

三、阮王在嘉定兴革诸事

阮王收复嘉定之后，制定法律，不准民间赌博，并严禁巫师

① 见《大南实录正编第一纪》，卷三：“武性与朱文接、杜清仁，人称三雄。”——译者

② 即今同奈。——校者注

跳神，以免百姓受其迷惑，确保淳风美俗。

阮王首先考虑的是整顿税务和农耕之事，以收取钱粮供养将士，并整饬武备。又设置会议堂，让文武各官于此会商军国大事，筹划进兵攻打西山。

四、开垦田土

当时嘉定之地分为藩镇、镇边、镇永、镇定四营，但因战乱不断发生，百姓饥苦，田园荒芜，粮食不足，阮王便命文臣郑怀德、黎光定、吴从周、黄明庆等共 12 人为田畯官，劝谕军民尽力耕种田地。自府兵到穷苦之人，皆令耕田。不愿耕田者，令其当兵，以代府兵。

至稻谷成熟季节，耕种平地（草田）者每人纳粟 100 箕[①]，而耕山地（山田）者纳 70 箕以上。纳足此数者，如系府兵可免一年军役，如为民丁则免一年徭役。未纳足此数者，不得享受此豁免之权。

又招募各地之民前来垦殖，称为田卒。田畯官以荒地分给田卒供其耕种。缺乏耕牛者，官亦给之，待到收获季节令其以谷偿还。

阮王还以耕牛和田器发给军民，令其开垦山地为田园，称为屯田。其收获稻谷所入之库，称为屯田库。

文武各官都要招募民众建立屯田队，每人每年缴谷 6 斛。百

① 每箕折合 42 碗。

姓能招募10人以上者，则令其任寨长，并免除其赋役。

阮王开垦嘉定土地之法，实属良策，使得昔时无人居住荒芜一片的南越之地，以后变成我南国的一个人口稠密和十分富庶的地区。此亦是阮福映的一大功劳。

五、贸易

阮王规定：凡客船载有钢、铁、黑铅、硫黄者，官买之，以作兵器，并根据货物之多寡〔等第，酌免港税〕，准许其运载稻米回国。因此客商也乐于运货前来贸易。阮王还令镇边营的官员按市价收购砂糖，用以向西方人交换兵器。

六、百多禄与皇子景自法回国

自甲辰年（1784年）冬百多禄带领皇子景与范文仁、阮文兼，乘船赴西方，渡印度洋到达印度的本地治里（Pondichéry），在此停留将近20个月，至丁未年（1787年）春，百多禄等人搭乘的船才驶入法国西部的洛里昂港（Lorient）。

百多禄领皇子景前去谒见法王路易十六。法王以国王之礼接待皇子，并授权外务大臣莫穆林（Montmorin）伯爵与百多禄商讨前去援助阮王事宜。

至1787年11月28日，百多禄与莫穆林伯爵缔结了条约，其大略内容如下：

1. 法国国王许诺支援阮王4艘战船和一支包括1200名步兵、

200名炮兵和250名非洲黑兵（Cafres）组成之军队，并装备足够的枪支弹药。

2. 由于法国国王有如此之援助，阮王必须将会安港口（Faifo）和昆仑岛（Poulo-Condore）割让给法国。

3. 阮王必须允许法国人在国内享有出入贸易的自由，除此之外不再允许欧洲其他任何国家之人前来南国贸易。

4. 当法国在东方需要水兵、步兵、粮食和船只的时候，阮王则应给予法国以充足的援助。

5. 阮王在复国之后，必须每年建造一艘与法国所援助的完全一样的船只，以奉还法国国王。①

条约缔结之后，法王下诏给驻印度本地治里城总督康韦（Conway）伯爵，令其经理前去援助阮王之事。

1787年12月8日，百多禄拜别法王路易十六，带领皇子景乘船返回南国。但行至本地治里城时，因康韦伯爵与百多禄不和，所以伯爵千方百计阻止对阮王的援助，并上表奏请法王停止进行此事，认为派兵救助阮王是十分困难和无利可图的。

法国朝廷接到康韦伯爵的奏疏，也颇感灰心，况且当时政府正因国内革命党人到处蠢蠢欲动而穷于应付，因此，遂搁置此事不再提及。

此亦因有康韦伯爵，而使援助阮王之事未获成功。后来富尔（Faure）在记述百多禄事迹时颇感惋惜地说："倘若当时法国政府

① 此条约现存巴黎外交部，并已详载于戈塞林（Gosselin）氏所著《安南帝国》一书。（此条约即《一七八七年越法凡尔赛条约》，中译全文见中国史学会主编：《中法战争》，第1册，第347—349页。——译者）

乐于帮助百多禄先生的话，可能这位先生远在18世纪之末已为法国在安南建立了保护制度，以避免后来必须用战争的方式才完成此事。”

百多禄见康韦伯爵不肯派出战船，即自行招募人众，购置船只和枪械弹药，携来援助阮王。

己酉年（1789年）六月，百多禄和皇子景乘“美杜莎”（Méduse）号战船返抵嘉定。各贩运枪支弹药的船只也陆续到达。

当时，法国人沙依诺（Chaigneau，阮文胜）即龙〔飞〕船主，瓦尼埃（Vannier，阮文震）即凤〔飞〕船主，戴福桑（de Forçant，黎文棱），维克多·乌离为（Victor Ollivier，信先生），达约（Dayot）① 等共约20人，随百多禄前来帮助阮王。阮王封其每人官爵，令其训练军士、造战船、铸枪械，并整顿武备。

自此之后，阮王的势力日益强大，将佐逐日增多，粮食充裕，军士善战，进攻西山已稳操胜券。

辛亥年（1791年）四月，庶妃于今西贡附近的新禄村生第四

① 《大南正编列传初集》卷二十八《百多禄传》附有从其来安南的阮文胜等人事迹，其略曰：百多禄“其徒有名幔槐者、名多突者、名吧呢�者、名乌离为者（即名信）、名黎文棱者，皆富浪沙（法兰西）人也。多突、吧呢咾、黎文棱、乌离为四人者，从百多禄自西来嘉定，愿留为臣仆，皆授该队。多突锡名震、吧呢咾赐名胜，均赐姓阮氏，历从征伐，管龙飞、凤飞二大船。历官至掌奇。明命初年以老请回国，许之。……”据此看，多突即为阮文震、吧呢咾即为阮文胜。但后来诸书对此说法颇有不同。本书以Chaigneau（又译塞玉或车柔）为阮文胜，而日人岩村成允《安南通史》（许云樵中译本第179页）和英人霍尔《东南亚史》（中译本上册第517页）皆以Vannier（全名是Philippe Vannier）为阮文胜，似Vannier与吧呢咾音近，当以此为是。至于本书以Vannier为阮文震亦与“多突”对音不合。《安南通史》与《东南亚史》（第513页）皆以Dayot（达约）为阮文震，则音近“多突”。——译者

皇子名胆，是为圣祖皇帝。至癸丑年（1793年）三月，阮王立皇子景为东宫，封元帅之职，领左军营。

七、阮王第一次攻打归仁

阮王收复嘉定之后，休养生息一年多，以整顿诸事。至庚戌年（1790年）四月，始命掌前军黎文勾领水步兵5008人前去攻取平顺，而以武性和阮文诚率兵为先锋。不久，阮氏军队夺得潘里之地并攻克平顺城。然因黎文勾与武性不和，阮王便命黎文勾留守潘里，而召武性和阮文诚回嘉定。黎文勾引兵进屯潘郎，被西山军前来围攻，乃派人召武性和阮文诚回兵相救，然武性不愿回，只有阮文诚前来解围，并同与黎文勾回守潘里。

黎文勾以此败为耻，称病不肯再理军务。及至回到嘉定，议罪当革除一切职爵，黎文勾遂服毒自杀。[①]

此次阮王攻打西山失利，况且此时正值七月，北风劲吹，因此阮王便传令撤兵返回嘉定，待顺风季节始领兵出战，故而时人称为“季候战”。

壬子年（1792年）三月[②]，乘南风劲吹之时，阮王乃命阮文张与阮文诚、达约（Dayot）与瓦尼埃（Vannier，阮文震）率领兵船自芹蒢海口出发，前去焚毁西山在尸耐海口（归仁海口）的水寨，然后返回。

---

① 黎文勾是一位在艰难时期追随和辅佐阮王的功臣，今亦不得好死。

② 《大南实录正编第一纪》，卷六，作六月。——译者

癸丑年（1793年）三月[①]，阮王留东宫镇守嘉定之地，命尊室会与阮黄德、阮文诚领步兵进攻潘里。阮王本人与阮文张、武性率水师攻打沿海各地。至五月，阮王战船进入芽庄海口，即登陆夺取延庆府和平康府，后又攻占了富安府。

水师方面，阮王大获全胜。而在陆军方面，尊室会仅夺得平顺府而已。阮王便命人传书催促尊室会应立即进兵与水师相会合，以便两面同时进攻归仁。

当阮王之军进至尸耐海口时，西山帝命太子阮宝领兵应战。阮王即密令武性领兵潜行，与尊室会和阮文诚之军相会合，以袭击敌后。阮宝军受两面夹击，不能敌，遂逃回归仁。自此，阮王的水军和陆军便得以联络相通。王便命尊室会、武性、阮黄德、阮文诚等进兵攻打归仁城。

阮岳被迫派人求救于富春。

当时，光中帝已驾崩，景盛帝即阮光缵遣太尉范公兴、护驾阮文训、大司隶黎忠和大司马吴文楚等率步兵17000人、象80只自陆路，并遣大统领邓文真率战船30余艘由海路，同时进发，入援归仁。

阮王见援兵已到，料不能敌，撤兵回延庆（即今庆和），后又回到嘉定。留下阮文诚守延庆，阮黄德守平顺。

到十一月，阮王又命东宫景和百多禄、范文仁、宋福溪前去镇守延庆城。

① 《大南实录正编第一纪》，卷六，作四月。——译者

八、西山的势力

范公兴等解围后，引军进入归仁城，占据城池，并尽籍没其府库。

阮岳见此，愤恚呕血而死。其在位共16年。

景盛帝在富春闻阮岳已死，即封阮宝为孝公[①]，食邑一县，号曰小朝，并命黎忠和阮文训留下守归仁城。

自此，西山诸将始较前更加活跃。甲寅年（1794年）三月，阮文兴率步兵犯富安，陈光耀围延庆城。

东宫派人赴嘉定求援，阮王即率大军前来解围。陈光耀撤兵而回。

阮王见西山的势力尚强，且又到北风季节，因带领东宫返回嘉定，留武性守延庆城。

乙卯年（1795年）正月，陈光耀又领兵进攻延庆，武性奋力拒战，光耀久攻不克。至二月，阮王留东宫守嘉定，自引水师救延庆。

当双方正交战于延庆之时，在富春西山朝各大臣之间，相互杀害，酿成内讧。

缘自光中驾崩之后，景盛帝继位，然大权全操于太师裴得宣之手，许多官员对之不满。乙卯年（1795年）裴得宣命吴文楚前去北河代替武文勇。文勇返富春，行到黄江驿[②]，遇中书令陈文纪

① 原文为宪公，但据《伪西列传》当为孝公，今已改正。——译者

② 有的地方载为汉川驿。

因犯罪被发配至此。文纪因正恼恨裴得宣，便怂恿武文勇曰："太师位极人臣，令谁生则生，逼谁死则死；若不早除之，将不利于社稷。公宜早图之。"[①]

武文勇向来信任和敬重陈文纪，今闻此言，听信之，就回去与范公兴、阮文训共谋，乘夜领兵包围裴得宣府邸，捕之下狱，又使阮文训入归仁捕得宣之子裴得宙，并使人赴北河，矫诏令节制阮光垂（阮光缵之弟）械送吴文楚回富春。

武文勇等人遂罗织这些人企图造反的罪名，都溺杀之。景盛帝不能制，但涕泣而已。

其时陈光耀正围延庆城，闻报大惊，对其诸将曰："主上不是刚强之人，使大臣相杀。若其内不安，何能外攻他人。"[②]

光耀遂解围撤军而还。当回到归仁时，阮文训先来谢罪。陈光耀不之问，引军至安旧村，屯于江之南岸。

武文勇与内侯赐亦领本部之兵屯于江之北岸，依恃君命而与陈光耀相拒。

景盛帝忧惧，派官往来劝解双方，陈光耀始率左右入见，遂与武文勇等人讲和。

自此，陈光耀为少傅，阮文训为少保，武文勇为大司徒，阮文名（一作阮文赐）为大司马，名曰四柱大臣。但为时不久，有

---

① 见《伪西列传》，作者在此所引与原文略有不同，原文曰："辰奉政陈文纪有罪配驿所，密〔武文〕勇曰：太师位极人臣，擅作威福，将不利于社稷。若不早图，后悔何及！……"——译者

② 见《伪西列传》，原文是："光耀方围延庆，闻报大惊，语其下曰：'主德不刚，大臣相杀，变之大也。内变不定，何以御人？'"——译者

人进谗言中伤，陈光耀被收去全部兵权，仅保有朝中本职奉侍而已。自此之后，西山的势力日益衰弱；在上则皇帝年幼无知，没有足够的权威以调遣诸官；在下则将佐因嫉妒仇视之心而千方百计互相残杀。因此，当阮王从南方来攻之时，无须花费多大功夫，即可立下大功。

九、阮王第二次攻打归仁

自从陈光耀军解延庆之围回富春后，阮王也撤军返回嘉定，筹备军粮，并派人四出查访，以招募人众进攻西山。

至丁巳年（1797 年），阮王留尊室会守嘉定，而与东宫景督舟师伐归仁。又命阮文诚与武性攻富安。

阮王舟师行至归仁，见西山已有防备，料不能克，便攻广南。过了几个月，因军需不足，命班师返回嘉定，留阮文诚和邓陈常守延庆城。

十、阮王第三次攻打归仁

阮王回嘉定后，一方面派阮文瑞赴暹罗，请求该国国王派兵走万象之路，或攻顺化，或打乂安，以拦截北河援军进军之路；另一方面遣兵部参知吴仁静出使清廷，探访诸情。

戊午年（1798 年），小朝阮宝愤恨景盛帝阮光缵占夺其归仁之地，欲弃之而投降阮王。景盛帝知其谋，即遣将擒阮宝，押回溺杀之[①]。

又有人进谗言说：小朝之变，为镇守黎忠所酿成。景盛帝召黎忠回富春，命武士缚而杀之。不久，少傅阮文训亦被杀，自此西山将士心灰意冷，有许多人归顺阮王。

当时，黎忠之婿黎质，本是一个以善战驰名之人，官至大都督；及至见西山帝因疑忌而杀害功臣之时，遂投归阮王。阮王重用之，授将军之职。

阮王见西山的势力已衰弱，至己未年（1799 年）三月便举大兵伐归仁。四月，阮王水师进至尸耐海口，命后军武性、右军阮黄德领兵登陆，进驻于竹溪。就在此时，钦差前军掌奇阮文诚率步兵攻占了富安，然后进兵接应武性之军。

至五月，阮王之军进围归仁城。在富春的西山帝命陈光耀和武文勇领兵赴援。但行至广义遇阮文诚之军已扼守于石津，因此无法通过前去救归仁之急。

据史书记载：当武文勇一路军行至蒸舍并驻扎于此时，夜有一麋鹿从林中跑出，有人见之大喊：昆狔（越语麋鹿。——译者）！西山军误听为：同狔兵！人人惊恐逃窜。西山各队兵以为是阮王军队已来围攻，皆溃散。阮军乘势追击，造成西山军大败[②]。

① 关于小朝之死，《伪西列传》记载：“戊午，小朝宝袭取归仁，遣人通款于我。我师未至，缵发兵围其城，擒宝归，酖杀之。”《伪西列传 · 阮岳》亦云“酖杀之”。——译者

② 以上材料见于《伪西列传》，其原文曰：“光耀、文勇率兵船赴援，至广义间，我兵已登陆据险。耀在石津山外，勇率兵从蒸舍间道行，谋袭我军后。夜有一麋（俗号昆狔）逸出，前道兵呼噪，误传为同狔兵，遂惊溃。我兵乘之，勇兵自相蹂躏，死者甚众。”按越语鹿称 Con nai，音昆狔；同狔（Đồng Nai）为南越的一省名，今亦译同耐，意为“鹿野”，因两者音、义相近，故有此误。——译者

归仁镇守黎文清见援绝，且城中粮食已尽，遂与诸将开城门投降。阮王领兵入城，便改其城名曰平定。

西山帝闻归仁失守，举大兵进驻茶曲（属广义），督诸将进兵攻打阮氏军队。但因当时逆风，水战不便，诸将皆请姑且还师。景盛帝乃留阮文甲守茶曲，陈光耀与武文勇守广南。

阮王也班师回嘉定，留武性与吴从周守平定城。是年（1799年）百多禄从征，死于尸耐海口。阮王将其灵柩运回，厚葬于嘉定，封其为太子太傅悲柔郡公。

十一、西山军包围平定城

当阮氏军队围攻归仁城之时，西山帝命陈光耀和武文勇领兵赴援，然因文勇军不战自溃，以致兵败。此事为文勇之罪，但赖有光耀隐其事，无人知之。文勇感此恩，便与光耀结为生死之友。

当时在富春，有许多人憎恨光耀，欲借此机而推罪于光耀，就奏请皇帝派人持密诏与武文勇，令其杀死光耀。武文勇得此诏书，即交与陈光耀看。光耀大惊，立即引兵回富春，驻于香江之南岸，声言诛君侧之乱臣贼子。西山帝派人前去讲和，但无人敢去。后来不得不逮捕几个人执送光耀，光耀始肯入觐。景盛帝也以善言谕之，劝其当为国家而同心勠力。

光耀恸哭拜谢，并请与文勇领水步兵收复归仁城。

至庚申年（1800年）正月，陈光耀和武文勇之军迫近归仁城。武性坚壁自守，不肯出战。光耀派人在城周围修筑堡（长）垒，并分兵四面包围。文勇则率大船2艘及战船百余艘扼守尸耐海口，并于海口之两岸修筑屯垒和设置大炮，以防阮氏的水军。

阮王闻知西山军围平定城，即举大兵赴援，命阮文诚率领黎质、阮廷得、张进保分作三路，攻取富安的会安堡，又引军进屯于柹野（属平定）。阮王自率水师至归仁，停泊于尸耐海口外。当时，阮文诚的步兵与阮王的水师不能相通，因此救援未获功效。

至辛酉年（1801年）正月，阮王命阮文张、宋福梁领前路军攻打西山的水屯，又命黎文悦、武彝巍领水军继进，攻打尸耐海口。武彝巍中弹阵亡，黎文悦奋力冲击，尽烧西山的船舰。

西山之将武文勇被迫放弃尸耐海口，领兵与陈光耀相会合，以防守各处。

阮王既克尸耐海口，派人回嘉定报捷，使各地将士皆知之。

是年，东宫景病疹痘薨于嘉定，享年22岁。1月之后，第二皇子名曦亦薨于延庆，送其柩回嘉定葬之。

十二、阮王收复富春

阮王在尸耐海战取胜后，便命阮文张领水师进攻广南、广义。又因西山军围归仁城甚为严密，无法攻之，即派人潜入城中，令武性和吴从周弃城而出。然而武性复信曰：西山之精兵全部集中于归仁，因请勿急于考虑解围之事，而应速去夺取富春，则更胜一筹。

阮王就留阮文诚与陈光耀、武文勇相拒，而自率大军攻打富春。

当时西山朝的局势已混乱不堪：在乂安，则有阮王之将阮文瑞和刘福祥引万象之兵来攻；在清化，有藩臣何功泰起兵策应阮氏；在兴化，更有土司潘伯奉起而作乱。北河各镇因宗教问题而发生骚乱，天主教的各道长和道徒也蜂起帮助阮氏；民间因遭官军骚扰欺压，人人怨恨。在富春，皇帝懦弱无能，而诸大臣之间则互相猜忌，互相屠杀，政治方面无任何兴革可言。因此，人民皆寄期望于阮主，有歌谣曰："祈天快快吹南风，为送阮主满帆来。"[①]

阮王见人心已不再归顺西山，便领兵进攻富春，至五月（1801 年）水师进入思容海口。西山之将为驸马阮文治，领兵竖屯栅据守龟山。阮氏的前军攻之不能克。阮王命黎文悦和黎质率水兵袭击其后。阮文治弃屯而逃。阮王军遂进溴海口（顺安海口），然后引兵攻打富春城。西山帝御驾亲自领兵拒战，双方战至正午，西山军溃散。阮王军进兵追击，遂收复了都城。时在辛酉年（1801 年）五月初三日。

阮王进入富春城，张榜安民，即派黎质率步兵追击西山军，命阮文张领水兵拦阻于灑江，以截西山军北逃。又命范文仁守溴海口，刘福祥领兵走甘露道至万象，传告诸芒人严守要路，不使西山军逃出。

十三、武性殉节

陈光耀和武文勇正围攻归仁城，闻知富春失守，即遣将领兵赴援，然而行至广南，遇黎文悦军拦路截击，西山军被迫折回。

---

① 据《伪西列传》载："北城忠义多航海投诚，为官兵出力。诸镇人民每见南风起，辄相庆曰：旧主来矣！"作者所引，或出于此。——译者

自此之后，陈光耀昼夜不停奋力督军攻城。城中阮王军食尽，不能继续防守，镇守武性即修书派人递交陈光耀曰：“吾身为主将之本分，理当冒死旗下，而将士无罪，不宜杀害之。”

之后，命人取稻草堆于八角楼下，倒进火药，投身其中自焚而死。协镇吴从周亦仰药自尽。

陈光耀进入归仁城，释放全部将士，并命人殓葬武性和吴从周，然后遣大都督张福凤和司寇定率兵由上道回援富春。行至中途粮绝。张福凤归降阮氏，而司寇定则败逃，死于芒蛮之中。陈光耀又命黎文恬攻富安，亦无功。

当时，陈光耀虽已夺回归仁城，然而一方面有黎文悦和黎质的军队自广南、广义来攻，另一方面又有在尸耐海口的阮文诚军攻击，而南面还有在富安的宋曰福、阮文性军出击。三面受敌，西山军必须尽力抵抗，以待北河的军队前来救援。

十四、镇宁之役

自富春失守，景盛帝日夜兼程，奔往北河，改年号为宝兴，并传檄各镇以取援兵，又遣其弟阮光垂领兵马入据乂安。至十一月，西山帝亲率北方四镇和清化、乂安之兵共3万人，开至瀘江。又命将率战船百余艘守日丽海门。当时，陈光耀之妻裴氏春也率手下5000人从征。

掌中军平西大将军阮文张与宋福梁、邓陈常同守瀘江，见西山兵势甚盛，退保洞海。阮王闻此讯，即亲督大军前去接应，命范文仁、邓陈常领兵守陆路，命阮文张守海面。

壬戌年（1802 年）春正月，西山帝命阮光垂进军攻打镇宁垒，屡攻不下。西山帝已决定撤兵还，然裴氏春不从，固请麾兵督战。自清晨战至傍晚，双方不分胜负。忽闻西山水师在日丽海门（洞海海口）已为阮文张所败，西山军惊溃，其将阮文坚投降阮氏。

西山帝率残军北逃，留阮文慎守乂安。

阮王在镇宁城既破西山军，即领兵返回富春，留中军阮文张守洞海，宋福梁和邓陈常守瀶江。

陈光耀和武文勇在归仁获悉西山军败于镇宁，料无法抵抗，至壬戌年（1802 年）三月便放弃归仁城，领兵象从上道经哀牢出乂安，以与西山帝会合，重议攻守之计。

十五、阮王登尊位

阮王自嘉定起兵之时虽已称王，但仍遵循旧时各主惯例未置年号。至今已收复富春城，声势浩大，北破西山大军，南取归仁城。当时安南之地，从瀶江以迄嘉定，像从前一样又重新归于阮氏。各亲贵都请阮王置年号，并登至尊之位。

壬戌年（1802 年）五月，阮王始筑坛祭告天地，设朝以受百官朝贺，并置年号曰嘉隆元年。

十六、南军夺取北河

阮氏已登基称王，便遣郑怀德和吴仁静赍贡品及清朝所赐西山的敕印，前去呈献清廷并求封。又决定御驾亲征北河，命阮文张领水兵，黎文悦和黎质领步兵，水步两路一齐出发。

六月，步兵已渡瀘江，进屯河中，水军进入会统海口，攻破西山各屯垒。乂安镇守阮文慎弃城退守演州之仙李堡。

当时，陈光耀由哀牢道至归合州，下香山县，闻阮军已破乂安，遂与其妻裴氏春回清彰县，军士多散去，不数日夫妻二人都被生擒。武文勇逃至农贡，也为土民所捕获解纳阮军。

阮朝大军浩浩荡荡而前，夺取了清化，所到之处，西山军不战自溃，仅一个月的时间，已抵升龙。

西山帝自度势不能支，便与其弟阮光垂、阮光绍及其臣仆都督秀、阮文赐等数人渡玛河北逃，但行至凤眼地界，为当地村民擒获。阮光垂自杀，都督秀及其妻亦自刎。其余西山朝君臣数人，都被槛送升龙。[①]

西山朝起自戊戌年（1778 年）阮岳称帝于归仁，至壬戌年（1802 年），共计 24 年。但阮岳只称帝于广南、广义以南之地而已，自富春以北，则属于黎朝。至戊申年（1788 年），光中称帝，驱逐清军，收复北河，改革政治。自此，南国始属于西山阮朝。

如此从戊申年（1788 年）算起，至壬戌年（1802 年），则西山朝仅称帝 14 年而已。[②]

---

① 关于西山阮光缵等人所终，《伪西列传》记载如下：壬戌年“六月十六日，光缵自度势不能支，与其弟光垂、光绍及司马阮文用、阮文赐、都督秀等渡玛河北走，至昌江夜驻，村民谋劫之。光垂自缢，秀及其妻亦自缢，缵为凤眼民（名褛詹）擒获，槛送北城”。兹录以备考。——译者

② 关于西山朝的起止，《伪西列传》有如下记载，兹录出以供参考：“西山兄弟分治不相统摄，伪岳以戊戌起癸丑止（凡十六年）；伪惠戊申起壬子止（凡五年）；伪缵癸丑起壬戌止（凡十年），通算共二十五年。然自已酉黎亡，惠始据有其国，以是年算之，至庚戌光缵被俘，只十四年。”——译者

在多年之内南征北讨，无几时停息战争，因此西山朝无法进行什么兴革建树。况且后来光中帝驾崩之后，皇帝懦弱无能，官吏冗滥、贪墨，政治腐败，民心怨恨，人人皆思能有一个安居乐业之盛世。因此，当阮朝世祖高皇帝举兵北上之时，人心顺服，时仅一月而平定北河之地，江山遂告一统，南北一家，使我国成为南方的一大国。

前阮（西山）世谱

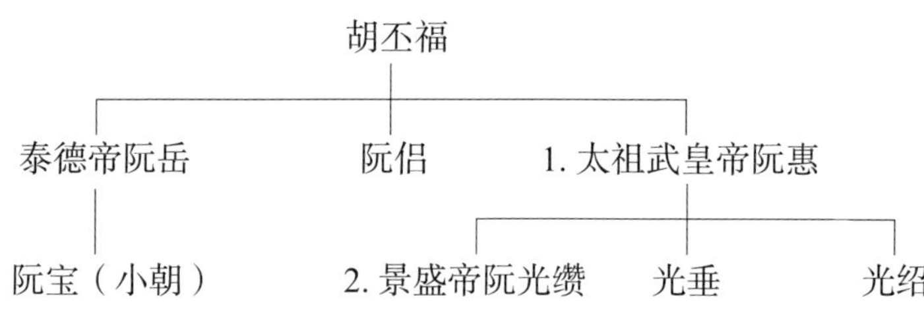

第五卷

近今时代

阮朝（1802—1945年）

第一章　阮世祖

（1802—1819 年，年号：嘉隆）

一、世祖称帝号

世祖起兵与西山相拒于嘉定之地，自戊戌年（1778 年）起，计达 24 年，始能消灭西山朝，收复阮主昔时的旧江山，并使南北重新合而为一。当武力平定之后，世祖即称帝号，建国号曰越南，奠都富春，即今之顺化城。

世祖夺得北河之后，即下诏豁免百姓一年税收，并封赏诸将士。又封黎氏、郑氏子孙爵位，给其田土，免其徭役，使此两姓之后裔得以奉祀其祖先。

之后，世祖改北河为北城，置总镇，召镇守归仁的阮文诚前来充任此职，管理诸事。又置三曹，即户曹、兵曹、刑曹，命阮文谦、邓陈常、范文登充之，以襄助阮文诚。

至壬戌年（1802年）七月，世祖车驾还京，押解西山朝君臣至太庙前，行献俘之礼，然后尽法惩治之。又命人掘泰德帝阮岳和太祖阮惠之墓，捣弃骸骨，幽其头于狱室。

西山朝的文臣如吴时壬、潘辉益已归降，都被押回京师，后又解至北城，鞭笞于文庙〔奉天府学堂〕之前，而后释放。当时，吴时壬因前与邓陈常有嫌隙，在文庙被鞭笞之时，邓陈常使人将其打死。

世祖论罪、赏功毕，即考虑兴革诸事。筑勤政殿以设常朝，太和殿设大朝；又命军民修筑京城和皇城，同时修建诸营镇的城池。

虽然世祖自壬戌年（1802年）已建元登至尊之位，但至甲子年（1804年）即嘉隆三年，清朝皇帝始遣使封其为国王，而至丙寅年（1806年）才行即皇帝位之典礼于太和殿。制定朝仪，每逢望日（即阴历十五日。——译者）和初一日，则设大朝；初五、初十、二十和二十五日，设小朝。[①]

世祖平定了西山之时，国内政治腐败，风俗败坏，一切都须重加整顿。因此，世祖在内则整顿法律和各项政务，同时革除不良风俗，禁止民间借神佛之事而大吃大喝，严令官吏不得滋事扰民。在外，则力图与中国、暹罗和真腊交好，使当时的越南国内外都获安定。

① 见《大南实录正编第一纪》，卷二十九。原文是："定朝仪：月以朔望设大朝于太和殿，六品以上具大朝冠服朝拜；初五、初十、二十、二十五等日设常朝于勤政殿，四品以上具常朝冠服朝拜。诸城营镇，朔望日，各于行宫望拜。"——译者

二、朝政

在宫内，皇帝不立皇后，而只设皇妃和宫嫔之位。皇帝驾崩之后，嗣君登基，始尊其母为皇太后。

朝廷的官制，大体沿用黎朝的制度，但废除参从和陪从之职，即古时的宰相。诸事皆由六部主之。各部以尚书为首官，下设左右参知、左右侍郎以及各属官，如郎中、员外郎、主事和八、九品书吏等。

吏部管理铨选文官、颁赏品级、考核功状、封赐爵荫、草拟诏敕诰命和编制各级官吏的册籍等。

户部管理丁田赋税、金钱流通、仓库积蓄、货物贵贱等。

礼部管理朝会、庆典、祭祀、尊封以及科举方法，旌表耆老、节义，封谥人臣等。

兵部管理铨选武官，校阅军士，调遣军队戍守或征战，拣选兵丁，考核军中的功过。

刑部管理刑名法律，检查奏表，重审可疑的重罪案件，细察徒刑监禁之事。

工部管理建造宫殿、官署，修筑城池，开凿壕堑，修造船舶，制作样品，雇用工匠，购置物料等。

除六部之外，还有都察院，以劝谏皇帝并弹劾各官。各科给事中和各道监察御史都统属此院。院内以左右都御史和左右副都御史为首。

当时，世祖又设漕政，管理运输和征收海船赋税。以漕正使和漕副使为首。

当时从南至北各地方，划分为23镇和4营。自清化外镇（即今之宁平）以北，称为北城，管辖11镇，分为内5镇：山南上、山南下、山西、京北、海阳；外6镇：宣光、兴化、高平、谅山、太原、广安。自平顺以南，称为嘉定城，统辖5镇：藩安（嘉定之地域）、边和、永清（即永隆和安江）、永祥、河仙。

至于国土之中部地带，则设清化镇（包括清化内镇和清化外镇）、乂安镇、广义镇、平定镇、富安镇、平和镇（即庆和）、平顺镇。京畿之地领4营：直隶广德营（即今承天）、广治营、广平营、广南营。

北城和嘉定城都设总镇和副总镇，管理诸事。各镇则设留镇或镇守、该簿、记录，以管理镇中政务。

镇又分为府、县、州，置知府、知县、知州领之。

在乂安、清化和北城内5镇，任用黎朝旧臣为官，治理之。而北城外6镇，则将统治权交付当地的土豪。

三、兵制

世祖平定西山之后，即颁赏诸将士，封赐并修祠庙祭祀阵亡者。至于年老体弱的兵士则许其解甲归田。又制定挑选兵丁之法：规定自广平至平顺各镇，三丁抽一；自边和以南，五丁抽一；自河静以北至北城内5镇，七丁抽一；而宣光、兴化、高平、谅山、太原、广安外6镇，则十丁抽一。

在京城之地，设亲兵、禁兵、精兵。亲兵每卫有500人，并有 50 人演习军乐。各镇则设奇兵、募兵。又制定兵弁班例，即各兵丁分作三番，二番回乡，留一番值班，彼此轮留替换。

兵器则使用剑槊、马刀，并有铜制大炮，称为大炮铳，小铳称石机鸟枪，即放射时摩擦火石燃火。在京城设立三所射场，以供军士练习射击。

在各港口，都筑屯架炮防守之，并检查往来的外国船只。

我越南国有许多海域需要防守，因此世祖留心于整顿水军之事：选取海滨之人送至广德营和广南营，编成六卫水师，驻在京城。至于各海口，每地派有一奇水兵把守。皇帝还建造了一种外面包铜的大船，往来巡防海面。

四、财政

丁税、田税都重加厘定。田税分为三等：一等田每亩每年纳粟 20 升；二等田纳 15 升；三等田纳 10 升。秋田每亩纳 10 升。

丁税规定，自乂安至清化内、外镇，每丁每年缴纳：

身税：1 贯 2 陌

缗钱：1 陌

脚米：2 钵

北城内 5 镇和奉天府[①]，每丁每年缴纳：

① 即今怀德府。

身税：1 贯 2 陌
缗钱：1 陌
调钱（杂役）：6 陌
脚米：2 钵[①]

北城外 6 镇，每丁每年缴纳：

身税：6 陌
缗钱：1 陌
调钱：3 陌
脚米：1 钵

减税之例：税例虽规定如此，但某年某地歉收，如遭蝗灾、大旱或水淹等，则国家按照受灾大小而减收百姓之税。稻谷十分损失至四分者，减税二分；损失五分者，减税三分；损失六分者，减税四分；损失七分者，减税五分；损失八分者，减税六分；损失九分者，减税七分；全部损失者，则全免其税，或者国家抽取民丁前去筑路、挖河、修建城池等，则亦得减税。

税期：皇帝根据各地方的情形而定税期。自广平至平顺每年收税一期，从四月起始至七月收完。自乂安至清化外镇以及北城

① 见《大南实录正编第一纪》，卷三十四："定北城内五镇及怀德府庸缗调钱脚米税额（壮项民岁输庸钱一缗一陌，缗钱一陌，调钱六陌，脚米二碗。民丁半之。职色各部院司三品以上官员子、首合、在家饶身、饶荫、旧黎六品以上官员、进士、造士、乡贡及各色兵丁、宫监、驿夫并将为外销差项复其身。四品至七品官员子、旧黎三品以上官员子税视民丁项，余别并各项税视壮项）。"——译者

诸镇，每年收税两期：夏季起自四月至六月收完；冬季起自十月至十一月收完[①]。

丁簿：规定每五年编制一次丁册，村内上自敕职下至军民，均须入册。从 18 岁以上，59 岁以下者，都必须申报入册。

田簿：各村秋田，夏田，两造田，属于何等，多少亩、分、尺、寸，坐落何处，东西四至，均须注明。每村必须编制三本田簿，每五年修订一次，呈户部加盖钤印，一本留部以备查考，其余两本退省，省留一本查照，尚有一本退还民社存留。

禁卖公田：自黎朝灭亡后，有的地方之民社将公田变为私田，有的地方竟将其典卖。因此嘉隆二年（1803 年）皇帝制定条例，禁止民社买卖公田、公土，除非社村某时有某项公用之需，始准其典押，然以三年为限，必须归还。过期不还者，罪之。

抽产物税：嘉隆二年（1803 年）规定：乂安桂户每年缴纳各种桂 120 斤，清化桂户缴 70 斤，皆免除其身税。凡找到玉桂者必须报官，发给凭证始得采伐。采得玉桂一半纳官，一半留给找到玉桂之人。

嘉隆四年（1805 年）规定前往广南所辖各海岛采集燕窝者，每人每年纳税 8 两燕窝，可免其兵役。

至于香、参、席、木等税，都另有规定，以钱或以产物缴纳。

世祖还规定向各国前来贸易的船舶收税，按照船舶的大小而规定其纳税之数。

---

① 见《大南实录正编第一纪》，卷二十六。原文曰："定征收租税程限：广平至平顺，岁一征，以四月起七月毕；乂安至清化外，岁两征，夏税四月起六月毕，冬税十月起十一月毕。又戒督征者毋得额外诛求，违者罪之。"——译者

铜矿、锡矿、锌矿，也准许中国人开采，以抽矿税。

铸钱：嘉隆二年（1803 年）在北城开铸钱场，铸造铜钱和锌钱，又铸出金锭、银锭、金两、银两，以便于国内商业流通。

每枚锌钱重 7 分，一面印“嘉隆通宝”字样，另一面印“七分”字样，1 贯钱重 2 斤 10 两。

北城的金价，规定 1 两黄金换取 10 两白银。

后来，在嘉定城和各镇增开铸钱炉。

量尺：世祖制造出一种丈量土地的铜尺，一面刻“嘉隆九年秋八月”七字，另一面刻“颁行度田尺，工部堂敬造”十字。又重新准定从前丈量土地的方尺，制造出铜尺，一面刻“嘉隆九年秋八月”七字，另一面刻“颁行度田旧经尺[①]，工部堂钦造”十二个字。

衡制：嘉隆十二年（1813 年）制造出平天衡，颁给各营各镇，以称铜、铁、锡、铅和各种物产。至于黄金和白银则用中平衡称之。[②]

五、公务

世祖重新修筑道路，疏浚河流，修筑堤防，以便于民间谋生。

---

① 《大南实录正编第一纪》，卷四十一，嘉隆九年“八月，敓度田经尺于中外。经尺旧黎所制也，行之既久，民间常用之。嘉隆五年始用中平尺，其制稍长，以故度田亩数多差殊者。帝命访求经尺得于嘉林古灵（社名）民家，遂如式以铜（重斤十二两）为之，颁送诸城营镇。其公私田土以前业用中平尺勘度者，修簿存照，嗣有争地界诉隐漏及报垦者，以经尺度之”。——译者

② 见《大南实录正编第一纪》，卷四十六：“制平天、中平二号衡。凡铜、锡、铅、铁各项，以平天衡秤之；金、银以中平衡秤之。”——译者

官路：国内道路，对于政治甚关紧要，因此世祖规定各镇各营的官吏必须修筑官路，令所在百姓铺路架桥，每筑路15000丈，发给稻米10000方。[①]

又自南关隘（属谅山）至平顺，每4000丈设一驿站于官路之傍，以供官客来往休息。共98站。

自平顺至南面的河仙，则走水路。

河流和堤防：河流和堤防，对农耕关系甚大，世祖因命各镇官吏疏浚河流和海口，尤其在北城，应该认真保护堤坝：没有堤坝的地方应加筑之，毁坏之处必须重加修复。在各镇还设贮藏稻谷的仓库，以备遇到歉收、饥馑之时，取米赈济百姓。

六、法律

原先仍沿用黎朝法律，但今阮朝已一统南北，世祖便命廷臣制定详尽的法律，以便于统治。辛未年（1811年）命阮文诚为总裁，负责编纂律书。阮文诚等以黎朝洪德时旧律为主，并参照大清律而编成一部律书，共22卷，398条。[②]

至乙亥年（1815年），刊印此律书颁行各地。这部律书虽说根据洪德律，然其实是照抄大清律，只多少做了些修改而已。

① 方为量米的容器。根据《大南实录正编第一纪》，卷二十七载："敕自今京外支发粮米，米一方以十三升（当十三碗）为准。"——译者

② 据《大南实录正编第一纪》，卷四十五载，398条中，包括名例45条，吏律27条，户律66条，礼律26条，兵律58条，刑律166条，工律10条。——译者

七、学术

其时靠武功建立基业，故朝中首要之官，为五军都统，且南北两城总镇也全是武官。但是世祖深知，治国必须文武兼备，所以日夜思虑国内学术科举之事。

世祖在各营各镇建立文庙，奉祀孔子，以表尊崇儒学。在京都设国子监，教授各官和士子之子弟。开乡试选拔有学问的人出仕做官。

在各镇增设督学之职，任用黎朝科榜出身之士管理教育。

世祖甚至关心到地舆和国史，因命兵部尚书黎光定稽考国内自谅山至河仙各镇各营的山川险易、道路远近、河海流域、桥梁、市街、风俗、土产情形如何，编成《一统舆地志》一书进呈。至丙寅年（1806 年）此书编成，共 10 卷。[①]

辛未年（1811 年）世祖命官寻求讲述黎朝和西山朝故事之野史，以重修国史。

当时用国音字写文章亦颇盛行。朝廷偶而也用字喃撰写祭文。掌前军阮文诚任北城总镇主祭时所宣读的祭将士文，不知为何人

① 《大南实录正编第一纪》，卷三十载："《一统舆地志》成。先是，〔嘉隆〕帝命兵部尚书黎光定稽考通国图籍，自京师以南至河仙，北至谅山诸城营镇道（广德、广南、广义、平定、富安、平和、平顺、嘉定镇、藩镇、镇边镇、定永镇、河仙、广治、广平、乂安、清化、清平、北城、山南上、山南下、山西、京北、海阳、安广、太原、兴化、宣光、谅山、高平），凡山川之险易，路数之远近，疆域之界限，河海之源委，以至桥梁、市店、风俗、土产，一一登载，厘为十卷，书成，光定奉表以进。"——译者

所作，然实为出自大家手笔的好文章。又有小说故事如阮辉似的《花笺》、礼部右参知阮攸[①]的《翠翘传》，也在此时问世。

《翠翘传》是一部非常好的文学作品，对当时的人情世故和各种情景都描写得淋漓尽致，刻画入微，而且文笔骚雅，用语趣味横生。按照今天的话来说，《翠翘传》确乎是我国的一部文学巨著。

八、与中国的交涉

当世祖消灭西山阮朝并夺得北河之地后，遣兵部尚书黎光定为正使赴中国求封，并请改国号为南越，因取安南之南，越裳之越，故名。然因古时赵朝南越之地包括两广，因此清朝便将越字改在上面，称为越南，以免与旧名相混淆。

至甲子年（1804 年）清朝遣广西按察使齐布森前来宣封。之后，世祖遣黎伯品充正使携带贡品前去致谢，并且从此之后照例三年一贡。

贡品为：

黄金：200 两

白银：1000 两

绢、纨：各百匹

犀角：2 座

---

① 阮攸为河静省宜春县仙田村人氏。

象牙、肉桂：各 100 斤[1]

九、与真腊和暹罗的交涉

原先在黎朝之时，阮主仍保有对真腊的保护权。后来该国国王匿螉尊[2]为其兄弟所迫，不得不分其权为三，而以匿螉荣为第一国王〔正王〕，匿螉尊自己为第二国王〔二王〕，其弟匿螉深为第三国王〔三王〕。不久，匿螉荣杀害匿螉尊和匿螉深，使王权归于一己。

当时阮王还驻跸于嘉定，即命杜清仁前去讨伐匿螉荣，并拥立匿螉尊之子匿螉印为王。匿螉印其时年仅 8 岁。阮王命胡文璘留下保护之。但当嘉定之地失守时，对真腊国的保护权遂归暹罗国。

丙辰年（1796 年），匿螉印卒，传位于其子匿螉禛。暹罗王遣使来封，这样真腊王便臣服于暹罗王。

至丁卯年（1807 年），匿螉禛又弃暹罗而请求臣服于我越南皇帝，并按例进贡，每三年一次。

贡品是：

高 5 尺之雄象：2 头

犀角：2 座

象牙：2 只

---

① 见《大南实录正编第一纪》，卷二十三。——译者

② 参阅本书第四卷第六章。

砂仁丹：50 斤

豆蔻：50 斤

黄蜡：50 斤

紫梗：50 斤

黑漆：20 瓶[1]

匿螉禛有3位弟弟，名匿螉原、匿螉林（Lem）[2]、匿螉𪓟，欲夺其兄王位，便到暹罗求助。暹罗强迫匿螉禛请分土地于其诸弟。匿螉禛不肯从，暹罗军遂来攻打罗壁城。匿螉禛逃到新洲，上表求救。当时嘉定城总镇阮文仁，便将此事奏报朝廷。

辛未年（1811 年），世祖遣使携带国书前去谴责暹罗国滋事。次年，暹罗国王遣使复信称：此来欲为匿螉禛兄弟讲和，非有他意。因此听凭越南处置，暹罗亦表顺从。[3]

癸酉年（1813 年），世祖命嘉定城总镇黎文悦领兵万余人，与暹罗国使臣会合，送匿螉禛还国。

暹罗虽不敢抗拒，但仍驻军于北寻奔省（Battambang，马德望），声称留此地以封匿螉禛诸弟。黎文悦修书谴责暹罗此举，暹

① 见《大南实录正编第一纪》，卷三十三。原文是："真腊匿螉禛遣其臣屋牙位奔沥来请封。帝许之，命兵部参知吴仁静为正使，永清记录陈公檀为副使，赍敕印封禛为高绵国王（银印镀金驼钮，宣封在罗壁板城，礼部撰宣封仪注，颁行之）。定三年一贡，以是年为始。（贡品：雄象二匹、犀角二座、象牙二枝、乌漆二十坻、豆蔻、砂仁、黄蜡、紫蚁、陈黄各五十斤。使部正、副各一，以四月抵嘉定，城臣委送来京。行随人等，陆程十人，海程二十人。）"——译者

② 据《大南实录正编第一纪》卷四十一所载，当为匿螉俺。——译者

③ 见《大南正编列传初集》，卷三十一，《高蛮传》，原文是："此来欲为禛兄弟讲和，非有他意。禛不自知，弃国内投，凭信天威处置惟命。"——译者

军乃撤还。

黎文悦奏请修筑南荣城（Phnom-penh，金边）和卢淹城。此二城筑成，世祖便命阮文瑞领兵1000驻守保护真腊国。自此，保护真腊之权又归于我国。

十、与红毛国（英国）的交涉

癸亥年（1803年），红毛国（即英吉利）遣罗伯特（Robert）为使，携带方物来献，并请求准许其在广南所属的茶山开设商馆。世祖不接受其物，亦不准其开设商馆。后来红毛国人还曾持书来过两三次，[①] 但世祖仍执意却之不受。

十一、与法兰西国的交涉

对于法国人，世祖则另眼相看，因其在艰难之时，赖有百多禄带领皇子景前去求救于法国。虽然事未成功，然百多禄曾率数人前来襄

① 如《大南实录正编第一纪》，卷二十四载：甲子年（1804年）“红毛遣使献方物，表求通商，又请留国人于沱瀼，往来商卖。帝曰：先王经理天下，夏不杂夷，此诚防微杜渐之意也。红毛人狡而诈，非我族类，其心必异，不可听其居留，厚赐遣之，却其所献方物。其后会商重（红毛官名）等再三奉书邀请，帝终不允”。该书卷三十三又载：丁卯年（1807年）“红毛人稽黎缗商船泊于沱瀼，命户部参知黎日义、监城使陈文学往察其来意。谕之曰：红毛人不知礼律，汝等此行宜宽以待之。寻送来京，令阮文震、阮文胜、黎文棱与之话，稽黎缗表言：船长押勃蔑陵前商嘉定，多以枪炮市于官，今诎于财，乞增其值。帝曰：化外狡商，既以穷乏为辞，朝廷富有四海，岂足与之较乎？命给番银二万四千八百余元，遣之”。可为二例。——译者

助。及至平定之后，尚有沙依诺（Chaigneau）、瓦尼埃（Vannier）和德斯皮奥（Despiau）在朝中做官，世祖亦颇优待之，拨给每人50名勤务兵，并在临朝之时免行跪拜之礼。

况且在世祖称帝越南之时，拿破仑一世（Napoléon I）任法国国王，正与各国交战，因此法国船只不常来往于远东。及至拿破仑失势，旧王朝的后裔中兴，当时战争已经平息，则始有船只前来东亚贸易。丁丑年（1817年），巴尔葛里·萨热公司（Balguerie Sarget et Cie）的"和平使者"（La Paix）号商船运载货物前来销售，但因这些货物不适合越南人之用，不得不原货运回。世祖豁免其税。此年六月，法国兵船"西贝勒"（Cybèle）号驶入沱瀼海口。其船长德凯加里翁（De Kergarion）伯爵称：法国皇帝路易十八世派其前来，请求履行百多禄于1787年缔结的条约，割让沱瀼港和昆仑岛[①]。世祖派官前去答复说：此条约从前法国并未履行，今已作废，不应再提及。

己卯年（1819年），三桅商船"玫瑰"（Rose）号和"亨利"（Le Henri）号驶入沱瀼港。此次所载货物已能销售，并运回茶叶和丝绸。同年，沙依诺（Chaigneau）告假三年，携带妻子儿女乘"亨利"号返回法国。

十二、杀害功臣

功臣如阮文诚和邓陈常等人，都在世祖在位之时被杀害。

① 原文如此。前文为"会安港口（Faifo）和昆仑岛"，与此处不一致。——再版注

阮文诚原籍承天，但迁居嘉定已有两三代了。从世祖起兵攻打西山之时就相追随，历尽千辛万苦。后来出击西山于归仁，立下大功，为功臣之首。

当世祖夺取了北河之后，即召阮文诚任总镇，交其治理，只消几年工夫，北河之地就得到安定。后来回京，任掌中军之职。

阮文诚有学识[①]，因此被朝廷任命为编纂律书和国史的总裁。

阮文诚之子阮文诠，考中举人，常喜作诗，以与文士交游。当时闻知清化人阮文奎和阮德润以博学善辞章著称，文诠便写诗一首命〔其门下〕阮张效送上，邀他们前来游玩。诗曰：

闻道爱州多俊杰，虚怀侧席欲求斯（思）。
无心久抱京山璞，善将（相）方知冀北骑（骐）。
幽谷有香千里远，高岗鸣凤九天（皋）知。
此回若得山中宰，佐我经纶转化机。[②]

---

① 据《大南正编列传初集》卷二十一《阮文诚传》载：文诚“状貌魁伟沉毅，好读书，善武艺。……”——译者

② 见《大南实录正编第一纪》，卷五十一。又，香港中文大学新亚研究所东南亚研究室1965年刊行的潘叔直《国史遗编》（第90页）也载有阮文诚被害事及其子阮文诠诗（与作者所引有不同），兹抄录如下，以供参考：嘉隆十五年“下中军阮文诚于狱。诚自辛未年居京奉侍，其子诠中癸酉科乡贡（号贡巴），尚公主，乘时骄侈，阴有异志，尊扶皇孙应和公（美堂），以清化人张劝及笔山人参陪仪为家客。劝、仪因忤意得罪，奔左军黎文悦，阴以诠所作诗檄，招谕北方豪杰示之，构成诠罪。诠坐处决。于是左军记录贵与劝等，奏诚植党拒命。诏收诚朝服，下狱监槛，诠以诗贻亲故云，……北海伏龙千里远，朝阳鸣凤九皋知，此回收得山中宰，赞我经纶转化机”。——译者

此诗不过是少年人说狂话而已，不料阮张效将其送交阮祐仪看，祐仪挑唆阮张效到黎文悦处告状。黎文悦素与阮文诚有仇〔不相协〕，今见此诗，拿去奏告皇帝，皇帝下令逮捕阮文诠下狱。当时许多朝臣折罪于阮文诚。一日罢朝，阮文诚跪拉皇帝的衣襟而哭道："臣自少长追随以至今日，自本无罪，今乃为所构陷，陛下忍坐视众人杀臣不少垂解救乎？"[①] 世祖猛拉衣服进入宫内，自此禁止阮文诚朝参，并命黎文悦审问阮文诚之子，逼其低头认罪。阮文诚畏罪仰药自尽，其子阮文诠被处斩。

邓陈常，彰德（今河东省彰美县）人氏，有文才，躲避西山，迁入嘉定，襄助世祖，官至兵部尚书。后因在封典工作上舞弊，将郑氏之将黄五福列入福神，朝廷论其罪当斩。但后来又获释放。邓陈常素与黎质有嫌隙，因此黎质翻出其任北城兵曹时抑占潭池、隐没丁田等事[②]，罗织成罪，又将他逮捕入狱，并处绞刑。

相传邓陈常在狱中曾用字喃作《韩王孙赋》，以汉代的韩信自比。[③]

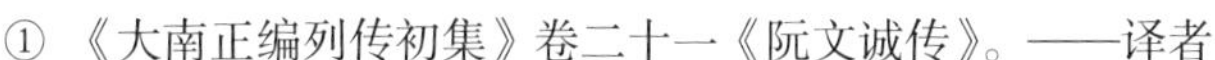

① 《大南正编列传初集》卷二十一《阮文诚传》。——译者

② 《大南正编列传初集》卷二十七《邓陈常传》载：黎质"及镇北城，闻常前修开神敕，在城隐匿黄五福南侵之罪，混列祀典。又以所亲奸开为福神，与礼部参知阮嘉吉扶同冒给封敕……刑部议常与嘉吉俱坐斩监候，既而得释，留居于京。质又言：常在城多不法抑占潭池，隐没丁田税例，请逮治，复当死罪"。——译者

③　邓陈常，又作邓廷常，前引《国史遗编》（第 90 页）载其事如下："兵部尚书邓廷常，有罪系狱，由不出田租，为豪民所控，解京下狱，并收朝服，常怏怏不得志，径出不逊语，作《韩王孙赋》以自状，上恶之。"该书（第 93 页）又载：嘉隆十五年"九月（二十六日），杀尚兵邓廷常，中军阮文诚自死。先是刑部奏案，上命黎贵杰覆审，乃赐二人药各一汤，并红巾各一幅，短剑各一把，迫之自死。皇太子固谏不允。锦衣卫奉赐，常曰：我不须药，不须巾，请就正法。遂斩之。诚遂仰药死"。——译者

十三、世祖的功业

世祖是一位具有才智的国君，聪明睿智，在长达24年的时间之内，与西山相抗，经历了无数艰难险阻，任何时候都未曾灰心丧气，而仍一心一意思虑复国大业。世祖又颇具创大业者之美德，知人善任，使豪杰之士人人都忠心耿耿为之效命。因此，他不仅恢复了旧业，而且还统一了山河，进行诸项改革，使当时的我国成为一个空前未有的强大国家。

世祖之功业可谓大矣，其才智可谓高矣！但可恨的是，当大功告成之后，他不但没有保全功臣，而且还借微不足道的细事小过杀害有功之人，使后世之人视此，不由得联想到汉高祖，并为昔日专制时代的那些沉迷于功名二字之人，喟然长叹和无限惋惜！

世祖崩于己卯年（1819年），在位18年，享寿59岁，庙号世祖高皇帝。

第二章　圣祖

（1820—1840年，年号：明命）

一、圣祖的德行和胸襟　二、国内政治　三、内阁　四、机密院　五、尊人府　六、官制　七、各省设总督、巡抚　八、各官俸禄　九、养廉钱　十、学术、科举　十一、书籍　十二、移风易俗　十三、养济所　十四、丁田与赋税　十五、武备

一、圣祖的德行和胸襟

庚辰年（1820年）正月，皇太子讳胆继位，改元明命。

圣祖是一个资质明敏的国君，性好学且勤于政事。凡事必亲躬处理，有朱批之后方能实行。

圣祖精通儒学，崇尚孔孟之道，不喜欢耶稣教，认为它是一种左道，借天主之名而迷惑民心。因此，他严禁并惩治那些信奉耶稣教的教徒。

后来不少历史学家以个人的私见而认为圣祖是一个暴君，我觉得这种看法不合公平之理。

须知我南国自古至今，凡事皆以儒教为依据，以三纲五常为

处世之根本。君臣、父子、夫妻，为我国社会所固有的伦理。谁若违背这些伦理，则被视为非人。因此，儿子必须服从父亲，臣子必须服从君王，违之者即犯重罪当斩。

当时我国上自帝王官吏，下至庶民，人人都以为这种思想是合理的，是最完美的，而看到有人竟放弃这种理想而改信异教，传播当时尚没有几个人能够清楚了解的教义，则必然认为他们是信奉左道，破坏自己固有的淳风美俗。因此，皇帝才加禁止，不准国人信奉新教。

如圣祖那样严刻的一位皇帝尚不能禁绝新教，则必然是要用杀伐。而在如此禁和杀的时候，他仍以为是他作为君王应做的本分之事，决不知是做了有损人民和国家的事情。

况且，任何时候也是如此。大凡人们崇信某种宗教，则必然认为自己所信的宗教较好，并且认为信奉别的宗教的人仇视自己，一旦有了权势，无论如何也要设法压迫异教徒。正因为这个道理，从前西班牙（I-pha-nho）国[①] 国王腓力二世（Philippe II）和法王路易十四世（Louis XIV）杀害了国内的许多人。无疑当时这些国王也认为自己所作所为是正确的，而不知其是不合理的。

杀害教徒虽非善事，但须知当时我越南人的智力尚不知天主教的宗旨为何。所以，即使不是圣祖，而是别的皇帝也难免有杀害此教教徒的过失。

治史者又把杀害阮文诚之过转嫁于圣祖，但阅《〔大南〕实

---

① 越南称西班牙为衣坡儒国，见〔日〕岩村成允著，许云樵译:《安南通史》，第 236 页。——译者

录正编》和《大南正编列传》等书，只见记载：阮文诚获罪仰药自尽于嘉隆十五年，并非圣祖在位之时。至于黎文悦和黎质之案，实有肚量狭窄之过。但是在此二人死后，因黎文偍谋乱始追究其罪而立案，此二人在世之时，圣祖虽有怀疑之心，然仍待之不薄。

圣祖诛杀其嫂即皇子景之妃与诸侄事，不见任何书记载，只听有些人如此传说而已。此事虚实如何，不得其详。

至于不谙与外洋各国外交之事，并非圣祖一人之过。当时我国无论何人也只知中国为文明之国，其余则被视为蛮夷。倘若当时有人知道而说天下还有许多文明国家，也不为人们所相信。因此，一见外国人进入我国，便害怕其滋事和传播新教，还怕其传播野蛮风俗，所以不愿与任何外国人交往。这样，岂应只责怪他一人？

我认为史学家的义务，应做详尽的考察和研究，然后根据事实来说话，不应根据自己的好恶而妄下判断。即使自己所厌恶之人某事做得对，也应赞扬之；而自己所钟爱之人某事做得不对，则同样应贬谪之。圣祖为一专制君王，必然也难免有许多过失，做过许多残暴之事，但仔细进行研究，则知他也确有为国之心。对内，兴革诸事，使其井然有条走上正轨；对外，讨暹平寮，使国家不致处于软弱地位。

因此，心平气和而论，圣祖虽够不上英君明主，然也并非平庸之君王，只要看其所建功业，便可知其详。

二、国内政治

圣祖年已 30 才登基称帝，故对朝政颇为谙晓。无论何事他皆欲知之。有时罢朝之后，他召唤几位大臣与之研讨治理之道，并垂询古代事迹以及异国人物和风俗。他勤于政务，有时秉烛夜阅表章疏奏至二三更，才肯寝息。圣祖常谓诸官曰：人心思治，不欲滋事生变，然年富力强之时不有所建树，而至年迈力衰之时还能有何作为！故朕不敢有一时之懈怠。[1]

在朝中，圣祖增设诸寺和各院。此时内阁和机密院最为重要。

三、内阁

世祖之世已设侍书院作为宫中机要之地，以备皇帝咨询，并负责草拟表、册、制、诰、章、奏、敕、命等文牍，大体上类似于皇帝的秘书室。

明命元年庚辰（1820 年），圣祖改侍书院为文书房，至明命十年（1829 年）改为内阁，任用各部院的三四品官入阁，管领诸事。

四、机密院

甲午年（1834 年）即明命十五年，因军国机要之事至关重要，圣祖始参照宋朝的枢密院和清朝的军机处而加斟酌损益，设置机密院，交付其专门的职责。充任该院之职者为大臣四员，文武自三品以上，奉旨选用之。属员有员外郎、主事、司务、编修，都从各部、院选出充补。机密院诸大臣奉特旨佩带金牌，以与其他

① 见《明命政要·勤政篇》。

各官相区别。金牌之制自此始。

五、尊人府[1]

丙申年（1836年）即明命十七年，圣祖设尊人府，并任命官员以管理皇族内诸事。

皇室奉祀祖先有七庙：左面诸庙称为昭，右面诸庙称为穆。昭和穆各支子孙应能分辨其所属之支。

设尊人令一人，左右尊政二人，左右尊人二人，以管理皇族诸事和分辨昭辈、穆辈之嗣；记录皇族诸人的亲疏辈分，供养爵禄；又设左右尊卿二人，左右佐理二人，管理尊室诸人的次秩和供养孤幼，帮助其婚丧之事等。

六、官制

圣祖重新修订官制品级，自一品至九品，每品分为正和从两级。

正一品

文：勤政殿大学士，文明殿大学士，武显殿大学士，东阁大学士。

武：五军都统府都统掌府事。

从一品

① 前引《国史遗编》作宗人府。——译者

文：协办大学士。

武：五军都统府都统。

正二品

文：尚书，总督，左右都御史。

武：统制，提督。

从二品

文：参知，巡抚，左右副都御史。

武：掌卫，轻车都尉，都指挥使，副提督。

正三品

文：掌院学士，侍郎，大理寺卿，太常寺卿，布政使，直学士，通政使，佥事，府尹。

武：一等侍卫，指挥使，亲禁兵卫尉，领兵。

从三品

文：光禄寺卿，太仆寺卿，通政副使。

武：兵马使，精兵卫尉，亲禁兵副卫尉，副领兵，骁骑都尉，驸马都尉。

正四品

文：鸿胪寺卿，大理寺少卿，太常寺少卿，祭酒，郎中，侍读学士，少佥事，太医院使，漕政使，府丞，按察使。

武：管奇，二等侍卫，兵马副使，精兵副卫尉，城守尉。

从四品

文：光禄寺少卿，太仆寺少卿掌印，给事中，侍讲学士，京畿道御史，司业，祠祭使，管道。

武：副管奇，宣慰使，骑都尉。

正五品

文：鸿胪寺少卿，监察御史，翰林院侍读，员外郎，长史，祠祭副使，御医，监正，漕政副使，督学，副管道。

武：三等侍卫，亲禁兵正队长，防守尉。

从五品

文：翰林院侍讲，翰林院承旨，庙郎，监副，副长史，副御医，知府。

武：精兵正队，四等侍卫，亲禁兵正队长率队，宣副使，飞骑尉。

正六品

文：翰林院著作，主事，同知府，经县，知县，医左院判，五官正。

武：五等侍卫，锦衣校尉，精兵正队长率队，土兵正队，助国郎。

从六品

文：翰林院修撰，知县，知州，庙丞，学正，通判，土知府，医右院判。

武：亲禁兵正队长，恩骄尉，土兵正队长率队。

正七品

文：翰林院编修，司务，录事，监丞，监灵台郎，教授，经历。

武：亲禁兵正队长，内造司正匠，精兵正队长。

从七品

文：翰林院检讨，医正，精灵台郎，土知县，知州。

武：精兵队长，奉恩尉，驿丞，从七品千户，内造副司匠。

正八品

文：翰林院典籍，训导，正八品书吏。

武：正八品队长，正八品百户，驿目，正八品正司匠。

从八品

文：翰林院典簿，医副，从八品书吏。

武：从八品队长，从八品百户，承恩尉，从八品副司匠。

正九品

文：翰林院供奉，正九品书吏，太医医正，寺丞，府吏目。

武：正九品队长，府隶目，正九品百户，正九品匠目。

从九品

文：翰林院待诏，从九品书吏，省医生，县吏目，正总。

武：从九品队长，从九品百户，县隶目，从九品匠目。

七、各省设总督、巡抚

原先我国分为诸镇，设置镇守或留镇官，管理镇中事务。自嘉隆时代以后，在北城和嘉定城设置总镇和协镇，管理整个地区的军民事务。

至辛卯年（1831 年）即明命十二年，圣祖始仿清朝之制，改镇为省，并设置总督、巡抚、布政使、按察使和领兵等官职。

总督管理辖区之内的兵民事务，考核官吏，维护疆界；巡抚则管政治、教育和维护风俗；布政使管赋税、丁田、丁壮以及传达朝廷之恩泽或禁令使各地知之；按察使管刑律并兼管驿站邮传；领兵专管士兵。

自巡抚以下都必须听从总督的命令。通常是有许多重要事情的大省才设置总督，可管辖两三省。其余小省，则只设巡抚以为该省之首官。[①]

八、各官俸禄

己亥年（1839年）即明命二十年，圣祖定各官年俸和春服钱：

正一品：钱400贯，谷300方，春服钱70贯。

从一品：钱300贯，谷250方，春服钱60贯。

正二品：钱250贯，谷200方，春服钱50贯。

从二品：钱180贯，谷150方，春服钱30贯。

正三品：钱150贯，谷120方，春服钱20贯。

从三品：钱120贯，谷90方，春服钱16贯。

正四品：钱80贯，谷60方，春服钱14贯。

从四品：钱60贯，谷50方，春服钱10贯。

正五品：钱40贯，谷35方，春服钱9贯。

从五品：钱35贯，谷30方，春服钱8贯。

正六品：钱30贯，谷25方，春服钱7贯。

从六品：钱25贯，谷22方，春服钱6贯。

正七品：钱25贯，谷20方，春服钱5贯。

① 世祖之世，我南国有27镇，至圣祖时又增置4省，即兴安、宁平、河静和安江，共31省。

从七品：钱 22 贯，谷 20 方，春服钱 5 贯。

正八品：钱 20 贯，谷 18 方，春服钱 5 贯。

从八品：钱 20 贯，谷 18 方，春服钱 4 贯。

正九品：钱 18 贯，谷 16 方，春服钱 4 贯。

从九品：钱 18 贯，谷 16 方，春服钱 4 贯。[①]

吏役兵匠：每月钱 1 贯，谷 1 方。

后补：每月钱 2 贯，谷 2 方。

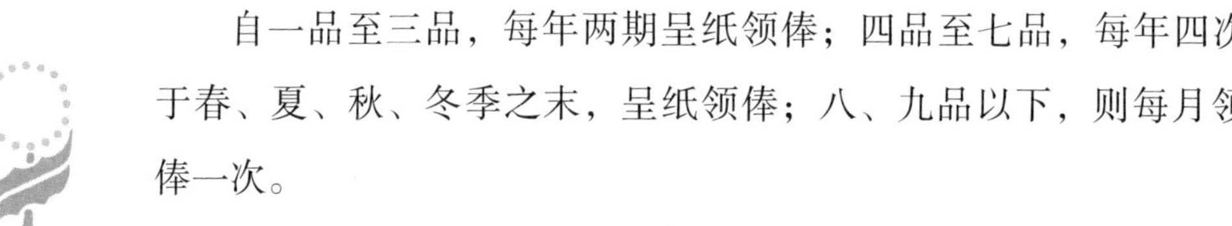

自一品至三品，每年两期呈纸领俸；四品至七品，每年四次于春、夏、秋、冬季之末，呈纸领俸；八、九品以下，则每月领俸一次。

当时官员的俸禄与现在相比，确实是少得可怜。无疑从前的花费不会太多。皇帝害怕府县用度拮据而贪污于民，因此每年又加发养廉钱。

① 《大南实录正编第一纪》，卷五十七载，嘉隆十五年所定文武官员岁俸，兹录出如下，以供比较和参考："定诸公岁禄（钱二千五百缗，米一千五百方）；定文武官岁俸及知府、知县养廉例（正一品岁俸钱米各六百，春服钱七十；从一品钱米各三百六十，春服钱六十；正二品钱米各三百，春服钱五十；从二品钱米各一百五十，春服钱三十；正三品钱米各一百二十，春服钱二十；从三品钱米各九十，春服钱十六；正四品钱米各六十，春服钱十四；从四品钱米各五十，春服钱十；正五品钱米各三十五，春服钱九；从五品钱米各三十，春服钱八；正六品钱米各二十五，春服钱七；从六品钱米各二十二，春服钱六；正、从七品钱米各二十，春服钱五；正、从八品钱米各十八，春服钱四；正、从九品钱米各十六，春服钱四。其授官在嘉隆十六年以前预有俸例、春服例者，旧例多而新例少，支从旧例；新例多而旧例少，支从新例。其自今年正月以后并从新例，有过罚止正俸、春服钱免焉。府县养廉例，照依正俸）。"——译者

九、养廉钱

知府：最要缺给 50 贯，要缺 40 贯，缺 30 贯，简缺 25 贯。

同知府：最要缺给 50 贯，要缺 40 贯，缺 30 贯，简缺 25 贯。

知县、知州：最要缺给 40 贯，要缺 30 贯，中缺 25 贯，简缺 20 贯。

十、学术、科举

治国必须有文学，因此自世祖之世已关心提倡学术。到圣祖时，更加重视文学，常对各官说：治国之道首先必须培养和选拔人才。因此，圣祖爱用文学之士，令乡贡入六部充行走之职，学习政治。开设国子监，发给监生粮俸，供其吃住，俾使安心学习。

世祖之世仅有乡试而已，至壬午年（1822 年）即明命三年，始开会试、廷试，选拔进士；至明命十年（1829 年），皇帝又命中格但不及分者可中副榜。副榜自此始。[①]

原先每六年开科试一次，今改为三年一次：每逢子、午、卯、

① 前引《国史遗编》（第 186—187 页）载：己丑十年“廷试进士，赐阮璞等九人出身有差。先是会试诸举人，并来阅实，中格然后入场，落者罢回，并追收冠服宴银。及会试中格，取优平以上九人，为正榜；平次以下五人，为副榜。廷试乃有正、副榜，自此始。参补：黄甲一名，号香义，同进士八人，阮璞、黎宗藩、张国用、阮荣、阮专、阮胜、魏循等，又副榜五人（正榜荣归，副榜归宁），后黎文德奏请会试免阅，从之（正榜九分以上，副榜八分以下，会虽预中格，不得入庭，不及分者为劣）”。兹录出，供参考。——译者

酉之年举行乡试；辰、戌、丑、未之年，举行会试、廷试。

考试方法一如嘉隆时代之旧，即第一场：经义；第二场：四六〔骈文〕；第三场：诗赋；第四场：策文。从前考中三场者称为生徒，中四场者为乡贡，今改生徒为秀才，乡贡为举人。

圣祖是一位聪明的帝王，深知我国学术之弊端，国内士大夫只按科举的要求而学习，即但求高中，少有真才实学之人。故圣祖常对各官员说："自来科举误人至深。朕以为文章无一定之规，而今科举之文仅拘泥于腐套，互相夸耀，各立门户，人品之高下，观乎于此，科场之取舍亦决定于此。如此治学，无怪乎人才日益拙劣。然积习成规，遽难改变，今后宜徐图变之。"圣祖深知国人治学之陈疾旧病，但积习相沿已久，颇难舍弃。况且即使想改，可能也不知如何改较好，因此我国的学术仍一如其旧。

十一、书籍

圣祖即位之初，即已考虑到编写书籍之事。他设置了国史馆，专司编修国史，并奖励那些著书立说之人。曾下诏令：凡搜集到旧书或撰写出新书者，都予颁奖。自此，郑怀德献《嘉定通志》和《明渤遗涣文草》2 书；黄公才献《本朝玉谱》1 本、《纪事》2 本；广德人龚文曦献《开国功业演志》7 卷；清化人阮廷正献《明良启告录》34 卷；广义人武文镳献《故事编录》1 卷。

圣祖又命令官员编成《列圣实录前编》和《钦定剿平两圻匪寇方略》两书。他还自撰两书，即《御制剿平南圻贼寇诗集》和《御制诗集》。

十二、移风易俗

圣祖在位之末的数年间，国内盗贼蜂起，风俗日非，民间多赌博和大吃大喝之徒，且迷惑于左道邪教。皇帝以此为忧，爰命撰训谕10条，颁行天下，教导无知愚民。

一曰惇人伦：重三纲五常。

二曰正心术：做事应以心地纯正为主。

三曰务本业：谨守本分，专务自己的职业。

四曰尚节俭：崇尚节俭之道。

五曰厚风俗：保持淳厚的风俗。

六曰训子弟：应教育子弟。

七曰崇正学：崇尚正道之学。

八曰戒淫慝：戒奸邪淫欲。

九曰慎法守：谨守法律。

十曰广善行：广做善事。[①]

丙申年（1836年）即明命十七年，监察御史裴茂先[②]上疏奏言："北城诸村多违法豪强，而民则怠惰成性，专事赌博、吃喝；事鬼神则喜奢侈，丧葬亦尚奢华，甚至有卖尽家财基业而偿还食

① 以上十条圣训，见《国史遗编》（第243—244页）。——译者

② 据《国史遗编》（第262页）载为裴恭先。——译者

债者，实违相保相邻之义。”

圣祖便下诏责成各地方官应以前颁之训谕，劝导百姓，并转饬各乡里之长：凡见懒惰成性、游手好闲、赌博吃喝者，即应禁止之。村中豪强仗势欺人、挑唆诉讼、违抗上官、欺压平民者，应依法惩处。至于祀神、丧葬之礼，礼部已定出法则，不遵行者罪之。

十三、养济所

圣祖不仅只虑及劝谕百姓，而且还怜悯那些穷苦之人，因此传令北城诸镇官员，准取库银建立养济所：凡鳏寡孤独以及残疾无有依靠者，可到此居住，每人每天供给钱 20 文和半钵白米。

十四、丁田与赋税

丁税和田税，大致仍依照世祖时之规定。只有丙申年（1836年）即明命十七年，南圻地区丈量土地完毕，计得 630075 亩，并重新厘定该地区的各种田土税收。至如国内的人丁和田土数目，按簿册统计，总共有：丁 970516 人和田土 4063892 亩。

中国人前来我南国建立乡邑者，称为明乡，规定每人每年缴纳白银 2 两，并可免除其徭役。老项和残疾者，缴纳其半。

至于清人前来南国贸易，凡有物力者，每年缴纳 6 贯 5 陌；无物力者，缴纳一半，以三年为限，至期则收全税。

皇帝又规定抽取盐税。每亩盐田每年缴纳盐 6 方至 10 方。若以钱缴纳，每方须缴 3 陌至 4 陌 30 文。

至于矿产和物产等税，大致仍按世祖时代之规定，并无多少变更。

十五、武备

当圣祖继业称帝之时，国内已经太平。但他深知治国必有武备，因而仍常常传谕各官，令其训练兵马，以备有事之秋。

在险要之地建立屯垒关隘，在诸海口、岛屿则设炮台。并重新建造铜船，训练水师，严防海面。

兵制则有步兵、水兵、象兵、骑兵和炮兵。

步兵有京兵和奇兵。京兵分为营、卫、队，或驻守京城，或派出驻守各省。每营有 5 卫，每卫 10 队，每队 50 人，设率队和队长该管。

每卫之兵器则有两口神功大炮、200 支鸟枪和 21 面旗。

奇兵是各省单另拥有的军队，也分为奇、队。奇设管奇，队则设率队该管。

象军分为队，每队有 40 头战象。在京城之象数为 150 头，在北城为 110 头，在嘉定城为 75 头，在广南为 35 头，在平定为 30 头，在乂安为 21 头，在广平、广义、清化每处 15 头，广治、富安、平顺、宁平每地 7 头。

水军有 15 卫，分为 3 营，每营设掌卫管领，并设都统管辖整个 3 营。

圣祖深知，我国位于沿海地带，水军对国防甚为重要。他常命官员率领兵船出海演习。

大概圣祖对于军机之事，从不疏忽。他建立了“教养兵队”，令率队以上的武官之子，有情愿入队学习者，发给俸粮，并派大臣教授武艺。

当军队开往某地时，皇帝规定派遣几名医生随行，以为其诊治。

虽然皇帝注重军事，但当时国人都重文轻武，平时无人考虑军兵器械。一旦战事临头，则手忙脚乱起来。尽管皇帝今天有旨令训练士兵，明天有诏令演习战阵，但各官只是敷衍了事，管队者要怎么做便怎么做，并无人理会。因此造成在册籍中的兵数颇多，而实际兵额不足的现象。圣祖之世尚且如此，何况后世，其衰弱之势更甚。

第三章　圣祖（续）

（1820—1840年）（续）

一、战乱

圣祖确实是尽心朝政，什么事情他都考虑到了，而且颇多改革，意欲使国强民富。但在后来的数年里，国中盗贼蜂起，官军不得不南征北伐，又要讨暹罗，平寮国，使百姓不能安居乐业。

圣祖时代的战乱有以下三个主要原因：

第一是当阮氏失势于南方，郑军败于北方，西山阮朝还不得不关注国内之事时，暹罗乘此机会掌握了对真腊国的保护权并欺压寮国各邦。到世祖一统南北之时，声势显赫，真腊国复请臣服于南国，而哀牢、万象诸国都向阮朝朝贡。自此之后，暹罗对于南国，表面上虽不公开为敌，内心则想方设法滋事生非，以图重新夺回对真腊的保护权及其在寮国各邦的权益。因此，在当时的南部和西部边疆，常有暹罗和寮国的不断骚扰。

第二是北圻虽已统属于阮朝，但仍有人思念黎朝，致使有的地方时有乱事发生，或欲恢复黎朝，或为抗拒阮朝的官吏，因此北地常为乱事所扰。

第三是官吏贪污勒索，经常骚扰百姓，民心不服，且官场之中常有揭老底算老账互相倾轧之恶习。皇帝又心胸狭隘，不容功臣，常常借故压人，对臣民过分严苛，因此酿成许多乱事。

由于上述原因，造成外有暹罗攻掠，内有伪傀[①]作乱于南方，黎维良、农文云起兵于北方。当时幸赖贤臣骁将如张明讲、谢光巨、黎文德、阮公著等人协力征战，不但荡平了国内的贼寇，而且还开疆拓土超过前代。

二、北圻之贼

自明命二年（1821年）以后，在各镇已常有草寇骚扰诸州县。至于声势浩大，官军亦颇感难制的巨寇，则有潘伯鑅起于南定，黎维良起于宁平和农文云起于宣光。

三、潘伯鑅

明命七年（1826年），在南定有武德葛与潘伯鑅、阮幸等人起兵攻打茶里和麟海两府，杀死守御官邓廷勉和阮忠演。南定镇守

① 按指黎文傀。本书作黎文傀，《国史遗编》作黎文傀，而《大南正编列传初集》作黎文傀，当以此为是。——译者

黎茂菊领兵前去讨伐，也被贼所杀。后各镇官军来剿，擒获武德葛。潘伯鏁及其余党都逃散。但至是年腊月，潘伯鏁和阮幸又与客人[①]贼党相通，剽掠海上，后领兵攻陷海阳的先明和宜阳二县。

皇帝见此寇势力甚大，便命清化参办阮公著、乂安参办阮德润率领清、乂兵船，与北城协镇阮有慎共同前去讨贼。

丁亥年（1827 年）即明命八年正月，潘伯鏁又回攻天长府和建昌府，后包围官军于馆市。范文理与阮公著领兵前来解围，潘伯鏁退保茶缕。官军围攻，擒获潘伯鏁及其党徒 765 人[②]。

四、黎维良

当平定潘伯鏁之乱后，北圻地区一度获得安定，然而尚有黎朝的后裔企图恢复旧业，因此至癸巳年（1833 年）即明命十四年三月，宁平有黎氏子孙黎维良起事，自称大黎皇孙，与土司郭必功、郭必济、丁世德、丁功郑等人，领兵攻陷诸府县并占据乐土、奉化、安化三州县。黎维良又派兵围攻兴化城，形势甚为危急。

圣祖命乂静总督谢光巨领兵赴宁平，与清化总督阮文仲会剿黎维良。

黎维良在宁平势甚孤，无法抵抗数路官军，只坚持了数月，便被擒获，以囚车解回京师治罪。其余郭必功、郭必济等人不久亦溃散。

① “客人”一般指流寓越南的中国人。——译者

② 潘伯鏁，前引《国史遗编》作杜伯荣，其事迹见该书第 161、165、168 页。——译者

因有黎维良起兵作乱的事件，皇帝便下诏逮捕黎朝族裔，将其流放到广南、广义和平定，分 15 人居住于一县，发钱 10 贯和田 2 亩，供其谋生。

五、农文云

在北方，黎维良之乱尚未平定之际，在南方则有黎文僾造反，占据嘉定城。黎文僾原为北方人，有同族亲戚居住于宣光、高平地区，因此皇帝派官前去捉拿黎文僾之兄弟解回京师治罪。当时在宣光有黎文僾之内兄农文云受官吏缉捕，便起兵攻陷宣光、太原、高平和谅山辖境。农文云起自癸巳年（1833 年）七月，以迄乙未年（1835 年）三月，延续约 2 年之久，使官军疲于奔命。

农文云曾任保乐州知州。因官军搜捕黎文僾亲属而起兵，自称节制上将军，并捉住省里派来的官吏，在其脸上刺“省官常吃民钱”字样，然后把他放回。

农文云分兵攻破各省，当地官员不能敌，遂请兵救援。圣祖闻报，便命山兴宣总督黎文德为三宣总督军务，并以海安署理总督阮公著为参赞，领兵与宁太总督阮廷普会合，前去剿除农贼。

贼军围攻高平和谅山甚急，皇帝复派安静总督谢光巨为总统大臣，前去讨伐高平和谅山地区。

农文云因夺得芒人和僾人的崇山密林之地，遂分军散布各地，隐匿于险要之处，倘有官军开来，胜则进，败则退，行踪飘忽，进退不定。官军往剿，实感困难，且损兵折将甚多。

癸巳年（1833 年）腊月，谢光巨的一道军解谅山之围，并收复了高平城。黎文德和阮公著的一道军进到农文云之巢穴云中（即保乐）。农文云逃遁至中国。

但当官军撤回时，农文云又返回纠集党徒，剽掠如故。皇帝复令诸道军前去防守上游山区各省。

至甲午年（1834年）九月，黎文德和范文典自山西开往宣光；谢光巨、阮进林和胡佑自高平出发；阮廷普和阮公著从太原出发，三路同时并进，前来会剿。官军所经道路崎岖难行，粮食运输不便，但军士皆效死力，所到之处，贼军无不溃散。是年腊月，三道军会合于云中，然后派人持书前去请求清朝官吏防备之，勿使贼兵逃到中国。果然农文云再次逃往中国，因受中国军队追捕，被迫重返宣光。

乙未年（1835年）三月，范文典获悉农文云的居处，立即领兵去追，文云遁隐于丛林之中。范文典便四面包围，并放火烧山。农文云被火烧死。官军斩其首，送回京师报捷。

六、南圻之贼

南圻之地为阮氏所开，也因此而成为世祖建立本朝基业之地。然为何又发生反叛之事呢？其原因一部分在于圣祖不能宽容旧臣，另一部分在于奸佞之辈欲顺从皇帝之意邀功请赏，欺压世人，因而始酿成此大乱。

原来在数年之前，黎文悦任嘉定城总镇，甚有威权，人心无不敬服，只因此公乃一介武夫，性情甚为暴躁，每当朝堂奏对常不合礼制，圣祖颇为不悦，然因其为开国功臣，也不深究。及至黎文悦死后，圣祖废除嘉定城总镇之职，而一如北圻各省设置总督、巡抚、市政、按察、领兵等职。

藩安省（即嘉定省）有阮文桂为总督，白春元为布政，阮章达为按察。然白春元本是贪婪残恶之徒，当其赴藩安就任布政时，声言奉密旨追查黎文悦隐私之事，遂搜罗证据，以治从前黎文悦部下之罪。

在这些人之中有黎文僎。此人原先名叫阮佑僎，高平人氏，因曾起兵作乱，被官军追击，始逃入清化，适值黎文悦在此任经略，遂向其自首投诚。黎文悦信用之，收为养子，改姓名为黎文僎，后带回嘉定，提拔其任副卫尉之职。

当时黎文僎被监禁，一方面甚为愤恨，另一方面也畏罪，遂与其几个同党共谋兴兵作乱。在嘉定有一些在北圻犯罪而被流放到这里的人，政府或令其与百姓共同谋生，或强令其当兵，称为回良。这些兵都愿追随黎文僎。

至癸巳年（1833 年）即明命十四年五月十八日夜，黎文僎与回良兵 27 人冲入布政营中，杀死白春元全家，后遇总督阮文桂带人前来救援，杀之。唯按察官和领兵官幸得逃脱。

当时，驻扎于藩安的京兵大多追随黎文僎。黎文僎遂自称大元帅，封其党蔡公朝和黎得力为管中军，阮文佗和阮文宗管前军，杨文雅和黄义书管左军，武永钱和武永再管右军，武永禄和阮文勃管后军，刘信和陈文他管水军，阮文心和阮文真管象军……又设置诸官职，俨然另一朝廷。然后，黎文僎命蔡公朝等领兵攻取各省城，时仅一月，嘉定六省全部归贼所有。

朝廷闻此讯，即命宋福梁为讨逆左将军、阮春为参赞，命潘

文琛为讨逆右将军、张明讲为参赞，与平寇将军陈文能共同率水步兵象前去讨伐黎文僚。

当官军进到嘉定之时，不知何故，伪中军蔡公朝请求归降，以戴罪立功。原来蔡公朝本系承天人氏，从前曾任卫尉官，管辖驻扎于嘉定的一卫兵弁，后来追随黎文僚造反。今又重新归顺朝廷，领兵攻打黎文僚，夺回各省之地。

黎文僚知其势不能敌，便进入藩安城，关闭城门，分兵拒守，又派人前往暹罗求救。暹罗军队乘此机会，分作数路前来攻打南国。此事将于后节详述之。

官军一面驱逐暹罗军，一面围攻藩安城，黎文僚竭力拒守，但至是年腊月病死。虽然如此，但城中伪军仍继续顽抗，约三年之久，官军才攻陷城池。

藩安城为黎文悦所建，竣工于明命十一年（1830 年）。该城全部用岩石垒成，城高且阔，城壕也深，城中又贮备有充足的粮食和器械，因此官军每次攻城，都伤亡甚巨，而不能攻克。直至乙未年（1835 年）七月，城中伪军已疲惫不堪，将军阮春和阮文仲才攻陷此城，入城捕杀贼军计达 1831 人，将其合埋一处，今称为"伪墓"。其首犯则槛送京师治罪。

J. 西尔韦斯特（Silvestre）载述黎文僚叛乱于嘉定之事[①]说：在槛送顺化的六名首犯之中，有一名法国神父名麦商（Marchand，当时称之为游神父）、一客人名麦进阶和黎文僚的一个年仅 7 岁的

① 参看《印度支那评论》（*Revue Indochinoise*）杂志，1915 年第 7—8 期。并 A. 西雷内（Schreiner）的《安南史纲》（*Abrégé de l'Histoire d'Annam*）。

儿子。

有关麦商神父之事，有许多争论：有人认为，这位神父想像百多禄那样做，帮助黎文傀在嘉定之地建立一个信奉天主教的国家；有人则说，这位神父是被黎文傀俘入城中的。此事众说纷纭，不知究竟如何。

及至把首犯押解回顺化，麦商与其他 5 人都被凌迟处死。我觉得无论如何让一个无罪的幼童和两个外国人服此惨刑，实在是太残忍了。我们东亚之俗，从前常用诸如凌迟、车裂、象踏等肉刑，确乎是野蛮至极，今天想起来也感毛骨悚然。

七、黎文悦与黎质案

（一）黎文悦案

官军剿平黎文傀之乱后，圣祖命人夷毁藩安城，另于别的地方重新建之；并下诏追查黎文悦和黎质之罪。

平心而论，无非是圣祖对此二人本有不悦之意，后来朝臣因此而翻出旧事，以取悦帝意，造成两个实在不应该有的案件。

今据《大南正编列传〔初集〕》[①] 所载来叙述其事，以使每一个人都可以公平之理而判断之。

自黎文傀作乱之时起，圣祖即常责备黎文悦袒护匪党而酿成

① 见该书卷二十二《黎文悦传上》和卷二十三《黎文悦传下》。作者在下文所引上谕和奏章，基本上是照抄上述史料，但也有变通之处。为保持史料原貌，我们完全按史料原文录出。——译者

变乱。

乙未年（1835年），都察院有潘伯达上疏奏称：黎文悦“前在嘉定，以逆僎、逆雅为爪牙，以北顺、回良兵为心腹。[①]彼等野性难驯，本非善类，故悦身殁未几，逆僎、逆雅即率回良、北顺与其标下斗鸡戏班之辈，据城反叛，因而煽惑人心，祸延南圻各省，动烦大队官兵进剿。五省虽已收复，而原其所居之藩安城贼党尚存，窃据城中，所有为之荡然。官军连年征剿多有伤亡，其为祸不可胜言也。今悦已死，虽事状不可究其详，而观其养子黎文汉前此出入城中，与逆僎相为表里，及逆党往悦祠堂，将白春元束灯告祭之事，则莫见乎隐，莫显乎微，悦之心迹不问可知矣。若不明正罪名，恐无以为将来之戒。请追夺其官职，其妻小交刑部查明严拟，以伸国宪”。

皇帝谕内阁曰：“黎文悦出身阉宦，本是家奴。偶值中兴，龙云集会，讨平西贼亦预功劳。我皇考世祖高皇帝念彼少辰（时）宫中役使，推信心腹，屡膺节钺。不谓此辈多非善类，日益骄肆，渐怀不臣，纵志为非，出言狂悖。因心惮圣明，虽实怀奸终未敢发。而皇考晚年渐已识破，重念这奴虽怀不轨，然天下已大定，臣庶谁肯从此刑余之人，必不能为也。虽日见疏，而隐忍搁过。及朕即位，亦以旧臣所存无几，又彼年已老，姑善待之，或能默化潜消，以保全功名，亦是大好事。不谓彼蛇虺为心，豺狼成性，狂悖益甚，骄肆益增，

① 北顺、回良：指北圻之人犯罪流放于南圻当兵者。

常对众人言朝廷所短，夸己所长，诽谤甚辞，令人弗忍闻听。年前清、乂囚犯凡凶狠者，彼皆招之，出首奏隶本标，以为爪牙。黎文僕无赖之徒，则荐举之，官至副卫尉，从其麾下，以为腹心。土豪如杨文雅、邓永膺辈，暗行招致。姻亲如武永钱、武永禄辈，阴树党援。北圻囚犯发配者，谋相聚居城内，开释为兵；又暗选战象之勇悍者，带随戍所。括南圻六省船艘、炮械留之藩安城。及偏听陈日永之奸，巧齿吃南圻六省，黎元几尽膏血。竭兵民之力，高筑藩安城，潜拟京城，而濠之深者更过之。如云高城深池以御暹寇，则海路当防之于河仙，陆路当防之于真腊，岂有弃安、河、隆、祥四省不守，而防之于藩安之理乎？是显然防朝廷，非防外患也。以此而推，则彼之心迹路人之所共知，人皆侧目痛心，惟恨不肯为朝廷早发耳。驯至养痈遗患，日长祸胎，故权阉虽伏冥诛，而群小尚得据城以叛。苟无司牧庸昏如阮文桂，贪残如白春元，而彼之标下凶狠之徒，惯为不善，习见其欺君凌上，咸欲效尤。甚至有向人言，彼之往镇嘉定，本是封王以守其地，非寻常总镇比也。又彼之父墓、弟墓僭称之陵。或对人言有称孤者，致其部曲惯习成风，惟知有黎文悦，未尝知有朝廷矣。有子有云：不好犯上而好作乱，未之有也。则好犯上而不好作乱，亦未之有也。祸端已非一日，欲其标下不反得乎？是以悦死未久，而首逆黎文僕等已相率其党据城造反，声言为之报仇。其侄黎文汉亦同造反，以至部曲童仆皆从贼作乱，无一逃者，爰结死党。自恃城高濠深，粮储山积，器械精锐，徒党众多，抗拒王师三年之久。屡开生路，终不悔罪投诚，以致兵民肝脑涂地，言之痛心。究厥所由，则黎文悦之罪，擢发难数矣。况此外包藏祸心，言语悖逆，又有未忍遽谕者乎？今且先将所行所为，在人闻见，以致构成祸乱之由，明白晓示，其黎文悦及其子孙，当如何治罪之处，交廷臣拟奏。”

数日之后，内阁臣何权、阮知方、黄炯等亦交章奏言：黎文悦卵翼匪类，酿成事变，其包藏祸胎非一日之积，探出以前形诸章牍，显有悖逆形迹者六条。

（1）明命四年，悦擅委私人潘达等以打探为名，乘船私往缅甸。其中书信，必有交通招纳。以人臣无外交之义律之，则其居心行事不可问，罪一也。

（2）迨缅甸使者抵城，始以入奏。曾奉谕以大义所关，无轻听外言弃好寻仇之理，而悦犹固请容纳，幸而还其贡物，遣之返回，大邦名义得以明白于天下。是悦不唯图国不臧，且欲执意见以遂非，其罪二也。

（3）明命七年，英吉利难船投泊平顺，已有旨令所在护送，而悦固请送于嘉定，且云：“镇臣钤束，不若臣之有权，可使慑其帅，令兵威。”殊不知“有权”二字从古以为深戒，乃敢偃然自居，何等骄肆，其罪三也。

（4）明命四年，侍卫陈文情自嘉定公回，以陈日永私造瓦庯、盗卖诸事迹具奏。悦闻之，因次年入觐，恳交陈文情斩杀，不然则纳总镇之职，寻解阃务。如此固意要君。要君者无上，罪莫大焉。且请杀一陈文情，是欲人皆钳口结舌，不敢复议其短，用心更为狡险之极。其罪四也。

（5）陈日永已有旨补授永清记录，而辄敢邀请留城。黎大纲已有旨宣召，而固请留办乐化府事，均故违旨诏，而折内有云：“准君邀请，庶于边政有裨。”又请诸卫奇队书吏支俸折内有云：“老臣远在边阃，必有信用不笃之忧。”就中辞意总属不恭，其罪五也。

（6）明命六年，缮密折为黎质恳请增寿，有云：“此乃起死回生之圣药，何惜不为？”且分叨藩阃，乃敢似此树党缔私，甚非臣下之道，其罪六也。又闻悦平日曾向人言，请得乩诗：

> 佐汉争先诸汉将，辅周宁后十周臣。
> 他年再遇陈桥事，一旦黄袍逼此身。

自非素不臣之心者，断不敢以此等不臣之语，形之口吻，播之听闻，所以标下部曲习惯成风，尸肉未寒，有此大案。请并交廷臣归结以正罪名。帝许之。

及至审理完毕，指出言行悖逆，当得斩罪七：

（1）委人私往缅甸，阴结外交；

（2）请送英吉利〔船〕来城，以示有权；

（3）请杀〔侍卫〕陈文情，以钳人口；

（4）抗疏截留宣召别调官员；

（5）植党请增寿黎质；

（6）私藏御宝预纸；

（7）先墓曰陵，对人称孤。

绞罪二：

（1）固请容纳缅甸，以求遂非；

（2）向人言请得乱诗，有陈桥黄袍之句。

军罪一：

如擅发弁兵私造船艘之类。

唯藩安事变，黎文悦实为祸首，应炤谋反律，问以凌迟。第已先伏冥诛，请追夺诰身，剖棺戮尸，用炤炯戒。悦之曾祖、祖父母所得封赠、诰敕并追夺。先坟有僭用违制者，削毁之。其子侄妻妾，各分别拟罪，财产籍没。

案上。原拟斩决，改为监候，十五岁以下姑且严禁，童幼无知免拏。发奴十三氏皆释之。原拟戮尸，亦勿问。

又令刑部抄给各省督抚，俾各具意见，具折以闻。谅平护抚陈辉朴请并问斩决；广安护抚黎育德请年十六以上皆正刑诛，余皆请依廷议；平富总督武春谨、宁太总督黄文站，亦请依廷议，又云：或应以功准过，斟酌定夺之处，出自天恩。

皇帝谕曰："可见天理不爽，公理在人，诚不可掩。权奸酿祸，天下之所共怒，众恶之所必归，万口同辞，足召千古铁案。黎文悦罪难擢发，言可痛心。断其棺而戮其尸，亦不为枉。第念他身死已久，先伏冥诛，又已追夺官爵，塚中枯骨兹亦不屑加刑。其令嘉定督抚即其封墓，划为平地，再竖碣刻石，于其上大书'权阉黎文悦伏法处'八字，以正罪名于既死，而炤国法于将来，为万世权奸者戒。

"其子侄等且无论。黎文悦为祸首罪魁，但即其侄文汉交连逆贼，则亲属缘坐律有明条，念彼不过一辰（时）狂妄与贼往来，视之始终从贼抗官者有间，且既极刑，足召国宪。其余问以斩监候，亦可以服厥辜。此谕准录发京外各一道，俾咸知朝廷行法，一本至公召然，三尺之权衡，凛尔千秋之斧钺也。"

（二）黎质案

黎文悦案发生于前一年，次年则有吏部左侍郎黎伯秀追参黎质生平言行不道、不臣，应得死罪者六条：①

（1）黎质与黎文悦阴图伊霍（废立）之事，为二奴泄言，竟扑杀之，以缄其口，一也。

（2）屡次恳请赏与皇子为养子，欲蹈杨坚后父之故智，二也。

（3）欲其女正位宫中，不遂，出言怨望，三也。

（4）尝语与黎文悦云："人言天与君及父母，为臣为子虽有不平亦不敢怒，而我独敢怒。"四也。

（5）又云："上恃郑怀德、阮有慎为心腹，只须数百人入朝，大喝一声，则此辈伏地，惟我所为。"五也。

（6）又，"国姓改为尊室，皆郑怀德等依阿怂恿，可将于庙门斩首，以正其罪。"六也。

大罪者十：

---

① 以下有关黎质案材料，均见《大南正编列传初集》卷二十四《黎质传》。作者基本上是照抄原史料，仅略有变通。为保留史料原貌，现按《黎质传》原文录出。——译者

（1）在北城日，岁首点兵，登五门楼正坐，无人臣礼，一也。

（2）递年海运，以私货配载官船，二也。

（3）与黎文悦上表辞官，以要君，三也。

（4）生杀予夺，事多专辄，四也。

（5）枉法受财，盈千累万，五也。

（6）陈奏不合，有旨不允，辄令回纳，黎文悦阻之，乃止，六也。

（7）私养先朝宫人，肆无忌惮，七也。

（8）公厅僭起钟楼、鼓楼，八也。

（9）黎惟琦罪案已成，复与黎文悦要请别议，九也。

（10）调补管奇、管府，请以文差施行，十也。

以上请下廷议，明正罪名，俾百世奸谋知戒。

帝谕曰："质性本豺狼，行同鬼蜮，为臣则不忠、不正，处世则大恶、大奸，事事妄为，人人切齿，岂止所奏十六罪而已哉？前者，朕以彼与黎文悦虽怀不臣之心，而人不肯从，必不敢发。且以一品大臣，虽有奸谋，未经臣民诉告，不忍遽加大辟。彼等寻伏冥诛，想天纲已不漏矣，故亦不屑提起。今既为人追参，则公是公非，自有朝章朝论。且彼生前萌心不轨，虽其亲属亦且心知其败，阴斥其非。况凡人皆有知能见者，谁无忿恨，但畏其势焰，莫敢告发耳，断不肯阿从以取灭亡之理，兹不必诛蔓查究，或致波及无辜。著交廷臣将黎质本身炤原参十六条明定罪名，并其妻子按律拟处，惟出嫁之女及孙男年幼免之。"

廷议佥称：黎质不法不忠，大奸大恶，当得凌迟罪六，斩罪六，绞罪二。其犯分干常，阴图不轨，坐以叛逆，问以凌迟，但既伏冥诛，请追夺其诰身，剖棺戮尸，枭首示戒。其父母原得封赠、诰敕，并追夺。其妻黎氏瑳曾与同谋，拟斩立决。复送诸地方督抚，令各出意见折奏，以公众论。既而各地方所上，均依廷议。

帝复谕曰："可见天理在人，公论不泯，奸臣畜祸，万口同辞，足为千古铁案。且黎质与黎文悦狼狈为奸，罪恶深重，擢发难数。剖其棺而戮其尸，诚不为枉。第质与悦其罪亦同，前者悦既不剖棺戮尸，则质之枯骨兹亦不屑加刑。其令平富总督武春谨划平质墓，竖碣石于其上，大书'奸臣黎质伏法处'等字，以为万世奸贼者戒。其妻黎氏瑳原与同居，预知叛逆阴谋，问以极刑亦所应得，但被妇人不屑遽行正法。黎氏瑳及其子黎瑾、黎张、黎常、黎骑等，各改为斩监候。又籍没黎质家产，得二万二千余缗，交省登库。"[①]

① 至嗣德元年（1848 年），东阁大学士武春谨奏言为阮文诚子孙加恩。奏疏之中颇多悽切之句。其中有云："阮文诚、黎文悦、黎质等，均系感会风云，追随矢石，身为大将，爵至郡公。〔嘉隆年间，〕诚因以不能禁约其子，怀忿自尽，厥后该子孙复因逆诚从伪之案，卒至骈诛。悦与质皆死，于后发生重案，经得追夺官爵，问以缘坐执已成之案〔，则罪无可辞，原致罪之因，则情忱可谅〕……若以既经得罪，不录其功，则是闲关百战，零落残魂，爝火青燐，终为莫敖不祀之鬼！〔此等情形，想在圣心之所不忍。〕……"（见《大南正编列传初集》卷二十三《黎文悦传下》。作者所引与原文略有出入，今已正之。中括弧内为作者所漏引。——译者）嗣德帝览此表，甚为感动，遂追封阮文诚等人，并赐其子孙品衔。

八、暹罗寇

暹罗国自失去对真腊的保护权之后，企图与南国滋生事端，但尚惧怕阮朝的势力，未敢轻举妄动，只是不时对寮国各邦挑起冲突。每当暹罗与寮国交战，皇帝则派官军防守边陲，并派兵救援遭暹罗欺侮的各邦。例如丁亥年（1827 年）即明命八年，暹罗攻占万象（永珍，Vientiane）[①]，该国国长阿努战败，前来求救，圣祖以统制潘文璻为经略边务大臣，领兵象前去营救阿努。

是年九月，黎德禄、阮公进等领乂安兵，分为两路，走归合道和乐凡道，行经镇宁[②]，前去援救阿努。所到之处，都描绘山川形势险阻之状，寄回京师。

阿努失国不能恢复，被迫随安南军队回到乂安，待重整军兵，以回国复仇。至戊子年（1828 年），阿努声言：寮军已集合足够之数，请派官军护送其归国。圣祖乃命潘文璻为经略大臣，阮文春副之，阮科豪为参赞，领兵 3000 和战象 24 只，送阿努回镇宁。

抵达镇宁，阿努请率寮军回万象。潘文璻派两队神策军护送。回到万象，阿努领兵攻打暹军，其军士伤亡甚众，又派人赴乂安请求援兵。

圣祖见阿努时常生事交战而又无所获，便不发兵援救，仅下诏命令在寮国的各属地应防守边陲。阿努得不到援兵，遭暹军进

① 万象，即永珍，亦作圆禎。——译者

② 镇宁府，即今老挝的川圹省。——译者

攻，又被迫弃城逃至镇宁。不久，镇宁首领昭内捕获阿努，送献暹罗。

暹罗军攻占万象后，又侵入广治附近附属于南国的各州。圣祖命统制范文典经理甘露诸事，以黎登瀛为参赞军务，会同在寮国的各路军前去剿除之。

范文典一面派人持书前去谴责暹国滋事，一面分兵三路进军攻打。

暹将复信，至为谦恭，便撤兵而回。自此之后，暹罗表面上仍通使往来，维持和好，然暗地里却千方百计骚扰南国。在西南面，仍不断纵容真腊的反叛分子滋事，而在西北面，则经常欺凌万象和其他小邦。尽管如此，圣祖仍不欲付诸刀兵，只以甘言了结诸事。

至癸巳年（1833 年）末，因有黎文𠐤倡乱于嘉定之地，且黎文𠐤又派人前去求救，暹罗国王便派水陆军分作五路前来攻打越南。

第一路水师率战船 100 余艘攻取河仙；第二路陆军进攻南荣（Phnom-Penh，金边），然后进兵攻取朱笃和安江；第三路攻夺甘露；第四路攻甘吉、甘门；第五路攻镇宁。

虽然敌军五路并进，然暹罗的主要目标是进攻真腊和南圻，其他各路无非是分散南国的兵力而已。

圣祖闻急报，即颁诏派官军防御各地。西南方，命嘉定驻军分兵给张明讲和阮春，进剿安江。西北方，则命黎文瑞守广治所属的甘露，范文典守乂安。又以阮文春[①]为经略大使，前去剿除在

① 阮春为参赞大臣，随张明讲；阮文春则为右军领安省总督，前去攻打镇宁方面。

镇宁之暹军和寮军。

张明讲和阮春等大破暹罗军队于古沔江。在真腊的暹罗军也为当地人所破。各处的敌军皆遭大败，伤亡甚众。时仅一月，官军即重新收复了河仙和朱笃，把暹军逐出边境之外，然后进克南荣城，并护送真腊王匿螉禛归国。

张明讲与阮春自南荣进兵，攻打暹军，连破数阵，斩将俘兵，夺得枪支弹药不可胜数。暹将丕雅质知领败兵逃窜回国，官军追击，收复菩萨城（Pursat），然后命真腊人留驻，防守各地：凡险要之处，则修屯筑垒，以防御敌军。

至于前来攻打广治、义安和镇宁方面的暹军和寮军，都被阮文春、范文典和黎文瑞诸将军所击退，各地官军都大获全胜，确保了原来的边界。

暹军来犯，自甲午年（1834 年）正月，至是年五月官军已平定了各地。

圣祖大喜，嘉奖诸将士，并布告各地，咸使周知。

九、哀牢之事

我南国在圣祖时代，疆域最为辽阔。因为暹罗军队经常前来骚扰，故使寮国各地皆请内属我国。

丁亥年（1827 年），南掌（Luang-Prabang，琅勃拉邦）人与暹罗通好，然后领兵骚扰镇宁之地。酋长昭内请将镇宁之地内属越南。圣祖封昭内为镇宁防御使，管辖七县，又封各土目为土知县和土县丞。昭内献人丁和田土簿籍，计得人丁 3000 口、田 28 块。

又有三峒和乐凡之地（前属万象）也请内属。朝廷分此地为两府，即镇靖府和乐边府。是年，又有车虎（？）、岑祚（Sam-teu，桑德）、芒撰（？）、芒栏、呈固、岑挪（Sam-neua，桑怒）、芒欶（？）地区，以及在玉麻有甘吉（Kham-keut，甘结）、甘门和甘灵（？）等地，皆请内属。圣祖分这些地方为三府，即镇边、镇定和镇蛮。

镇边府有四县，即车虎、岑祚、芒撰、芒栏；镇定府有三县，即甘吉、甘门和甘灵。此两府都属乂安。至于镇蛮府，则有三县，即呈固、岑挪、蛮〔芒〕欶，属于清化。

在广治所属的甘露地区，又有岵嵘（？）、那赍（？）、上蓟（？）、佐邦（？）、昌盛（？）、寻溢（？）、巴栏、岵俸（？）、廊辰诸芒，请求内属，分为九州，准其以例朝贡。

大概今之岑挪之地、镇宁之地、甘门之地[①]和沙湾拿吉（Savan-nakhet），此时全属于我越南。

十、真腊之事

在真腊国，自从官军大破暹寇之后，将军张明讲和参赞黎大纲便在南荣附近建立安南屯营[②]，以保护真腊。

甲午年（1834年）末，真腊国王匿螉禛卒，无子嗣，国内统治之权全部落入藩僚茶龙和罗坚等人之手。这些人都是真腊人，

① 岑挪即桑怒（sam-neua），镇宁即川圹，甘门即甘蒙（Gammon 或 Kham-mouane），都是今老挝之地。——译者

② 据《大南正编列传初集》，卷三十一，《高蛮传》，当为“安蛮堡”。——译者

而又接受越南所委任的官职。至乙未年（1835 年），张明讲请立匿螉禛之女安美（Angmey）为郡主，称玉云公主。然后改真腊为镇西城，分为 32 府和 2 县。设置一将军、一参赞大臣、一提督、一协赞和四正副领兵，以管理军民诸事。在各要害之处，又设宣抚、安抚之职，以防御之。

庚子年（1840 年），皇帝以黎文德为钦差大臣，尹蕴副之，与张明讲共同经理镇西城诸事，检查贸易，丈量土地，制定丁税和内河商船税。

但因我越南官吏到那里做了许多不合理的事情，骚扰民间，又强将玉云公主带回嘉定居住，逮捕茶龙和罗坚，流放到北圻，真腊之民人人怨恨，处处都有贼寇起而攻掠。复有匿螉禛之弟匿螉墩起义，得暹罗人之助，故官军屡战不胜。后至圣祖驾崩之后，官军被迫放弃镇西城，撤回安江。

此亦是因为我国之人不知维护弱者，只知以贪残之心欺凌他人，所以招致耗损兵粮，将士疲惫，惨遭失败，给自己的国家带来很大损害。

十一、与外洋各国的交涉

我南国与外洋各国的交涉受到阻碍，有两个原因：一是因为禁止天主教布道；二是因为当时我国之人不晓时势，自认为较他人文明而洋洋自得，不愿学习他人，走上进步之路。

我国自 17 世纪后黎时代，已有欧罗巴人前来贸易，或居于宪庯（兴安），或居于会安港（Faifo，费福），均无任何阻碍之事发生。只有在国中传布天主教之事，常遭禁阻。早先郑主和阮主已有谕令严禁。到西山阮氏时代，国内混乱，忙于战争，因此顾及不到禁止传教之事。后来，世祖统一了南北，他感念此教在其艰难之时襄助之恩，仍准许教士到各地传教。直到圣祖时代，国事已安，皇帝关注于教化，以儒教为正道，视其他宗教为左道，强迫民间弃邪从正。禁止传教之事，遂又开始再度发生。

也因为禁教，而使外洋人在我国的贸易受到阻碍。由于朝廷看到偶尔有只商船开来，则有一些教士随之入境传教，如何阻禁也无成效，想其必有侦察国情的企图，故对之更加怀疑。

况且当时阮朝，在国内无有进出贸易的外国人，只有几个从前援助世祖的法兰西人，后来留下在朝廷做官，如沙依诺（Chaigneau）和瓦尼埃（Vannier）。当世祖还在世之时，沙依诺请求回法国休假三年。至辛巳年（1821 年）此人返回时，又接受了法国国王路易十八（Louis XVIII）所委任的领事和钦差的职务，携带方物和国书，前来商讨与南国通商之事。沙依诺抵达，则世祖已驾崩。圣祖对待沙依诺也甚优渥，并命官员回复法王说：南国与法国无任何之事而必须缔结有关商务的条约。前来南国贸易，若遵奉南国法律，全无阻碍。

壬午年（1822 年），法国战舰“克娄巴特拉”（Cléopâtre）号驶入沱瀼港，舰长库尔松·德·拉·维勒·埃里奥（Courson de la Ville Héllio）托沙依诺代为请求准其谒见圣祖皇帝。圣祖不许。同年七月，有英吉利船驶入沱瀼请求通商，皇帝亦不许。

沙依诺见皇帝对其日益冷淡，且已无法做出什么有益之事，便与瓦尼埃一起请求辞职。到甲申年（1824 年）底，二人搭船途经嘉定，返回法国。

乙酉年（1825 年）正月，又有法国海军上校布甘维勒（Bougainville）率"泰蒂斯"（Thétis）号和"希望"（Espérance）号两艘战舰驶入沱灢港，携带方物和国书，请求谒见圣祖皇帝。帝曰：法国和英国相互敌对，前时我国未接待英使，今也未便接待法使。况当时沙依诺和瓦尼埃全已回国，圣祖遂命官员赏赐法使物品，并对之曰：朝中无通晓法语者，故不能接见。

次年（1826 年），法国政府又派遣沙依诺之侄前来接替其叔担任领事，但抵达后，我国朝廷不予承认，至己丑年（1829 年）被迫回国。

自此至以后 10 年，法国与我南国断绝了邦交。而当此之时，除了几个教士在村野之处传教外，国内已不再有外洋之人居住了。

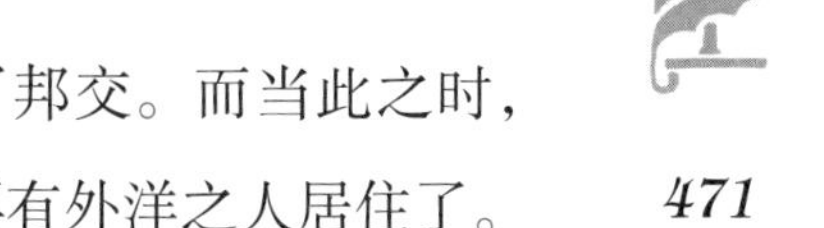

十二、禁止传教

自圣祖即位后，已有意不让外国人进入国内传教。至乙酉年（1825 年），当"泰蒂斯"号船驶入沱灢港时，有一名罗热洛（Rogerot）的教士留下到各地传教，圣祖乘此机会遂下禁教谕令，并传令各官检查出入海口的外国船只。谕令内称："西方之道为左道，迷惑人心，败坏风俗，故应严禁之，以使吾民信奉正道。"

圣祖又令寻找国内的教士，全部送往顺化，命其将西方书籍翻译成安南文，皇帝的目的并非为了译书，而是为了不让他们到各地乡村传教。

当时，不独是圣祖自己一人憎恶天主教，大部分官吏也都持相同的见解，因此禁教之事施行得更加严格。但是，尽管如此严禁，国内仍有人传教，皇帝以此事违犯国法，又下诏再次传令教民必须弃教，且能捕获教士献纳者，奖之。这一年，在顺化有一名传教士被判处绞刑，而且在其他各地也因逮捕和杀害传教士而发生骚乱。

自此之后，从南到北，无处不有盗贼蜂起。皇帝怀疑教民帮助敌军，因更加严禁之；自甲午年（1834 年）至戊戌年（1838 年），有许多教士和教徒被杀，特别是在嘉定捕获游神父（P. Marchand）之后，杀害教众之事较前更加凶残。

皇帝一方面禁教，另一方面颁布训条，劝谕百姓维护正道。但皇帝越使用威权杀害教民，民间越痛苦，人们的信仰是无法严禁得了的。况且天主教也是一个庄严而值得尊敬的宗教，劝人有仁爱之心，何必如此折磨百姓呢？当时的传教士，甘冒生死一心一意去传教，有人被迫挖洞居住在地下几个月进行讲道。这些人具有如此坚定的意志，则严刑对之也属无效。戊戌年（1838 年），圣祖眼见如此严禁也不能杜绝人们在国内传教，遂遣使赴法，与法国政府商讨此事。但当我越南使臣抵达之时，〔巴黎〕外方传教会则请求法王路易·菲力普（Louis Philippe）不要接待[①]。我国使臣被迫返回，抵达顺化时，圣祖已驾崩。

后来，禁教之事一直拖宕到法国保护时才结束。

---

① 据居尔特吕（Cultru）的《法属交趾支那史》（*Histoire de la Cochinchine Française*）一书所载。

十三、圣祖驾崩

圣祖驾崩于庚子年（1840年），享寿50岁，在位21年，庙号圣祖仁皇帝。

圣祖在位期间，法律、制度无不重加整顿改革，造成一个有纲纪的国家。然因其过于严苛，一味复古，不能随时代而改变风俗习尚；又不知对人们的信仰采取宽容态度，杀害信奉天主教的教民，并与外国断绝邦交，致使我南国陷于孤立。

我们已知，这些错误，是当时我国整个朝廷和整个士大夫集团共同的责任，决不能归咎于圣祖一人。然而他是一个国家的专制君主，国事的好坏，他也有一份甚大的、无可推诿的责任。因此秉公而论，圣祖的政绩有许多好的，也有不少坏的：他知刚而不知柔，他有威权而少肚量，他知有民有国而不知时势进化。所以说他是位英君明主则有点过分，而说他是位暴君亦觉有失公允。不管怎么说，他是一位聪明、果敢和尽心国事的君主，我说阮朝没有任何一位帝王创建下比他更多的业绩。

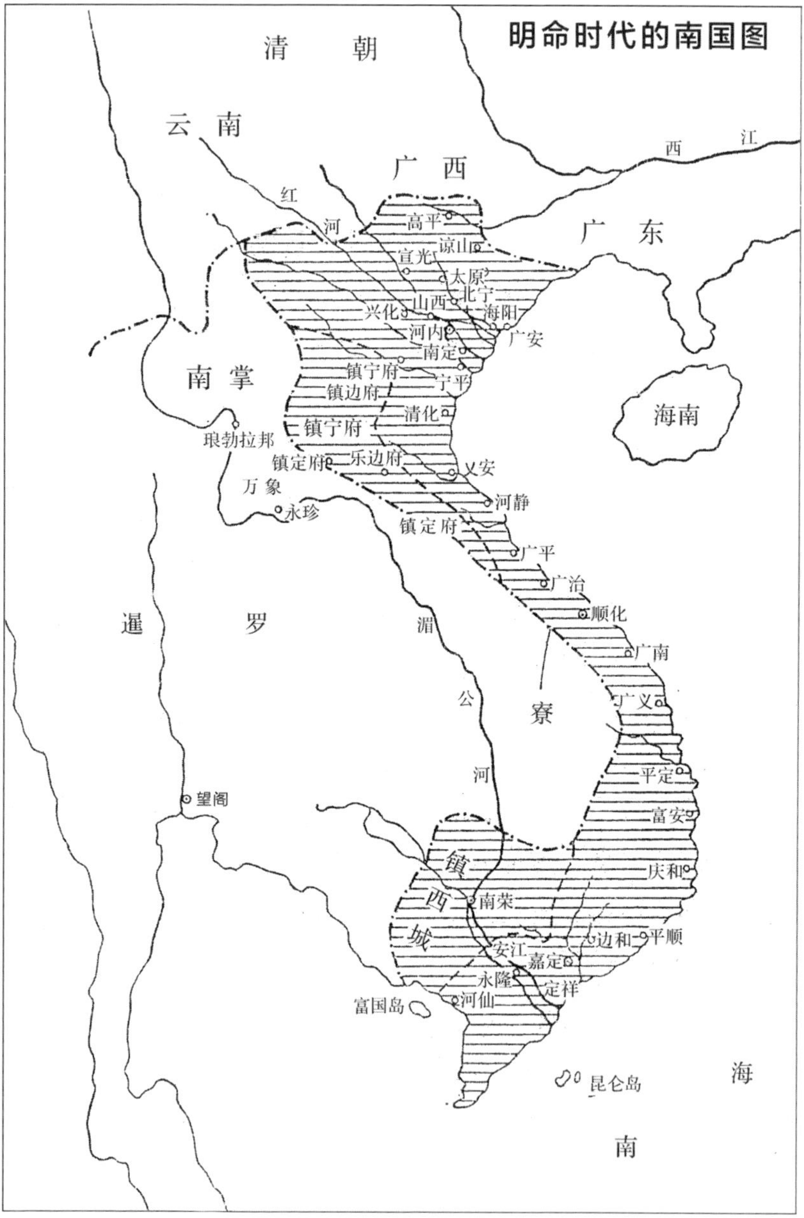

明命时代的南国图

清　朝
云　南
广　西
西　江
广　东
红　河
高平
谅山
宣光
太原
北宁
山西
兴化
海阳
河内
广安
南定
镇宁府
宁平
镇边府
清化
海南
南掌
琅勃拉邦
镇宁府
镇定府
乐边府
乂安
万　象
永珍
河静
镇定府
广平
广治
顺化
暹　　罗
湄
广南
公
寮
广义
河
望阁
平定
富安
镇
庆和
西
南荣
城
安江
边和
平顺
嘉定
永隆
定祥
河仙
富国岛
昆仑岛
海
南

第四章　宪祖

（1841—1847 年，年号：绍治）

一、宪祖的德行和胸襟　二、真腊之事　三、暹罗之事　四、与法国的交涉

一、宪祖的德行和胸襟

辛丑年（1841 年）正月，皇太子讳绵宗，御太和殿即皇帝位，改元绍治。

宪祖生性温和，不喜欢惹是生非，也不像圣祖那样果敢。宪祖在位期间，学校、制度、税务，都完全遵循圣祖朝的成宪行事。当时的臣属有张登桂、黎文德、尹蕴、武文解、阮知方、林维浃等人，尽力襄助处理内外诸事。然而在南圻有贼寇和真腊人作乱，暹罗军队前来攻掠，皇帝被迫不断用兵征剿，始获平息。

二、真腊之事

原来自圣祖时代之末，南圻地区和真腊之地已经有乱事发生，张明讲、阮进林、黎文德、阮公著等人不得不时常领兵前去剿除，

平了此处，彼处又起。后来在南圻又有林森伙同一班和尚，作乱于茶荣；在真腊，则是本地人与暹罗人起兵攻打，官军不能敌。朝廷以此事为忧。绍治元年（1841年），在朝中，谢光巨奏请放弃真腊之地，撤兵回守安江。皇帝从其言，下诏传令将军张明讲撤军回国。张明讲回至安江即去世。因为经理真腊之事，全出张氏一人之手，今因发生变乱，官军被迫弃镇西城而回，他感到羞愧和懊恼，以致得疾而卒。

三、暹罗之事

当阮进林和阮公著的军队在南圻剿平林森贼后，暹罗军队又带领兵船前来会合贼党，进行攻掠。皇帝即命黎文德为总统，率领兵将前去剿除。命阮知方和阮进林防守前江地区，阮公著和阮公仁守永济，范文典和阮文仁防后江。三面共同进兵攻打，暹军和贼兵大败，退守镇西。官军将暹罗军队逐出边界之后，布置军队防守险要之地，以待时机进剿。

原来匿螉墩[①]曾带领暹罗军队回来救援，以重新攻夺其国。然至越南撤退后，暹军残暴，真腊人也不服从，有人到南圻求救，皇帝乃命武文解经理真腊之事。

乙巳年（1845年）即绍治五年六月，武文解抵达嘉定，会同阮知方、尹蕴、尊室议，进兵讨伐真腊，攻陷铁绳屯，收复南荣城，真腊人归降者23000余人。

① 匿螉墩是匿螉禛之弟，安美即玉云公主之叔。

之后，阮知方和尹蕴领兵追击暹罗军和真腊军，包围匿螉𤡮和暹将质知于乌栋（Oudon）。

是年九月，质知派人前来请和。至十月，阮知方、尹蕴与质知在会馆缔结了和约，两国解兵停战。阮知方撤军回驻镇西，以等待暹罗军履行已定的条约。

丙午年（1846年）腊月，匿螉𤡮上表谢罪，并遣使赍方物朝贡。

丁未年（1847年）即绍治七年二月，朝廷封匿螉𤡮为高棉国王，并封美林郡主[①]为高棉郡主。又下诏至镇西军次，令撤回安江。

自此真腊国又有了国王，且南方边务始获安宁。

四、与法国的交涉

自宪祖即位后，禁教的事情稍微缓和了一些。然而朝廷仍仇视天主教，而全部外国传教士还被监禁在顺化。有人将这个消息带给“女英雄”（Héroïne）号舰长、法国中校法万·勒韦凯（Favin Levêque）。勒韦凯把船驶入沱瀼，请求释放5名传教士。

至乙巳年（1845年）即绍治五年，有一个名叫勒费弗尔（Lefèbvre）的主教被判处死刑。当时在沱瀼的一位美利坚船长，数次请求释放这位主教而未得许可，于是便把这个消息告知法国海军少将赛西尔（Cécile）[②]。这位少将派兵乘“阿尔克梅内”

① 即安美，亦即玉云公主。——译者

② 赛西尔为法国海军中国海军区指挥官，军衔为海军上将，事见前引《东南亚史》中译本下册，第738—739页。——译者

（Alcmène）号战舰，开进沱瀼把主教领出来。

丁未年（1847 年），法国官员获悉在顺化已不再有被监禁的传教士，便派德・拉皮埃尔（De Lapierre）上校和黎峨[①]（Rigault de Genouilly）中校率领两艘战舰驶入沱瀼，要求放弃禁教谕旨，并准许国内之人享有信奉新教的自由。

当双方正在商议此事之时，法国官员看见我国船只停泊于法舰附近，并在岸上看到有我军布防屯垒，开始怀疑有什么不测之事发生，便开炮全部打沉这些船只，然后启锚扬帆出海。

宪祖见事态如此，十分愤怒，再降禁止外国人传教的谕旨，并对国内信教之人治罪。

法国战舰在沱瀼炮击我方船只之后数月，宪祖得疾驾崩。时在丁未年（1847 年）即绍治七年九月。他在位 7 年，享寿 37 岁，庙号宪祖章皇帝。

① 当译里戈・德・热诺伊利，从越译作黎峨。——译者

第五章　翼宗

（1847—1883年，年号：嗣德）

一、翼宗的德行和胸襟

宪祖驾崩，传位于二皇子讳洪任。当时皇子年方19岁，但已博古通今，颇有学问。至丁未年（1847年）十月，即皇帝位于太和殿，改元嗣德，以翌年即戊申年（1848年）为嗣德元年。

翼宗对于我南国的命运，关系至为重大，因为到他在位的时期，法国前来建立保护制度，把我们的社会改变成另一种景象。因此，我们必须详细了解他是怎么样的一个人，以便判断当时的事情，而不致发生错误。总督申仲㒷曾经看到过翼宗的容颜，并对其有如下详细描写：

> 皇帝容貌似儒士，不高不矮，中等身材，不胖不瘦，稍嫌清癯。肤色不白不黑。脸稍长，颌略小，额宽而直，鼻高而圆，二目亮晶晶而善良。

平日常包一小黄头巾，着黄衣，当其年长之时，常穿内务府所制黄裤和黄缎子鞋，不喜修饰，且亦不许内宫嫔妃佩戴首饰，惟以整洁之衣着为美。

皇帝性至和善。近侍者言：一日帝御朝于文明殿，手持火媒[①]欲吸烟，一太监正为之扇凉，不意扇得过猛，火媒之火飞落皇帝手上，太监吓得面色苍白，而皇上惟擦其手，全无责备之言。

皇帝侍慈裕至孝。常例逢双日朝宫，单日御朝；一月之中朝宫15次，御朝15次，除非巡幸外地和龙体欠安（Se-yếu）[②]。在36年之中，经常如此，未尝有一日之差。

当朝宫之时，皇帝敷陈此事彼事、国事家事以及古往今来之事。慈裕熟读史书甚多，且对世事亦知之甚广。倘慈裕有何妙句，则立即编入称为《慈训录》的书内。

一日闲无国事，帝御狩于顺直森林[③]，适逢发洪水之时。再过二日即为圣祖忌辰，而御驾未能返回。慈裕心急如焚，乃命大臣阮知方前去迎驾。阮知方行至中途，适遇御舟划来，然水流湍急，船无法速行。傍晚御舟始达渡津。此时天正降雨，帝匆忙乘坐无篷之轿直趋后宫，跪地请罪。慈裕面向幔幕而坐，不言不语。帝取一藤鞭，呈放硬木长几上，然后匍

① 火煤是用纸做的绳，用以燃火吸烟。

② “Se-yếu”即微恙之意。“se”字在顺化是敬语，如皇帝生病，说皇帝“se mình”。

③ 距京城约15公里，在利江畔有一片禁苑，称为顺直。此处多鸟，翼宗常御此射猎。

匐在地，请受鞭笞。良久，慈裕扭过脸来，用手推开藤鞭，而对之曰："罢了，赦之矣！游幸有劳官军辛苦，当颁赏诸人，明晨前去主持忌辰之祭。"

帝叩谢而退，是夜即批示分赏候驾诸官员军士。官则每人得银币一枚，大小随品级而定，军士每人得锌币一贯。至翌日晨，帝御龙安殿拜祭。观帝侍母若此，古往今来，实属罕见。

帝甚勤奋。清晨5时帝已"御性"（即起床），约6时已去临朝。故京师诸官亦须早起前去参朝。常见诸官燃灯用粥，以赴早朝。

帝常御朝于文明殿，在勤政殿之左侧。各官早到，文官坐候于左庑，武官坐候于右庑。当帝驾临，太监宣召各官入殿朝拜。各官皆穿宽大之青色衣袍，佩带牙牌而进，文官列于右，武官列于左[①]。

当诸官依次站定后，吏部或兵部官奏请让几位新获提升的官员拜命。拜命之官员须侍立于殿外，待吏部或兵部奏毕始能进殿。文官属吏部，武官属兵部。拜命须穿大朝之服。

拜命毕，何部有事秉奏，则至奏事之处跪奏。倘某部奏事，该部之印官皆跪于奏事之处，然后某人启奏，宣读面奏之文。在奏事诸官之旁，又有一内阁官员和一御史皆跪下。内阁官记录皇帝所颁之言；御史弹劾犯法之官。

① 皇帝御太和殿或勤政殿，或至奉先殿行礼，都是文官侍立左侧，武官列于右，惟在文明殿，则武官在左，文官在右，不知何故？

翼宗既谙晓诸事，且又勤于政，故每日下达旨意竟至九、十时，始还内宫。

皇上常在勤政殿东厢房做事。此厢房之中铺设擦亮之地板。在镜门之附近，有几张席，上铺一张黄绸镶边之席，以放座垫和笔砚、靠垫，而不设桌椅等物。隔不远放一投壶和牙牌。做事疲倦之时，则站起来击投壶，或去散步。皇上独坐做事，数名侍女侍立，研磨赭石，点烟，或去传事。

我国古今之例，诸官不得进入御座之处帮助皇帝办事，因此事无巨细，皇帝必须亲览。

各地之奏疏皆寄至内阁。内阁放入奏事匣内，送交太监，太监送交女官呈递皇上。帝览毕退交内阁。内阁留存朱点、朱批正本，抄录副本送交各部衙。

今阅内阁所藏各原本，见许多疏片皇上所批比各官原奏还长。字美文工，人人皆敬佩皇上之才。

皇上本是一好学之人。每晚读书亦至深夜。有三本《御制诗文》行世。又制字喃书，俾使百姓易懂，如《十条》、《字学演歌》、《论语演歌》等。[①]

我们看到关于翼宗的记载如此，可知他并非一个肥硕魁梧之人[②]，

① 未见申仲㒰原文，兹据越文译出。——译者

② 我们常见有幅画，画一个肥硕魁梧之人，面目凶残，不修边幅，画下题嗣德帝几个字。

此像无疑是某人凭想象而画出来的，并非是他的本来面貌，这是因为从前除非大臣和近侍外，我们的皇帝不许任何人见其容颜，且无论何时亦不曾留下什么画像。

也并不像人们常说的那样是一个凶残暴虐的帝王。只因他是在一个艰难困苦的时代当政的皇帝，那时国内多事，而辅佐他的人，虽然有清廉如张登桂、武仲平，忠烈如潘清简、阮知方、黄耀者，但这些人都是旧式人物，不谙晓新的时势。况且当时国势太弱，纵有改革维新之想，也来不及了，所以诸事全部搞糟了。

二、廷臣

廷臣是朝中帮助皇帝处理国事的官员。当时的形势已甚危急，因自 19 世纪初叶以后，世界上的生活和学术已有了长足的进步，各国之间的竞争也较前激烈。然而肩负我国政治责任的人，只会专心留意于文章，徒夸笔砚之艺，论及国事则非尧、舜，即夏、商、周，以几千年前之事引以为现时之规范，而后傲然自夸胜过他人，视天下之人为野蛮之人。当时的廷臣大部分都是如此者。虽然曾有一些人到过国外，目睹世界的景象，回国后言之，则被在家的老者们认为是胡言乱语，毁坏纪纲！这样，就造成不知者一味怡然自得，而知之者不得不装聋作哑不能与人谈，被迫束手自缚，无可作为的局面。

观察后来的几年，皇帝常垂询富国强兵之道，诸官各抒己见，有持此理者，也有持彼理者，有主战者，亦有主守者，而结果都未见搞出什么花样来。当时已有人洞察时势，愿意出国游学并企图进行政治改革。丙寅年（1866 年）即嗣德十九年，有阮德厚、阮长祚、阮条等几个乂安人，前往西方留学。后来阮长祚回国，写了几篇条陈，历述我国情势和各国景象，请求皇帝早图改革，否则将有亡国之虞。皇帝将此条陈交官阅议。廷臣皆以为他是一派胡言，无人肯听信。

戊辰年（1868年）即嗣德二十一年，宁平人丁文田上条陈请设营田，开金矿，造火车，准许西方各国之人前来贸易，训练士卒以为战守之备，增加军粮，减轻民间徭役，奖赏有功者，抚恤伤残者等。大致来说，所陈各条都是益国利民者，然而廷臣却以为不合时宜，遂弃置不用。

派往各国的使臣，回国后奏陈诸事，皇帝问及廷臣，他们均予驳回，凡事都以为不合时宜。己卯年（1879年），即嗣德三十二年，阮协出使暹罗，回国后说：当英吉利国人初来请求通商之时，暹罗国立即与其签订了条约，而使英人无法借故生事占夺国土，后来暹罗又允许法、普（鲁士）、意、美等国设领事管理贸易之事。这样各国之人均享有权利，再没有人能欺压暹罗。辛巳年（1881年）即嗣德三十四年，黎挺出行到中国香港回国，奏称：泰西各国的富强，主要在于重视军事和商业。以军队保护商业，以商业而养兵。近来日本仿效泰西各国，派人到各地贸易。中国也亦步亦趋，准许外国人入国贸易。我国人既聪明能干，又多物产，应仿效他人而为之，则亦可保国家独立之权。

是年，又有翰林院修撰潘廉密奏，请开贸易，集资立会，并请派人出国学习开矿技术。其奏疏交廷臣审议，诸官均认为贸易之事不便施行，其他诸事待征询各省意见之后，再重议。这也是敷衍事情的一种手法，其实无人愿意稍加改变那些旧有的习惯。翼宗以此事劝谕曰：各官审事固应谨慎和深思熟虑，然亦应使之进步，因不进则退。

看这些话，可知皇帝并非不想有所改革。只因皇帝居于深宫内殿，对时事不能详知，唯以各官为其耳目，而各官知之者少，不知者多。那些拥有爵位和职权之人，多为耳不聪、目不明者，一味墨守成规，以便其行事。又有不少人自思其权高位贵，才华过人，而不知才高无须年老，聪敏者并非以官大官小来分辨。一个人的价值主要看其思想和学识，不在于财产或官爵。

及至法国占领了南圻，已开始进攻北圻之时，危急的形势已迫在眉睫，而仍一味抱残守缺，固守旧习，凡稍言新法者，则予驳回。如此，怎能不把事情搞糟！

我们知道，皇帝有皇帝的责任，官吏有官吏的责任，无论如何翼宗也难以推脱他对国家所犯下的错误，然而更准确地来看，则知当时廷臣的过错，亦可谓不小。

三、外交

翼宗时代的政策，是一概不准外国人进入越南贸易。如庚戌年（1850 年）即嗣德三年，有一艘美利坚船驶入沱灢港，携带国书请求通商，皇帝不许，却其国书。

自乙卯年（1855 年）至丁丑年（1877 年），英吉利船曾数次出入于沱灢港、尸耐港（平定）和广安，请求贸易，也未获准许。西班牙人和法兰西人请求通商，都未获准。

后来，嘉定陷落之后，外交日益艰苦难办，皇帝遂设平准司管理贸易，并设商舶院处理与外洋人交涉之事。虽然如此，也未见谁是通晓贸易和懂得外交方法之人。

四、禁教

自戊申年（1848 年）即嗣德元年，翼宗刚即位之时，已下禁教谕旨。在此一谕旨中宣称：外国人前来传教者，则处以死刑，本国教长若不放弃其教，则刺字于脸上，发配瘴乡。至于愚民，各官应阻禁之，不使其因信教而放弃祭祀祖先，但切勿杀害他们云云。

至辛亥年（1851 年）即嗣德四年，又下禁教谕令。这次禁教比以前更加严厉，并有几个外国传教士被杀。

力量已不足以保住国家，还不断做出此残恶之事。既不准外国人入境贸易，又治传教士之罪。因此法国人和西班牙人便以此为借口，前来进攻我国。

五、税务

当时国内税收，大致与圣祖和宪祖时代相同。唯自法国和西班牙攻占南圻几省之后，因需赔偿军费 400 万元，国家开始设法敛钱，便命华人侯利贞征收从广平至北圻的贩卖鸦片税。史载：每年国家收得鸦片烟税计达 302200 贯。

皇帝又规定：捐款 1000 贯以上者，授九品之衔，达 1 万贯者，授六品衔。意即又不得不用前朝之制，卖官敛钱。

六、文学

翼宗是阮朝时代最为博学的一位皇帝，因此十分重视儒学。他留心科甲之事，改革科举，增开雅士科和吉士科，以选拔文学之士，出来做官。

翼宗又设置集贤院和开经筵，以亲自与各官研讨典籍、作诗赋或谈论政治。又命人编纂《钦定越史》[1]，述自上古以迄后黎之事。

七、兵制

翼宗之世战乱纷起，国家亟须用兵，故于辛酉年（1861 年）即嗣德十四年，传令各省选拔壮健者充武生兵。至乙丑年（1865 年）即嗣德十八年，又开科考武进士。

虽然此时我国有武生兵，有武进士官，但时代已经不同了，人家打仗使用从后面上膛的枪和炸弹，已不再像从前那样使用刀剑了。而我南国的军队，每队 50 人才有 5 人拿旧式的鸟枪，需点燃引信始射击，又缺乏训练，全年只有一次演习射击。每个兵只准射 6 发子弹，超过此数者必须赔偿。

军队如此，武器如此，而官又让士兵轮防，每队大约只留下 20 人驻防而已。因此一旦有事，无法防御。

① 即《钦定越史通鉴纲目》。——译者

第六章　嗣德末期越南的制度和情势

一、政治和社会组织方法　二、四种人　三、国人的生活

一、政治和社会组织方法

越南虽说是一个君主专制[①]国家，然按其精神和社会组织方法而言，有许多地方十分符合于民主的精神。儒教原是我国自古以来的根本学说，此学说实际上异常重视治国之事。治国则必须以民为本，意即必须设法使民丰衣足食，教民懂得道理并开启民智。如此重要的工作，并非任何人都能做到，必然是那些有足够的德行、才能和权威的人，才能担当得起来。因此，就需要有皇帝，有官吏。

皇帝：根据儒教的学说，当有群众的时候，即必须有君。君是一个掌握主权以承担起国内全民生活和生命全部责任的个体。这个个体称为帝或王，掌握全国的主权。此主权人们还称为神器，即由天所授的神圣之物，也就是说百姓顺从，才能保持。那么，那些做了许多奸恶、暴虐之事的人夺取了主权又如何解释呢？这叫作僭夺，绝非正义。就是那些已经称王称帝之人，而滥用主权

① 人们常常按照昔日西欧各国之意来理解君主专制这几个字，而不知这几个字按儒学来讲与之有许多不同的地方。

做出许多残暴之事，那也只是贼子而已，不再属于帝王之列。

朝廷：古代群众之所以公认一位掌握全国主权的君王，是为了有一统而避免争夺和变乱。但治国是全国共同的事，故有君王必须要有朝廷。朝廷并非是为了侍候皇帝和为其做私事的一小撮近臣，而正是一个全国公共的会议，由通过科举而选拔出来的称职的人所组成。科举不分贵贱贫富，凡是有学问、有德行和具备足够才能的人都可应试。考中了并且已经做官之人，才算置身于朝廷之中。

按照皇帝的规定，每月必须几次设大朝，在京各官都必须到齐并按品秩侍立，以便奏陈诸事。当有重要之事时，皇帝则下廷议，即交付廷臣讨论处理。各官无论大小都可陈述自己的意见。将议决之事上呈，请求皇帝批准后，方可实行。

皇帝虽握有大权，但不能做违反常规之事。当皇帝做错某事时，监察御史必须奏陈并谏阻之。除暴君之外，通常皇帝必须采纳各官的劝谏之言。

大凡朝中有正直和明智之士，则国家得到安定；倘有奸佞昏庸之辈，则国家败坏。这是自古至今的通理。

官吏：朝廷的命令发出后，各郡县的官吏必须遵照执行。管理郡县的各官，有责任教导百姓，使其勿做违反伦常道理或反乱之事。除此之外，官吏还要使民安居乐业，不应滋事扰民。因此，古代某官治理某地，其治下之民得以安定，则此官即为好官。

乡民的自治权：朝廷任命的官吏只到府县，其余自总以下归民自治。百姓选出自己的人来管理辖地之内的各种事务。总是一个包括几个乡或社的地区，设有由各乡耆老会议选出的一名该总和一名副总，管理本总的赋税、堤防和治安等事。

乡或社是村民的根本。各乡的风俗和乡规，朝廷并不干涉，所以俗话说："王法比不过乡规。"乡有民选的耆老会议，料理一切事务。此会议以"先纸"和"次纸"为首，还设有由耆老会议选出的里长和副里〔长〕，代表本乡与官吏交涉，并设有巡丁专管乡中的警卫工作。当某人犯了罪，则官吏以其所在之乡是问。因此，无论任何人要到哪里去或做什么事，都必须以乡为根本。

古时候，各乡没有登记生死嫁娶的簿籍，但按照乡的惯例，凡男孩至十二岁则必须入乡，即登记入乡的丁册，而女孩则没有此例。因为祭祀祖先和迷信数（命运）、相等，所以无论哪家生孩子，不管其为男或女，父母都必须记准这个孩子出生的年、月、日。这样，任何人都清楚地知道自己孩子出生的年月日。

嫁娶是关系到家族的大事，必须办得合乎常规。但对于乡来说，按照惯例要让娶妻的丈夫向乡里呈报并向乡里交几贯钱，称为纳喜钱。这样就形成了惯例，虽无登记生死嫁娶的簿籍，而要登记的各条样样俱备，像有簿籍一样。

二、四种人

国内之人分为四种，即工、商、农、士。

工：工是凭手艺或从事某种手工业为生的人们。但因我国昔时只有小手工业，如缫丝、织布、织绸、制鱼网、做鱼露等，而无有像别国那样能够致富的大工业。既无大工业，则工匠们从事某行者便组成坊，如木匠坊、泥水匠坊、铸工坊、铁匠坊、陶工坊等，每坊有坊长、副坊长和师傅，且各坊都有此坊特有的惯例。当工匠的人们常是些学识浅薄之人，终年累月打工干活，仅够糊口而已。

商：商是从事贸易的人们。然我国昔时的商业也很不发达。世界上的人们贩此国之货到彼国去卖，进口出口，经营钱数以百万和万万计的大商业。而我国之人终生不到别处去，只在国内打圈子，贩卖一些零星的货物，致使无数大利落入外国人之手。间或有少数人拥有十来艘帆船，从此地运货到彼地，本钱约在五六万贯之数，即被认为是巨富。

手工业如此，商业如此，我国如何能富强呢？其结果，只有农业和士大夫是最重要的。

农：农是专门以种田为业的人们。我越南之人通常每人至少有三五分地耕种，这就是说农业是自己的本业。但是除了像南越那样地广人稀、土地肥沃的地区之外，其他地方则土质贫瘠，并因气候不好，晴雨失常，使耕作遇到许多困难。居住在乡下之人，大多依靠田地为生，若某年风调雨顺，庄稼收成好，则此年民得温饱。然若某年暴雨成灾或干旱，庄稼歉收，百姓便要受饥苦。

士：士是专门以学为业的人们，或为科举做官，或为教书，或为做医生、风水先生、卜师、相士、算命先生等，是一些闲散的职业。

从前我国的学业，有礼部管理全国的教化。在省有督学官，府有教授，县和州则有训导，都是一些科榜出身之人，朝廷补放他们管理教育之事，而且每人管理辖区中的一所公学。在私塾已经学得不错的士子们，可以到督学、教授或训导所管的公学中学习，等到开乡试之时，出而应试。某年有科试，则督学、教授、训导诸官要先考生徒，遴选出有足够能力的人，方准其应试。

按照朝廷的规定，每三年在各地方举行乡试。在乡试中考中高名次的人称为举人，考中低名次者称秀才。次年在京都举行礼部的会试，前一年考中举人的人前来应试，中格者才能参加皇宫中举行的廷试，以选拔进士。考进士谓之大科，国人甚为珍视之。

每当举行乡试之时，京官出京典试，有一匾，上题“奉旨求贤”四字，意即奉皇帝谕旨寻求贤能之人。因此，过去的科举有着不同于今天考试的意义。

以上是讲朝廷教化之事的组织方法。至于在民间，学习的事情十分自由。不管什么人，只要有相当的学力，都可开办私塾进行教学。每乡有三五所私塾，或在家教，或豪富之家供养塾师，让其子弟和邻近之家的子弟前来学习。我越南人本重视学业，故上学之人颇多。

原来昔时的学习有其真正的目的，即学习是为了通晓道理，明辨是非，陶冶成为一个具有高贵节操和品格的人，以便在逢时之时出而报国助民，若不逢时则在社会中做一个正直之人。后来渐渐为生活处境所迫，学业变成专门学习举业，即学习主要是为了中举做官。那些学习的人及第之后，便自信自己是俊才，只图以外表华丽来蒙骗人，而不热衷于实学。其中也有人是想考中取得一些名分，然后回乡继续钻研学问或教书。但大多数人都是企图考中做官，因为做官有尊贵的地位，除此之外别无其他比其更好者。

学习举业的科目有哪些呢？学习的人要把许多功夫花在记忆

五经、四书和这些书中先儒的注释，并要加学几部中国史书。每天所练习者，主要是熟悉科场的方法，即经义、四六、诗赋、策文。这是用虚文来鉴定实用之才，以华美为尺度来衡量经纶之才。因此，谁擅长经义则认为自己高于别人，谁具诗赋之才也以为自己精于治国之道。对于世事则昏暗无知，而又骄矜自负，视天下之人为草芥，以自己为神圣。

我国的学业已腐败到如此地步，那些腐俗已深入到人们的头脑，造成一种无可医治的沉疴痼疾。幸赖旧学的精神，使读书人虽没有什么见识，但常常讲气节，知廉耻，而且又因有士大夫的清议，束缚和阻止了不规的行动。然仅仅有这些，仍不足以在权力竞争、权谋诡谲、智术奸诈的时代中生存。因此，当人家进步的时候我们退步了，人家兴盛时，我们衰弱了。

大体上讲，当时我国士大夫们的情况就是如此，致使国运已到了危险的地步，而国人的灵魂仍处于迷糊不醒的状态之中。士大夫们是有学问的人，为人们作耳目，他们尚且如此拙劣，那么怎能要求老百姓会精明乖巧呢？

三、国人的生活

国内的情势已如上述，没有工业，商业不景气，除了耕田种地之外，穷人没有其他任何职业可以谋生。因此，此时虽然 1 陌钱可买 4 钵谷，而仍有饿死的人，因为谷价虽贱，然赚钱实在困难。机智灵巧的雇工每天才能挣 1 陌钱，其他的人只能挣 13 文或 30 文而已。在乡村谋生既已劳累不堪，而又常遭敲诈勒索，家里有钱者便产生各种忧惧：怕奸匪之徒盗窃，又怕强盗夜盗昼抢，因此不得不把钱财严密埋藏起来。

房屋大多是茅屋草房，很少瓦屋砖房。房屋建筑的式样也要按照通常的式样来建造，不准盖楼房和工字形或门字形的房屋。谁人建造房屋不合法式，则被认为是越规行为，要受到惩罚。

服饰衣着则只有棕色土布料，穷人仅有一件圆领短衫，平常只围块遮羞布，出门的时候才穿长及膝头的布裤。富人才有几件棕黑色的衣服和几条棕灰色或白底的裤子，而不准穿锦缎丝绸和鞋子。皇帝做如此之禁，是有意让老百姓不要崇尚奢华挥霍，唯有当官之人才享有穿得比别人好的特恩。也正因为如此，国人谁都想去当官以显达自身，荣耀父母，而不考虑干其他的事情。倘若读书之人因某种原因而未考中，做不成官，便铤而走险，转为盗寇，以寻求显荣之法，所以国内常有盗寇。

穷国苦民，又逢多灾多变之时，外人入侵，朝廷茫然不知所措，人心离散，分成此派彼党，互相杀害。这就是我越南国在嗣德末期的情势，因此危亡的局面就出现了。

第七章　法国占领南圻

一、法军攻打沱瀼　二、法军攻陷嘉定城　三、定祥省失守　四、边和省与永隆省失守　五、壬戌年（1862年）和约　六、我越南使臣前往西方　七、保护高棉　八、法国占领南圻西三省

一、法军攻打沱瀼[1]

在像翼宗之世那样艰难困苦的时代，君臣依然墨守成规，不知因势利导而开放国门，准许外人入境贸易，也不知乘机开启民智，又因信仰之事而杀害国人，并且惩处外国前来传教之人。因为这些错误，法国才使用武力为被害的传教士复仇。[2]

缘自嗣德四年辛亥（1851年）之后，即第二次禁教谕旨颁行后，在北圻有波纳尔（Bonard）、萨尔波尼埃（Charbonnier）、马特隆（Matheron）和西班牙主教狄亚兹（Diaz）等几位传教士被杀。其他传教士则被迫掘洞穴而居，或隐匿于山林之中，以进行传教。这些消息传到西方，各报天天报道前来我国传教的传教士

---

① 即今岘港。——译者

② 作者对法国等西方殖民主义者入侵越南的论述，掩盖了殖民主义者的侵略实质，观点是错误的。——译者

们的惨状，人心为之骚动。

法国政府便派李略荷（Leheur de Ville-Sur-Arc）[①] 率领“卡第纳”（Catinat）号战舰驶入沱瀼港，命人持书前去谴责越南朝廷杀害教士之事。后见我国官吏支吾不肯作答，法军便开炮击毁沱瀼诸屯垒，然后扬长而去。时在嗣德九年丙辰（1856 年）八月。

四个月后，法国使臣蒙狄尼（Montigny）从暹罗国前来调停诸事。蒙狄尼所乘的船进入沱瀼港后，即命人持书上岸，请求准许法国人自由通商，在顺化设领事，开放沱瀼商港，并允许传教士自由传教。对于这许多条，我国朝廷不肯接受其中的任何一条。

当时，法国已恢复了帝制，拿破仑一世之侄拿破仑三世称帝。那时的朝廷信奉天主教，又有皇后欧仁妮（Fugénie）尤笃信之。况且当“卡第纳”号驶入沱瀼港时，有一名叫作潘勒林（Pellerin）的主教潜入该船，后来回国陛见法皇，详细报告了在越南的传教士们的情况。

P. 居尔特吕（Cultru）在其所著《南圻史记》（*Histoire de la Cochinchinne*《交趾支那史》）一书中写道：当时有许多有权势之人如鲁昂城（Rouen）主教德波纳苏斯（Mgr de Bonnechose），可能连皇后都声称帮助潘勒林主教。因此，法皇才决定派遣官员率兵船前来攻打我国。又因西班牙的传教士也遭杀害，所以两国政府始共同筹划攻打越南之事。这也是由于我国君臣做了反对耶稣教、杀害信教者之事，才招致这样的灾变。

① 当译勒赫·德·维勒-苏尔-阿克，越称李略荷。——译者

戊午年（1858年）即嗣德十一年七月，法国海军中将黎峨（Rigault de Genouilly）率领法国和西班牙战船共14艘，运载两国军队3000余人，开进沱灢港，击毁诸垒屯，并登陆攻陷安海城和尊海城。

朝廷闻此讯，即命陶致会同南义总督陈弘剿除之。陶致抵达之时，两海城已陷落。朝廷又命右军黎廷理为总统，率禁兵2000前去抗御。

黎廷理在锦荔社与法军交战中中弹负伤，回去后数日即亡。

嗣德帝又以经略使阮知方为总统，朱福明为提督，会同陶致前去抵抗法军和西班牙军。

阮知方筑莲池屯，并自海洲至福宁筑长垒，分兵把守。据居尔特吕《交阯支那史》载：黎峨中将本打算在夺取沱灢之后，即去攻打顺化，但到此时见官军极力防御，又获悉有1万余军队即将从顺化开来。此中将不知详情如何，又不熟悉道路，因而也不敢贸然进兵。

从前传教士们都说，倘若法国军队前来攻打，则教民可以马上起兵相助，然至此不见动静，而中将的军队不能向前推进，留在沱灢除无食宿之外，又染霍乱病，死者甚众，因此中将甚为烦恼。当时，潘勒林主教也随军前来，在“梅内西”（Ménésis）号船上，中将一味指责主教欺骗了自己，主教也愤然离去，到马来亚槟榔屿（Pénang）的一所教堂中去讲道。

过了数月，黎峨中将料到攻打顺化势难得手，便决定攻打易取的我国富庶地区嘉定。

二、法军攻陷嘉定城

前此曾有人同黎峨中将讨论攻打北圻之事，说在北圻有40多万教徒，并有追随黎朝的党羽，可以帮助法军取得成功。中将派人侦探，得知南圻之地较易夺取，且又是富庶之地，盛产稻米。至己未年即嗣德十二年（1859年）正月，中将授权托伊翁（Toyon）上校留下防守沱灢各屯，其余兵船全部开往南圻。法军进入芹蔭海口，击毁同狔江[①]两岸的炮台，然后进兵攻打嘉定城。

在嘉定，当时虽有许多兵器，但士兵没有训练，武备废弛，因此当法军从芹蔭海口逼进之时，护督官武维宁仓皇亲赴各省乞援，然仅两天，城已陷落。武维宁自尽。法国和西班牙军进城，掠获大炮200门、火药85000公斤和约值18万法郎（Francs）的钱币和白银，至于兵器和谷米，更是不可胜数。

黎峨中将攻占嘉定城之后，烧尽稻谷，并夷其城池为平地，只留南面的一座屯垒，派海军中校若勒居伯里（Jauréguiberry）领一支军队驻守，以防边和的尊室铪军。

中将旋领兵返回沱灢，然后进兵攻打福宁屯。阮知方军战败，退保耐轩屯和莲池屯。

中将欲乘此机会讲和，而朝廷却一味拖延，主和派与主战派争论不休，莫衷一是。[②]当时在沱灢的法军亦甚感困苦，许多人染

① 即今同奈河。——校者注

② 此处西方史书记载：当双方议和之时，嗣德帝命阮知方攻打嘉定的法军。然据我国史籍所载，当时阮知方还在广南，直到庚申年（1860年）五月，此公才去南圻。因此，打嘉定之事，为尊室铪，而非阮知方。

病，黎峨中将也未能幸免，被迫请求回国休息。

法国政府命海军少将吧喻（Page）[①] 前来接替黎峨中将的职务，并乘机一并完成议和之事。至己未年（1859年）十月，吧喻少将到职，派人持书议和，所提条款主要是请求停止禁教，准许传教士自由传教，在各海港设置领事管理贸易，并在顺化设立使馆，派遣使臣。大体上来讲，与蒙狄尼前年所议各款，颇为相同。然而不幸当时朝中无有通晓外交政策之人来主持此事，致使丧失了对两国都是很好的机会。

吧喻少将见和议无成，便进兵攻打，此役法军方面损失了一个名叫迪普雷·戴鲁莱德（Dupré Déroulède）的陆军中校。

当法军和西班牙军前来攻打我国沱瀼和嘉定之时，英国和法国联军正在黄海地区进攻中国。当时法军需要去中国增援，法国政府遂命令吧喻少将从沱瀼撤军，只留下军队驻守嘉定，其余全部兵船都跟随沙内（Charner）海军中将前去攻打中国。因此，至庚申年（1860年）三月，法军尽将在茶山的营寨焚毁，然后乘船回到嘉定。海军少将吧喻命海军上校德阿利埃（d'Ariès）留守嘉定，带领其余兵船北上，与英国兵船会合，以共同进攻中国。

顺化朝廷见法军放弃沱瀼而去，便命阮知方、范世显赴南圻，会同尊室铪充实嘉定军次。

庚申年（1860年）七月，阮知方启行。临行时，此公曾奏陈几条有关保国之事，并且说：今与法国交战较前困难五倍、七倍，然他仍坚请尽力报国；至若广南方面有事，则潘清简和阮伯仪可以担当。

---

① 当译帕热，今从越译。——译者

当时在西贡的法军和西班牙军大约只有1000人，而我越南军队多达1万余人。但我军既缺乏训练，又没有西方军队那样的枪炮。只有几尊老式炮铳，以火石点火发射，最远射程约250米或300米。至于大炮，则是些前膛装弹之炮，射击10发不中其一。以这样的军队，这样的武器，而与按新式方法建立起来的、配备有后膛炮和使用榴弹等新式武器的军队对敌，则如何能战胜之！因此，从头到尾看一看越南作战的形势图，只有挖洞掘坑采取守势之一法，不能采取攻势，而法国人却攻守都有利。虽然如此，阮知方和范世显进抵嘉定，筹划诸事也颇得法，修筑了甚合规式的其和屯防线（法国人称为志和屯防线）[①]以与德阿利埃（d'Ariès）上校的军队相对抗。双方曾打了几仗，都有损失。

至庚申年（1860年）九月，中国清朝和英、法两国缔结了和约，双方停战。法国政府便派沙内海军中将率领兵船返回主持攻夺南圻之事。

辛酉年（1861年）正月，沙内中将率领70艘战船和3500名步兵[②]开抵嘉定，过了20天，中将即下令攻打其和屯。双方激战两天，法军死亡300余名，然其射击的火力仍甚凶猛，我军不能敌，战败后弃屯逃还边和。

这一仗，洋人方面有陆军少将瓦苏瓦涅（Vassoigne）和西班

① 原著表述有误，法军攻打志和大屯的作战图显示，法国人将之称为其和屯，这是根据越南语名称“志和屯”音译的称法。——校者注

② 据我国史书记载，当时法军有1万余人，然西方各书记载夺取南圻之役，仅有3500人而已，而且此数之中尚有数队其所招募的安南人的军队。因此，3500人之数可能较为确实。

牙上校坡陵歌（Palanca）[①] 以及其他数人受伤；而我军方面，阮知方受伤，其弟阮惟阵亡，参赞范世显回到边和，数日后也死，至于军士死者更多。

三、定祥省失守

攻陷其和屯之后，沙内中将下令海陆军同时追击，官军全线溃散。法国海军登陆夺取守油没 [②] 和西宁。中将又派人致书高棉国王诺罗敦（匿螉蟒），其大略曰：法国的意图是决定夺取嘉定为属地，且日内即将攻取美萩（定祥），以便打通与高棉国的交通道路。

当时阮知方的败军退守边和，仍甚混乱，不敢有所作为，而法军却挥戈西向，攻打定祥省。在此之前，沙内中将已派船侦察各河道，看何者便于进军。至辛酉年（1861 年）二月底，中将一方面派布尔代（Bourdais）中校率船沿河推进，攻打各屯；另一方面派吧喻少将循海路，入湄公河口，两面夹击攻取美萩城。护督阮公闲被迫弃城而逃。

自从攻陷美萩城之后，沙内中将在各险要之地修筑屯垒，并打算暂缓军事行动，以巩固已占领地区的统治，因此也不攻打其他各省。

顺化朝廷获悉其和大屯失守以及美萩城也相继失守后，即命户部尚书阮伯仪为钦差大臣前去经略南圻事务。阮伯仪料到势不能与法军相抗，便上疏奏请讲和。但当时朝中有张登桂等主战派

① 当译帕朗卡，今从越译。——译者

② 现名土龙木。——译者

不许，迫使其寻求抵抗之策。

有的历史学家责怪阮伯仪说：此公虽欲讲和，却不肯割地，只是据理而争，殊不知处于此竞争的时代，倘若力量不足，就没有什么理是正确的。况且法军已经攻取了南圻的数省，其主要目的是把这些地方变成它的属地，怎么能使其又平白奉还失地。因此，议和之事一拖再拖。而在此时的嘉定省和定祥省中，又有几个人如知县遂、副管奇张定、千户杨等人，邀聚义勇之士起来进攻法军。法军不断征剿，百姓也深受其苦。

至辛酉年（1861年）十月法国政府派海军少将波那（Bonard）[①]前来代替沙内中将。沙内中将回国休息。

四、边和省与永隆省失守

波那少将见我官军不断抵抗，便决意攻取边和省和永隆省。至是年十一月，法军分作三路，同时并进攻取边和城，然后又向东南面进攻，夺取婆地屯。次年即壬戌年（1862年）三月，波那少将又率领11艘战船和1000余名军队前去攻打永隆。此地省臣抵抗了两天，城即被陷。总督张文琬被迫领兵撤还湄公河的西面。

五、壬戌年（1862年）和约[②]

当时在北圻有名奉、名长者，攻略广安和海阳甚为紧急，又

① 越南译作铺那。——译者

② 史称第一次西贡条约。——译者

有阮文盛者（俗称“黄金该总”），骚扰北宁，而在南圻又新失掉两省。朝廷甚为忧惧，遂命潘清简和林维浃赴嘉定议和。

至四月，我国使臣跟随“弗尔宾”（Forbin）号船[①]赴西贡。到五月九日，波那少将与我南国使臣潘清简与林维浃缔结了和约。

此和约共有十二款，但有如下几款最为重要：

1. 南国准许法国和西班牙教士入境自由传教，并准许百姓自由信教。

2. 南国必须将边和省、嘉定省和定祥省割让给法国，并允许法国战船自由来往于湄公河上。

3. 南国不得携带武器弹药通过已割让给法国的各省。

4. 倘若南国与别的国家交涉，须告知法国政府，当欲割让土地给别国时，须征得法国的同意才能批准。

5. 法国和西班牙人得在沱瀼、巴喇和广安埠口自由经商。

6. 南国应赔偿战费 400 万元，分作 10 年偿付，每年应缴 40 万元。

7. 法国将永隆省归还南国，但法军仍驻扎于该省省会，直至将嘉定省和定祥省的贼寇平定之后，始撤回。

议和毕，朝廷命潘清简领永隆总督、林维浃领庆顺巡抚，以与驻扎在嘉定的法国官员交涉。

当时西班牙国也将夺取土地作为属地的权利让给法国，而仅接受战费赔偿和传教士得以传教之权而已。

① 前此波那少将曾派西蒙（Simon）中校率“弗尔宾”（Forbin）号驶入顺安海口，观望顺化朝廷是否请求议和。现此船带领我越南使臣之船返回嘉定。

癸亥年（1863 年）即嗣德十六年二月，波那少将与西班牙国上校坡陵歌（Palanca）赴顺化，朝谒翼宗皇帝，以求承认三国议和。然后，波那少将返回法国休息。海军少将德·拉·格朗迪埃尔（de la Grandière）[①] 前来接替他的职务。

六、我越南使臣前往西方

翼宗皇帝虽出于势不得已而把南圻三省之地割让给法国，然内心仍企图尽力将其赎回，因为嘉定系阮朝创业之地，又是他外祖父的故乡，所以和约缔结之后，他仍派员与法国官员商议此事。而当时法国人的意图不仅仅是占领此三省而已，还要进一步扩充。因此，怎能将失地还给我国呢？

翼宗皇帝见此事在当地讨论不会有成果，遂遣协办大学士潘清简、吏部左参知范富庶和广南省按察使魏克憻携带礼品出使法国和西班牙。至于在南圻的交涉，则交付永隆省总督张文琬办理。

六月，各使臣乘“回声”（Echo）号船至嘉定后，搭乘“欧洲”（Européen）号船与法国和西班牙官员一同前往西方。至八月，“欧洲”号船抵达法国，我国使臣登岸赴巴黎，请求谒见法皇拿破仑三世。但此时法皇即将去避暑，我国使臣不得不等候一个多月才得谒见。潘清简奏陈请求赎回南圻三省的各种理由。法皇颁旨曰：此事留交廷议，有结果后将回复顺化朝廷。

---

① 又译特拉格郎提爱，越南译作嘉棱移衣。——译者

数日之后，潘清简等人赴西班牙，到是年底，各使臣乘“日本”（Japon）号船归国。

七、保护高棉

当我国使臣前往西方谋求重新赎回南圻几省之时，在南圻德·拉·格朗迪埃尔少将一方面不断派兵讨平各地，建立统治机构，制定税例并开办学校教授法文和国语字[①]；另一方面派官前去经营保护高棉（真腊）之事。

原来自己未年（1859年）高棉国王安阳（即匿螉尊）驾崩之后，长子诺罗敦（螉鳞）继位。至辛酉年（1861年），诺罗敦之弟西·伏塔（Si-Vattha）起来争夺其兄的王位。诺罗敦被迫逃往暹罗。壬戌年（1862年），暹罗国王派兵护送诺罗敦还国，然后在乌栋设官保护高棉。

此时在高棉有一名叫米舍（Miche）的主教劝诺罗敦国王归属于法国，则暹罗就不敢欺侮。南圻方面，德·拉·格朗迪埃尔少将也派杜达尔·德·拉格雷（Doudart de Lagrée）大尉前去经管保护高棉之事。杜达尔·德·拉格雷来到高棉，在一年的时间内，对各方面的事情做了布置，至甲子年（1864年），暹罗国便被迫撤军回国，把保护权让给法国。

① 我国之人虽自古就有自己特殊的语言，而无越南文字，学术、文章、诉讼文案，凡事皆用汉字。自陈朝以后，已有人用汉字而创制出一种书写国语的字喃。但是文学家们不喜欢使用字喃。到黎朝末年，有一些葡萄牙传教士前来我国传教，因见汉字难学且通晓者甚少，便借拉丁字母而创制出国语字，以便讲授。现在我们也赖有这种国语字，而使我国有了自己非常方便的书写方式。

八、法国占领南圻西三省

当时在法国方面，政府也还在犹豫不决，尚未完全决定占领或是归还南圻之地，而法皇因见路途遥远也有所顾虑，遂派海军中校何巴理（Aubaret）[①]前来与顺化朝廷商讨赎回南圻三省之事。

翼宗皇帝又命吏部尚书潘清简为全权正使，会同陈践诚、潘辉泳与法国使臣会商。

何巴理递交了一份和约草本，其大略曰：法国归还嘉定、边和与定祥三省给南国，只留西贡、美萩和守油没作为驻军之地。但南国必须让法国享有对整个南圻六省的保护权。南国还须承担每年 200 万元的税款。

两国使臣争论不休，而在法国方面，有许多人不愿归还南圻之地。甲子年（1864 年）底，海军部部长德·夏斯卢·罗巴（de Chasseloup Laubat）侯爵上疏法皇，坚决奏请不许南国赎回三省。法皇听信此言，遂降旨命令按照壬戌年（1862 年）和约行事。

乙丑年（1865 年）海军部部长德·夏斯卢·罗巴欲了解越南方面的详情，便召德·拉·格朗迪埃尔少将回国述职，并派海军少将罗泽（Roze）前往代之。德·拉·格朗迪埃尔少将去法国往返历时七个月，又回来经营南圻事务。

当时法国在三省的统治已经成型，德·拉·格朗迪埃尔少将从法国回来已决定进一步占领西部三省。又因自从法国先前占领

① 从越译。——译者

南圻时起，本地人不断起来进攻，法军尚未完全将其平定。在高棉又有一名波贡博的僧人自称是匿螉禛之孙，也起来攻打诺罗敦国王。在西贡的法国帅府认为我越南官员煽动和援助叛乱者，便着手准备占领永隆省、安江省和河仙省之事。

在顺化，虽然朝廷还一直希望重新赎回三省之地，但仍知道西贡帅府必然要占领西三省的意图，因此，丙寅年（1866 年）又命潘清简前去担任经略使，以寻求抵抗之策。

法国方面，自丁卯年（1867 年）海军中将黎峨（Rigault de Genouilly）出任海军部[①]部长后，竭力帮助德・拉・格朗迪埃尔少将完成其事。因此，西贡帅府单等起事的时机。

丁卯年（1867 年）即嗣德二十年六月，德・拉・格朗迪埃尔少将集中 1000 余军在美萩，随后选定开拔日期，前去占领永隆、安江和河仙。潘清简知道势不能抗，告诉各官只好献出城池，以免受害，而后服毒自杀，并嘱咐其子女应以耕田为生，绝不准在南圻担任任何官职。

当时潘清简已老迈，年逾 74 岁，为官甚是清廉，但不幸适逢国家有变之时，深知自己势不能有所作为，因把一片铁志丹心报答国恩，以尽为人臣者之本分。

自此之后，南圻全境之地变成了法国的属地，税务、律例等无论任何事情都由西贡帅府决定。

① 当时海军部兼管殖民地部。

第八章　国内的贼匪

一、国内的骚乱　二、三堂贼　三、蝗贼　四、奉贼　五、京城的叛逆事件　六、北圻的客匪

一、国内的骚乱

翼宗皇帝本是一位勤勉治民的君王，早从庚戌年（1850 年）即嗣德三年，他已派阮知方担任南圻六省经略大使；潘清简为平定、富安、庆和、平顺经略大使；阮登阶为河静、义安和清化经略大使。命这些人前去检查官吏的工作和百姓的生活，有何好坏之事都须奏知皇帝。

尽管如此，但是没有哪个朝代的贼匪多如翼宗当皇帝的时期。只有开头的二三年还稍微太平一些，而自从辛亥年（1851 年）即嗣德四年以降，贼匪便日益增多。特别是北圻之地贼匪最多，因为北圻系旧黎之地，民间还有不少人怀念前朝，故而一些人企图作乱，或自称黎朝后裔，或找人冒充黎朝后裔，然后尊立为盟主，以借机起事。

又因此时在中国方面有太平天国运动，到此太平军溃散时，其余党逃到我国，劫掠于上游地区。无论客匪[①]还是我国的贼寇，

① 客匪，指自中国而来，在当地劫掠的群体。——译者

官军都须不断前去讨伐。在国内，又时常发生灾变，如水灾、决堤等。在兴安，文江堤接连18年决口，把文江全县变成一片荒芜的沙滩，百姓饥苦，没有职业，因而去做盗贼的人日益增多。

二、三堂贼

嗣德四年辛亥（1851年），有客贼广义堂、六胜堂、德胜堂等，俗称三堂贼，骚扰太原地区，皇帝命阮登阶前去经略北圻。此公使用机智的方法诱使他们归降。因此在其辖区之内又曾一度获得安定。但到甲寅年（1854年）即嗣德七年末，阮登阶卒，北圻之地再度发生变乱。

三、蝗贼

嗣德七年（1854年），在山西省有一些人把黎朝后裔黎维柜推出，立为盟主，以起事攻打阮朝。此时有高伯适者，是北宁省嘉林县富瑞乡人氏，考中举人，出而做官，被补授国威府（山西）教授之职。高伯适在北圻以擅长文学而著称，但常遭上宪的欺压，逼得无奈，便弃官回乡教书，后来追随此股贼寇，称为国师，作乱于山西和河内地区。是年腊月，山西省副领兵黎顺前去征剿，擒获高伯适，押回其所在之乡斩之。

因为该年五月早造在北宁省和山西省地区出现许多蝗虫，毁坏了所有的庄稼，后至年底又有此贼，所以当时人称之为蝗贼。

高伯适死后，黎维柜还继续骚扰了几年方被平定。自此之后，年年都有贼寇发生，但其中最桀黠者应数上游地区的奉贼和客匪。

四、奉贼

辛酉年（1861年），法国和西班牙军队前来攻打广南，北圻有几个人随之当雇佣军。其中有一个名谢文奉者，前曾跟随传教士到外国学道，后又随沙内中将回国攻打广南。

至腊月，谢文奉赴北圻，冒充黎朝后裔黎维明，然后自称盟主，伙同一个名叫长的道长做谋主，并与名约、名度者起兵于广安。谢文奉党徒引进海外的客匪攻取海宁府，后又与各省的客匪和我国的贼寇相勾结，以作乱于北圻之地。

壬戌年（1862年）三月，在北宁有一名叫阮文盛的该总（俗称“黄金该总”）自称元帅，拥立冒充黎朝子孙之名福者为盟主，然后与谢文奉贼党合伙，领兵前去攻打谅江府、安勇县，并围困北宁省城。

当时，河内省布政使阮克述、山西省布政使黎裕和兴安省副领兵武早，领三省之兵前去攻剿，以解北宁省城之围。武早与贼打了10余仗，才战胜贼军。

在东面，谢文奉围攻海阳城，省臣上疏告急。朝廷遂以刑部尚书张国用为总统海安[①]军务大臣，会同潘三省、邓杏、黎春，领京兵和清、乂兵进剿。又以陶致为参赞大臣、阮伯仪为山兴宣[②]总

① 海阳和广安。

② 山西、兴化和宣光。

督，以便与张国用合力会剿北圻之贼。

此时，在太原省有农贼和客匪攻掠，宣光省有名褔者、名农雄硕者之辈骚扰，高平省则被客匪李合胜所围攻，北宁省有“黄金该总”劫掠，各官都为盗贼蜂起而担忧，翼宗皇帝又以阮知方为西北总统军务大臣，会同潘廷选与尊室穗前去平定北宁、太原和宣光。

癸亥年（1863 年）三月，武早收复宣光城，并擒获名褔者，槛解回京治罪。四月，阮知方平定了北宁之贼，然后领兵克复太原城，擒获名清、名得、名云者，并攻破白通州麻轩山贼之巢穴。

至于海阳和广安方面，虽然张国用和陶致已解海阳城之围，但贼军在海上的势力还甚强大。翼宗皇帝又命阮知方为总统海安军务，张国用为协统，领兵讨伐此方。

当时谢文奉之辈曾派人向在南圻的波那少将求援，约以取得北圻将请法国保护之。但因南圻境内多事，而与顺化朝廷的议和已快达成协议，所以少将未答应其请。谢文奉党徒仍占据广安之地和海中一些岛屿作为巢穴，派兵船前去劫掠各地。官军进剿，损失惨重。

癸亥年（1863 年）即嗣德十六年底，贼军啸聚 500 余艘战船于吉婆岛和涂山，意欲领兵攻打京畿之地，但不幸遇到风暴，船沉甚多。提督黎光荐、部抚裴辉璠得此讯，连忙领兵进剿，被贼军抄后路袭击，官军败逃，黎光荐和裴辉璠被迫投海自尽。

至甲子年（1864 年）即嗣德十七年六月，协统张国用、赞理文德圭、赞襄陈辉册和掌卫胡善与贼战于广安，俱被贼杀害。是役官军大败，军士伤亡甚多。

乙丑年（1865年）四月，贼军船300艘分作三路来略海阳地区。阮知方遣阮文伟领兵迎击，擒斩甚众。自此之后，提督枚善、赞理邓陈灏、督兵翁益谦等战败贼军10余阵。贼军退守海宁地区。

是年七月，阮知方遣邓陈灏、翁益谦领兵出广安，与钦州清朝官员约定，夹攻海宁城。贼军大败，领船70余艘逃出海。官军率兵船追击，谢文奉以及名约者逃入广平、广治地区，其余党徒，有的被擒，有的逃遁。后来谢文奉及名约者也被捕获，解回顺化治罪。

奉贼起自辛酉年（1861年）底，至乙丑年（1865年）底始被平定，计满四年时间，国家损失甚重。当广安的奉贼即将平定之时，在高平地区又有客匪攻陷省城。经略武仲平和巡抚范芝香领兵赴谅山，分军征讨各地，自乙丑年（1865年）九月直至丙寅年（1886年）三月，匪将张觐邦才请求投降，重新收复了高平城。

剿平广安和高平之贼后，阮知方和武仲平回京掌管朝政。

五、京城的叛逆事件

北方之事才稍有缓和，而京都又发生了动摇民心的事件。

原来翼宗皇帝是次子而继大统，因其兄洪保放荡，不学无术，故未被立。洪保以此为恨，便图谋勾结外国以争取王位。不幸事泄，此公被投入监狱，后服毒自杀。其子获释，被迫改名丁导。

至丙寅年（1866年）即嗣德十九年，皇帝正修筑“万年基”即今之谦陵，军士劳作十分辛苦，许多人怨恨。当时在京城有名段征者，与其弟段有爱、段司直，并张仲和、范梁之辈，结为

“山东诗酒会”，阴谋拥立丁导为帝。段征等人便招诱修“万年基”的兵丁，并勾结右军尊室菊为内应，定日起事。

八月初八日夜，段征等人领兵进入左掖门，企图冲入宫内杀害翼宗皇帝。幸有掌卫胡威重新关上了宫门，呼叫军士抓住段征、段司直及其全部同党。

丁导坐绞罪，尊室菊自杀，其余有责任的诸官员，都依律治轻重之罪，或降职，或被革。

此时，外有贼匪攻掠，内有逆臣作乱。在广义方面又有多维蛮贼经常骚扰民间，幸赖剿抚使阮缙尽力征剿，始得平定。而与法国交涉之事，也日益艰难。在北圻，客匪的势力日炽，以致官军不能制，不得不依靠中国的军队前来征剿他们。朝廷也一筹莫展，不知采取什么措施才能避免变乱。

六、北圻的客匪

当时中国也很混乱：外与英吉利、法兰西国作战，朝廷被迫放弃京都而逃之夭夭；内有太平天国运动，清朝的帝位也险些被推翻。

原来自道光二十九年己酉（1849 年）即我国嗣德二年，在广西有名洪秀全者，伙同杨秀清、萧朝贵等人起事，号称太平天国，后来占领金陵和长江以南各省。幸亏有曾国藩、左宗棠、李鸿章等人竭力征剿，并得到外国的资助，因此到同治二年癸亥（1863 年）即我国嗣德十六年，清朝官员才擒获太平天国诸将，洪秀全被迫服毒自杀，清朝朝廷重新恢复了华南各省。

此时有洪秀全余党吴鲲一伙逃到我国，先前还说请求归降，后来竟领兵抢掠各省，官军不能制。

嗣德二十一年戊辰（1868年），吴鲲占领高平省城。朝廷命总督范芝香致书清朝官员，请求派中国军队前来剿除。清朝派副将谢继贵领兵前来与剿抚使翁益谦、（副）提督阮曰成，攻破吴鲲之军于七溪。但到是年七月，我军战败于谅山，参赞阮励、副提督阮曰成阵亡，总督范芝香被掳。

朝廷命武仲平出任河宁总督兼宣太谅军次钦差大臣，以会同广西提督冯子材，讨吴鲲贼匪。

两国军队合力会剿，至己巳年（1869年）五月，才重新收复了高平省城。庚午年（1870年）末，吴鲲领兵围攻北宁省城，剿抚翁益谦与之战，射死吴鲲，并击溃其匪军。

吴鲲虽死，但还有其余党黄崇英号称黄旗，刘永福号称黑旗，盘文二、梁文利号称白旗，仍经常骚扰宣光、太原地区，官军被迫尽力抵御，实感疲惫不堪。朝廷派中军段寿出任总统北圻军务。

段寿刚到，引军驻于谅山省城，客匪苏泗崛起，半夜入城，擒获此公杀之，武仲平则越城逃脱。

此讯传到顺化，朝廷慌忙任命黄继炎[①]为谅平宁太统督军务大臣，会同赞襄尊室说前去平定北圻之匪。次年（1871年）四月，皇帝又以刑部尚书黎俊为钦差视事，以会同黄继炎筹划征剿之事。

辛未年（1871年）十一月，在广安又有名黄齐者起乱，并与苏泗匪众和海盗相通，率领兵船抢掠各地。黄继炎据守山西地区，

① 有的书载为黄佐炎。

黎俊与海阳省臣领兵前去征剿黄齐匪徒。不久，海阳军队射死黄齐于青林县，此匪余党皆散。

在上游地区，黑旗党刘永福之辈和黄旗党黄崇英之辈骚扰宣光之地。这个地区的许多赋税，全由他们征收，后来此两党之间产生仇隙，互相攻打，为害甚巨。黑旗党归降我官，皇帝便以刘永福为用，许其居住于老街之地，得收此方全部利益，以抵御盘踞于河江地区的黄旗党。

北圻之地总是贼匪不断，官军征剿损失颇大，而又不能制。至壬申年（1872 年）七月，朝廷又以阮知方为宣察董饬大臣，代表皇帝前去视察征剿北圻贼匪之事，然当时国内的贼匪尚未平定，而与法国的交涉已产生许多困难，使国事更加混乱。

第九章 法军第一次占领北圻

一、法国人寻找通中国的道路 二、涂普义（Jean Dupuis） 三、安邺大尉赴河内 四、癸酉年（1873年）陷河内城 五、占领中州数省 六、安邺大尉之死 七、霍道生前往河内 八、甲戌年（1874年）和约

一、法国人寻找通中国的道路

自从法国占领南圻之地以后，西贡帅府安排诸事，并派人前去探察中圻和北圻的情势以及山川，以发展交通。又有意寻找通往中国的道路，因此丙寅年（1866年）五月，德·拉·格朗迪埃尔少将派杜达尔·德·拉格雷（Doudart de Lagrée）中校和安邺（Francis Garnier）大尉以及几个法国人，沿湄公河前去寻找到达中国的道路。至戊辰年（1868年）三月，用了将近两年的时间，杜达尔·德·拉格雷才到达云南。但不幸此人患肝病而死。安邺带着此人的尸体经过中国，然后乘船由水路返回西贡。

至庚午年（1870年）即嗣德二十三年，在西方，法国与普鲁士国交战，法军大败，法皇拿破仑三世被俘。法国人放弃帝制而建立了民主共和国。虽然在法国本土发生战争，但在远东，法军仍牢固地占领着南圻之地，况且顺化朝廷还忙于平定北圻的客匪，

因此并没有发生什么麻烦。

二、涂普义（Jean Dupuis）

此时，有一个法国人名叫让·迪皮伊（Jean Dupuis），我们称为涂普义，几年前已前往中国各省游历，以寻找贸易的途径，知道有江河从云南流经北圻出海，是一条比较便利的道路，便接受云南清朝官员的要求，运送武器到云南去卖。

涂普义与一个在上海经商的名叫米乐（Millot）的法国人同来，共同筹划贩运武器到云南之事，然后返回法国买货。他自法国返回西贡时，请求帅府给予帮助和支持，以通过北圻。当时的南圻统督是陆军少将德·亚尔荷（d'Arhaud），答应涂普义派“布莱纳”（Bourayne）号船随行。

涂普义来到香港，会同米乐带领“鸿江”号、“老街”号和“山西”号三只小轮船，运载武器和货物进入广安。与此同时，海军中校西内（Sénés）已率“布莱纳”号前往北圻，然后进至海阳、河内、北宁，前去探看各地。

西内中校在北宁得悉涂普义等人已到达广安，连忙返回以与钦差黎俊商讨关于红河通商之事。

黎俊没有得到朝廷的命令，不敢擅自做主，请求等候十数日，以待皇帝谕令下达后再议。

涂普义和米乐见要久候，便径自率船进驻河内，然后雇船运赴云南。时在壬申年（1872年）即嗣德二十五年年底。涂普义的船通过我国官府的屯寨和黄旗匪、黑旗匪的屯寨，都很顺利，没有发生事端。当其抵达云南时，清朝官员许其回运矿物，至癸酉年（1873年）四月，涂普义和米乐返抵河内，并领有一队黄旗兵随行。米乐赴西贡向帅府报告北圻情势，且趁便运矿物到香港出售。而涂普义则留在河内，住于现在的新街，然后与彭利记、关佐庭等几个华人，收买大米和食盐贩往云南。

当时我国的法律禁止贩运食盐到中国，而在红河通商之事也还没有确定下来，但涂普义自称其有中国官员许可的命令，无须遵守南国的法律，因为南国是一个臣服于中国的国家。

涂普义不知从前我国与中国关系之详。对于中国，我国外表上虽称贡臣，其实行政仍是独立的。当发生问题之时，必须有两国使臣会商后，才付诸实行。有时中国使臣前来会商某事，我国不同意也只好作罢，而绝不许擅自行事。除了中国某些时候，如元代、明代和清代是例外，然即使在这些时候还有陈兴道、黎太祖和阮光中让中国人知道：南国本非中国。

虽然如此，我国官员仍不得不迁就法国人涂普义，害怕发生事端，造成与西贡帅府的不和，因以甘言劝阻此人勿做违反国法之事。但是，此人固执己见，一意孤行。我国官员甚至托在几所（Kẻ Sở）主教座堂的皮吉尼埃（Puginier）主教前去劝说，也无效。

后来，我国官员逮捕了彭利记、关佐庭等几个贩运大米和食盐到云南的华人，涂普义便领人抓了河内城防官员和寿昌县官员，将他们押到船上拘禁。我国官员对此也茫然不知所措。一方故意生事，另一方则皇帝有令不得招惹麻烦。

当时朝廷派兵部右参知潘廷评为钦差，赴河内责成阮知方妥善处理此事。阮知方便命布政武堂约定日期邀请涂普义到广东会馆开会。双方开会之时，我国官员声言：法国与南国的交涉已有壬戌年（1862 年）和约，而把食盐和大米贩买到云南，有背此和约，且又违犯本国的法律。涂普义争辩道：本人有中国官员许可的命令就足够了，无须再请求什么许可，然后站起来拂袖而去。

顺化朝廷因此事麻烦不休，害怕日久多事，便命黎俊、阮文祥和阮增阭出使西贡，会商南圻西三省之事，并顺便托请帅府处理涂普义之事。

三、安邺大尉赴河内

当时的南圻统督海军少将杜白蕾（Dupré）[①] 原已关注于北圻之事。前已致书巴黎殖民地部部长说："北圻之地与中国西南各省接壤，我们只有占据它，则我们在远东的统治才能获得稳固。"

但在法国方面，与普鲁士的战争刚刚结束，不欲滋生其他事端，遂电告少将说："不得在北圻生事。"及至米乐回到西贡陈述了他们在北圻的工作，少将又致电巴黎称："涂普义在北圻之事已成功了。必须占领北圻地区并保持住通向中国的道路。无须援兵，稳操胜券。"就在这一天，少将又加写了一封信回去，详陈各种理由，并请求政府授予他便宜行事之权，一旦发生事故，他愿自负其咎[②]。

正当此时，顺化朝廷派遣黎俊等人，前去请求杜白蕾少将出

① 越南译作游悲黎。——译者

② 见戈塞林船长（Capitaine Ch. Gosselin）的《安南帝国》（*L'Empire d'Annam*）一书。

面调停涂普义在北圻之事。

如果按照杜白蕾少将电告法国政府的意见，则他只希望有某种机会，以便出兵北圻。今见我国朝廷前来拜托西贡帅府处理涂普义之事，确乎是遇到了自己正在期望的机会，他连忙召回正在上海的安邺海军大尉，派其赴河内，声称前去处理涂普义事件[①]。

安邺大尉率领几只小船和 170 名士兵进至顺海口，留下休息数日，以等候钦差一同前往北圻。至癸酉年（1873 年）十月，各官抵达河内。

当时谁都以为，安邺大尉此番前来诸事可休，因此其所到之处我国官员无不盛情接待。但是阅读这位大尉当时的书信，可知他此行的主要目的是别的意图。在西贡临行之时，这位大尉写信给他在法国的哥哥说："帅府交付的命令是，可以便宜行事。什么事情海军少将都完全委托给我了。为了法国我必须竭尽全力。"及至抵达海阳，安邺大尉入居于几蘖（kẻ-sặt），后派人带信给涂普义，告知其自己的主要目的，并且说：诸事要依靠您的指导，因为您熟知北圻的各种事务。

涂普义接到来信，忙率"蛮耗（Man-hao）"号船前去迎接安邺大尉。抵达河内，安邺大尉带领几个人径直进城，会见阮知方，并要求带兵驻扎城中。经我方官员不断交涉，大尉才答应驻扎于考场地方。然后大尉写信邀请居住在几所主教座堂的皮吉尼埃主

① 涂普义曾撰写一本《1872 至 1886 年间的东京》（*Le Tonkin de 1872 à 1886*）的书，叙述了他在北越的工作，并说明了当时西贡帅府诸管事官员们的意见。我们也赖有此书，而能稽考出许多事件的十分详尽的情况。

教前来河内，请他担任通译。安邺大尉又贴出告示，晓谕百姓说：“本职前来北圻主要是为平定贼匪，并为发展贸易。”

四、癸酉年（1873年）陷河内城

我国官员见安邺大尉不谈涂普义之事，反而大讲剿匪和通商，都感疑惑不解。后来又见船只和军队接连不断从西贡派来，我国官员更加忧虑。不数日，安邺大尉未与我国官员商量，便自行宣布红河对法国、西班牙和中国人开放，准许他们出入贸易。

当时我国官员窘迫不堪。与法国交涉和通商之事，在壬戌年（1862年）和约中已有明文规定，今见安邺大尉的所作所为如此唐突，都颇为不安，因此也设法加以防备。而安邺大尉事先也已估计到，我国官员无论如何也不能忍受，所以已制订了攻打河内城的计划。

至十月初，安邺大尉一方面写信给阮知方，指责我国官员阻碍涂普义经商，声称为了维护法国的文明和权利，所以西贡帅府派本人前来开拓北圻的商业。不论越南官员是否同意，本大尉只根据帅府的命令行事。另一方面，安邺大尉与涂普义商定了攻城日期，并打算擒获阮知方解回西贡。

正如涂普义的书所载，当时甚至有一些冒充黎朝党羽之人，也请求追随大尉，以进城作内应。

到了癸酉年（1873年）十月十五日清晨，法军开炮射击河内城。阮知方与其子驸马阮林慌忙登城，防守东门和南门。不到一个小时，城被攻陷，驸马阮林中弹而死，阮知方受重伤。法军入城掳获阮知方和钦差潘廷评，把他们押到船上。

阮知方想：自己是一老臣，侍三代君王，身经南征北讨多少次，今不幸因国事受伤，以致被俘。他决心不接受治疗，并绝食而死。

阮知方是承天人氏，典吏出身，自圣祖之世开始做官，经过三朝，居家仍甚清贫，专心国事，而不置家产。但不幸生逢国势艰辛之时，他以身报国，其父子、兄弟全家皆为国捐躯。确乎是一位古往今来罕见的忠烈之士。

五、占领中州数省

河内城失守之后，我国官员全行逃匿，盗匪乘机再起。安邺大尉又派自己的追随者到各地做官，以对抗朝廷的命官，然后又派人前去攻占宁平省、南定省和海阳省。

在各省的我国官员都一筹莫展，茫然不知所措，一见洋人到来便逃之夭夭。因此，只有一个名叫奥特弗伊（Hautefeuille）的法国人和七个西洋兵，便攻陷了宁平城，并且仅在20天之内中州四省全部失陷。

六、安邺大尉之死

朝廷获悉北圻之变的消息，慌忙派陈廷肃、阮仲合、张嘉会，会同平（Mgr Bohier）主教和登（Dangelzer）牧师[①]前往河内，调停诸事，并以在山西的黄继炎为节制军务，以防守各地。又派黎

① 从越译。——译者

俊为全权代表，阮文祥副之，前去与西贡帅府会商安邺大尉攻打河内之事。

当时黄继炎驻扎在山西，有黑旗党刘永福之辈相助。皇帝封刘永福为提督，以与官军共同抵抗法军。刘永福领兵回驻于怀德府地区。当陈廷肃和阮仲合正与安邺大尉谈判之际，黑旗军回攻河内。大尉领兵前去追击，进至纸桥，被伏兵杀死。

七、霍道生[1]前往河内

原来杜白蕾少将派安邺大尉去北圻，是他擅自之为，法国政府还不同意，因此当得到大尉已起兵攻打河内的消息时，少将连忙派海军大尉兼南圻刑律统察[2]菲拉斯特（Philastre，我国称为霍道生）和我国副使阮文祥，同去处理北圻之事。

至禁海口[3]，霍道生和阮文祥才得知安邺大尉已被黑旗军杀死。史籍记载，当得此讯时，霍道生大怒，拍桌子对阮文祥说："事情办不成了，必须返回等待帅府的命令。"阮文祥害怕霍道生怒极而误大事，便从容说："攻取河内，并非帅府本意，而本国在北圻四省之兵也完全没有与贵国争夺。因此双方没有做什么互相反对之事。今安邺大尉之死，或为匪贼所杀，或因百姓起而作乱所致，此事我们尚不清楚。况且还城以定和约，是贵帅府的命令；而收复城之后始

① 霍道生（Philastre），当译菲拉斯特，越称霍道生。——译者

② 霍道生的官职，据前引《东南亚史》载为"民政视察专员"，日人岩村成允《安南通史》载为"统察，即监察官"。——译者

③ 又译哑门。——译者

议和，乃是本国之命。至于河内杀安邺之事，亦如安邺大尉杀阮知方，皆出意外，并非我们的错误。现在我们来此，未亲自看清其事，仅听信报告而返回，岂不使自己此行徒劳无功吗？无如我们派人送信到河内，告以派船来迎，我们将亲履其地，或是按照命令而行，或是查明安邺大尉的死因，然后再向上报告，岂不更加稳妥。”霍道生从此言，便派人送信使河内知之。

就在此时，有一艘“德格雷（Decrès）”号船还停泊于涂山附近，霍道生欲登此船，以让自己所乘之船“德埃斯特雷（D'Estrées）”号返回向西贡报信。阮文祥阻之曰：“我们的船已入港又返回，万一士民知之，他们又仿效河内而胡作非为，则怎能禁止得住，万一出了事，将以何理由禀告贵帅。因此，今请派‘德格雷’号出海追剿水匪，我们仍率‘德埃斯特雷’号进至海防，然后到海阳，将省城交还本朝，取信于人，再上河内，继续归还其他几城，并调查安邺大尉之死因，再禀告贵帅知之。”

霍道生本是一个通情达理的人，又见阮文祥言之有理，便听从之，并到海阳传令将城归还我国官员。然后赴河内，缔结条约将四城全部归还我国官宪管理。至于法国在各省的船只和军队，则全部收回河内，然后定期撤军驻屯海防，等待和约缔结之时撤回。时在甲戌年（1874年）即嗣德二十七年正月。

涂普义见霍道生破坏了他自己和安邺大尉已做的事情，便去西贡向帅府呼吁并要求支付将近100万元的花费。

八、甲戌年（1874年）和约

河内诸事安排完毕之后，西贡帅府遣黎那（Rheinart）前去代替霍道生。霍道生与阮文祥同赴南圻，以赶在杜白蕾少将归国日期之前商定和约之事。

甲戌年即嗣德二十七年（1874年）正月二十七日，海军少将杜白蕾和黎俊、阮文祥签订和约共二十二款，大略有如下几款是最关重要者：

第二款　法国统领[①]承认南国皇帝的独立权，不再需要臣服于某国，而且当南国皇帝提出要求以征剿贼匪之时，法国政府将乐于给予无条件援助。

第三款　南国皇帝必须保证他遵循法国的外交政策，并且不得变更其现行的外交政策。

法国统领又赠给南国皇帝[②]：

1．装配有机器、枪械的船5艘；

2．大炮100尊，每尊配备炮弹200发；

3．枪1000支并子弹5000发。

第四款　法国统领许诺派遣教官前去帮助南国皇帝训练海、陆军；派遣工程师教做诸事；派遣财政专家来组织税收和海关事务等。

第五款　南国皇帝必须同意割让南圻六省之地给法国。

第九款　南国皇帝必须允许教士自由传教，并准许国内子民自由信教。

第十一款　南国皇帝必须开放尸耐港（归仁）、宁海港（海防）、河内城和红河，准许外国进入通商。

---

① 即法国总统。——译者

② 据中国史学会主编的《中法战争》第一集所载《一八七四年越法和平同盟条约》，法国总统向安南国王赠下列武器一事，当在本条约的第四款。——译者

第十三款　法国有权在已经开放允许外国进入通商的海港和城市设置领事。

第十五款　法国人或是外国人，如果有法国领事的通行证和有越南官员的批准，则可以到国内各地旅行。

第十六款　法国人和外国人在越南发生诉讼，则由法国领事审理之。[①]

第二十款　当此和约签订完毕之时，法国统领在顺化设一使臣，以按照已缔结的条款实行。南国皇帝亦有权在巴黎和西贡派驻使臣。[②]

此和约签订后，正使黎俊卒，阮文祥返回顺化。杜白蕾将南圻诸事交给海军少将哥䔖油离（Krantz）[③]权代，然后返法。

六月，顺化朝廷又派刑部尚书阮文祥和吏部侍郎阮增阮赴西贡，与哥䔖油离少将会商订立在南国贸易的条例。至七月二十日，商约订立完毕。

① 中国史学会主编的《中法战争》第一集，第385页所载该条约第十六条的内容是："法国人间或法国人与外国人间的纠纷将由法国公使裁判。"——译者

② "甲戌年（1874年）和约"史称第二次西贡条约，其内容请参阅前引《中法战争》第一集第379—387页所载该条约全文。——译者

③ 从越译。——译者

第十章　甲戌年以后的南国情势

一、文绅作乱于乂静　二、北圻之匪　三、与中国的交涉　四、中国的情势　五、与法国的交涉

一、文绅作乱于乂静

赖有霍道生和阮文祥刚刚处理完北圻事件，而在乂静地区又出了乱子。

原来当时我国百姓分为两派：一边为非教民，一边为教民，双方不和。到了发生安邺大尉攻取河内事件之时，乂静地区的士大夫们见有不少教民帮助安邺，甚为愤怒，便相约起事攻打。

甲戌年（1874年）即嗣德二十七年正月，乂安地区有陈瑨和邓如梅两名秀才会集境内诸文绅，撰写檄文，称之为《平西杀左》，其大略曰："朝廷虽然与西议和，而南国士大夫仍不承认。因此首先要杀尽教民，然后全部驱逐西人，以维护我千余年之文化……"文绅总计约3000人，相率前去焚毁有教民的村庄。

我国不像别国那样开化，也是因为士大夫固守旧习，不愿因势而变。现在，国势衰弱已是明摆着的事实，而仍执迷不悟，不愿正视现实，又因一时之怒，而做出浅薄悖慢之事，增添了损失。这样，士大夫对于国家的罪状，岂不是甚大吗？

当时，乂安总督为尊室澈，又故意纵容这帮文绅，使他们日益得势更加恣意妄为。朝廷视此，遂传令官军讨平之。文绅见官军追击，便伙同贼寇陈光浣、张光首、阮辉琠等攻占河静城，然后包围演州府[①]。

朝廷见贼势日炽，便派阮文祥为钦差、黎伯慎为总统领兵前去讨伐，自二月至六月始讨平之。

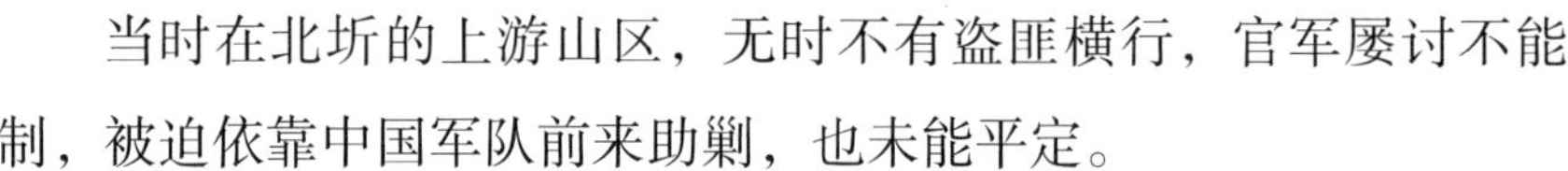

二、北圻之匪

当时在北圻的上游山区，无时不有盗匪横行，官军屡讨不能制，被迫依靠中国军队前来助剿，也未能平定。

在海阳和广安地区，仍有人冒充黎氏子孙，经常不断地进行骚扰。当安邺攻取河内之时，这帮家伙请求随行攻打我官员，但因后来法国归还北圻各省，他们才散去。及至我国与法国签订和约之后，法国官员带领兵船前来助剿，因而才消灭了此党。

还有在宣光地区，则有黄旗贼骚扰已久。官军屡剿不能制。到了乙亥年（1875 年）即嗣德二十八年八月，黄旗之将黄崇英领兵驻屯于属永祥府的朱尚乡。当时山西省军务赞襄官尊室说攻打一阵，生擒黄崇英，并杀死黄旗军甚多。此匪从此逐渐瓦解。

次年，尊室说又在古螺乡杀死了名阵之贼，并平定了山西地区。但到戊寅年（1878 年），在谅山又有客匪名李扬才者起而倡乱。

李扬才原为广西省浔州协镇官，后被革职才起而为匪，并领

① 原文为演真府（Phû Diễn-Chân），当为演州府（Phủ Diễn-Châu）之误。——译者

兵流窜来攻取谅山省。我官带信前去通知中国官员。广西提督冯子材率兵26营前来与我军会剿。至己卯年（1879年）九月，官军才在属太原省的严后山擒获李扬才，将其押送赴中国。

因为北圻常有盗贼，所以朝廷决定设置靖边使之职，以防守上游各地。庚辰年（1880年），设置谅江道和端雄道，委派两名靖边副使，即张光憻驻于谅江和阮有度驻于端雄，又封黄继炎为靖边使，兼管二道。

三、与中国的交涉

我国自古至今虽是独立，但仍恪守向中国朝贡之例，取小国必须尊敬大国之义。因此当发生战争之时，即使我们战胜中国，待到某姓登基称帝之后，亦必须遵行此例。而各朝各代也视此条为自然之事，因为朝贡并无多少损失，国家仍保持独立，且不愿与一个比自己强大的邻国发生麻烦之事。所以每当某帝即位也要遣使赴中国求封，并且每三年遣使前去朝贡一次。

阮朝各皇帝也遵行此例，但是以前各代皇帝，必须到河内迎接中国使臣和受封，到翼宗时，则中国使臣到顺化，在顺化给他封王。

至于贡品，依例通常只送交两广总督，由其呈递回京，而我国使臣很少到京师。在翼宗时代，史书记载：戊辰年（1868年），有黎俊、阮思僩和黄并出使中国。癸酉年（1873年），又有潘仕俶、何文开和阮修等人出使中国，以陈述征剿北圻客匪之事。

自甲戌年（1874年）以后，顺化朝廷已与法国缔结了和约，承认南国独立，不再臣属于任何国家，但当时因为势不得已而签订和约，在翼宗皇帝内心仍然不服，因此他仍按旧例向中国朝贡，希望在有事之时，中国前来帮助自己。因此丙子年（1876 年），翼宗皇帝派裴殷年即裴异、林宏和黎吉出使清朝。庚辰年（1880 年），又命阮述、陈庆洊、阮欢前往京师，上表称臣并纳贡品。次年，清朝朝廷派唐廷庚前来顺化，商谈贸易和设立招商局事宜，其主要目的是为了给中国政府通风报信，使其知道敌国发生的各种事情。

一方面已与法国议和，承认遵循法国的外交政策而独立；[①] 另一方面仍向中国朝贡，意欲求援，因此便使法国政府来谴责我国朝廷。

四、中国的情势

自古至今我们都承认中国为上国并恪守朝贡之例。每当国内发生变乱，仍指望中国前来救援。不意自 19 世纪以来，西欧各国的势力强大起来，西方人掠地甚多，而中国的国势则甚为衰弱。道光十九年（1839 年）即我方的明命二十年，因为在广东禁止鸦片，而酿成与英吉利的战争。英国军队攻陷宁波、上海等城。道光皇帝被迫接受壬寅年（1842 年）在南京城缔结的和约，割让香港岛给英国，并开放广州、厦门、福州、宁波和上海，准许外国进入贸易。[②]

南京和约签订之后，外洋各国进入中国通商，并在广州、宁

① 据甲戌年和约。（此处所说独立，意指不再臣属中国。——译者）

② 作者对鸦片战争和《南京条约》的叙述多不甚准确，请参阅中国近代史著作，此处不一一注出。——译者

波、上海等地设置领事。

到咸丰八年（1858 年）即嗣德十一年，英国和法国与中国签订条约，在北京派驻使臣。后来中国违约，引起与这两个国家的战争。英国和法国的军队攻占海口，进而攻取北京。咸丰皇帝又被迫接受庚申年（1860 年）在天津缔结的和约的各项条款。

自此之后，中国常遭各国的各种敲诈勒索和各方面的欺侮。当时的中国无异于已腐朽的大厦即将倾覆，而我们仍不醒悟，仍一味迷信此国依然强盛，当遇危难之时能够帮助我们。因此，当法国军队已经占领北圻之后，我们的人还在寄希望于中国援军。谚云："命悬一线而所托非人"[①]，确乎是甚为恰当的比喻。如果中国人有足够的力量拯救我们，那么首先应该救救他们自己了。但当时我们国内自皇帝、官员至士大夫，有谁人是清楚了解这种情势呢？因此，我们不但不肯改革我们的政体使其符合时势，反而还采取了一些顽固措施，导致事态迅速恶化。这也是国运之不幸，但当时的当道者亦难逃其咎。

五、与法国的交涉

霍道生处理完北圻诸事后，黎那（Rheinart）前往河内代之，等到和约缔结之日，则按诸条款实行。黎那住了几个月，又返回西贡，把权交给陆军少校迪雅丹[②]（Dujardin）。这位少校曾率领兵

① 越南语原意为"掉到水里抓水泡"，比喻遇险无数。——译者

② 据前引《安南通史》第 253 页所载，这位少校的法文名字当为 Ladont（罗登），与作者所说 Dujardin 不同，今录以备考。——译者

船帮助我国官员前去剿海阳和广安地区的匪寇。

到和约和商约签订完毕之时，朝廷派阮增阭前往北圻，与迪雅丹少校共同在河内和宁海（海防）选择地方，作为法国官员和军队驻扎的官邸与营寨；并委任署户部尚书范富庶为海安总督兼总理商政大臣，与阮增阭和陈希曾共同商办北圻的商政。

乙亥年（1875年）六月，法国政府任命黎那为驻顺化钦使，特吕克（Truc）为海防领事，凯加拉代克（Kergaradec）〔稽罗的（Kê-la-đích）〕为河内领事。我国朝廷以阮诚意为驻西贡领事。

黎那驻顺化至丙子年（1876年）十月，告病归国，霍道生前来代之。

当时朝廷也已认识到：不习新学则不能进化，因此才决定派人出去游学。戊寅年（1878年），法国在巴黎举办万国博览会，皇帝命阮诚意和阮增阭携带展品参加展览，并派人到土伦（Toulon）学习。

但是，因为辛巳年（1881年）朝廷又派礼部侍郎范炳赴中国香港，带12个小孩就学于英国学堂，后来又遣使赴暹罗和清廷，而不让法国使臣知道，因此法国政府谴责顺化朝廷不遵守甲戌年（1874年）和约。

当霍道生还在顺化之时，因为此公是一位公正之人，又学习汉字，所以受到我国朝廷的优待，事情还算容易处理。自己卯年（1879年）此公返回法国之后，交涉日益困难：一方面因为我们的人不懂与外国交涉的方法，另一方面由于当时我国和法国的利益背道而驰，所以双方互不信任，致使关系不能亲密和谐。

况且后来法国在南圻的统治已走上轨道，盗贼已全部平定；

它的势力已强大起来，并已有许多人讨论远东问题和保护北圻之事；又因为意大利、西班牙、英国和美国企图与南国通商，而不愿意让法国官员来处理涉及这些国家之人的事务，因而法国企图建立完全的保护制度，以避免各种麻烦，便废除以海军军官兼领南圻统督的惯例，而委派文官前来担任此职，统筹诸事。

己卯年（1879年）六月，新任统督卢眉（Le Myre de Vilers）[①]前来西贡莅任，同时黎那又来担任驻顺化钦使，以代替霍道生。

在北圻，法国人已进入通商，但因为我国官员不知考虑开化之事，通商不便，而且在上游地区，黑旗军名为服从我国官员的命令，其实他们为所欲为，无人能够阻挡。因此之故，法国政府才以此条来责备我国官员，并且派官领兵前往北圻，借口发展商业，其实是前去经营此区之事。

① 当译勒·米勒·德·韦勒，从越译作卢眉。——译者

第十一章　法军第二次占领北圻

一、李威利上校赴河内　二、第二次攻陷河内城　三、向中国乞援　四、法军占领南定　五、李威利上校之死

一、李威利上校赴河内

辛巳年（1881年）末[①]，因有名叫库坦（Courtin）和维勒鲁瓦（Villeroi）的两个法国人领到了前往云南的通行证，但行抵老街附近，遭到客军的阻拦不能行进。卢眉便写信回法国说，法国应使用武力来绥靖北圻之地。到壬午年（1882年）二月，统督一面命海军上校李威利（Henri Rivière）[②]准备兵船开赴河内；另一方面致书顺化，大略曰：北圻混乱不安，朝廷的法令无人遵行。法国人持有安南官员所发给的通行证，而无论到何处都受客军的阻拦。在顺化，则越南官员对黎那钦使失礼不敬。因此，法国必须采取措施以维护法国人的权利。

不久，李威利上校率领两艘军舰和数百名军队进至海防，后又乘小船至河内，泊于水屯。

① 读者应该知道，本书中所载日月时间是根据越南的日月，而不是西历日月。

② 又译李维业，越南人称李葩利。——译者

二、第二次攻陷河内城

当时河内总督黄耀见法国军舰随便开进北圻，颇为怀疑，虽然派巡抚黄有秤前去殷勤接待，但内心仍甚不安，因此便派人修整城池，以为防备。李威利上校进城见此，甚为不满，便决定攻城。

壬午年（1882年）三月初八日凌晨五时，总督接到了上校限其于八时解除武装且越南武官必须到水屯听候命令的最后通牒。八时正，法军开始攻城，十一时城陷。黄耀自缢于树上，其余官员全部逃跑。

当黄耀接到上校的最后通牒时，曾派按察使尊室灞前去会商。尊室灞从城上放梯子刚爬下来，法军就向城中开炮，此公便逃掉了。到城陷之后，上校派人找回尊室灞，令其权领诸事。[①]

翼宗皇帝得知河内城失守的消息后，便下诏传令正副经略使阮政和裴殷年领兵退回美德方面，以与黄继炎共同设法抵御。但是，黎那钦使前来会商说，攻打河内城并不是法国的主意，并请求派官员前去管理此城。朝廷便派原河宁总督陈廷肃为钦差大臣、靖边副使阮有度为副钦差，前往河内与李威利上校共同处理诸事。上校虽将河内城归还给我国官员，但仍驻军于行宫之中。双方进行多次协商。上校提出四款要求：（1）南国必须接受法国的保护；

① 后来有言及当时我国官员守河内城的正气歌，谁好谁坏说得分明。此文不知为何人所作。

（2）必须割让河内城给法国；（3）法国在北圻设置税务司；（4）整顿各地关税，并授权法国人管理。

陈廷肃等人将这些条款呈递回京。朝廷会议，各官中有许多人说：我国内有刘永福，外还有中国，为何束手就擒忍辱接受！遂答称不接受李威利所提要求。

至十月，陈廷肃返回顺化，阮有度留任河宁总督。

三、向中国乞援

当时我国朝廷怀疑法国蓄意侵占，又想到中国能够保护自己，因此便派范慎遹赴天津乞援。无非是我国人常有依赖之心，才去央求别人，殊不知中国当时自身难保。中国非但救不了我们，而且还企图借援助之名来征略我国。试看当河内城失守之时，两广总督张树声[①]给清朝皇帝的密奏，其大略曰："南国与中国接壤，其势力甚为衰弱，无法再维持自主，因此我们应借剿匪之名驻守于上游诸省。等到有变之时，则我们占领红河以北各省。"[②]因此，清朝朝廷才命谢敬彪、唐景崧领兵前来驻扎于北宁和山西，后又派广西布政徐延旭率军前来接应。

四、法军占领南定

法国政府原先也试图逐渐处理完保护南国之事，并避免战争，

① 原文作张树清，当为张树声之误，今已正之。——译者

② 这段话作者未注明出处，兹据越文译出。——译者

但后来见顺化朝廷不肯接受，又有中国军队前来驻扎于各省，便一方面派冲沁（Cnarles Thomson）[1]前来担任南圻统督，以代替回法国的卢眉；另一方面派兵增援李威利上校并召回驻顺化的黎那钦使。

原先李威利上校在河内大约只有400士兵，后来又增援750人，他便给韦鹥（Berthe de Villers）[2]大尉400名士兵留守河内，余部由其率领前去攻打南定。癸未年（1883年）二月二十八日，法军开始攻城。从清晨攻到中午，法军入城；总督武仲平逃跑，提督黎文店阵亡，按察使胡伯温负伤。

五、李威利上校之死

我国官员见法军进兵，又依靠有中国军队前来相救，便决心改和局为攻势。一方面北宁总督张光憻和副经略裴殷年领兵回屯于属嘉林县之砖坡（Giốc-gạch），企图前去攻打河内。韦鹥（Berthe de Villers）大尉率领守河内的军队前去驱赶，官军被迫撤回北宁。另一方面，节制黄继炎派刘永福为先锋，领兵驻扎怀德府，以进攻法军。

李威利上校占领南定之后返回河内，见我军和黑旗军将要与之交兵，便下令进兵前去攻打怀德府。四月十三日清晨，上校率领500军队去进攻纸桥，遭埋伏在周围的黑旗军涌出攻击，法军

---

① 当译查理·汤姆逊，从越译作冲沁。——译者

② 当译伯特·德·韦勒，从越译作韦鹥。——译者

死伤近百人。李威利上校阵亡，韦鹭大尉负了重伤。

冲沁统督在西贡获悉李威利上校死讯，连忙电告法国政府。当时巴黎下议院还正在对攻占北圻之事犹豫不决。在接到西贡发回的电报时，议院便同意给政府拨款550万法郎开支军费，并且还赞同派一位文官担任全权，前去视察北圻诸事。

法国政府马上电令在南圻的波滑（Bouët）陆军少将前去统督北圻军务，命令海军少将孤拔（Courbet）①率领一支舰队前去接应，并选派法国驻暹罗使臣何罗芒（Harmand）②出任全权。

五月初三日，波滑少将率领200名西洋兵和300名伪军进至海防。少将立即部署在河内和南定的防御，并让从前曾经跟随过涂普义的弗拉维阿诺（Georges Vlavianos，即乔先生）前去招募黄旗兵充当前军。

我国官员领兵回攻河内、海防和南定的法军，但均遭失败。

当时我国军队不统一，谁人起来招募三五百人，发给刀矛就去打仗，一旦挨几颗炸弹就争相逃窜；朝廷的官军则缺乏训练，大炮都是老式的，步枪既少且差。这样怎么能抗得过熟悉战阵而又装备充足且有精良火器的法军呢?

其时由和局变为战局，西贡帅府便驱逐越南领事阮诚意回顺化。正当国事如此混乱之时，翼宗皇帝驾崩了。

皇帝驾崩于癸未年（1883年）六月十六日，在位36年，享寿55岁，庙号翼宗英皇帝。

---

① 越译姑陂。——译者

② 越译何黜栏。——译者

第十二章　法国的保护

一、顺化的废立：协和帝

本朝阮氏传位至翼宗之世，便失去了自主权。南国自此归法国保护，意即皇帝之位虽仍然保留，但政治必须遵循保护政府的安排。

这也是因为时代改变，而我们的人不知变革，致使我们的国家开始没落。况且此时北圻混乱，而在朝中则权臣擅权，因此又产生许多难办之事[①]。

翼宗皇帝无有子嗣，收养三个侄儿作为养子：长为育德[②]，封

① 关于当时朝中之事，多采自礼嫔阮若氏的《幸蜀歌》。这位夫人是翼宗皇帝的宫妃，后来又给慈裕太后当秘书，因此朝中之事她能知其详。

② 育德、正蒙、养善是翼宗皇帝诸皇养子的学馆名，称为育德堂、正蒙堂等。当时这些人尚未受封，人们常以其学馆之名称之。

瑞国公；次正蒙，封坚江郡公；三为养善。翼宗弥留之际，留有遗诏：按育德之德性不应做皇帝，其意欲立养善，但因养善尚在稚龄，而国家之事需要有一年长的皇帝，因此只好立长子。翼宗又以陈践诚、阮文祥和尊室说为辅政。

过了三天，阮文祥与尊室说改变遗诏，废育德而立翼宗之弟朗国公为帝。朝廷愕然，无人敢言，唯有御史潘廷逢起而劝阻曰："嗣君无罪而行如此废立之事，岂合道理？"阮文祥和尊室说下令将潘廷逢下狱，后革职遣返原籍。

朗国公讳洪佚登基为帝，置年号曰协和。将育德监禁于育德讲堂。

二、法军占领顺安海口

协和帝新立，新任总督何罗芒到达海防，召集海军少将孤拔和陆军少将波滑开会，商议诸事。

决定一方面由波滑少将率军攻占怀府屯，另一方面孤拔少将率舰攻取顺安海口，以迫使朝廷接受法国保护。

七月十二日，波滑少将进攻黑旗军于綾村（Làng Vòng）地区。双方战斗近三天。后黑旗军被迫退驻冯屯。但因当时洪水大涨决堤，致使法军不能前进。

十六日，驻扎在海防的陆军中校布里翁瓦尔（Brionval）领兵前去占领了海阳城。

法军虽然获胜，但黑旗军尚强，因此波滑少将不得不打电报回巴黎请求增加援军。

当波滑陆军少将进军攻打北圻的时候，海军少将孤拔和全权何罗芒率领舰队进攻顺安海口，自七月十五至十八日攻陷了镇海城。守城官黎仕、黎准阵亡，林宏、陈叔讱投江自尽。

三、癸未年（1883年）和约

朝廷见事态危急，连忙遣官前去乞和。全权何罗芒强迫我国官员在各地休兵停战，然后与参哺（De Champeaux）[①] 一起前往顺化议和。朝廷以已退休的协办陈廷肃为钦差全权，阮仲合副之，与法国官员会商。

七月二十三日订立了和约，有何罗芒、参哺、陈廷肃与阮仲合同时签字。

此和约共二十七款，第一款：南国接受法国保护，遇有与外国交涉之事，必须由法国做主；第二款：平顺省归属南圻；第三款：法军驻守横山和顺安；第六款：自庆和省至横山，统治权归朝廷。

以后诸款规定：驻顺化钦使有权自由出入宫廷，谒见皇帝。北圻之地自横山以北，法国在各省设置公使[②]，监督越南官员的工作。但法国人不参与辖境内的统治。[③]

① 当译德·尚波，从越译作参哺。——译者

② “Résident”，意即驻扎官，但当时我们不习惯用这个词，并且因有“Consul”（领事）一词，所以才使用公使的名词。

③ 1883年条约史称第一次顺化条约，其内容，请参见前引《东南亚史》下册，第755页。——译者

这个和约缔结完毕，寄回巴黎呈请政府批准，然后才换文，宣告世人知之。参哺留在顺化担任钦使，全权何罗芒前往北圻经略征服之事。

四、北圻之事

顺化朝廷接受和约之后，命吏部尚书阮仲合为钦差大臣、工部尚书陈文准和吏部参知洪肥为副钦差，前往北圻以与何罗芒全权共同晓谕百姓，并罢各地军次。

当时在北圻，有清朝官员唐景崧驻扎于山西，徐延旭驻扎北宁，还有刘永福的黑旗军驻扎在冯屯。

朝廷虽有御旨命令我国官员撤军返回顺化，但我国官员中有许多人企图依靠中国而抵抗法军，因此无人遵旨。所以北圻的战争久久不能结束。

五、协和帝被弑

在顺化，协和帝亦欲接受保护政策以稳定王位，但官员中有许多人不肯接受，并且又见阮文祥和尊室说专制过甚，欲用计除之，便改命阮文祥充任兵部尚书、尊室说任吏部尚书，以削减尊室说的兵权。

二人见皇帝生疑，害怕久留酿成祸害，便入奏慈裕太后，请立翼宗的第三位养子养善，然后逮捕协和帝，带到育德府邸，让其喝毒药而死。协和称帝四个多月，史称废帝。

阮文祥和尊室说弑协和帝后，又见辅政陈践诚不服从他们之意，也派人杀之。

六、建福帝

癸未年（1883年）十月初七日，养善讳膺登即位称帝，年号建福。当时建福帝年方15岁，什么事情全由阮文祥和尊室说决定。

在北圻，黄继炎还驻扎在山西，张光憻驻北宁，与中国军队共同抗御法军。法国驻顺化钦使以此指责朝廷。朝廷再次降御旨，传令黄继炎和张光憻还京。

当时各官，有回京者，也有人将官印交还朝廷，然后去招募义勇或去追随清朝官员，以抵抗法军。其时有南定提督谢现，领中国提督之职，按察使范务敏和建昌知府黄文槐弃官而去，山西赞襄军务阮善述跑回海阳，前去募兵抵抗法军。

七、攻占北圻各省

全权何罗芒到北圻整顿统治，建立巡警队，俗称兰带兵，以防守各地，同时开除波滑少将曾让招募的几百名黄旗兵，因为这些兵常常抢掠百姓。但因为全权侵犯了兵权，因此波滑少将引以为不平。

八月初一日，少将领兵前去攻打冯屯的黑旗军。双方打得很激烈。黑旗军虽然不得不撤退，但实际上并未战败。少将进攻敌军未能致胜，并且又与全权意见不合，便请求返回法国，将兵权留交陆军上校比肖（Bichot）。

不久，从西贡派来援军，比肖上校便前去占领宁平省。

八、占领山西省

九月二十五日，法国政府电令海军少将孤拔任统督军务兼驻北圻全权。原全权何罗芒返法。

自此兵戎、统治和交涉全部集中于孤拔少将之手。在少将还必须整顿诸事并等候从法国开来援军的时候，我国官员率军进攻海阳，焚毁全部街道。法国官员怀疑省臣私通文绅，便将他们逮捕流放昆仑岛。

到少将迎到从法国派来的援兵时，法军在北圻的数目达 9000 余人，少将把他们分为两路，率领水步兵前去攻打山西城。从十三日清晨攻到十六日，才攻陷了该城。黑旗军抵抗甚为激烈，但中国军队和我军见法国的枪炮射击太猛，都弃城撤往山区，黑旗军也不得不随之而逃。这一仗，法军 83 人阵亡，319 人受伤。

九、占领北宁城

法军虽已占领了山西，但中国军队日益增多，少将必须等候增加援军才能前去攻打其他地方。法国方面又派遣一个旅团[1]前往北圻，并命令陆军中将眉胪（Millot）来统督军务，以代替孤拔海

① 每个旅团（brigade）有两卫军，大约七八千人，有少将率领。两个旅团为一师团（division），有一中将率领。

军少将。

甲申年（1884年）正月十六日，眉胪统将[1]到任接职，孤拔少将被提升为海军中将，负责指挥海军，以守卫海面。当时法军总计有16000余人和10队炮手，分作两个旅团。一个旅团布防于红河右岸，驻扎在河内，由波里也（Brière de l'Isle）少将指挥；另一个旅团布防在红河左岸，驻扎海阳，由尼格里（de Négrier）少将指挥。

当时从河内到北宁沿途，到处都有中国军队和我国军队驻扎。统将眉胪便命令波里也少将率军越过红河，然后沿墩河（即天德江）开往东面。驻扎在海阳的尼格里少将的军团，乘船到达普赖登陆，以与波里也少将的军团相会合，然后水、陆军沿棣江（月德江）并进，攻打北宁。

双方从二月十一日开始交战，至十六日法军占领了搭桥。中国军队见法军截断了去谅山的道路，便放弃北宁撤退到太原地区。十六日夜，法军进入北宁城。这一仗，法军只损失了8个人和有40人受伤而已。

波里也少将率军攻打安世，后至二十三日占领了太原城。

十、占领兴化

攻陷北宁城和太原城后，法军转回红河地区，以攻取兴化和宣光。波里也少将率领第一旅团沿山西道上兴化，然后列阵于沱

① 统将，在这里应是“司令”。——译者

江这一边。双方从三月十五日清晨开始交战，当天下午二时，法军在靠近不拔县辖境的地方渡江。十六日上午九时，尼格里少将率领的第二旅团赶到，两个旅团合力进攻。中国军队和黑旗军见势不能敌，便烧掉街衢铺市，放弃兴化城撤到上游地区。黄继炎等则开到山区，然后走上道撤退回京。十七日中午，法军进入兴化城。立即派克伦纳（Coronnat）少校率领一支军队前去攻破黄金屯。

十一、占领宣光

占领兴化之后，只剩下宣光城是黑旗军还驻守的地方。统将眉胪遂派军队带领船只前去探察泸江水道船只可以行进到何处。而后派迪舍纳（Duchesne）中校率领驻兴化的一支军队和由5艘军舰组成的舰队，前去攻打宣光。迪舍纳中校的军队驻扎在越池，从五月初三日开拔，至初八日到达宣光。只打了大约一个小时，黑旗军便弃城逃跑了。

十二、福禄诺和约

当时虽然北圻平原地区的各省全部归法国官员管辖，但中国军队还驻扎在谅山、高平和老街地区。因此法国政府企图通过与中国交涉而解决问题，以使中国政府完全承认法国对南国的保护。又因当时法国海军中校福禄诺（Fournier）与在中国担任广东税务司的德国人德璀琳（Détring）相识，而德璀琳原与直隶总督李鸿章是知交。一天，德璀琳遇到福禄诺中校，谈及与中国议和之事，他便将此电告李鸿章。双方都有意讲和了事。

法国政府便派福禄诺中校前往天津，与李鸿章议和。至甲申年（1884 年）四月十八日，签订了和约。其大略曰：中国同意撤回驻扎在北圻的军队，并且从此以后中国政府承认法国与南国所签订的条约，即中国让法国得以自由处理越南的各种事务。

十三、甲申年（1884 年）[①] 五月巴德诺[②] 和约

条约缔结完毕，福禄诺电告在北圻的眉胪统将知道和约已签订，中国在北圻的军队应撤退回国。

当时法国驻北京公使是巴德诺（Patenôtre），从法国来，途经西贡，巴黎政府电令此人前往顺化重新修订何罗芒于癸未年（1883 年）七月二十三日签署的和约。

巴德诺和黎那到顺化，与朝廷会商了几天，到甲申年五月十三日，即 1884 年 6 月 6 日，巴德诺与阮文祥、范慎遹、尊室濉签订了新的和约。[③] 该约总共有十九款，大体与何罗芒和约一样，只改变了有关平顺省和横山以北河静、乂安、清化三省仍然属于中圻的几款。

和约签订完毕，黎那仍留下担任驻顺化钦使，巴德诺召集全

① 原文注 1885 年，当为 1884 年之误。今已改正。——译者

② 巴德诺（Patenôre），又译巴特纳、巴德哪，越译坡词奴。又，原文作甲申年六月巴德诺和约，当为五月之误，今已改正。——译者

③ 史称第二次顺化条约，越南从此沦为法国殖民地。——译者

体官员开会，强令将中国册封越南国王的金印熔化销毁，意即从此以后南国属于法国保护，不再臣服中国。

甲申年即1884年缔结的和约，是顺化朝廷和法国所签订的接受法国保护并把国家分为中圻和北圻两个区域的和约。虽然两圻同归法国保护，但各圻有不同的统治方法。后来1884年和约也渐渐失去了其全部意义，实权完全归于保护政府，顺化朝廷仅徒具虚位而已。

从前的越南国，从南到北是统一的，具有优于其他各国的单一性，文化、历史、风俗习惯和语言都是独一无二的，而现在却分成了南圻、中圻和北圻三个区域，每圻有特殊的政策、特殊的法律，像三个国家一样。甚至在起初的时候，此圻之人到别的圻去，必须申请通行证才能去得成。所谓圻，就是一国之内的地区，并无国家的含义。

一个国家而四分五裂成这个样子，对于具有几千年光荣历史的一个国家的人民——越南人来说，确实是令人痛心的。

十四、顺化的朝政

当时朝廷的任何事情，都由阮文祥和尊室说两位辅政定夺。

尊室说是一个性情急躁、狂暴之人，人皆畏之。但缺乏才能，而又胆小怕事，因此多疑嗜杀。阮文祥系广治人氏，嗣德五年考中举人，确乎是一个有才智之士，善于搞交涉，但性贪婪而又残忍。

这两个人擅专朝政。官吏操纵在阮文祥之手，尊室说掌握兵权。但通常什么事情都由尊室说指使。在朝内自皇亲国戚直到各位官员，若谁人违背此二人之意，便遭拘禁或杀戮。

尊室说招募“奋义军”以保卫自己，并常用天子仪卫；阮文祥则接受华人的贿赂，准许他们把一种在中国铸造的分量不足、粗制滥造的嗣德钱输入国内，强迫百姓使用。谁若不花这种钱，便要治罪。况且此时皇帝尚年幼不懂事，因此这两个人更加专制跋扈。

建福帝即位刚刚六个多月，到甲申年（1884年）四月初六日便染病驾崩[①]，庙号简宗毅皇帝。

十五、咸宜帝

建福帝驾崩，理应请翼宗之第二养子正蒙入继大统，才是对的。但是阮文祥和尊室说不愿拥立年岁大的人，害怕自己丧失权力，便挑选正蒙之弟、年方十二岁的膺躜，拥立为帝，置年号曰咸宜。

黎那钦使前曾去公函周知顺化朝廷：南国立何人为帝，必须得到法国的许可。但阮文祥和尊室说却擅自拥立皇帝，不使钦使知之。

钦使见此，写信到河内。统将眉胪便派参谋居里埃（Guerrier）

① 有传说云：建福帝微恙，卧于殿内，夜见阮文祥入宫，他便责骂，至次日，使因吃错药中毒而死。（据前引《安南通史》第262页载，建福帝“四月即不豫，六月稍愈，受朝贺，寻又不豫，十日崩”，其驾崩之日当在六月十日，与作者所说不同。——译者）

上校率领600名军队和一支炮兵进入顺化，强迫朝廷申请立膺瓃为帝。阮文祥和尊室说用字喃写申请书递呈钦使。钦使不听，强令必须以儒（汉）字来写。至6月27日，上校和钦使走正门入宫，行加封咸宜帝之礼。事毕，法军又重新返回河内。

第十三章　与中国的战争

一、北丽之战　二、攻福州和围台湾　三、炷屯和该普屯之战　四、安泊之战　五、占领谅山城　六、宣光城被围　七、谅山城失陷　八、天津和约

一、北丽之战

在北圻，法军以为与中国的和约已经缔结，只要等到中国军队撤回之时，便去接收谅山、高平和老街等城。根据福禄诺中校在天津签订的和约，大约到五月十五日左右中国驻扎在谅山、七溪和高平的军队就要撤回。因此，至五月底，统将眉胪便派迪热纳（Dugenne）中校率领1000军队，前去收复这些城市。闰五月初一日，法军进到北丽屯。当法军渡沧江的时候，中国军队射击法军，使三个人受伤。过了一会儿，中国军队派人带信来说：中国军队已经知道有和约，但尚未接到撤军归国的命令，请暂缓六日以待北京的命令。

中校不答应。午后，中校派人带信给中国军队：再过一个小时，若中国军队不撤退，法军就要前进。接着中校便传令进兵，前进了一个时候，埋伏在道路两旁的中国军队开枪射击。法国军队布阵交战直至天黑。次日晨，法军见中国军队将要四面包围，

便退到沧江北岸，以待从河内开来的援军。这一仗，法军 28 人阵亡，46 人受伤，还有夫役死者不知多少。

统将眉胪得到法军在北丽战败的消息，连忙派尼格里少将率领两大队步兵、两队炮兵和一支工兵，走谅沧府道经过该普村（Làng Kép）[①]，前去接应迪热纳中校。当与中校的军队会合后，眉胪统将便召见格里少将返回河内，以听候命令，并等待从法国派来的军队。

二、攻福州和围台湾

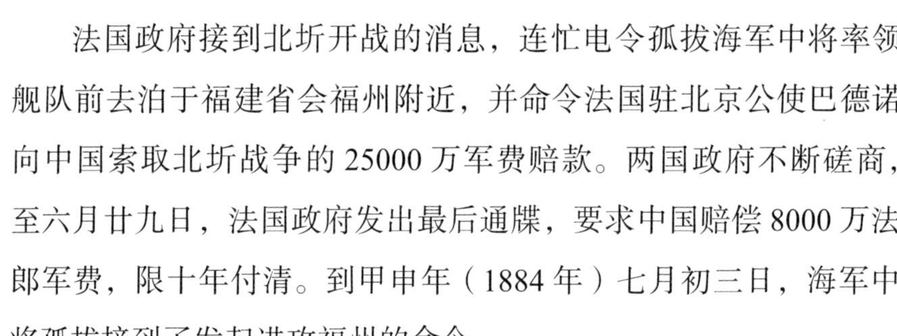

法国政府接到北圻开战的消息，连忙电令孤拔海军中将率领舰队前去泊于福建省会福州附近，并命令法国驻北京公使巴德诺向中国索取北圻战争的 25000 万军费赔款。两国政府不断磋商，至六月廿九日，法国政府发出最后通牒，要求中国赔偿 8000 万法郎军费，限十年付清。到甲申年（1884 年）七月初三日，海军中将孤拔接到了发起进攻福州的命令。

中将下令各军舰轰击各炮台和摧毁福州的兵工厂，并攻击停泊于闽江中的中国军舰。他轰击福州之后，率领军舰前去围攻台湾岛。

法国海军包围台湾和封锁其各海口，直到乙酉年（1885 年）六月，与中国签订和约后才停止。

① 亦译郎甲，即谅江府。——译者

三、炷屯[1]和该普屯之战

当法国海军在海上进攻的时候，广东、广西的中国军队开到北圻越来越多，而法国的援军久不见来，至七月中旬，统将眉胪便告病归国，将指挥权留交波里也少将。

不久，波里也少将迎到了从法国开来的6000名军队，其时军队总数近2万人，少将将其分为四路前去进攻中国和我国军队：塞维埃（Servière）少校率领一路军队前去东潮地区；多尼埃（Donnier）中校率一路军队，沿陆南江前去攻打炷屯和潭屯；德佛依（Defoy）中校率一路军队前去沧江地区；米比埃勒（Mibielle）少校和尼格里少将则扎大营于谅沧。八月二十日，法军进军攻打炷屯、保乐屯和该普屯。中国军队抵抗了一天，而双方的交战以在该普屯打得最激烈。中国军队死者达2000人；法军方面，尼格里少将的脚受了伤，27人阵亡，109人负伤。中国军队死了许多人，被迫放弃该普屯、保乐屯和炷屯而逃跑了。

在东北面，中国官军已经撤退，波里也少将便派迪舍纳（Duchesne）上校率领700军队前去攻打驻扎在宣光地区的刘永福黑旗军，并且又派贝尔热（Berger）中校领兵前去守太原。

四、安泊之战

中国军队虽然在炷屯和该普屯战败，但仍驻扎在谅山和广安

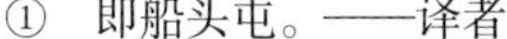

① 即船头屯。——译者

境内。至十一月中旬，中国军队又回驻于安州附近，尼格里少将率领步兵和炮兵沿陆南江左岸行进，前去攻打抱山的中国军队。这一仗，中国军队死者逾600人，法军19人丧命，并有65人受伤。

五、占领谅山城

1885年初，即甲申年十一月间，波里也少将被提升为中将，并迎到了从法国派来的1000余名援军。到了旧历腊月，中将招募了近7000民夫来运输器械，并率领7500名军队，分作两路前去攻打谅山。第一路由尼格里少将指挥；第二路则由吉奥瓦内尼勒（Giovanninelle）上校指挥。

从该普到谅山的道路是山中小路，而且到处都有中国军队驻扎，因此法军才采用从炷屯包抄之计，以攻占巡昧屯[1]。尼格里少将先到该普屯，虚张进兵声势，然后潜回炷屯，领兵过云隘，占领铜山屯即充屯，再去夺取巡昧。中国军队正守在北丽地区，见法军已切断归路，连忙撤军逃跑。尼格里少将领兵涌至谅山，于旧历腊月二十九日中午，占领了该城。法军从腊月二十五日打到二十九日，有40人阵亡，222人负伤。

占领了谅山城，法军休息数日，又进兵攻打同登。中国军队分别向两个方向逃跑：一路逃向七溪；另一路逃到南关隘回中国。到乙酉年（1885年）正月初八日，尼格里少将到达南关隘，下令毁关隘，然后返回守谅山。

① 即从前的支棱隘。

六、宣光城被围

当法军前去攻打谅山方面的时候，驻扎在红河和泸江地区的中国军队与黑旗军，又开回来攻打宣光。当时驻在城中的法军共约600余人，归多米内（Dominé）少校指挥。从甲申年（1884年）十月初，刘永福的黑旗军已开回驻扎在安平府和端雄府附近。到十一月，中国军队把守住了全部险要之地，以阻挡驻扎在中游的法军前来支援，然后刘永福领兵前去攻打宣光城，一直打到腊月十五日，才包围了该城。黑旗军用尽一切办法破城，而城中的法军也竭尽全力抵抗。

此时法军已占领了谅山城，波里也中将连忙留下尼格里少将守城，至大年初二带领军队走炷屯道回河内，然后立即前去救宣光。乙酉年（1885年）正月十三日，进至端雄，渡过斋江。法军与中国军队从此时交战到十六日，才解了宣光城之围。这一仗双方损失都很大，但中国军队敌不过法军，被迫仓皇解围，撤退到山区。

七、谅山城失陷

宣光城刚刚解围，在谅山战事又起。中国军队虽曾战败被迫放弃谅山城，但广西提督冯子材仍扎大营于龙州，行将前来重新攻占谅山。

乙酉年（1885年）二月初六日，中国军队前来攻打同登，尼格里少将领兵救援，并意欲打到龙州。法军在两天的战斗中，死者近200人。至初八日，少将撤兵回谅山，还把负伤的人送到灶屯。当时驻扎在谅山的法军有35000人。

十三日，中国军队前来攻打奇驴（Ký-lừa）[①]，尼格里少将受了重伤，不得不把军权交给埃班热（Herbinger）中校，以与敌军对抗。但是，当时中国军队开来的太多，中校被迫放弃谅山城撤回巡昧，然后回至灶屯和该普屯。

波里也中将接到在谅山战败的消息，连忙电告法国政府请求援兵前来救援，并立即乘船前往灶屯，进行防御。

中国军队占领谅山后，分兵把守各险要之地，不敢远追。而在红河地区，黑旗军和我国旧臣各官的军队，又回来攻破接近兴化和临洮的地区。

八、天津和约

法国收到波里也拍回关于法军被迫放弃谅山城的电讯，人心整个骚动了起来。茹费理（Jules Ferry）总理被迫辞职。法国政府见战局不利，便决定与中国签订停战条约。然后一方面命令法国驻北京使臣巴德诺与中国政府缔结和约；另一方面派军队前去接应北圻，并任命罗塞尔·德·可尔西（Roussel de Courcy）[②]中将为军民事务统督，瓦尔涅（Warnel）中将为参谋总长，与雅蒙

① 也译驱驴。——译者

② 越译姑黜赀、姑黜赀执。——译者

（Jamont）少将和巴躭（Prudhomme）[①] 少将共同率领两个师团前往北圻。

中国政府见战争不利，便同意缔结和约，并立即派官员到河内传令中国军队撤退归国。乙酉年（1885 年）即光绪十一年四月二十七日，巴德诺和李鸿章签署了和约，其大略称：中国承认法国对越南国的保护，并恢复和平通商如故；法国则归还其海军在海上已占据的地方，同意不再索取战争赔款。就在两国官员在天津缔结此和约的那天，海军中将孤拔染病死于台湾岛附近。[②] 法国海军也根据条约而撤走。

① 当译普鲁东，从越译作巴躭。——译者

② 孤拔是因受伤死于澎湖，作者在此所说有误。——译者

第十四章　中圻之乱

一、统将可尔西进入顺化　二、朝廷逃至广治　三、阮文祥投降　四、诸太后车驾回谦陵　五、勤王之师　六、同庆帝　七、统将可尔西被撤回　八、咸宜帝在广平　九、琨玻　十、设立全权总督府

一、统将可尔西进入顺化

与中国的战争结束，即是在南国的保护制度告成。但是在各地，我国旧的官员还在与法军相抗；而在顺化，阮文祥和尊室说百般擅权。

甲申年（1884年）九月，这两个人以通敌罪名，把育德幽禁于狱室，不给吃喝而饿死。他们还招兵买马，并在广治省甘露附近建立新所屯，把金银珠宝玉器运送到那里，防备有事之时，带兵到此，以与法军相抗。亦因为这些人有意抗拒，所以法军占据了顺化城的芒个[①]，又强迫拆除城上的大炮。

乙酉年（1885年）四月十八日，统将可尔西来到北圻。当时与中国的和约已签订，因此统将才决定进入顺化强迫我国朝廷接受保护。统将到达河内与法国人和给法国当官的南国人谈话，已

---

① 即镇平台。——校者注

了解了顺化的情形。至五月十九日，统将率领将近500军队乘船进入顺化。朝廷派两名大臣跟随法国钦使参哺（de Champeaux），出迎统将于顺安海口。次日晨，统将召两位辅政官来钦使处，以定谒见咸宜帝之事。

当时此二人还正在逞威风，朝政完全握于己手，见统将做事如此唐突，也甚愤怒，如果按几位旧臣的话来说，尊室说是文官做武将，但形象不够清秀：头秃，人肥而黑，行止不够端庄大方，不善交涉和对答应酬。过去只以权威欺压吾人，稍有细故则以残杀逞其威风。待到该以邦交之礼对待像可尔西这样的外国将领之时，便心中害怕，不知如何是好。

阮文祥则是一个交涉的能手，富有机谋和应变之才，因此这时只有他一个人出面会见可尔西统将，而尊室说告病不到。统将见此，告以有病也必须抬来。

尊室说看到法国官员逞威风如此，又气愤又害怕，还因当时开始有地震的预兆，心想此为上天顺遂之兆，便决计准备战争。

可尔西统将拟定在进宫谒见咸宜帝之日，必须洞开正门，不但让法国官员通过，而且还要全体士兵也通过此门。朝廷以为此条不合国礼，请求按照从前中国使臣的惯例让统将走中门，其他士兵走两旁之门，统将坚决不同意。

二、朝廷逃至广治

二十二日中午，机密院官员前往钦使住处请求入内商定走正门、旁门之事，但可尔西统将不予接见。慈裕太后派官带礼物前去赠送给统将，统将也拒不接受。

各官见统将做得如此厉害，茫然不知为何对朝廷这样轻慢不敬。尊室说见势更加气愤，他打算不顾死活也要豁出去拼上一仗，也许幸有天助弱者呢？这是当时将士的共同想法，因此便决定到半夜起事，开枪射击钦使驻所并攻打法军在芒个的兵营。

这天下午，统将设宴招待法国官员。宴会刚散，便听到城内响起了隆隆的枪炮声，然后钦使驻所周围的房屋燃烧，火光冲天。法军突然看到我军半夜如此进攻，不知出了何事，只沉着抵抗。到二十三日晨，才进行反击，我军败逃[①]。阮文祥派人入宫，奏请迎皇帝及太后暂避谦陵[②]。当车驾行至右门附近，遇阮文祥在此等候，以随行护驾，但传令让阮文祥留下处理诸事。阮文祥遵命返回。车驾经过金龙乡，行至天姥寺，则尊室说领兵逃到，下令迎车驾转回考场[③]。

当时王孙公子，有人骑马，有的步行，老百姓则年轻的背着老的，妇女牵着小孩，各自惊慌逃跑，设法以避刀兵。

车驾行至考场，稍事休息，尊室说又催促上路，说法军已快要追到了。二十三日晚，车驾在一富翁家过夜，二十四日晨继续前进，天黑才到达广治城。巡抚张光憻[④]迎接车驾进入行宫，并派兵丁守卫。

---

① 尊室说在顺化攻打法军之事，我国史籍未载明我军的数目多少。而西方的史籍有的地方记载为 2 万，有的地方则载为 3 万。但据了解当时顺化之事的人们说，我军大约总共不到 2 万人，不会多于此数。

② 谦陵为翼宗的寝陵，有时称谦宫，亦即此。

③ 当时的考场在多字乡，距京城 10 公里。

④ 张光憻原任北宁总督，抵抗法军，后回京受弹劾降为巡抚，出守广治城。

顺化之战，法军死16人、伤80人。西方史书记载：我军死者达数千人，还有许多器械、粮食以及100多万资产全部丧失。

三、阮文祥投降

在顺化，二十三日整个上午，法军占领了城池并把守各地。我国的官员，有的跟随车驾，有的躲藏到一个地方，不知如何是好，无人敢出。到这天中午，阮文祥到卡斯帕尔（Caspard）主教家吃饭，然后托此人带领向可尔西统将投降。统将让阮文祥住在商舶院，交给施米茨（Schmitz）上尉和一队法国兵看押，并限在两个月内使诸事皆安。

四、诸太后车驾回谦陵

阮文祥上疏到广治，请迎车驾还京，以安人心。但此时咸宜帝和三宫：慈裕太皇太后——翼宗之母、皇太后——翼宗之妻和育德之养母、皇太妃——翼宗之妾与建福帝之养母，由尊室说护卫，阮文祥所上请安之疏，被此人隐藏，不使皇帝知之。人们都想迎候车驾至新所，以筹划恢复大业。慈裕和两位太后执意不去。

二十七日，尊室说听到有法国军舰将要开到的消息，便请三宫留在广治，而送皇帝至新所。临行之时，咸宜帝进去拜见三位太后，离别之情，愁惨的心曲，怎能道完！但皇帝刚刚离去大约一个钟头，内监都回来说，尊室说不让走了。至二十八日，三宫才接到阮文祥发出的消息，说要迎请车驾返回顺化，诸事都安排停当了。慈裕派人去迎皇帝回来以便一起返回顺化，但找了许久不知皇帝在何处，只收到尊室说的回信，说阮文祥反叛到对方，请勿听信。人们讨论来讨论去，众说纷纭，莫衷一是。三十日，又收到阮文祥发出催促车驾回銮的上疏。慈裕才决意回京，定于初四日启程，派巡抚张光憻领兵护驾。至初五日傍晚，各太后车驾回到谦宫。阮文祥上疏请安，并奏报诸事情形。

在皇帝还在外出的时候，可尔西统将任命寿春为监国，把兵部尚书之权交给参哺钦使，以罢除我国的兵权，并召回北圻经略阮有度和南定总督潘廷评，与阮文祥同掌机密之事。因为这两个人在北圻已通晓诸事并已知遵行保护政策，所以统将把他们召回，以尽快处理完诸事。后阮文祥和阮有度意见不合，阮有度又重新返回北圻。

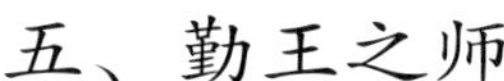

五、勤王之师

尊室说在广平撰写勤王檄文，传谕各地，因此除了京城周围的一些地方之外，其余自平顺以北直到乂安、清化，各地士民纷起，把酿变乱之罪嫁祸于教民，烧毁有教民的村庄。西方书籍记载：从六月初到八月底，教民方面有八位神甫和两万多人被杀。

可尔西统将见各地都有变乱发生，便返回北圻，召集将吏开会，讨论平乱之事。统将已决定派佩尔诺（Pernot）上校率领驻顺化的 1500 军队前去追捕尊室说，又派尼格里少将率领一路军队从清化攻入。但巴黎政府来电不让统将动用大军，而且又因当时在北圻和中圻发生霍乱，法军死者达三四千人，所以用兵之事被迫停止。

在顺化，久无人知咸宜帝在何处。顺化朝廷乱事频仍，立新皇帝之事虽已定了下来，但还拖个没完。

到七月二十七日，可尔西统将给阮文祥的两个月限期已到，况且当时在北圻又有许多人憎恨阮文祥，请求统将治其罪。因此至二十八日，统将逮捕原辅政阮文祥、户部尚书范慎遹和尊室说之生父尊室订，把他们流放昆仑岛。范慎遹死于船行途中，投尸于海；阮文祥后又被流放到太平洋[①]上的海地（Haïti）岛，不久亦死，许将其尸运回葬于故乡。

六、同庆帝

可尔西统将流放了阮文祥等人之后，把阮有度召回，与潘廷评同理朝政，派阮仲合出任北圻经略。统将又派参哺前往谦宫谒见慈裕，请立坚江郡公正蒙为帝。

八月初六日，正蒙亲自到钦使馆行受封礼，然后举行登基大典，置年号曰同庆。

同庆帝性情善良，爱修饰，也想维新，甚得法国人之心；廷臣中许多人已经知道遵行保护政策，因此朝中诸事皆得安稳。但是，咸宜帝还在广平，举起反抗法军的义旗，勤王的檄文传遍各地，企图恢复大业。当时人心还思念旧主，所以自平顺以北，到处都有人起来攻打，谋求复国。

① 当为大西洋之误。——译者

在广南，豪绅们成立了义会，以山防使陈文玙为会主，其后富安、平定、平顺各省都相继起事。在广治有张廷绘、阮自知，广平有原知府阮范遵，河静有公子黎宁[①]，乂安有进士阮春温和山防使黎允迓，清化有何文旎等，这些人都起来勤王。他们带领军队或去占领省城，或去攻占府县，并烧毁有教民的村庄。在北圻，各旧臣如提督谢现、赞襄阮善述聚集于荻林，然后前去攻破中州平原地区，而在上游山区，则各地都有中国匪军骚扰。所以法军必须分兵前去防守各地。

七、统将可尔西被撤回

统将可尔西见北圻多事，便留巴觥少将驻顺化，然后赴河内经略诸事。但因统将生性苛刻多疑，工作困难日益增多。在法国，有许多人不愿维持北圻之地，意欲罢兵。因此到1885年即乙酉年末，法国总理布里松（Brisson）[②]请求议会拨给7500万法郎作为支付北圻事务的费用，议会设立了一个委员会来审议这个提案。委员会决定撤回军队，并且只拨给1800万法郎。到投票的时候，执政党得274票，反对党得270票，即企图维持北圻之地者只多了4票。布里松总理因议会中有许多人不赞同自己的意见，便请求辞职。

弗雷西内（Freycinet）继任总理，见可尔西统将在南国惹了许

① 此人居住在河静省的罗山，为原布政黎坚之子。

② 前引《越南人民抗法八十年史》作Brissaut（布里梭）。——译者

多麻烦，便去电撤其回法国，而将兵权留交瓦尔涅中将，并派文官琨玻（Paul Bert）[①]前去充臣统督，以管理南国诸事。

八、咸宜帝在广平

当时虽然在顺化已立了同庆帝，但旧臣中还有许多人追随和辅佐咸宜帝，坚决抵抗法军。法国官员便派肖蒙（Chaumont）上校领兵进驻广平城，以截断尊室说党徒通北圻的道路。但在清化、乂安地区，文绅们攻打甚为厉害。肖蒙上校便留格雷古瓦（Grégoire）少校守广平城，然后返回沱瀼增加士兵和战船，领之进驻乂安城，分兵巡逻各地。

尊室说见势抗不过法军，便将咸宜帝弃留于属广平省宣化县（旧名归合州）的蚋屯，然后与提督陈春撰走上道，声称前去中国求援。[②]

咸宜帝当时被迫隐匿于宣化县地区，有尊室说之子尊室澹、尊室涉以及提督黎直和阮范遵[③]等人尽力保护，并带兵前去攻破广平和河静地区。

---

① 当译保罗·伯尔，从越译作琨玻。——译者

② 尊室说走上道到兴化，然后沿沱江上游到莱州投靠刁氏。当听到法军前来攻打的风声时，连忙弃刁氏而逃到中国。据刁氏子孙说：尊室说来莱州的时候，还有几十人相随。在此住了一个时期，便斩杀殆尽。视此则知尊室说是一癫狂而又胆小之人。这样一个人作为大将来保卫国家，他有何才能而使国家不遭危亡呢？后老死于广东省的韶州。

③ 戈塞林（Gosselin）的书载为范遵。但在我国史书中并无范遵其人，只有阮范遵，先前曾任知府，后追随咸宜帝抵抗法军，中弹被擒。因此，范遵就是阮范遵。

丙戌年（1886年）正月，米诺（Mignot）中校率领驻北圻的军队进入乂安，然后分为两路：一路由珀勒蒂埃（Pelletier）少校率领伪军循岸深江进入宣化地区；另一路则由米诺中校亲自率领，走官路入守河静城，然后进驻于灢江。

在顺化，又派默茨尼热（Metzniger）中校率领一支军队前去接应各路。法军驻扎于佐屯和鸣琹，默茨尼热中校让托尔蒂约（Tortuyaux）神甫作向导前去攻占蚴屯。法军进兵之势甚为猛烈，文绅军不能抗，全部溃散。

但是到二月，在北圻发生了事情，况且琨玻统督已到达任所，政策全部改变，因此便撤回各路军，只驻守于广溪、弄（Roon）和佐屯。文绅之军见法军撤回，又返回驻扎于各旧屯。

九、琨玻

丙戌年（1886年）三月初五日，琨玻统督到达河内。立即设立北圻统使府和财政管理所。三月底，统督前往顺化谒见同庆帝，并请求在北圻设立经略衙门，使经略大使有权与统使府共同自便处理诸事。因为从北圻到顺化的道路遥远，有事需要奏禀入部，花费时间甚多，所以请求自便处理事务，然后在一年中分为若干期把诸事奏禀皇帝知之。

琨玻统督在顺化住到四月中旬又去到河内，一方面考虑武力征服，另一方面开办法越学堂，立商业局，制定屯田条例。统督的主要目的是想开发北圻，使之迅速兴盛起来。但也因为统督必须思考许多事情，况且又是今天经略此地，明天经略彼地，使身体逐渐衰弱下去，因此患重病，至丙戌年十月十五日（1886 年 11 月 11 日）便与世长辞了。国家将其灵柩运回法国安葬。

法国政府派悲幽（Bihourd）[①] 前来领统督之职，以代琨玻。

十、设立全权总督府

法国已占领了南圻之地，建立了对高棉国的保护，然后又在北圻和中圻建立了保护制度，在远东开辟出一块巨大的殖民地。但是开始的时候，每个地区设一员首宪单独管理政务。到丁亥年（1887 年），法国政府开始设立全权总督府，以领导在我国的几个区以及高棉国的全部政务。丁亥年十月（1887 年 11 月 15 日），新任全权总督即首任全权总督功增（Constant）[②] 在西贡就职。

从此之后在各地，如南圻设有一个统督，中圻和高棉每地设一钦使，北圻和老挝每地设一统使，以其为首管理辖区内的政务；而涉及全境的政策，则必须遵照全权总督的命令实行。

① 从越译。——译者

② 当译康斯坦，从越译作功增。——译者

第十五章　平定中圻和北圻

一、征剿各地　二、同庆帝驾至广平　三、黄继炎赴广平军次　四、建立明琹屯　五、咸宜帝被俘　六、成泰帝　七、在北圻的征讨　八、潘廷逢事件　九、越南人的爱国心

一、征剿各地

当琨玻统督处理北圻诸事的时候，中圻各省的勤王之师仍在攻掠。法军必须设法剿平之。在平顺和富安地区，少校德·洛尔默（de Lorme）和公使埃莫尼埃（Aymonier）会同陈伯禄率领驻南圻的西洋兵和伪军前去征剿。陈伯禄采用严厉的方法，杀了许多人，因此平顺之地不久便得到安定；然后领兵去剿富安和平定的文绅党，擒获举人枚春赏、裴佃和阮德润斩之。从丙戌年（1886年）六月到丁亥年（1887年）六月，京畿南面诸省已剿平。

二、同庆帝驾至广平

中圻之地自广治以北尚不安定。同庆帝便决定亲自北巡，前去劝谕咸宜帝和诸大臣归顺，使征讨停止下来。法国官员派亨

利·比莱（Henry Billet）大尉随行护驾。

丙戌年（1886 年）五月十六日车驾从京师出发，直到七月末才到达广平。车驾所到之处，旧臣之党仍不服，依然领兵抗拒，所以皇帝此次巡狩毫无结果，一无所获。车驾行至广平，同庆帝龙体欠安，在此停留数十日后，乘船走海路返回顺化。

三、黄继炎赴广平军次

同庆帝平安无事地返回顺化。至九月，皇帝恢复黄继炎的原官衔（即东阁大学士。——译者），并授右直畿安抚经略大使，有权便宜行事，以赴广平劝谕咸宜帝和诸旧臣归顺。在同庆帝颁给黄继炎的谕旨中，大略曰：倘若咸宜帝同意归顺，将封给清化、乂安和河静三省总镇之职，并按王爵发给俸禄。旧臣各官如张文班、阮直、阮诸、黎模楷、阮元诚、潘仲谋、阮春温、黎允迓、吴春琼等，凡归降者官复原职，准其在广治以南诸省做官。至如陈春撰、阮范遵、潘廷逢而肯归顺，则赦其先前的罪愆，并将封给不同的职衔。这些条件已与琨玻统督会商过，双方同意如此，决不食言。

当时，提督黎直的军队驻扎在宣正县的清水地区；尊室说之子尊室澹的军队驻扎在奇英和锦川县辖境内的河静山林地带。尊室涉和阮范遵则侍咸宜帝居于宣化县。

黄继炎到广平，派人劝谕黎直归顺。但这些人都坚决不肯接受，仅有其手下寥寥数人出来投降而已。因此，黄继炎的经略也不成功，至丁亥年（1887 年）五月，被迫返回。

四、建立明琹屯

顺化朝廷见用抚谕的方法不能奏效，便把权交给法国人，让他们设法征服。

法国人也知道，咸宜帝党徒的势力并非人多势重，主要应设法逐渐占据地势并收买内奸，则日后无论如何也能全部铲除之，因此毋庸动用大军。

前此，驻广平的穆托（Mouteaux）大尉曾与托尔蒂约（Tortuyaux）神甫一起，前去攻占黎直在清水的屯寨，但此人的军队并未被粉碎，仍不断攻掠。到丁亥年（1887年）正月，穆托大尉领兵前去建立明琹屯，驻扎在清水的上方。大尉知道黎直是一位讲义气的人，而且在双方交战相抗期间此人从未做过残恶之事，因此大尉甚为器重他。前曾派人带信劝诱此人投降，此公回信说："吾为王、为国，甘冒生死亦要做完本分之事，而决不敢贪生而忘义。"

自从法军驻屯在明琹之后，黎直和阮范遵被迫撤退到上方去。黎直到河静地区，阮范遵则前去驻扎在灧江南面的安禄乡。

至三月，赖有人侦知阮范遵驻扎的地方，穆托大尉领兵前去包围安禄乡，阮范遵等人当时不意，全部被俘。阮范遵胁下中弹，活了几天便死去。

法军虽已除掉了阮范遵，但黎直还在，且仍不知咸宜帝住在何地。后来有些人投降而告密说：要擒咸宜帝，必与张光玉相谋。此人是当地人，自从皇帝来到此地他就入作近侍，况且又是一个气度狭隘的小人，定能收买过来。大尉设法与张光玉联系，派人侦知其现居于搽莫乡，便领兵前去包围此乡。但当到达该地的时候，张光玉听到动静，逃跑了。大尉派人在村中只找到一个老太婆，就把给张光玉的信托这个老太婆转交给他，然后撤兵回明栞屯。

过了几天，上面几个乡的乡绅前来明栞屯归降，大尉把几两鸦片和数袋白米交给这些百姓的正总（区长），让其转赠张光玉，并托他诱使咸宜帝归顺。张光玉接受了这些物品，答应尽力帮助法国人，但必须从容进行，害怕事情泄露出去不能成功。

从此之后，擒咸宜帝之事，便只指望张光玉了。但此时有尊室说的次子尊室涉保卫咸宜帝甚为严密。尊室涉誓死不让法军抓到皇帝。因此，谁人敢言投降者，立即斩首，张光玉虽怀二心，但不敢下手。

在外面，黎直和尊室澹等，今天攻此地，明日破彼地，而不能捕获。穆托大尉旷日持久地追歼，疲劳成疾，遂请求回法国休养。

五、咸宜帝被俘

到戊子年（1888 年）正月，指挥顺化驻军的上校赴广平，然后分兵巡逻，以寻找咸宜帝和追捕黎直与尊室澹。到此年九月，军士疲惫而未获成功。法军已打算撤回去防守靠近沿海地区的各屯寨，突然间有一名奉侍咸宜帝的率队阮定情，到明栞屯上面的同嵤屯投诚，并供述了皇帝的居址和情况。法国人便派阮定情带信去劝诱张光玉归降。过了几天，张光玉和阮定情回来，甘愿领命前去擒咸宜帝。

法国人指示张光玉和阮定情等人如何生擒咸宜帝，至于其他人，凡反抗者，则杀之。

九月二十六日，张光玉和阮定情率领部下20余人（清郎和清局乡人），前去包围咸宜帝驻扎的左宝乡[①]。到半夜，当他们冲入的时候，尊室涉还正在睡觉，慌忙执剑跳出，被他们刺死。咸宜帝看见张光玉造反，执青龙剑递给他而告之曰："你把我杀了，还胜似把我带回去献给西人。"他的话刚说完，那些人中有一个家伙偷偷走到背后抱住他，夺下青龙剑。他自被俘后，便不再说话。

次日晨，张光玉等人用网吊床把他抬到双岔渡口，放在一只木筏上，走了两天才到达清郎屯，献给该屯指挥官布朗热（Boulangier）大尉。大尉立即把他送到瀍江左岸靠近佐屯的顺排屯。

当时咸宜帝已十八岁，法国官员以国王之礼接待之。虽然如此，谁问什么，他都不讲，只矢口否认他是皇帝。但独处一室的时候，便两眼泪水汪汪，为国破家亡而担忧，叹息自己所经历的无数艰辛。

法国人把咸宜帝用船送回顺安，然后送至北非法国殖民地阿尔及利亚居住，每年供给25000法郎。[②]

张光玉得赏领兵衔，阮定情也得到武官衔的赏赐。他们的部下，有的得赏率队衔，有的得到几个赏钱。

在河静山林中的尊室澹，听到咸宜帝被俘的消息，便召集全体将士开会，传令准许出去投降以谋生计，然后写两封信：一封

---

① 关于俘虏咸宜帝之事的叙述，大部分取材于戈塞林（Gosselin）上尉的《安南帝国》一书，因此这里所写乡名不完全正确。但大体是属于广平省宣化县斋江地区的芒人乡村。

② 现在咸宜帝还居住在阿尔及利亚，并娶一个法国人为妻，生了几个孩子。

呈咸宜帝，请求赦其为臣子者不能救主的罪愆；另一封致驻扎在顺排屯的达巴（Dabat）少校，请求准许其部下投降。写完了信，尊室澹说："现在法国人要抓我，就让他们去找我在森林中的坟墓吧！"言讫，自缢而死。[①]

尊室说身为大将，而为人胆小怯懦，不配做大丈夫。但他的两个儿子确乎是少年英雄，庶可遮乃父之丑。

提督黎直也带领100余名军队到顺排屯投降。顺化朝廷览其请降疏，见此旧提督言辞慷慨，颇不谦逊，欲治其罪，但法国人见他也是一位忠义之士，对之有珍爱之心，宽恕其罪，令他回乡安业。

尊室澹和黎直是当时反对法国之人，但这些人为国事而尽本分，因此法国人也知量情而加珍惜。后来，黎直回居于广平省宣化县所属的清水乡。法国人常去探视，对之甚为敬重。本国之人视此，人人折服。

六、成泰帝

戊子年腊月二十七日，即1889年1月28日，同庆帝突然驾崩，享寿25岁，在位3年，庙号景宗纯皇帝。

当时黎那又来担任驻顺化钦使，见同庆帝之子尚在幼冲，而且又记起昔日之育德，当翼宗健在的时候，常与法国人交往，因

① 这两封信译成法文收在戈塞林上尉的《安南帝国》一书之中。言辞刚毅，堪称少年英雄。但因此信已译为法文，现在若再根据法文而译成我国文字，深恐不合原稿之意，故于此不收。

此钦使念及旧情，传令立育德之子保麟为帝。

保麟当时年方10岁，正与其母被监禁在狱中。朝廷将其从狱中迎出，尊立为帝，年号成泰，举阮仲合与张光憻为辅政。

七、在北圻的征讨

当中国清朝与法国在天津缔结和约之后，中国在我国的军队撤退回国。但是，各旧臣如赞襄军务阮善述和提督谢现还据守属海阳的荻林地区，与各土豪如东潮的督极，兴化的提侨，谅沧府和安世的该京、督语以及左朱的黑旗余党梁三奇等，都起而相互声援，进行攻打。此时，经略使阮仲合选派海阳总督黄高启任剿抚使，前去征讨荻林地区。

黄高启领兵从几面加紧攻打。文绅有的阵亡，有的被俘。阮善述亡命中国，后死在广西南宁[1]。督极投降，被流放到阿尔及利亚的阿尔及尔城。提侨和梁三奇投降，得以安居。该京被俘，督语投降，在安世的黄花探也曾投降，得驻守此地区，直到1909年始被驱逐出去，至1912年被杀。

黄高启征讨有功，被保护政府委任为北圻经略使之职。

八、潘廷逢事件

从己丑年（1889年）即成泰元年至癸巳年（1893年）即成

① 今在南宁市郊有阮善述墓。——译者

泰五年，中圻之地无甚紧要的事。各旧臣，有的投降，有的隐匿于山林之地。唯独潘廷逢回到河静省香溪县北面的武光开辟屯田，然后派人到中国，去暹罗，学习铸造枪支弹药，以待起事时机。

潘廷逢是河静省人氏，翼宗时考中状元，官至御史，为权臣阮文祥和尊室说革职逐回故乡。后来，此公为文绅党魁，抵抗法军。他不但是一位有文才之人，而且精于韬略、治军有方、善于培养将士成为有纪律的人，所以戈塞林上尉在其所著《安南帝国》一书中称赞他说："潘廷逢状元有治军之才，知道按照泰西的方法训练士卒，穿同一式样的军装，携带 1874 年式枪支。这种枪为状元的人所造，数量颇多，枪机也酷似法国枪，唯因枪筒内不刻划（无来福线。——译者），所以弹射不远。"

到癸巳年（1893 年）十一月中旬末，潘廷逢派人前去包围张光玉在宣化县清朗乡之家，逮捕了张光玉，斩其首级，以报此人反叛之仇。从此之后，状元的军队驰骋纵横于香溪地区，前文绅党又重新聚合到这里。

当时法国官员因害怕法国人心骚动，不欲动用大兵，所以只派官员带领"刁兵"[①]前去攻打，从癸巳年（1893 年）末直打到乙未年（1895 年）末，历时将近两年，仍未能剿平，而军队死伤颇多。在保护政府方面，也已用尽一切方法，如让黄高启写信劝诱潘廷逢归降，亦未获成功。后来顺化朝廷因见文绅余党长期不能平定，便请示保护政府以派遣平定总督阮绅为钦命节制军务，领

① 即伪军。——译者

兵前去剿除。当时潘廷逢年事已高[①]，而其势力日益削弱，又被迫今天藏在此地，明天逃到彼地，确乎是十分辛劳，所以当阮绅领兵到达河静的时候，他已经因病去世了。阮绅派人追剿，找到潘廷逢之墓，掘取其尸带回，请求法国人让其把它烧成灰烬，掺拌火药而射扬之。有人说，此事虽然阮绅原先是打算这样做的，但后来又让人把它埋葬了，因为企图以其尸骨作为反对保护政府之党徒——已故状元的罪证。从此文绅党土崩瓦解；逃脱者便罢，而投降者则被押回京城服罪。

阮绅还京，升任辅政，以代替退休的阮仲合。

九、越南人的爱国心

越南人为环境、情势所迫，不得不忍气吞声，但爱国之心日益强烈，委屈痛苦与日俱增。因此，每隔五年、七年便重新发生一次骚动，如潘廷逢事件之后，于1897—1898年间在太平、海阳、北宁等地区发生了奇童事件和天兵事件；到1907年河内有东京义塾事件。这时一些志士如潘佩珠、潘周桢等人，有的人不怕坐牢，起来控告官吏贪污；有的人则到外国，到处奔波，寻求解放国家的方法。1908年，在越南中部义静和南义地区，发生了百姓起来要求减免税收之事。在河内，则有向法国兵投毒的事件；后来在太原，黄花探再度起来攻掠。

① 据〔越〕陈辉燎著《越南人民抗法八十年史》（中译本第112页）载：潘廷逢卒于1896年1月21日，享年49岁，正当壮年，当不应是“年事已高”。——译者

当欧洲发生大战的时候，在我国又发生了山萝和桑怒的攻掠之事和维新帝图谋独立事件。维新帝被捕，流放到留尼汪（Réunion）岛居住。这样，当时越南就有三个皇帝被流放：咸宜帝流放到阿尔及利亚，成泰帝和维新帝流放到留尼汪岛。

第一次欧战之后，有一支以队艮即郑文艮和梁玉眷为首的蓝带兵起来攻打太原。1927 年在义静地区爆发了由以阮爱国为首的共产党所挑起的骚动。到 1930 年，在北越的安、沛等地爆发了由阮太学领导的国民党革命。1940 年在南越有嘉定、旭门等地的骚动。自从第二次世界大战爆发，法国战败被德国占领，驻扎在中国的日本军队前来攻打谅山，然后与法国人签订协约，使日本人有权在东法（即印度支那）驻军。到 1945 年 3 月 9 日，日军进攻法军并把内政权交给保大皇帝。过几个月后，同盟国的军队获胜，日本投降。在阮爱国——改名胡志明——领导下的越盟党[1]乘机夺权，保大皇帝被迫退位，并让权给越盟党。

这里仅叙述了越南这段历史的大略，以留待后来的史学家去搜集充足的史料，给予详明的记述和正确的评论。

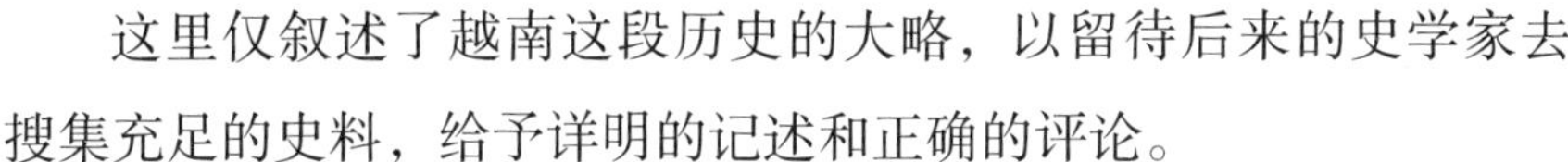

① 越盟，一个称作越南独立同盟的革命党的简称。这个组织是共产党还在中国广西时所建立的，以回避使人们生疑的“共产”二字。

第十六章　保护政府的工作

一、沱灢、河内、海防成为割让地　二、在各保护区的经营

一、沱灢、河内、海防成为割让地

自从平定了各地之后，历届全权总督相继前来经营东法（印度支那），并考虑按照法国的政策发展政治、经济和社会。

戊子年（1888年）即成泰元年三月[①]，里肖（Richaud）[②]前来担任全权总督。此年八月，顺化朝廷签订文书，将沱灢海港、河内市和海防市交付给法国作为割让地，即从此之后这三个城的管辖和法律事务属于法国，而不再属于南国。除了这三个城市之外，在全部辖境内各省的管理，保护政府仍留交官吏担任如旧，但必须由法国人来指挥和检查。

二、在各保护区的经营

保护制度已经建立完毕，越南人因势不得已而被迫接受，但

① 原文如此。成泰元年应为己丑年（1889年）。——再版注

② 越译哆嘲。——译者

在大部分人的心中仍希望复国。因此保护政府一方面考虑防守之事，另一方面考虑开展建设工作以增加利益。在防守方面，政府建立了一些保安队，用土著当兵。这些兵戴一种系蓝带的笠帽，并束蓝腰带，因此俗称蓝带兵。他们在法国人管治官的管理下由法国人统辖，令其前去把守各官邸、公所，并驻屯于乡村各地，以防盗匪。在那些险要之地，则有法国兵和红带兵驻守。红带兵是一种土著步兵，服装和蓝带兵一样，所不同者仅是系红帽带、束红腰带。这些兵组成奇、队，在法国军事当局领导下由法国士官统辖。当发生紧要之事时，便率法国兵和红带兵前去征讨。

在转运军队和商业方面，保护政府首先必须考虑整修和进一步开辟道路，以便交通。因为有了道路，当有事之时，征讨才方便而且贸易也由此而易于进行。所以，一开始政府便开商局、建造船厂，在境内各条河流上水运货物和旅客。

辛卯年（1891 年），拉纳桑（Lanessan）出任全权总督，开始铺设自谅沧府到谅山的铁路，至甲午年（1894 年），这条铁路才建成。其目的是便于防守边境之地。

保护政府又筹划开扩老挝的疆界。原来老挝之地从前臣属于南国。一些地方如镇宁、甘门、甘吉等，在明命时代已建成府县并设官统治。但后来我国国势衰弱，又发生了与法国的战争，因此，暹罗国便乘机前来侵占。后有一个名叫帕微（Pavie）的法国人诱使老挝接受法国的保护，到癸巳年（1893 年）年初，法军前去收复了从前属于我南国之旧地。当时在甘门地区的暹罗军队杀死法国一名官兵，法国人便派海军率两艘军舰开进湄公河，停泊于曼谷（Bangkok）城附近。这一年8月24日，暹罗国被迫签订和约，割让老挝的上述之地归法国保护，限暹罗一个月之内撤回驻扎在湄公河左岸的军队，还必须赔款200万法郎并惩治那些胆敢抗拒法国人的人们之罪。

法国人在万象（Vientiane）设立了统使府，以治理老挝的诸辖地。

乙未年（1895年），全权总督卢梭（Rousseau）前来代替拉纳桑，因见还有许多地方不安定，便请法国借给北圻8000万法郎，以支付征讨和开发的费用。

丁酉年（1897年），杜美（Doumer）担任全权总督，重新整顿财政和政治。建立整个东法（印度支那）全境统一的收支簿籍，制定各种税收：丁税、田税、土税、进出口税等，并派人垄断领征酒税、盐税和鸦片税。废除北圻经略衙门，将其权交给统使（丁酉年即1897年六月）[①]。向法国贷款两亿法郎，以铺设东法境内的铁路和进一步开发农业和手工业。

壬寅年（1902年），杜美离任返法，博（Beau）前来接任全权总督。博主张开化民智，注重发展教育，并设立卫生局，修建医院，以救助那些穷苦的患者。这就是保护政府所做的一些工作。

① 有一点十分奇怪，即北圻统使是保护政府的代表，而又兼任经略使，这却是顺化朝廷的官职。

阮朝世谱

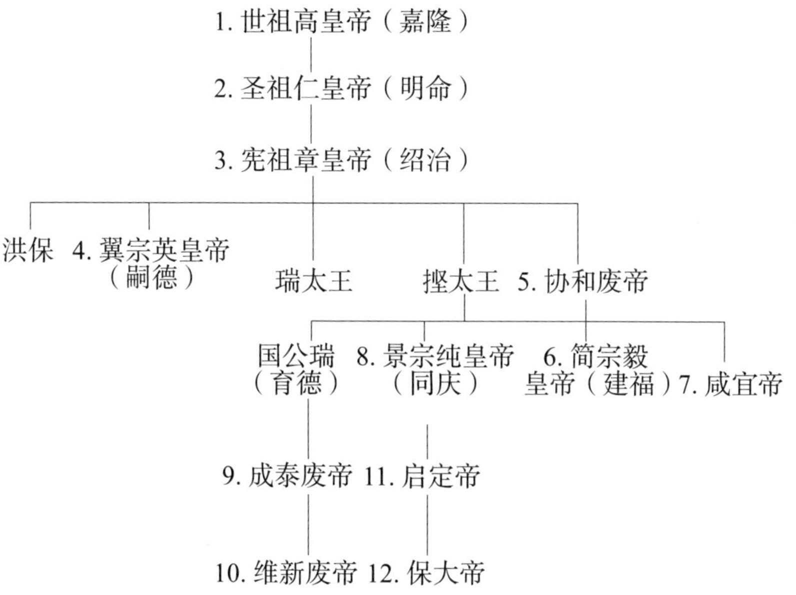

1. 世祖高皇帝（嘉隆）
2. 圣祖仁皇帝（明命）
3. 宪祖章皇帝（绍治）
洪保
4. 翼宗英皇帝（嗣德）
瑞太王
㩒太王
5. 协和废帝
国公瑞（育德）
8. 景宗纯皇帝（同庆）
6. 简宗毅皇帝（建福）
7. 咸宜帝
9. 成泰废帝
11. 启定帝
10. 维新废帝
12. 保大帝

总　　结

这部《越南通史》就写到这里暂时搁笔，待日后有充足的材料和越南的各种变化更加明显时，再继续写。[①]

写历史犹如织布织绸，织完一匹，才知道这一匹是好是坏；还在织的一匹，未知如何，便不能评其优劣。

我们只知道：编织这部越南史的线还很长，织布工有时得病停止工作，但希望恢复健康后再织，可能织得更加美丽，亦未可知。

今天，越南国的命运仍掌握在法国人的手中，将来是好是坏未可卜知。但国人须知：大凡一个国家的生存进化，是在于国内之人的意志、忍耐和努力。因此，我们必须尽力学习，坚定信心，那么将来还是大有希望的。我们越南国曾有过比别人毫不逊色的文化，而且还有一部光荣的历史，然而只因一时之过失而遭衰弱卑下的境遇。假若我们知道利用自己固有的潜力和聪明好学之性以随时世而进化，何以我们不能有朝一日继承祖先之志而编织出一段较前更加美丽的历史呢？

有一点我们应该重新提出的是，我们应保持我们固有的好的

---

① 从前我已准备接续这本书写一部史书，搜集了许多材料。不幸到丙戌年（1946 年）末在河内发生战争，我的家被烧，书籍丧失殆尽，只得放弃，而不能再写。

东西，抛弃腐败的东西，模仿他人的长处，培育出我们民族的特殊的人格，并且与他人共进而不是混杂其间。欲得如此，我们必须分辨好坏，不追求外表的炫惑，而要同心协力做每件事，使其产生令人满意的效果。

任何一个国家都有交好运和厄运的时候，这是循环往复的规律。自古以来，从未见过哪个国家是永远的盛或永远的衰。当交了厄运的时候，国人仍坚定不移地保持求生存和进化的毅力，则日后无论如何都有振兴之日。我们都是雄貉氏后裔，如果我们懂得坚定心志，毫不动摇，难道我们就不能有朝一日具有光耀世界的地位吗？实现这样的希望是我们全体越南人共同的义务。

年　表*

年代 （据西历）	南国 （历代皇帝及国内所发生的大事）	中国	法国
前 2879—前 258 年	鸿庞氏	伏羲氏（前 4480—前 4365 年）伏羲氏传 15 世，共 1260 年 神农氏（前 3220—前 3080 年）神农氏传 8 世，共 520 年 轩辕氏黄帝（前 2700—前 2600 年）轩辕氏传 5 世，共 341 年，才到帝尧 陶唐氏帝尧（前 2359—前 2259 年） 有虞氏帝舜（前 2256—前 2208 年） 夏（前 2205—前 1766 年） 商（前 1776—前 1122 年） 周（前 1122—前 256 年）	
前 257—前 207 年	蜀朝	秦（前 221—前 206 年）	
前 207—前 111 年	赵朝	西汉（前 202—8 年）	罗马人占领高卢（Gaule）之地（前 151 年），恺撒（Jules César）将军平定高卢（前 57—前 51 年）

* 因为本书撰写较早，本年表中的一些时间概念与当下常用概念不同，这里保持原著旧貌，不做修改，请读者识之。——再版注

续表

年代（据西历）	南国（历代皇帝及国内所发生的大事）	中国	法国
前 111—39 年	第一次北属	西汉 新，王莽（9—23 年）	罗马帝国奥古斯都（Auguste）称帝（前 30—14 年）
40—43 年	征女王	东汉（25—220 年）	
43—544 年	第二次北属	东汉	
187—226 年	士燮	三国，东吴（222—265 年）	
248 年	赵妪		
399—413 年	林邑战争	晋（265—420 年）	蛮族（Barbares）军队占领高卢（406 年）
		南北朝： 宋（420—447 年） 齐（479—501 年）	墨洛温（Mérovingiens）王朝（481—752 年）
544—602 年	前李朝	梁（502—556 年）	克洛维（Clovis）一世在法国称王（481—511 年）
544 年	前李南帝		
549 年	赵越王	陈（557—587 年）	
571 年	后李南帝		
603—939 年	第三次北属	隋（589—617 年）	
722 年	梅黑帝	唐（618—907 年） 唐太宗（627—650 年） 唐玄宗（713—756 年）	加洛林（Carlovingiens）王朝（752—987 年） 丕平（Pépin le Bref，752—768 年）
791 年	布盖大王		查理曼（Charlemagne，768—814 年）
862 年	南诏寇犯		诸侯纷争，自 9 世纪始至 14 世纪方衰

续表

年代（据西历）	南国（历代皇帝及国内所发生的大事）	中国	法国
906—923 年	曲氏	五代（907—959 年）	
939—944 年	吴朝		
945—967 年	十二使君	宋（960—1278 年）	
968—980 年	丁朝	宋太祖（960—975 年）	
981—1009 年	前黎朝		卡佩（Capétiens）王朝（987—1328 年），休·卡佩（Hugues Capet，987—996 年）
1010—1225 年	李朝		
1010 年	李太祖即位并迁都升龙		路易六世（Louis VI，1108—1137 年）
1048 年	侬智高之乱		
1069 年	李朝皇帝占领占城之地，开拓领土至广平、广治		
1075 年	李常杰进攻中国	宋神宗（1068—1085 年）	
			腓力·奥古斯都（Philippe Auguste，1180—1223 年）
1225—1400 年	陈朝		
1225 年	陈太宗即位		圣·路易（Saint Louis，1226—1270 年）
1257 年	蒙古军队进攻云南，侵入南国		
1284 年	脱欢第一次征南国	元（1280—1341 年）	腓力四世（Philippe le Bel，1285—1314 年）

续表

年代（据西历）	南国（历代皇帝及国内所发生的大事）	中国	法国
1287年	脱欢第二次征南国	元世祖（1280—1294年）	
1306年	占城国王献承天之地		召开国会以减诸侯之权（1312年）
		明（1368—1628年）	卡佩氏（Capétiens）瓦洛亚（Valois）支（1328—1589年）
1383年	占王制蓬莪攻京城升龙	明太祖（1368—1398年）	百年战争（1338—1453年）
1396年	胡季犛迁都至西都		
1400—1407年	胡朝 胡季犛篡陈朝之位		
1400年 1402年	胡朝占领占城之地，开拓领土至广南、广义	明成祖（1403—1424年）	
1406年	明朝讨伐胡朝		
1407—1427年	属明朝		查理七世（Charles VII，1422—1461年）
1408年	后陈起兵攻打明军		
1418—1427年	黎利起义	明仁宗（1425—1426年）	
1427—1527年	黎朝	明宣宗（1426—1436年）	

续表

年代（据西历）	南国（历代皇帝及国内所发生的大事）	中国	法国
1428年	黎太祖即位		贞德（Jeanne D'Arc）教主（1429—1431年）
1470年	黎圣宗攻占城，占领平定之地		路易十一世（Louis XI，1461—1483年） 路易十二世（Louis XII，1498—1515年）
1527—1592年	莫朝	明世宗（1522—1566年）	法兰西斯一世（Francoiss I，1515—1547年）
1527年	莫登庸篡黎朝之位		
1532—1788年	黎朝中兴		
1533年	阮淦立黎帝于哀牢		
1543年	阮淦收复乂安和清化之地，建立南朝		
1545年	郑检掌握兵权		
1558年	阮潢入镇顺化之地		卡佩氏（Capétiens）波旁支（Bourbons，1589—1792年）
1592年	郑松灭莫朝，收复京城升龙		亨利四世（Henri IV，1589—1610年）
1611年	阮潢攻占城，占领富安之地		路易十三世（Louis XIII，1610—1643年）
1627—1672年	郑主和阮主交战于广平和河静	清（1644—1911年） 清世祖（顺治，1644—1661年）	路易十四世（Louis XIV，1643—1715年）

续表

年代（据西历）	南国（历代皇帝及国内所发生的大事）	中国	法国
1693 年	阮主全部占领占城之地，进至平顺	清圣祖（康熙，1644—1722 年）	
1698—1757 年	阮主占领真腊之地，建立南越六省	清世宗（雍正，1723—1735 年）	路易十五世（Louis XV，1715—1774 年）
1771 年	阮岳起兵攻打阮主于归仁	清高宗（乾隆，1736—1795 年）	
1774 年	郑主派黄五福占领富春城和广南之地，阮主逃入嘉定		路易十六世（Louis XVI，1774—1793 年）
1776 年	阮岳兄弟攻占嘉定之地		
1778 年	阮岳称帝于归仁		
1780 年	阮福映称王于南越		
1782 年	京城升龙的骄兵之乱		
1783 年	阮王托百多禄带领皇子景赴法国乞援		
1784 年	阮惠战败暹罗军队于嘉定		

续表

年代（据西历）	南国（历代皇帝及国内所发生的大事）	中国	法国
1786年	阮惠占领富春城，然后进军北河灭郑氏		
1787年	武文任攻打北河黎朝失帝位		
1788年	阮王从暹罗回国，收复嘉定		
1788—1802年	西山阮朝		
1789年	阮惠即皇帝位后前去破升龙的清军		大革命（1789年）
1792年	光中帝驾崩		第一共和国（1792—1804年）
1799年	阮王收复归仁城	清仁宗（嘉庆，1796—1820年）	
1801年	阮王收复富春城		
1802年	阮朝		
	阮世祖（嘉隆）即帝位后，前去攻取北河		第一帝国（1804—1814年） 拿破仑一世称帝（1804年） 卡佩氏（Capétiens）波旁支（Bourbons）中兴（1814—1848年） 路易十八世（Louis XVIII，1814—1824年）
1819年	阮世祖驾崩		
1820年	阮圣祖（明命）即位		

续表

年代（据西历）	南国（历代皇帝及国内所发生的大事）	中国	法国
1826 年	潘伯鑅作乱于南定	清宣宗（道光，1821—1851 年）	查理十世（Charles X, 1824—1830 年）
1833 年	黎维良起兵于宁平 黎文傒叛乱于嘉定 农文云倡乱于北越		第二次革命（1830 年） 路易·菲力浦（Louis Philippe,1830—1848 年）
1834 年	暹罗战争		
1835 年	占领真腊国，建立镇西城		
1840 年	阮圣祖驾崩		
1841 年	阮宪祖（绍治）即位，恢复真腊国		
1847 年	法国军舰炮击沱瀼各屯 阮宪祖驾崩		
1848 年	阮翼宗（嗣德）即位		第三次革命（1848 年）
		太平天国运动（1849—1864 年）	第二共和国（1848—1851 年）
1858 年	法国和西班牙军舰进攻沱瀼	清文宗（咸丰，1851—1861 年）	第二帝国（1851—1870 年） 拿破仑三世称帝（1851 年）
1859 年	法军攻占嘉定		
1861 年	其和屯失守		

续表

年代（据西历）	南国（历代皇帝及国内所发生的大事）	中国	法国
1862年	割让南越东三省的和约	清穆宗（同治，1862—1874年）	
1864年	在高棉建立保护制度		
1867年	〔法国〕占领南越西三省 潘清简自杀		普法战争（1870—1871年） 第三共和国（1870— ）
1872年	涂普义带船进入河内		
1873年	安邺攻陷河内城 阮知方死节		
1874年	归还北越之地的和约	德宗（光绪，1875—1902年）	
1882年	李威利攻陷河内城 黄耀死节		
1883年	法国的保护		
1883年	翼宗驾崩 接受保护的和约		
1884年	制定各种保护规则的巴德诺和约		
1885年	尊室说攻打顺化钦使府		
1888年	咸宜帝被俘		
1893年	潘廷逢在河静起事		

译名对照表

A

A-bát-xích　阿八赤
A-bô-lông　（Apollon）阿波罗
Á-đông　东亚
A-lý　阿里
A-loa-đài　（Agotai）窝阔台
A-mỹ-lị-gia　（Amérique）阿美利加
A-nỗ　阿弩
A-nùng　阿侬
A-phi-lý-gia　阿非利加
Ai-lao　哀牢
Ai-lưu　隘留（关）
Ái　爱（清化）
Ái-châu　爱州
Ái-tử　爱子（社）
Ải Nữ-nhi　女儿关
Ải-quan　关隘
Alcmène　“阿尔克梅内”号（战舰）
Algérie　阿尔及利亚
Aymonier　埃莫尼埃（公使）
Ayouthia　阿瑜陀耶（王朝）
An-dương-vương　安阳王
An　宩（太子）
An-giang　安江
An-hải　安海（城）
An-lạc　安乐（县）
An-nam　安南
An-nam chí-lược　《安南志略》
An-nam đô-hộ phủ　安南都护府
An-nam quốc　安南国
An-nam quốc-vương　安南国王
Angmey　安美
An-quốc Thiếu Quí　安国少季
An-sinh-vương　安生王
An-trường　安场
An-viễn tướng-quân　安远将军
An-cát-lợi　（Angleterre）英吉利
Anh-tề　婴齐
Áo-lỗ-xích　奥鲁赤
Áo-môn　（Macao）澳门
Aubaret　（Ha-ba-lý）何巴理
Ân　殷
Ấn-độ　印度
Âu-cơ　妪姬
Âu-châu　欧洲
Âu-la-ba　欧罗巴
Âu-lạc　瓯貉（亦作瓯骆）
Ấp Nam-nhung　南戎邑

B

Ba-đích-lại　巴的吏
Ba-điểm　巴点
Ba-lan　巴栏
Ba-lạt　巴喇
Ba-lấm　波濡

Ba-luỹ　坡垒（关）
Ba-thắc　巴忒
Ba-thục　巴蜀
Ba-vát　（Vĩnh-long）巴濊（永隆）
Bá-đa-lộc（Pierre Pigneau de Béhaine, évêque d'Adran）　百多禄（皮埃尔·悲柔·德贝埃纳，阿德朗主教）
Bà Ân　婆恩
Bà-la-môn　婆罗门（教）
Bà-địa　婆地（屯）
Bà Triệu　赵妪
Bà Thấm　婆沁
Bà Tranh　婆争
Bạch-đằng-giang　白藤江
Bạch-hạc　白鹤
Bạch xuân Nguyên　白春元
Bách Việt　百越
Bái-đáp-giang　拜答江
Bái-tân　浿津
Bãi-sậy　荻林
Baldinoti　巴迪诺蒂
Balguerie　巴尔葛里
Ban-lân　（Biên-hòa）盘粦（边和）
Ban Siêu　班超
Bàn-sơn　屏山
Bàn-thạch　（Thanh-hóa）盘石（清化）
Bàn văn Nhị　盘文二
Bản-triều ngọc phả　《本朝玉谱》
Bang-cơ　邦基
Bành Hà　旁河
Bành-lợi-ký　彭利记
Bảo-đại　保大
Bảo-hưng　宝兴
Bảo-lộc　保禄（山）
Bảo-ninh đại-vương　保宁大王
Bảo-quang（tháp）　宝光（塔）
Battambang　马德望
Bạt đạt Gia　板达郎
Bắc-bình-vương　北平王
Bắc-bố-chính　北布政
Băng-cốc（Bangkok）　望阁（曼谷）
Bắc-đạo　北道
Bắc-giang　北江
Bắc-hà　北河
Bắc-kinh　北京
Bắc-kỳ　北圻
Bắc-lệ　北丽
Bắc-liêu　北辽
Bắc-ninh　北宁
Bắc-Ngụy　北魏
Bắc-quân　北军
Bắc-thành　北城
Bắc-triều　北朝
Bất-bạt　不拔
Beau　博（总督）
Berger　贝尔热
Berthe de Villers　韦翳
Bế Nguyễn Cung　闭阮恭
Bế Nguyên Doãn　闭阮允
Bến Tây-long　西龙津
Bến trà（thuộc Định-tường）　茶津（属定祥）
Bi-sơn　碑山
Bichot　比肖
Biên-hòa　边和
Bihourd　悲幽（统督）
Bí Cai　贲该
Bì-la-cáp　皮逻阁
Binh-thư yếu-lược　《兵书要略》
Bình-định　平定
Bình-định-vương　平定王
Bình-hòa trấn　平和镇
Bình-khang dinh　平康营
Bình-kiều　平桥

Bình-lỗ　平虏（城）
Bình-lục　平陆（县）
Bình Ngô đại cáo　《平吴大诰》
Bình-nguyên-vương Tư-Thành　平原王思诚
Bình-phú　平富
Bình tây sát tả　"平西杀左"
Bình-than　平滩
Bình-thuận　平顺
Bình-văn　平文
Bình-vương　平王
Bonard　波那（少将）
Bouët　波滑（少将）
Bougainville　布甘维勒（上校）
Boulangier　布朗热（指挥官）
Bourayne　"布莱纳"号
Bourdais　布尔代（中校）
Bô-cô　逋姑（津）
Bô Trì Trì　逋持持
Bôn Ma　贲麻
Bố-cái đại-vương　布盖大王
Bố-chính　布政
Bố-gia-la　布耶罗
Bố-hải-khẩu　布海口
Bồ-chính　蒲政
Bồ-đào-nha　（Portugal）葡萄牙
Bồ-đề　菩提（津）
Bồ-điền　蒲田（社）
Bồ Kiên　苻坚
Bồng　篷（寇）
Brière de l'Isle　波里也（少将）
Brionval　布里翁瓦尔（中校）
Brisson　布里松（总理）
Bùi ân Niên　裴殷年
Bùi công-Thắng　裴公胜
Bùi Bị　裴备
Bùi Dy　裴异
Bùi đắc Tuyên　裴得宣
Bùi đắc Trụ　裴得宙
Bùi Điền　裴佃
Bùi huy Bích　裴辉壁
Bùi huy Phan　裴辉璠
Bùi mậu Tiên　裴茂先
Bùi nguyên Dụ　裴元裕
Bùi sĩ Lương　裴士良
Bùi thế Dận　裴世胤
Bùi thế Đạt　裴世达
Bùi thế Toại　裴世遂
Bùi thị Xuân　裴氏春
Bùi văn Khuê　裴文奎
Bùi ưng Đẩu　裴应斗
Bửu Lân　保麟

C

Cai Kinh　该京
Cai-tổng Vàng　"黄金该总"（阮文盛）
Cam-cát　甘吉
Cam-linh　甘灵
Cam-lộ　甘露
Cam-môn　甘门
Càn đức　乾德
Càn-long　乾隆
Cảnh-giáo　景教
Cảnh-thịnh　景盛（帝）
Cao bá Quát　高伯适
Cao-bằng　高平
Cao Biền　高骈
Cao-bộ　高部
Cao chính Bình　高正平
Cao-miên　高棉
Cao Tầm　高浔
Cao-vọng　高望（山）
Cao-vương　高王
Capétiens　卡佩王朝

Carlovingiens 加洛林王朝
Caspard 卡斯帕尔（主教）
Catinat “卡第纳”号
Cát-bà 吉婆（岛）
Cát Hồng 葛洪
Cầm-Bành 琴彭
Cầm Công 琴公
Cầm Đông 琴冬
Cầm Quí 琴贵
Cẩm-la 锦罗（江）
Cẩm-lệ 锦荔（社）
Cẩm-giang 锦江（县）
Cẩm-giang-vương 锦江王
Cẩm-giang 锦江
Cẩm-khê 锦溪
Cẩm-xuyên 锦川
Cần-bột 芹渤
Cần-chính 勤政（殿）
Cần-giờ 芹蒢（海口）
Cầu-giấy 纸桥
Cầu Xa-lộc 车辘桥
Cécile 赛西尔（少将）
Cybèle “西贝勒”号
Clovis 克洛维国王
Cléopâtre “克娄巴特拉”号
Constant 功增（康斯坦，总督）
Constantin 康斯坦丁（皇帝）
Constantin Phaulcon 康斯坦丁·华尔康
Conway 康韦
Coronnat 克伦纳（少校）
Courbet 孤拔（少将）
Courson de la ville Héllio 库尔松·德·拉·维勒·埃利奥（船长）
Courtin 库坦
Cơ Ngọc 基玉
Cố Du （P. Marchand）游神父（P. 麦商）
Cố sự biên lục 《故事编录》
Cổ-lãm 古览
Cổ-lâu 古楼
Cổ-loa 古螺
Cổ-lộng 古弄
Cổ-luỵ 古垒
Cổ-pháp 古法
Cổ-sở 古所
Côn-lôn 昆仑
Côn-lôn quan 昆仑关
Côn-man 昆蛮
Cung-định-vương 恭定王
Cutlru 居尔特吕
Cung-tĩnh-vương 恭靖王
Cung-túc-vương 恭肃王
Cung văn Hi 龚文曦
Cù-thị 樛氏
Cửa Luộc 噜口
Cửa Tư-dung 思容海口
Cửa Thuận 顺海口
Cưủ-loan 仇鸾
Cửu-chân 九真
Cửu-đức 九德
Chà-mạc 搽莫（乡）
Chà-và 爪哇（阇闾）
Chaigneau （Nguyễn Văn Thắng）沙依诺（阮文胜）
Charbonnier 萨尔波尼埃（教士）
Charles Thomson 冲沁（统督）
Charlemagne 查理曼（国王）
Charles VII 查理七世
Chánh-mông 正蒙
Chaumont 肖蒙（上校）
Chân-bun 真奔
Chân-giáo（chùa） 真教（寺）
Chân-lạp 真腊
Châu-ái 爱州
Châu-cầu 珠桥

Châu-chấu（giặc） 蝗贼
Châu-diên 朱鸢
Châu Đảng-do 傥犹州
Châu-đốc 朱笃
Châu-đốc-đạo 朱笃道
Châu Hoa 花洲
Châu Hoan 欢州
Châu Khâm 钦州
Châu Liêm 廉州
Châu-nhai 珠崖
Châu Nghĩa 义州
Châu Ô 乌州
Châu ổ 珠坞
Châu Qui-hợp 归合州
Châu Ri 哩州
Châu Thăng 升州
Châu Tư 思州
Chất xi Đa 知蚩多
Châu Tri（Chakkri） 质知（却克里）
Châu văn Tiếp 朱文接
Chế-ma-Na 制麻那
Chế-a-Nan 制阿难
Chế bồng Nga 制蓬莪
Chế Củ 制矩
Chế Chí 制至
Chế đà a Bà 制陀阿婆〔粘〕
Chế Mân 制旻
Chế-Mộ 制某
Chế Năng 制能
Chi-châu 芝州
Chi-la 支罗（县）
Chí-linh 至灵
Chi-lăng 支棱（关）
Chiêm-động 占洞
Chiêm-thành 占城
Chiêu đế 昭帝
Chiêu-định-vương 昭定王
Chiêu Đốc 昭督
Chiêu Nội 昭内
Chiêu Sương 昭霜
Chiêu Tăng 昭曾
Chiêu-linh Thái-hậu 昭灵太后
Chiêu-thánh công-chúa 昭圣公主
Chiêu-thánh Hoàng-đế 昭圣皇帝
Chiêu-thánh Hoàng-hậu 昭圣皇后
Chiêu Thúy 昭翠
Chiêu xỉ Khang 昭侈腔
Chợ Chu 左朱
Chợ-đồn 佐屯
Chu 周
Chu 凋（总督）
Chu 朱（总督）
Chu-công 周公
Chu công Đán 周公旦
Chu cổ Đạo 朱古道
Chu Kiệt 朱杰
Chu Năng 朱能
Chu nguyên Chương 朱元璋
Chu phúc Minh 朱福明
Chu Thành-vương 周成王
Chu văn An 朱文安
Chu văn Tiếp 朱文接
Chu Vũ-vương 周武王
Chung-xá 蔟舍
Chúa Hiền 贤主
Chúa Sãi 佛主
Chúa Trịnh 郑主
Chúc-động 祝洞
Chư cát Địa 诸葛地
Chử Khải 褚启
Chương-dương 章阳
Chương-dương độ 章阳渡

D

Dabat 达巴（少校）
Dayot 达约

Dã-năng　野能（洞）
Dã Tượng　野象
Dạ-trạch　夜泽
Dạ-trạch-vương　夜泽王
D'Arhaud　德·亚尔荷（少将）
Dangelzer　登牧师
D'Ariès　德阿里埃（上校）
De Conway　康韦（伯爵）
De Courcy　可尔西（统将）
De Champeaux　参哺（钦使）
De Chasseloup Laubat　德·夏斯卢·罗巴（侯爵）
Decrès　"德格雷"号（船）
D'Estrées　"德埃斯特雷"号（船）
Defoy　德佛依（中校）
De Forçant（Lê văn Lăng）　戴福桑（黎文棱）
De Kergarion　德凯加里翁（船长）
De la Grandière　德·拉·格朗迪埃尔（少将）
De Lanessan　拉纳桑（总督）
De Lapierre　德·拉皮埃尔（上校）
De Lorme　德·洛尔默（少校）
De Montmorin　莫穆林（伯爵）
De Négrier　尼格里（少将）
Despiau　德斯皮奥
Détring　德璀琳
Di-luân　猕沦（海口）
Diaz　狄亚兹（主教）
Diego Adverte　迪戈·阿韦特（教士）
Diên-hồng　延洪（殿）
Diên-khánh　延庆
Diến-điện　缅甸
Diễn-châu　演州
Diễn-châu lộ　演州路
Do-thái（Juifs）　犹太
Doãn Uẩn　尹蕴

Dominé　多米内（少校）
Donnier　多尼埃（中校）
Doudard de Lagrée　杜达尔·德·格雷（中校）
Doumer　杜美（总督）
Duchesne　迪舍纳（上校）
Dugenne　迪热纳（中校）
Duy-Hội　〔黎〕维桧
Duy-Kỳ　〔黎〕维祺
Duy-Tân　〔黎〕维新
Duy-tân　维新（帝）
Duy-vũ　〔黎〕维禑
Dujardin（la-đăng）　迪雅丹（罗登）
Dupré　杜白蕾（少将）
Dupré Déroulède　迪普雷·戴鲁莱德（中校）
Dục-đức　育德
Dư Tĩnh　余靖
Dực-Tông　翼宗
Dương anh Nhị　杨英珥
Dương Bộc　杨仆
Dương Bột　杨渤
Dương cát Lợi　杨吉利
Dương chấp Nhất　杨执一
Dương Chu　杨朱
Dương định Nghệ　杨廷艺
Dương Hậu　杨后
Dương Hồ　杨湖
Dương Kiên　杨坚
Dương Khuông　杨匡
Dương Khương　杨姜
Dương ngạn Địch　杨彦迪
Dương nhật Lễ　杨日礼
Dương Phiêu　杨标〔嘌〕
Dương Sàn　杨孱
Dương tam Kha　杨三哥
Dương Tập　杨缉

Dương tú Thanh　杨秀清
Dương Tuyền　阳泉
Dương tư-Húc　杨思勖
Dương tư-Tấn　杨思缙
Dương tự-Minh　杨嗣明
Dực-thánh-vương　翊圣王
Dương Thái-hậu　杨太后
Dương Trí　杨智
Dương văn Nhã　杨文雅
Dưỡng-thiện　养善

Đ

Đa-bang　多邦（城）
Đa-căng　多矜
Đa-lôi　多雷
Đà-giang　沱江
Đà-giang-lộ　沱江路
Đà-nẵng　沱灢（岘港）
Đái Lương　戴良
Đài-loan　台湾
Đại-an　大安
Đại-cồ-việt　大瞿越
Đại-Chiêm　大占
Đào duy Từ　陶维慈
Đại-đô-đốc Bảo　大都督保
Đại-đô-đốc Lộc　大都督禄
Đại-hành Hoàng-đế　大行皇帝
Đại-la　大罗
Đại-lễ　大礼
Đại-lịch-quốc　大历国
Đại-lý　大理（太和）
Đại-mông　大蒙
Đại-nam　大南
Đại-nam chính biên liệt-truyện　《大南正编列传》
Đại-nạn thiền-sư　大南〔滩〕禅师
Đại-Ngu　大虞
Đại Nguyên　大元
Đại-tư-mã Sở　大司马楚
Đại-thanh　大清
Đại-Việt　大越
Đại-Việt sử　《大越史》
Đại-Việt sử-ký　《大越史记》
Đại-Việt thông-giám　《大越通鉴》
Đại-vũ　大禹
Đạm-nhĩ　儋耳
Đàm thận Huy　谭慎徽
Đàm thận Xưởng　谭慎厂
Đàm Trung　谭忠
Đàm Văn-Lễ　覃文礼
Đảm　胆（太子）
Đan-Kỹ　单已
Đàn hòa Chi　檀和之
Đạo-đức kinh　《道德经》
Đảo Cổ-cốt　古骨屿
Đảo-mã-pha　倒马坡
Đảo Thổ-châu　土朱屿
Đào cam Mộc　陶甘沐
Đào-đường thị　陶唐氏
Đào Hoàng　陶璜
Đào-lang-vương　桃郎王
Đào nghĩa Giao　陶义胶
Đào quang Nhiêu　陶光饶
Đào tôn Nguyên　陶宗元
Đào tử Kỳ　陶子奇
Đào Trí　陶致
Đào văn Đích　陶文的
Đáp-cầu　搭桥
Đạt-lỗ-hoa-xích　达鲁花赤
Đằng-châu　藤州
Đằng-đạm　澄联
Đặng Dung　邓容
Đặng đình Miễn　邓廷勉
Đặng Hạnh　邓杏

Đặng như Mai　邓如梅
Đặng Nhượng　邓让
Đặng Tất　邓悉
Đặng thị Huệ　邓氏惠
Đặng trần Chuyên　邓陈颛
Đặng trần Thường　邓陈常
Đăng văn Chân　邓文真
Đặng vĩnh Ưng　邓永膺
Đèo-Ngang　横山
Đề Kiều　提侨
Đế Hiễn　晛帝
Đế-Lai　帝来
Đế-Minh　帝明
Đế Nghiêu　帝尧
Đế Thuấn　帝舜
Địa-lý　地哩（州）
Địch Thanh　狄青
Điêu-diêu　刁鹞（城）
Đinh　丁（朝）
Đinh bộ Lĩnh　丁部领
Đinh công Trứ　丁公著
Đinh công Trịnh　丁公郑
Đinh Đạo　丁导
Đinh Điền　丁佃
Đinh văn Điền　丁文田
Đinh văn Giai　丁文佳
Đinh văn Tả　丁文左
Đinh Lễ　丁礼
Đinh Liễn　丁琏
Đinh Liệt　丁列
Đinh lịnh Dận　丁令胤
Đinh nhạ Hành　丁迓衡
Đinh Phế-đế　丁废帝
Đinh tích Nhưỡng　丁锡壤
Đinh Tiên-hoàng　丁先皇
Đinh Tuệ　丁璿
Đinh thế Đức　丁世德
Định-tường　定祥
Đoan-hùng đạo　端雄道
Đoàn Chí　段志
Đoàn danh Chấn　段名振
Đoàn hữu Ái　段有爱
Đoàn nhữ Hài　段汝谐
Đoàn tù Thiên　段酉迁
Đoàn tư Bình　段思平
Đoàn tư Trực　段司直
Đoàn nguyễn Thục　段阮俶
Đoàn Thọ　段寿
Đoàn Thượng　段尚
Đoàn Trưng　段征
Đô Dương　都阳
Đỗ Lâm　杜林
Đô-đốc Mưu　都督谋
Đô-đốc Tú　都督秀
Đô-đốc Tuyết　都督雪
Đông An-nam dinh　东安南营
Đông-bộ đầu　东步头（津）
Đông-chinh-vương　东征王
Đông-đạo　东道
Đông-đô　东都
Đông-hải bộ　东海部
Đông Hán　东汉
Đông-kinh nghĩa-thục　东京义塾
Đông-khẩu-đạo　东口道
Đông Ngô　东吴
Đông-pháp　东法（印度支那）
Đông phố　东浦
Đông-quan　东关（城）
Đông-quân　东军（府）
Đông Tấn　东晋
Đông-triều　东潮
Đồng-đăng　同登
Đồ-bà　阇婆
Đồ-bàn　阇槃

Đồ-phổ-nghĩa（Jean Dupuis） 涂普义（让·迪皮伊）
Đồ-sơn 涂山
Đồ Thư 屠睢
Đỗ anh Vũ 杜英武
Đỗ Bí 杜秘
Đỗ cảnh Thạc 杜景硕
Đỗ duy Trung 杜维忠
Đỗ-động-giang 杜洞江
Đỗ-Gia 杜家
Đỗ yên Gi 杜安颐
Đỗ Lễ 杜礼
Đỗ Mãn 杜满
Đỗ Mục 杜穆
Đỗ nhàn Trập 杜闲蛰
Đỗ Nhuận 杜润
Đỗ tồn Thành 杜存诚
Đỗ tuệ Độ 杜慧度
Đỗ tử Bình 杜子平
Đỗ Thái-hậu 杜太后
Đỗ thanh Nhân 杜清仁
Đỗ thế Giai 杜世佳
Đỗ Thích 杜释
Đỗ thiên Thứ 杜天觑
Đỗ thủ Trừng 杜守澄
Đỗ Viện 杜瑗
Đỗ Uông 杜汪
Đốc Ngữ 督语
Đốc Tít 督极
Đội Cấn（Trịnh văn Cấn） 队艮（郑文艮）
Đồn Ba-lậm 波瀵册
Đồn Chũ 炷屯
Đồn Bảo-lạc 保乐屯
Đồn Đầm 潭屯
Đồn Liên-trì 莲池屯
Đồn Kép 该普屯
Đồn Linh-Cảm 灵感堡
Đồn Nại-hiên 耐轩屯
Đồn Phùng 冯屯
Đồn-thuỷ 水屯
Đồn Tuần-muội 巡昧屯
Đồn Vé 蚄屯
Đông-ngạn 东岸（县）
Đồng-cả 同賀（屯）
Đồng-cổ（Đền） 铜鼓（神庙）
Đồng-đa 栋多
Đồng-hới 洞海（屯）
Đồng-khánh 同庆
Đồng-nai（Biên-hoà） 仝狔（边和）
Động Cổ-xung 古冲洞
Động-đình-hồ 洞庭湖
Động Kim-lạc 金勒洞
Động Liễu-cát 了葛洞
Động La-phù 罗浮洞
Động Tê-phù 澌浮洞
Đường 唐
Đường cảnh Tùng 唐景崧
Đường đình Canh 唐廷庚
Đường Huyền-tông 唐玄宗
Đường-lâm 唐林
Đường ngột Ngải 唐兀解
Đường Thái-tông 唐太宗
Đức thắng Đường 德胜堂

E

Echo “回声”号
“Empire d’Annam” 《安南帝国》
Espérance “希望”号
Eugénie 欧仁妮（皇后）
Européen “欧洲”号

F

Faure 富尔
Favin Lévêque 法万·勒韦凯（中校）

Forbin “弗尔宾”号
Fournier 福禄诺
Francoiss I 法兰西斯一世
Francis Garnier（Ngạc nhí） 安邺（大尉）
Freycinet 弗雷西内（总理）

G

Gaule 高卢
Georges Vlavianos 弗拉维阿诺（即乔先生）
Gia-cát Lượng 诸葛亮
Gia-định 嘉定
Gia-định thông chí 《嘉定通志》
Gia-hưng 嘉兴
Gia-khánh 嘉庆
Gia-long 嘉隆
Gia-lỗ-tán-linh（Jérusalem） 耶路撒冷
Gia-tĩnh 嘉靖
Gia-lâm 嘉林（县）
Gia-ninh 嘉宁
Gia-tô 耶稣
Gia-tô-giáo 耶稣教
Giản-định-đế 简定帝
Giao-châu 交州
Giao-Châu-mục 交州牧
Giao-chỉ 交趾
Giao-chỉ-bộ 交趾部
Giao-chỉ quận 交趾郡
Giao-chỉ quận-vương 交趾郡王
Giám-mục Bình（Mgr Bohier） 平主教
Giáp tuất（hòa ước） 甲戌（和约）
Giặc Mường 芒贼
Giặc Ninh-xá 宁舍贼
Giặc Nùng 侬寇
Giặc Ngân-già 银茄贼
Giovanninelle 吉奥瓦内尼勒（上校）
Giốc-gạch 砖坡
Giu-bi-te（Jupiter） 丘比特
Goa 果阿
Gò-công 鹅贡
Gosselin 戈塞林（船长）
Grégoire 格雷古瓦
Guerrier 居里埃（上校）

H

Hà công Thái 何功泰
Hà hỉ Văn 何喜文
Hà-hoa 河华
Hà-hồi 河洄
Hà-man（động） 河蛮（洞）
Hà-nội 河内
Hà-Quyền 何权
Hà-tiên 河仙
Hà-tĩnh 河静
Hà văn-Mao 何文旄
Hà thế-Lộc 何世禄
Hà-trung 河中
Hà văn Khai 何文开
Hạ 夏
Hạ-dương 夏阳
Hạ-hồng（Ninh-giang） 下洪（宁江）
Hạ-lang 下琅
Hạ-môn 厦门
Haiti 海地
Hải-An 海安
Hải-châu 海州
Hải-dương 海阳
Hải-môn 海门
Hải-ninh 海宁
Hải-phòng 海防
Hải-triều 海潮
Hải-vân 海云
Hàm-nghi 咸宜（帝）
Hàm-phong 咸丰

Hàm-tử　咸子
Hàm-tử quan　咸子关
Hán Bình-đế　汉平帝
Hán Cao-tổ　汉高祖
Hán Kiến-Võ　汉建武（年号）
Hán-Văn-đế　汉文帝
Hàn Dũ　韩愈
Hàn Phi　韩非
Hàn Quan　韩观
Hàn Thuyên　韩诠
Hàn an Quốc　韩安国
Hàn-vương-tôn phú　《韩王孙赋》
Hàng-châu　杭州
Hạng Lang　〔丁〕项郎
Hạng Vũ　项羽
Hạnh-Thục-ca　《幸蜀歌》
Hảo-vọng-giác（Cap de Bonne Espé-rance）　好望角
Hạo　皡
Hát-giang　喝江
Hạt-lỗ　旭烈兀
Hát-môn　喝门（社）
Harmand　何罗芒（使臣）
Hautefeuille　奥特弗伊
Hắc-bạch　黑白
Hắc-long-giang　黑龙江
Hầu Cảnh　侯景
Hầu lợi Trinh　侯利贞
Hầu nhân Bảo　侯仁宝
Hậu-chủ　后主
Hậu-Lê　后黎
Hậu Lý Nam-đế　后李南帝
Hậu Ngô-vương　后吴王
Hậu Trần　后陈
Henri Rivière　李威利（上校）
Henry Billet　亨利・比莱（大尉）
Herbinger　埃班热（中校）
Héroine　"女英雄"号
Hi-lạp（Grec）　希腊
Hiên-viên thị　轩辕氏
Hiến-đế　〔汉〕献帝
Hiệp-hoà　协和（帝）
Họ Hồng-bàng　鸿庞氏
Họ Khúc　曲氏
Hoa-kỳ　花旗（美国）
Hoa-lư động　华闾洞
Hoa Tiên（truyện）　《花笺》（传）
Hoa-anh　华英（国）
Hoá-châu　化州
Hóa-giang　化江
Hòa-lan（Hollande）　荷兰
Hòa Thân　和珅
Hoài-hoan　怀欢
Hoan-châu　欢州
Hoàn-vương-quốc　环王国
Hoàng cao Khải　黄高启
Hoàng công Chất　黄公质
Hoàng công Kỳ　黄公琦
Hoàng còng Phu　黄公辅
Hoàng còng Tài　黄公才
Hoàng công Toản　黄公缵
Hoàng Diệu　黄耀
Hoàng duy Nhạc　黄惟岳
Hoằng Tháo　弘操
Hoàng-đế　黄帝
Hoàng đình Ái　黄廷爱
Hoàng đình Bảo　黄廷宝
Hoàng đình Thể　黄廷体
Hoàng-giang　黄江
Hoàng hoa Thám　黄花探
Hoàng hữu Xứng　黄有秤
Hoàng ích Hiểu　黄益晓
Hoàng kế Viêm　黄继炎
Hoàng kim Qua　黄金瓜

Hoàng-mai　黄梅（村）
Hoàng minh Khánh　黄明庆
Hoàng ngũ Phúc　黄五福
Hoàng nghĩa Bá　黄义伯
Hoàng nghĩa Giao　黄义胶
Hoàng nghĩa Hiền　黄义贤
Hoàng nghĩa Hồ　黄义湖
Hoàng nghĩa Thư　黄义书
Hoàng Phúc　黄福
Hoàng phùng Cơ　黄冯基
Hoàng phụng Thế　黄奉世
Hoàng Quýnh　黄炯
Hoàng sùng Anh　黄崇英
Hoàng sư Mật　黄师密
Hoàng Thành　黄诚
Hoàng Tề　黄齐
Hoàng Tiến　黄进
Hoàng Tịnh　黄并
Hoàng-tử- Cảnh　皇子景
Hoàng-tử Hi　皇子曦
Hoàng-tử Thẩm　皇子忱
Hoàng Trung　黄中
Hoàng văn Hoè　黄文槐
Hoàng Văn Trạm　黄文站
Hoàng Việt văn tuyển　《皇越文选》
Hoành-sơn　横山
Hoắc-Quang　霍光
Hollande　荷兰
Hồ　胡
Hồ bá Ôn　胡伯温
Hồ chí Minh　胡志明
Hồ Điển-Triệt　典沏湖
Hồ Đỗ　胡杜
Hồ Hán-Thương　胡汉苍
Hồ Hưng Dật　胡兴逸
Hồ Hữu　胡佑
Hồ Liêm　胡廉
Hồ-nam　湖南
Hồ nguyên Trừng　胡元澄
Hồ Oai　胡威
Hồ ông　胡翁
Hồ phi Phúc　胡丕福
Hồ quý Ly　胡季犛
Hồ sĩ Dương　胡士杨
Hồ-tôn　胡孙（国）
Hồ Thiện　胡善
Hồ văn Lân　胡文璘
Hồ-xá　胡舍（村）
Hồ Xạ　胡射
Hỗ-luân-bộ　呼伦部
Hốc-môn　旭门
Hồi-hồ　回湖
Hội-an（Faifo）　会安（费福）
Hồng-bàng　鸿庞
Hồng Bảo　洪宝
Hồng Dật　洪佚
Hồng-giang（tàu）　“鸿江”号（船）
Hồng-hà　红河
Hồng lĩnh　鸿岭
Hồng-mao　红毛（英国）
Hồng Nhậm　洪任
Hồng Phi　洪肥
Hồng tú Toàn　洪秀全
Hốt tất Liệt　忽必烈
Hợp-phố　合浦
Huế　顺化
Huệ-đế　惠帝
Huệ-Sinh　惠生
Hugues Capét　休・卡佩
Huyền-Trang　玄奘
Huyền-Trân Công-chúa　玄珍公主
Huyện Bất-bạt　不拔县
Huyện Chương-đức　彰德县
Huyện Hưng-sơn　兴山县

Huyện Hương-sơn 香山县
Huyện Lương-sơn 梁山县
Huyện Thanh-chương 清彰县
Huyện Thổ-du 土油县
Huyện Tuyên-chánh 宣政县
Huyện Tuyên-hóa 宣化县
Huyện Yên-dũng 安勇县
Hung-nô 匈奴
Hùng Lộc 雄禄
Hùng-vương 雄王
Hứa thế Hanh 许世亨
Hưng-đạo-vương 兴道王
Hưng-hiếu-vương uý 兴孝王蔚
Hưng-hóa 兴化
Hưng-võ-vương Nghiễn 兴武王巘
Hưng yên 兴安
Hương-cảng 香港
Hương-giang 香江
Hương-lãm 香览
Hương úc 香澳
Hữu Ngu thị 有虞氏

I

I-nê-Khu 依尼枢
I-pha-nho 西班牙（衣坡儒）
I-ta-ly 意大利
Ỷ 椅
Ỷ-lan Thái-phi 倚兰太妃
Yên-bạc 安泊
Yên-bái 安沛
Yên-bang 安邦
Yên-bắc（Lạng-sơn） 安北（谅山）
Yên-dưỡng 安养
Yên-kinh 燕京
Yên-mã 鞍马（山）
Yên-phụ 安阜
Yên-quảng 安广
Yên-sinh 安生
Yên-thế 安世
Yên-vương Lệ 燕王棣
Yết Kiêu 歇骄

J

Jean de la Croix 让·德·拉·格瓦
Jean Rhodes 让·罗德（教士）
Jeanne d’Arc 贞德
J. Silvestre 西尔韦斯特
Jamont 雅蒙（少将）
“Japon”（tàu） “日本”号（船）
Jauréguiberry 若勒居伯里（中校）
Jéhovah 耶和华
Jules Ferry 茹费理（总理）

K

Kergaradec（Kê-la-đích） 凯加拉代克（稽罗的，领事）
Kẻ-sặt 几菓
Kỳ-cấp 丘急（岭）
Kỳ-hòa 其和（屯）
Kỳ-la 奇罗
Kỷ Tín 纪信
Kiềm-châu 黔州
Kiên-thành 坚城（邑）
Kiến Đức 建德
Kiến-phúc 建福（帝）
Kiến-xương 建昌
Kim 金
Kim-động 金洞
Kim-Giản 金简
Kim-lăng 金陵
Kim-long 金龙（乡）
Kim-quy 金龟
Kim-thành 金城
Kinh-Bắc 京北

Kinh-dương-vương　泾阳王
Kinh-Kỳ　京畿
Kính-thiên　敬天（殿）
Kiêu binh　骄兵
Kiểu công Hãn　矫公罕
Kiểu công Tiện　矫公羡
Kiểu Thuận　矫顺
Khả-li　可离（隘）
Khả-lưu　可留
Khả luân Bố（Christophe Colomb）　哥伦布
Khách（giặc）　客（匪）
Khai-quốc công-nghiệp diễn-chí　《开国功业演志》
Khang-hi　康熙
Khánh-hòa　庆和
Khâm-châu　钦州
Khâm-định tiểu bình lưỡng kỳ phỉ khấu phương lược　《钦定剿平两圻匪寇方略》
Khâm-định thông giám　《钦定通鉴》
Khâm-định Việt-sử　《钦定越史》
Khâu Hòa　邱和
Khiêm-cung　谦宫
Khiêm-lăng　谦陵
Khiết-đan　契丹
Khoái-châu　快州
Khoan Triệt　宽彻
Khôi-sách　块册
Khổng Cấp　孔伋
Khổng Mạnh　孔孟
Khổng Minh　孔明
Khổng Tử　孔子
Khương-thái-công　姜太公
Khu Liên　区连
Khuất-liêu　屈僚（峒）
Khúc Hạo　曲颢
Khúc thừa Dụ　曲承裕
Khúc thừa Mỹ　曲承美
Jules Krantz　哥䕫油离（少将）
Kỳ-anh　奇英
Kỳ-lừa　奇驴

L

La-bích　罗壁（城）
La-hà　罗河
La-hộc　罗斛
La Kiên　罗坚
La Khải　罗皑
La-mã（Romain）　罗马
"La Paix"（tàu）　"和平使者"号（船）
Lapierre　拉皮埃尔（上校）
La-Sơn phu-tử　罗山夫子
La-thành　罗城
Lã-tống　吕宋
Lạc-biên-phủ　乐边府
Lạc-dương　洛阳
Lạc-hầu　貉侯
Lạc-long-quân　貉龙君
Lạc-phàm　乐凡
Lạc-tướng　貉将
Lạc-thuỷ　乐水
Lại kim Bảng　赖金榜
Lại thế Chiêu　赖世招
Lam-giang　蓝江
Lam-sơn　蓝山
Lanessan　拉纳桑（总督）
Lang-thời　廊辰
Làng Cổ-vô　古无村
Làng Phú-thụy　富瑞村
Làng Thôi　催乡
Làng Vòng　�村
Làng Yên-lộc　安禄乡
Lạng-bình　谅平
Lạng-giang　谅江

Lạng-phụ 谅埠
Lạng-sơn 谅山
Lạng-sơn-phủ 谅山府
Lãng-bạc 浪泊
Lãng-khung 浪穹
Lao-Kay 老街
Lào 寮
Lão giáo 老教
Lão tử 老子
Lâm-ấp 林邑
Lâm duy Tiếp 林维浃
Lâm Hoành 林宏
Lâm-bình-phủ 临平府
Lâm-Sâm 林森
Lâm-thao 临洮
Lập-Bạo 立暴
Lefèbvre 勒费弗尔（主教）
Leheur de Ville-sur-Arc 李略荷
“le Henri”（tàu）“亨利”号（船）
Le Myre de Vilers 卢眉（统督）
Lê Anh-tông 黎英宗
Lê anh Tuấn 黎英俊
Lê bá Phẩm 黎伯品
Lê bá Tú 黎伯秀
Lê bá Thận 黎伯慎
Lê Bôi 黎杯
Lê Cánh 黎梗
Lê Cát 黎吉
Lê Cẩn 黎瑾
Lê cập Đệ 黎及第
Lê công Uyên 黎公渊
Lê Cực 黎极
Lê Chân-tông 黎真宗
Lê Châu 黎珠
Lê Chất 黎质
Lê Chích 黎只
Lê Chiêu-hoàng 黎昭皇
Lê Chiêu-Thống 黎昭统
Lê Chuẩn 黎准
Lê Cung-hoàng 黎恭皇
Lê Dĩnh 黎灏
Lê Doãn 黎允
Lê doãn Nha 黎允迓
Lê Dụ 黎樜
Lê Dụ-tông 黎裕宗
Lê dục Đức 黎育德
Lê duy An 黎维祫
Lê duy Cẩn 黎维谨
Lê duy Cự 黎维柜
Lê duy Chúc 黎维祝
Lê duy Kỳ 黎维祁
Lê duy Lương 黎维良
Lê Duy Mật 黎维樒
Lê duy Minh 黎维明
Lê đế Duy-Phương 黎帝维祊
Lê duy Qui 黎维䙆
Lê duy Thanh 黎维琦
Lê đại Cương 黎大纲
Lê Đại-hành 黎大行
Lê đắc Lực 黎得力
Lê đăng Doanh 黎登瀛
Lê đình Lý 黎廷理
Lê Đình Ngạn 黎廷彦
Lê Đức Huy 黎德辉
Lê đức Lộc 黎德禄
Lê Đức Ninh 黎德宁
Lê Gia-tông 黎嘉宗
Lê Hán 黎汉
Lê Hành 黎行
Lê Hân 黎昕
Lê Hi 黎僖
Lê Hi-tông 黎熙宗
Lê Hiến 黎宪
Lê Hiến-tông 黎宪宗

Lê Hiển-Tông 黎显宗
Lê-Hoa 梨花（关）
Lê Hoà 黎和
Lê Hoàn 黎桓
Lê Hồng-đức 黎洪德
Lê Huấn 黎训
Lê Huyền-tông 黎玄宗
Lê Hữu Đức 黎有德
Lê ý-tông 黎懿宗
Lê Kỵ 黎骑
Lê Kiên 黎坚
Lê Kính-tông 黎敬宗
Lê Khả 黎可
Lê Khắc Phục 黎克复
Lê Khôi 黎魁
Lê Khuyển 黎犬
Lê Lai 黎来
Lê Lý 黎李
Lê Linh 黎冷
Lê Liễu 黎柳
Lê Long Đĩnh 黎龙铤
Lê Long Việt 黎龙钺
Lê Lộng 黎弄
Lê Lợi 黎利
Lê Lựu 黎榴
Lê Mẫn-đế 黎愍帝
Lê mậu Cúc 黎茂菊
Lê Mịch 黎觅
Lê Minh Triệt 黎明彻
Lê Mô Khải 黎模楷
Lê Mục 黎目
Lê Nỗ 黎弩
Lê Niệm 黎念
Lê Ninh 黎宁
Lê nhân Hiếu 黎仁孝
Lê Nhân-tông 黎仁宗
Lê Ngã 黎饿
Lê Ngân 黎银
Lê Nguyễn 黎阮
Lê phụ Trần 黎辅陈
Lê phụng Hiểu 黎奉晓
Lê quang Cảnh 黎光景
Lê quang Định 黎光定
Lê quang Tiến 黎光荐
Lê quảng Độ 黎广度
Lê quí Đôn 黎贵惇
Lê quí Ly 黎季犛
Lê quí Thích 黎贵適
Lê Quýnh 黎冏
Lê quốc Hưng 黎国兴
Lê Sát 黎察
Lê Sĩ 黎仕
Lê Sĩ Hậu 黎仕厚
Lê Sĩ Triệt 黎仕澈
Lê Tắc 黎崱
Lê Tuân 黎荀
Lê Tuấn 黎俊
Lê Tùng 黎松
Lê Thạch 黎石
Lê Thái-hậu 黎太后
Lê Thái-tổ 黎太祖
Lê Thái-tông 黎太宗
Lê Thánh-tông 黎圣宗
Lê Thần-tông 黎神宗
Lê Thận 黎慎
Lê thế Tông 黎世宗
Lê thị Sai 黎氏瑳
Lê thiếu Dĩnh 黎少颖
Lê Thọ Vực 黎寿域
Lê Thụ 黎受
Lê Thuần-tông 黎纯宗
Lê Thuận 黎顺
Lê Thức 黎式
Lê Thương 黎常

Lê Trang-tông 黎庄宗
Lê Trăn 黎臻
Lê Trung 黎忠
Lê trung Hưng 黎中兴
Lê Trung-tông 黎中宗
Lê Trừ 黎除
Lê Trực 黎直
Lê Trương 黎张
Lê Tuấn Mậu 黎俊懋
Lê túc-tông 黎肃宗
Lê Tung 黎嵩
Lê tương Dực 黎襄翼
Lê Uy Mục 黎威穆
Lê văn An 黎文安
Lê văn Câu 黎文勾
Lê văn Duyệt 黎文悦
Lê văn Điếm 黎文店
Lê văn Điềm 黎文恬
Lê văn Đức 黎文德
Lê văn Hán 黎文汉
Lê văn Hiểu 黎文晓
Lê văn Hưu 黎文休
Lê văn Khôi 黎文傀
Lê văn Linh 黎文灵
Lê văn Minh 黎文明
Lê văn Quân 黎文匀
Lê văn Thanh 黎文清
Lê văn Thịnh 黎文盛
Lê văn Thụy 黎文瑞
Lê văn Trương 黎文张
Lê Vấn 黎问
Lê vô Cương 黎无疆
Lê Xuân 黎春
Lê Ý 黎意
Lý 李
Lý An 李安
Lý Anh-tông 李英宗
Lý Bân 李彬
Lý Bí 李秘
Lý Bôn 李贲
Lý Cao-tông 李高宗
Lý Cầm 李琴
Lý công Tín 李公信
Lý công Uẩn 李公蕴
Lý Chiêu-hoàng 李昭皇
Lý duy Chu 李维周
Lý dương Tài 李扬才
Lý đại Quyền 李大权
Lý đạo Thành 李道成
Lý Giác 李觉
Lý Hằng 李恒
Lý Hộ 李鄠
Lý hồng Chương 李鸿章
Lý hợp Thắng 李合胜
Lý Huệ-tông 李惠宗
Lý Ỳ 李锜
Lý Kỳ 李琦
Lý kính Tu 李敬修
Lý Khánh 李庆
Lý Khánh Văn 李庆文
Lý Khắc Chính 李克正
Lý Khôi 李悝
Lý Khuê 李奎
Lý Lương 李亮
Lý Nam-đế 李南帝
Lý nhân Nghĩa 李仁义
Lý Nhân-tông 李仁宗
Lý nguyên Cát 李元吉
Lý phật Tử 李佛子
Lý phổ Đỉnh 李普鼎
Lý Quán 李瓘
Lý Tài 李才
Lý tế Xuyên 李济川
Lý Tiến 李进

Lý tú Thành　李秀成
Lý tử Cấu　李子构
Lý Tự Thành　李自成
Lý Thái-tông　李太宗
Lý Thái-tổ　李太祖
Lý Thánh-tông　李圣宗
Lý Thần-tông　李神宗
Lý thiên Bảo　李天宝
Lý thường Kiệt　李常杰
Lý Trác　李琢
Lý Triện　李篆
Liêm-châu　廉州
Liên-trì（đồn）　莲池（屯）
Lịch-triều hiến-chương　《历朝宪章》
Lịch-triều hiến-chương địa-dư-chí　《历朝宪章·地舆志》
Lịch-triều hiến-chương văn-tịch-chí　《历朝宪章·文籍志》
Linh-đức-vương　灵德王
Linh-giang　瀶江
Linh-mục Đăng（Dangelzer）　登牧师
Linh-quýnh　灵垌
Lĩnh-nam　岭南
Liệt tử　列子
Liệt thánh thực lục tiền biên　《列圣实录前编》
Liêu-tây　辽西
Liễu Thăng　柳升
Lorient　洛里昂（港）
Louis VI　路易六世
Louis XI　路易十一世
Louis XIV　路易十四世
Louis XV　路易十五世
Louis XVI　路易十六世
Louis XVIII　路易十八世
Louis Philippe　路易·菲利浦
Lô-giang　泸江
Lộ bác Đức　路博德
Lộ Lý-nhân　莅仁路
Lộ Khoái-Châu　快州路
Lộc-châu　禄州
Lộc-dã（Đồng-nai）　鹿野（同狔）
Lộc Tục　禄续
Lôi-lạp　雷巤
Lỗi-giang　漯江
Long-biên　龙编
Long-Cán　龙斡
Long-châu　龙州
Long-độ đình-hầu　龙度亭侯
Long-hồ dinh　龙湖营
Long-hưng　龙兴
Long-Kỳ　龙圻
Long-nữ　龙女
Long-úc　龙澳
Loa-thành　螺城
Long-uyên　龙渊
Lỗ-vương　鲁王
Long-xuyên　龙川
Long-Xưởng　龙昶
Luận-ngữ diễn-ca　《论语演歌》
Lục-châu　陆州
Lục Dận　陆胤
Lục Giả　陆贾
Lục-hải　陆海
Lục-hợp　六合
Lục-nam　陆南（江）
Lục thắng Đường　六胜堂
Lung-giang　泷江
Lũng-Khê　陇溪
Lư-sơn　芦山
Lữ Đại　吕岱
Lữ Đường　吕唐
Lữ Gia　吕嘉
Lữ-hậu　吕后

Lữ Nghị 吕毅
Lương 梁（朝）
Lương đắc Bằng 梁得朋
Lương hữu Khánh 梁有庆
Lương-giang 梁江
Lương Minh 梁铭
Lương nhữ Hốt 梁汝笏
Lương ngọc Quyến 梁玉眷
Lương tam Kỳ 梁三奇
Lương Tằng 梁曾
Lương văn Lọi 梁文利
Lưu Ẩn 刘隐
Lưu Bang 刘邦
Lưu Bị 刘备
Lưu Dụ 刘裕
Lưu Gi 刘彝
Lưu khánh Đàm 刘庆覃
Lưu Long 刘隆
Lưu nhân Chú 刘仁澍
Lưu phúc Tường 刘福祥
Lưu Phương 刘方
Lưu quốc Kiệt 刘国杰
Lưu Tín 刘信
Lưu Trừng 刘澄
Lưu vĩnh Phúc 刘永福

M

Ma-linh 麻令
Magellan 麦哲伦
Ma-kha-qui-lai 麻可贵来
Ma Lạc 摩勒
Maybon 梅本
Marchand 麦商（游神父）
Marco Polo 马可·波罗
Matheron 马特隆（教士）
Mã Anh 马瑛
Mã-cao 澳门
Mã-giang 马江
Mã Kỳ 马骐
Mã-lai 马来
Mã Viện 马援
Machault "马肖尔特"号
Mạc Cửu 鄚玖
Mạc đăng Dung 莫登庸
Mạc đăng Doanh 英登瀛
Mạc đỉnh Chi 莫挺之
Mạc đôn Nhượng 莫敦让
Mạc hiển Tích 莫显积
Mgr de Bonnechose 德·波纳苏斯主教
Mạc kính Cung 莫敬恭
Mạc kính Chỉ 莫敬止
Mạc kính Chương 莫敬章
Mạc kính Dụng 莫敬用
Mạc kính Điển 莫敬典
Mạc kính Khoan 莫敬宽
Mạc kính Vũ 莫敬宇
Mạc mậu Hợp 莫茂洽
Mạc ngọc Liễn 莫玉琏
Mạc phúc Hải 莫福海
Mạc phúc Nguyên 莫福源
Mạc Toàn 莫全
Mạc thiên Tứ 鄚天赐
Mạc văn Tô 莫文苏
Mạch tần Giai 麦进阶
Mai Hắc-đế 梅黑帝
Mai-lĩnh 梅岭
Mai Thiện 枚善
Mai thúc Loan 梅叔鸾
Mai văn Hoan 枚文欢
Mai xuân Thưởng 枚春赏
Mang-cá 芒个
Man-châu 蛮州
Man-hao "蛮耗"号
Mãn-châu bộ 满州部

Mạn-hòe（Manuel） 幔槐（马纽尔）
Mang-bổng 峼俸
Mang-lan 芒栏
Mang-tát 万作
Mang-vang 峼嵘
Mạnh （太子）奣
Mạnh Kha 孟轲
Mao bá Ôn 毛伯温
Mặc Địch 墨翟
Mân-giang 闽江
Mân-thít 斌澈
Mân-việt 闽越
Mẫn-đế 愍帝
Mẫn văn Liên 闵文莲
Mật Ôn 密温
Merovingiens 墨洛温（王朝）
Méduse “美杜莎”号
Ménésis “梅内西”号
Metzniger 默茨尼热（中校）
Mê-Kông 湄公（河）
Mê-linh 麊泠
Mgr Bohier 平主教
Mị-châu 媚珠
Mị Ê 媚醯
Mị-nương 媚娘
Mỹ-động 湄洞
Mỹ-đức 美德
Mỹ-lâm quận-chúa 美林郡主
Mỹ lợi-kiên 美利坚
Mỹ-tho 美萩
Mibielle 米比埃勒（少校）
Miche 米舍（主教）
Mignot 米诺（中校）
Millot 眉胪（中将）
Minh 明
Minh-cầm 明琹（屯）
Minh-hương 明乡

Minh-mệnh 明命
Minh-bột di-hoán văn-thảo 《明渤遗浼文草》
Minh-đức đại-vương 明德大王
Minh-lương-khải cáo-lục 《明良启告录》
Minh Nhân-tông 明仁宗
Minh Thái-tổ 明太祖
Minh Thành-tổ 明成祖
Minh Thế-tông 明世宗
Minh Tuyên-tông 明宣宗
Mouteaux 穆托（大尉）
Montigny 蒙狄尼（使臣）
Montmorin 莫穆林（伯爵）
Mô-độ 谟渡
Mô-xoài（Bà-rịa） 每穗（巴地）
Mộ-dạ（núi） 幕夜（山）
Mộc-phàm-giang 木凡江
Mộc Thạnh 沐晟
Mỗi-xuy 每楸
Mông-cổ 蒙古
Mông-huề 蒙巂
Mông-Kha 蒙哥
Mông thế Long 蒙世隆
Mông-xá 蒙舍
Mục-sơn 睦山
Mục-ý-vương 穆懿王
Muộn-hải 闷海（口）
Mương-duy 芒欳
Mường Soạn 芒撰

N

Ná-bí 那贲
Nã-phá-luân 拿破仑
Nã-phá-luân đệ tam 拿破仑三世
Nam Bắc triều 南北朝
Nam-bình-vương 南平王
Nam-bố-chính 南布政

Nam-chiếu 南诏
Nam-chưởng (Luang-Prabang) 南掌 (琅勃拉邦)
Nam-đạo 南道
Nam-định 南定
Nam-Nghĩa 南义
Nam-hải 南海
Nam Hán 南汉
Nam-Kỳ 南圻
Nam-kỳ sử-ký (Histoire de la Cochinchine) 《南圻史记》(《交趾支那史》)
Nam-kinh 南京
Nam-ninh 南宁
Nam-Phan 南蟠 (国)
Nam Nhung 南戎
Nam-quan 南关
Nam-sách 南册
Nam-sử 《南史》
Nam-tấn-vương 南晋王
Nam-tống 南宋
Nam-triều 南朝
Nam-vang 南荣 (金边)
Nam Việt 南越
Nam-việt-đế 南越帝
Nam-việt-vương 南越王
Nặc Đôn 匿敦
Nặc Hiên 匿轩
Nặc Hinh 匿馨
Nặc In 匿印
Nặc Yếm 匿厌
Nặc Non 匿嫩
Nặc Nguyên 匿原
Nặc Nhuận 匿润
Nặc ông Ấn 匿螉印
Nặc ông Chân 匿螉禛
Nặc ông Đài 匿螉苔
Nặc ông Đôn 匿螉墩
Nặc ông Yêm 匿螉淹
Nặc ông Lem 匿螉林
Nặc Ông Nộn 匿螉嫩
Nặc ông Nguyên 匿螉原
Nặc ông Tôn 匿螉尊
Nặc ông Tha 匿螉他
Nặc ông Thâm 匿螉深
Nặc ông Thu 匿螉秋
Nặc ông Vinh 匿螉荣
Nặc Tôn 匿尊
Nặc Thâm 匿深
Ninh-ba 宁波
Ninh-bình 宁平
Ninh-cương 宁强 (村)
Ninh-giang 宁江
Ninh-hải 宁海
Ninh-kiều 宁桥
Ninh-thái 宁太
Ninh-xá 宁舍
Norodom (Nặc-ông-Lân) 诺罗敦 (匿螉𬭸)
Nỗ Nhĩ Cấp Xích 努尔哈赤
Nội-hầu Lân 内侯璘
Nội-hầu Tứ 内侯赐
Nông-cống 农贡
Nông hùng Thạc 农雄硕
Nông văn Vân 农文云
Núi Bóp 抱山
Núi Bồ-liệp 蒲猎山
Núi Nghiêm-hậu 严后山
Núi Trà-lang 茶郎山
Nùng tồn Phúc 侬存福
Nùng trí Cao 侬智高
Nùng trí Thông 侬智聪
Nữ-chân 女真
Nước Hồ-Tôn 胡孙国
Nước Ngụy 魏国

Nước-xoáy 回渦
Nga-lạc 俄乐
Ngạc-châu 鄂州
Ngạn Địch 〔杨〕彦迪
Ngã-hai 双叉（渡口）
Ngọa-long-cương 《卧龙岗》
Ngoạ-triều 卧朝
Ngọa-vân-sơn 卧云山
Ngọc-ma 玉麻
Ngọc Bảo 玉宝
Ngọc Tú 玉秀
Ngọc-Hân công-chúa 玉欣公主
Ngọc-hồi 玉洄
Ngọc-sơn 玉山
Ngọc-vân công-chúa 玉云公主
Ngô 吴
Ngô Bệ 吴陛
Ngô Bính 吴柄
Ngô cảnh Hữu 吴景祐
Ngô Côn 吴鲲
Ngô đình Hàm 吴廷咸
Ngô Hoán 吴焕
Ngô nhân Tịnh 吴仁静
Ngô nhật Khánh 吴日庆
Ngô Quyền 吴权
Ngô Sĩ-Liên 吴士连
Ngô tam Quế 吴三桂
Ngô Tạo 吴燥
Ngô Tôn-Quyền （吴）孙权
Ngô tùng Chu 吴从周
Ngô tử An 吴子安
Ngô thời Nhậm 吴时壬
Ngô thời Sĩ 吴时仕
Ngô văn Lân 吴文璘
Ngô văn Sở 吴文楚
Ngô văn Tổng 吴文综
Ngô-vương Quyền 吴王权
Ngô xuân Quỳnh 吴春琼
Ngô xương Ngập 吴昌岌
Ngô xương Văn 吴昌文
Ngô xương Xí 吴昌炽
Ngô-lương-hợp-thai 兀良合台
Ngu-giang 虞江
Ngũ-quí 五季（代）
Nguyên 元
Nguyên duy Đức 元惟德
Nguyên Định-tông 元定宗
Nguyên Hiến-tông 元宪宗
Nguyên Thái-tông 元太宗
Nguyên Thành-tông 元成宗
Nguyên Thế-tổ 元世祖
Nguyễn ái Quốc 阮爱国
Nguyễn Áng 阮盎
Nguyễn bá Kỷ 阮伯纪
Nguyễn bá Linh 阮伯令
Nguyễn bá Nghi 阮伯仪
Nguyễn bá Quýnh 阮伯駉
Nguyễn Bảo 阮宝
Nguyễn Bặc 阮匐
Nguyễn Bằng 阮朋
Nguyễn Biểu 阮表
Nguyễn bỉnh Khiêm 阮秉谦
Nguyễn cảnh Dị 阮景异
Nguyễn cảnh Chân 阮景真
Nguyễn công Hãng 阮公沆
Nguyên công Nhàn 阮公闲
Ngugễn công Nhân 阮公仁
Nguyễn công Tiến 阮公进
Nguyễn công Thái 阮公寀
Nguyễn công Trứ 阮公著
Nguyễn cư Trinh 阮居贞
Nguyễn Cừ 阮蘧
Nguyễn cửu Đàm 阮久潭
Nguyễn cửu Phú 阮久富

Nguyễn cửu Vân 阮久云
Nguyễn chế Nghĩa 阮制义
Nguyễn Chính 阮政
Nguyễn Chư 阮诸
Nguyễn chương Đạt 阮章达
Nguyễn danh Phương 阮名芳
Nguyễn danh Thế 阮名世
Nguyễn Diên 阮筵
Nguyễn Du 阮攸
Nguyễn Duệ 阮睿
Nguyễn Duy 阮惟
Nguyễn duy Thì 阮维时
Nguyễn duy Tường 阮惟祥
Nguyễn Dương 阮杨
Nguyễn dương Lâm 阮扬林
Nguyễn đa Cấu 阮多构
Nguyễn đa Phương 阮多方
Nguyễn đại Phạp 阮代乏
Nguyễn đạo Thanh 阮道清
Nguyễn Đặc 阮特
Nguyễn đăng Giai 阮登阶
Nguyễn Điều 阮条
Nguyễn đình Chính 阮廷正
Nguyễn đình Đắc 阮廷得
Nguyễn đình Miên 阮廷绵
Nguyễn đình Phái 阮廷派
Nguyễn đình Phổ 阮廷普
Nguyễn định Tình 阮定情
Nguyễn đức Hậu 阮德厚
Nguyễn đức Huân 阮德勋
Nguyễn đức Nhuận 阮德润
Nguyễn đức Xuyên 阮德川
Nguyễn Hạnh 阮幸
Nguyễn Hải 溴海
Nguyễn huy Điển 阮辉琠
Nguyễn hy Chu 阮希周
Nguyễn Hiệp 阮协
Nguyễn Hoan 阮懽
Nguyễn Hoàn 阮浣
Nguyễn Hoàng 阮潢
Nguyễn Hoàng Đức 阮黄德
Nguyễn hoằng Dụ 阮弘裕
Nguyễn Huân 阮勋
Nguyễn Huệ 阮惠
Nguyễn huy Tự 阮辉似
Nguyễn hữu Cầu 阮有求
Nguyễn hữu Chỉnh 阮有整
Nguyễn Hữu Dật 阮有镒
Nguyễn hữu Doãn 阮有允
Nguyễn hữu Đăng 阮有登
Nguyễn hữu Độ 阮有度
Nguyễn hữu Kính 阮有镜
Nguyễn hữu Liêu 阮有僚
Nguyễn hữu Nghi 阮佑仪
Nguyễn hữu Nghiêm 阮有严
Nguyễn hữu Tiến 阮有进
Nguyễn hữu Thận 阮有慎
Nguyễn hữu Thuận 阮有顺
Nguyễn hữu Thụy 阮有瑞
Nguyễn Khải 阮启
Nguyễn khắc Thuật 阮克述
Nguyễn khắc Tuyên 阮克宣
Nguyễn Kị 阮忌
Nguyễn Kim 阮淦
Nguyễn Kính 阮敬
Nguyễn khoa Hào 阮科豪
Nguyễn Khoái 阮蒯
Nguyễn Khoan 阮宽
Nguyễn Lâm 阮林
Nguyễn Lệ 阮励
Nguyễn lệnh Tân 阮令宾
Nguyễn Ly 阮俪
Nguyễn Lĩnh 阮领
Nguyễn Lữ 阮侣

Nguyễn mỹ Đức 阮美德
Nguyễn minh Không 阮明空
Nguyễn Nộn 阮嫩
Nguyễn Ngã 阮我
Nguyễn nguyên Thành 阮元诚
Nguyễn Nhạc 阮岳
Nguyễn Nhan 阮颜
Nguyễn nhân Thiệm 阮仁赡
Nguyễn Nhược-thị 阮若氏
Nguyễn phi Khanh 阮飞卿
Nguyễn phi Sảng 阮丕爽
Nguyễn phạm Tuân 阮范遵
Nguyễn Phan 阮潘
Nguyễn Phu 阮敷
Nguyễn-phúc Ánh 阮福映
Nguyễn-phúc Chu 阮福凋
Nguyễn-phúc Dương 阮福暘
Nguyễn-phúc Hiệu 阮福昊
Nguyễn-phúc Khê 阮福溪
Nguyễn-phúc Khoát 阮福阔
Nguyễn-phúc Lan 阮福澜
Nguyễn-phúc Nguyên 阮福源
Nguyễn-phúc Tần 阮福濒
Nguyễn-phúc Thuần 阮福淳
Nguyễn-phúc Trăn 阮福溱
Nguyễn-phúc Trú 阮福澍
Nguyễn-phúc Vệ 阮福卫
Nguyễn phương Đĩnh 阮芳挺
Nguyễn quang Bật 阮光弼
Nguyễn quang Bình 阮光平
Nguyễn quang Hiển 阮光显
Nguyễn quang Toản 阮光缵
Nguyễn quang Thiệu 阮光绍
Nguyễn quang Thùy 阮光垂
Nguyễn quang Trung 阮光中
Nguyễn quí Cảnh 阮贵憼
Nguyễn quí Đức 阮贵德
Nguyễn Quốc 阮国
Nguyễn quốc Đống 阮国栋
Nguyễn quốc Trinh 阮国桢
Nguyễn Quyện 阮倦
Nguyễn Sao 阮抄
Nguyễn Siêu 阮超
Nguyễn Súy 阮帅
Nguyễn Sư 阮狮
Nguyễn tăng Doãn 阮增阭
Nguyễn Tây-sơn 西山阮（朝）
Nguyễn Tấn 阮缙
Nguyễn tiến Lâm 阮进林
Nguyễn Toán 阮算
Nguyễn Tu 阮修
Nguyễn Tuyển 阮选
Nguyễn tư Giản 阮思僩
Nguyễn tự Cường 阮自强
Nguyễn tự Như 阮自如
Nguyễn thái Bạt 阮秦拔
Nguyễn thái Học 阮太学
Nguyễn Thanh 阮清
Nguyễn thành Ý 阮诚意
Nguyễn Thân 阮绅
Nguyễn thất Lý 阮七里
Nguyễn thế Lộc 阮世禄
Nguyễn thiện Thuật 阮善述
Nguyễn Thiệp 阮浃
Nguyễn thiệu Tri 阮绍知
Nguyễn thọ Trường 阮寿长
Nguyễn thủ Tiệp 阮守捷
Nguyễn Thuật 阮述
Nguyễn Thuyên 阮诠
Nguyễn Trãi 阮廌
Nguyễn Trang 阮庄
Nguyễn tri Phương 阮知方
Nguyễn Triêm 阮霑
Nguyễn trọng Hợp 阮仲合

Nguyễn trung Diễn 阮忠演
Nguyễn trung Ngạn 阮忠彦
Nguyễn Trực 阮直
Nguyễn trương Hiệu 阮张效
Nguyễn trường Tộ 阮长祚
Nguyễn văn Bột 阮文勃
Nguyễn văn Chân 阮文真
Nguyễn văn Chính 阮文政
Nguyễn văn Danh 阮文名
Nguyễn văn Đà 阮文佗
Nguyễn văn Giai 阮文阶
Nguyễn văn Giáp 阮文甲
Nguyễn văn Hiếu 阮文孝
Nguyễn văn Hòa 阮文和
Nguyễn văn Hoằng 阮文弘
Nguyễn văn Huấn 阮文训
Nguyễn văn Huệ 阮文惠
Nguyễn văn Kiên 阮文坚
Nguyễn văn Khiêm 阮文谦
Nguyễn văn Khuê 阮文奎
Nguyễn văn Lang 阮文郎
Nguyễn văn Liêm 阮文廉
Nguyễn văn Nghĩa 阮文义
Nguyễn văn Nhàn 阮文闲
Nguyễn văn Nhân 阮文仁
Nguyễn văn Quế 阮文桂
Nguyễn văn Quyên 阮文涓
Nguyễn văn Tính 阮文性
Nguyễn văn Tâm 阮文心
Nguyễn văn Tông 阮文宗
Nguyễn văn Tứ 阮文赐
Nguyễn văn Tường 阮文祥
Nguyễn văn Thái 阮文泰
Nguyễn văn Thành 阮文诚
Nguyễn văn Thận 阮文慎
Nguyễn văn Thịnh 阮文盛
Nguyễn văn Thuỵ 阮文瑞
Nguyễn văn Thuyên 阮文诠
Nguyễn Vân Thắng 阮文胜
Nguyễn văn Trị 阮文治
Nguyễn văn Trọng 阮文仲
Nguyễn văn Trương 阮文张
Nguyễn văn Vận 阮文运
Nguyễn văn Vĩ 阮文伟
Nguyễn văn Xuân 阮文春
Nguyễn Vân Thắng 阮云胜
Nguyễn viết Thành 阮曰成
Nguyễn viết Triệu 阮曰肇
Nguyễn-vương 阮王
Nguyễn Uông 阮汪
Nguyễn Xí 阮炽
Nguyễn Xuân 阮春
Nguyễn xuân Ôn 阮春温
Ngũ-Hồ 五胡
Ngũ-kiều 伍桥
Ngũ-lĩnh 五岭
Nguỵ khắc Đản 魏克憻
Ngụy Thức 魏拭
Ngự-chế thi-văn 御制诗文
Ngưu Hống 牛吼
Nghệ-an 乂安
Nghệ-an-lộ 乂安路
Nghệ-an-trấn 乂安镇
Nghệ-tịnh 乂静
Nghi-xuân 宜春
Nghiêm bá Ký 严伯冀
Nghĩa Tĩnh 义净
Nha-trang 芽庄
Nhà Lê 黎朝
Nhà Mạc 莫朝
Nhà Ngô 吴朝
Nhà Nguyễn 阮朝
Nhà Thục 蜀朝
Nhà Tiền-Lê 前黎朝

Nhà Triệu 赵朝
Nhâm Diên 任延
Nhâm Năng 任能
Nhâm Ngao 任嚣
Nhân-huệ Hoàng-Đế 仁惠皇帝
Nhân-mục 仁睦
Nhật-bản 日本
Nhật-lệ 日丽
Nhật-nam 日南
Nhị-hà 珥河
Nhiệt-hà 热河
Nho-giáo 儒教
Nhuỵ-kiều tướng quân 蕊娇将军

O

Ô-đống（Oudon） 乌栋
Ông ích Khiêm 翁益谦
Ô-lý 乌哩（州）
Ô mã Nhi 乌马儿

P

Page 吧喻（少将）
Palanca 坡陵歌（上校）
Palestine 巴勒斯坦
Paul Bert 琨玻（统督）
P. Busomi 比索米（教士）
P. Cultru 居尔特吕
Paris 巴黎
Patenòtre 巴德诺（公使）
Pavie 帕微
Pellerin 潘勒林（主教）
Pelletier 珀勒蒂埃（少校）
Pénang 槟榔屿
Pépin le Bref 丕平（国王）
Phả-lại 普赖
Phạm bạch Hổ 范白虎
Phạm Bính 范炳
Phạm bỉnh Di 范秉彝
Phạm công Hưng 范公兴
Phạm công Thế 范公势
Phạm công Trị 范公治
Phạm công Trứ 范公著
Phạm cự Lượng 范巨俩
Phạm chi Hương 范芝香
Phạm chư Nông 范诸农
Phạm Dật 范逸
Phạm Du 范猷
Phạm dương Mại 范阳迈
Phạm đầu Lê 范头黎
Phạm Điền 范田
Phạm đình Thiện 范廷僐
Phạm đình Trọng 范廷重
Phạm Đồn 范屯
Phạm Hạc 范鹤
Phạm Hiến 范宪
Phạm hồ-Đạt 范胡达
Phạm Hùng 范熊
Phạm Kiện 范健
Phạm khả Vĩnh 范可永
Phạm lịnh Công 范令公
Phạm Lương 范梁
Phạm nê Ta 范跜些
Phạm Ngạn 范彦
Phạm ngô Cầu 范吴俅
Phạm nguyên Khôi 范元瑰
Phạm ngũ Lão 范五老
Phạm ṅhư Tùng 范如松
Phạm sư Ôn 范师温
Phạm phạm Chí 范梵志
Phạm Phật 范佛
Phạm Phòng Át 范防遏
Phạm phú Thứ 范富庶
Phạm tất Toàn 范必全
Phạm Tu 范修

Phạm thận Duật　范慎遹
Phạm thế Căng　范世矜
Phạm thế Hiển　范世显
Phạm Thứ　范恕
Phạm trấn Long　范镇龙
Phạm Văn　范文
Phạm văn Đăng　范文登
Phạm văn Điển　范文典
Phạm văn Lý　范文理
Phạm văn Khoái　范文快
Phạm văn Nhân　范文仁
Phạm văn Tham　范文参
Phạm văn Xảo　范文巧
Phạm Vấn　范问
Phạm vụ Mẫn　范务敏
Phan bá Đạt　潘伯达
Phan bá Phụng　潘伯奉
Phan bá Vành　潘伯鑅
Phan Ban　潘般
Phan bội Châu　潘佩珠
Phan chu Trinh　潘周桢
Phan đình Bình　潘廷评
Phan Đạt　潘达
Phan đình Phùng　潘廷逢
Phan đình Tuyển　潘廷选
Phan huy Chú　潘辉注
Phan huy ích　潘辉益
Phan huy Vịnh　潘辉泳
Phan Kiêm Toàn　潘兼全
Phan khải Đức　潘启德
Phan Lang　潘郎
Phan-lang giang　潘郎江
Phan Lân　潘邻
Phan-lý (Phan-ri)　潘里
Phan Liêm　潘廉
Phan Liêu　潘僚
Phan Mỹ　潘美
Phan Ngạn　潘彦
Phan Nha Văn Sản　丕雅冤产
Phan phù Tiên　潘孚先
Phan quí Hữu　潘季祐
Phan-rang　潘郎
Phan-ri　潘里
Phan sĩ Thục　潘仕俶
Phan tam Tỉnh　潘三省
Phan thanh Giản　潘清简
Phan-trấn-dinh (Gia-định)　潘镇营（嘉定）
Phan trọng Mưu　潘仲谋
Pnan văn Lân　潘文璘
Phan văn Tuế　潘文岁
Phan văn Thúy　潘文璻
Phan văn Trị　潘文治
Phan Tiếp　樊楫
Phao-sơn　抛山
Pháp-Hiển　法显
Pháp-lan-tây (France)　法兰西
Phật　佛
Phật giáo　佛教
Phật-Kim　佛金
Phật-Mã　佛玛
Phật-quốc-kỳ　《佛国记》
Phật-thệ　佛誓
Phép bảo giáp　保甲法
Phép bảo Mã　保马法
Phép miễn dịch　免役法
Phép thanh miêu　青苗法
Phép thị dịch　市易法
Phế-đế　废帝
Philastre　霍道生（菲拉斯特，刑律统察）
Philippe II　菲力普二世（西班牙国王）
Philippe Auguste　腓力·奥古斯都
Philippe le Bel　腓力四世
Phi-luật-tân (Philippines)　菲律宾
Phi Nha Chất Trí　丕雅质知

Phiên-an（Gia-định） 潘安（嘉定）
Phiên-ngung 番禺
Phiên-trấn 藩镇
Phnom-Penh 金边
Phong-Châu 峰州
Phong-Khê 封溪
Phong-vương 疯王
Phố-hiến 宪庯
Phú-lĩnh 富令（关）
Phú-lương 富良
Phú-yên 富安
Phú-quốc 富国（岛）
Phú-túc（Pursat） 菩萨（城）
Phú-xuân 富春
Pnú-xuyên 富川
Phúc-an 福安
Phúc-châu 福州
Phúc-lâm 福临
Phúc-lộc 福禄
Phúc-lộc châu 福禄州
Phúc-Kiến 福建
Phúc khang An 福康安
Phúc-vương 福王
Phủ Bình-khang 平康府
Phủ Đoan-hùng 端雄府
Phủ Hoài-đức 怀德府
Phủ Khoái-châu 快州府
Phủ Kiến-xương 建昌府
Phủ Lạng-thương 谅沧府
Phủ Quảng-hóa 广化府
Phủ Tương-dương 襄阳府
Phủ Yên-bình 安平府
Phù-đổng Thiên-vương 扶董天王
Phú-ly（Phú-cát） 符离（符吉）
Phù-nam 扶南
Phù-sơn 浮山
Phù-ủng 扶拥（村）

Phù-vân（Chùa） 浮云（寺）
Phúc-ninh 福宁
Phục-hi thị 伏羲氏
Phùng An 冯安
Phùng Chương 冯章
Phùng Hưng 冯兴
Phùng khắc Khoan 冯克宽
Phùng Mại 冯迈
Phùng tử Tài 冯子材
Phụng 奉（贼）
Phụng-thiên 奉天
Phương Chính 方政
Phường-đúc 铸造坊
Phụng-nhỡn 凤眼
Phra Naroi 纳雷王
Poidichéry 本地治里（城）
Poivre 波福尔
Puginier 皮吉尼埃（主教）
Pu Kầm-Bô 波贡博
Prudhomme 巴躭（少将）

Q

Quách Bốc 郭卜
Quách gia Gi 郭加彝
Quách Quì 郭逵
Quách tất Công 郭必功
Quách tất Tế 郭必济
Quách thịnh Đật 郭盛溢
Quan-công 关公
Quan-du 关游
Quan-gia 关耶（屯）
Quan-lang 官郎
Quan tá Đình 关佐庭
Quản-tử 管子
Quang sở Khách 光楚客
Quang-tự 光绪
Quang-Trị 光治

Quang-trung　光中
Quang-vũ　光武
Quảng-bình　广平
Quảng-châu　广州
Quảng-đông　广东
Quảng-khê　广溪
Quảng-yên　广安
Quảng-nam　广南
Quảng-nam doanh　广南营
Quảng-nam quốc　广南国
Quảng-nguyên　广源
Quảng-nghĩa　广义
Quảng Nghĩa Đường　广义堂
Quảng-oai　广威
Quảng-tây　广西
Quảng-trị　广治
Quảng-uyên　广渊
Quân-thần　君臣（洲）
Quần-anh　群英（村）
Quế-lâm　桂林
Quế-vương　桂王
Qui-hoá（sông）　归化（江）
Qui-hợp　归合
Qui-nghĩa　归义
Qui-nhơn　归仁
Quí-châu　贵州
Quí-do　贵由
Quĩ　頠（简定帝）
Quì-châu　葵州
Quốc-oai　国威
Quốc-sử tục biên　《国史续编》
Quốc-sử thực-lục　《国史实录》
Quốc-tổ-chương-hoàng　国祖章皇
Quyết-dũng　决勇（山）

R

Rama　拉玛
Rạch-giá　沥架（迪石）
Rheinart　黎那
Réunion　留尼汪（岛）
Richaud　里肖（总督）
Rigault de Genouilly　黎峨（里戈・德・热诺伊利）
Robert　罗伯特（使臣）
Rogerot　罗热洛（教士）
Roon　弄
“Rose”　“玫瑰”号
Rouen　鲁昂
Rousseau　卢梭（总督）
Roussel de Courcy　罗塞尔・德・可尔西（中将）
Roze　罗泽（少将）
Russier　茹西埃尔

S

Sa-đéc　沙沥
Saint Louis　圣・路易斯
Saint Joseph　“圣・约瑟夫”号
Saint Paul　圣・保罗
Saint Pierre　圣・彼得
Sa-thôi　沙堆
Sarget et Cie　萨热公司
Savannakhet　沙湾那吉
Sạ Đẩu　乍斗
Sài-côn　柴棍（西贡）
Sài-gòn　柴棍（西贡）
Sài-mạt　柴末
Sài Thung　柴椿
Sát Đát　杀鞑
Sầm-châu　岑州
Sầm-nứa　岑挪
Sầm nghi Đống　岑宜栋
Sầm-tộ　岑祚
Schmitz　施来茨（上尉）
Sénés　西内（中校）
Servière　塞维埃（少校）

Sy-ly-nha 沙离牙
Silvestre 西尔韦斯特
Simon 西蒙
Si-Vattha 西・伏塔
Sĩ Huy 士徽
Sĩ Nhiếp 士燮
Sĩ Tứ 士赐
Siêu-loại 超类
Sóc-sơn 朔山
Sơn-hải-quan 山海关
Sơn-nam 山南
Sơn-tây 山西
Sơn-tây（tàu）"山西"号（船）
Sơn-tinh, Thủy-tinh 山精，水精
Sơn Thọ 山寿
Sô Si 刍痴
Sông Bình-than 平滩江
Sông Cái 丐江
Sông Cầu 梂江
Sông Chảy 斋江
Sông Cổ-cắng 古沍江
Sông Đáy 底江
Sông Đại-nha 大鸦江
Sông Đại-than 大滩江
Sông Đồ-lê 阇黎江
Sông Đuống 墩河
Sông Gianh 灡江
Sông Lục-đầu 陆头江
Sông Lý-nhân 莅仁江
Sông Nam-triệu 南赵江
Sông Ngạn-sâu 岸深江
Sông Ngũ-bồ 五蒲江
Sông Thái-Bình 太平江
Sông Thao 洮江
Sông Thiên-mạc 天幕江
Sông Thương 沧江
Sông Tiết-la 屑罗江
Sơn-la 山萝
Sùng-hiền-hầu 崇贤侯
Sùng-Lãm 崇缆
Sứ-quân 使君

T

Tả-ao 左澳（村）
Tả-bang 左邦
Tả-bảo 左宝（乡）
Tả tôn Đường 左宗棠
Tả trà Viên 左茶员
Tạ danh Thùy 谢名垂
Tạ Hiện 谢现
Tạ kế Quí 谢继贵
Tạ kính Bưu 谢敬彪
Tạ quang Cự 谢光巨
Tạ văn Phụng 谢文奉
Tây An-nam dinh 西安南营
Tây-ban-nha（Espagne） 西班牙
Tây-dương-Kiều 西阳桥
Tây đạo 西道
Tay-đô 西都
Tây-Hạ 西夏
Tây Hán 西汉
Tây-hồ 西湖
Tây-kết 西结
Tây-ninh 西宁
Tây-phú-liệt 西扶烈
Tây Thục 西蜀
Tây-quân 西军
Tây-sơn 西山
Tây-sơn-vương 西山王
Tam-đái 三带
Tam đảo 三岛（山）
Tam-điệp 三叠（山〉
Tam-động và lạc-phàn（vạn-tượng） 三峒和乐凡（属万象）

Tam-đường (giặc)　三堂（贼）
Tam-giang　三江
Tam-miêu　三苗
Tam-phụ　三埠
Tam-quốc　三国
Tam-tạng Kinh　三藏经
Tầm-bôn　寻奔（府）
Tầm-bồn　寻溢
Tầm-châu　寻州
Tầm-phong-long　寻枫龙
Tản-viên　伞圆（山）
Tân-an　新安
Tân-bình　新平
Tân-bình-phủ　新平府
Tân-châu　新洲
Tân-châu-đạo　新洲道
Tân-hưng　新兴
Tân-phong　新丰
Tân-sở　新所
Tân-xương　新昌
Tấn　晋
Tấn Mục-đế　晋穆帝
Tần　秦
Tần cảnh Hiến　秦景宪
Tần Thỉ-hoàng　秦始皇
Tập Đình　集亭
Tăng　僧（太子）
Tăng-đạo-tí　僧道司
Tăng quốc Phiên　曾国藩
Tăng Sâm　曾参
Tàu-Ô　海盗船（水匪）
Tế　济（寇）
Tế-giang　细江
Tề　齐（朝）
Tề bố-Sâm　齐布森
Tích-lan (Ceylan)　锡兰
Tích lệ　昔戾
Tích Quang　锡光
Tiêm-la　暹罗
Tiên-du　仙游
Tiên-hoàng-đế　先皇帝
Tiền Lê　前黎
Tiền Lý　前李
Tiền-Lý Nam-đế　前李南帝
Tiền Ngô Vương　前吴王
Tiết Tụ　薛聚
Tiêu Chú　肖注
Tiêu Tư　肖谘
Tiêu triều Quí　肖朝贵
Tinh-thần　精神（洲）
Tinh Thiều　并韶
Tính-lý đại-toàn　《性理大全》
Tỉnh Hưng-yên　兴安省
Tỉnh Ninh-bình　宁平省
Tỉnh Vĩnh-yên　永安省
Tĩnh-hải　静海
Toyon　托伊翁（上校）
Toa Đô　唆都
Tortuyaux　托尔蒂约（神甫）
Toulon　土伦
Tô Dam　苏缄
Tô Định　苏定
Tô Hiến Thành　苏宪诚
Tô-lịch　苏沥（江）
Tô Tứ　苏泗
Tô trung Từ　苏忠词
Tôn Đản　尊亶
Tôn-hải　尊海（城）
Tôn Miện　孙沔
Tôn-nhân-phủ　尊人府
Tôn Quyền　孙权
Tôn sĩ Nghị　孙士毅
Tôn toàn Hưng　孙全兴
Tôn-thất Bá　尊室灞

Tôn-thất Cúc　尊室菊
Tôn-thất Đạm　尊室澹
Tôn-thất Đính　尊室订
Tôn-thất Hội　尊室会
Tôn-thất Hợp　尊室铪
Tôn-thất Nghị　尊室议
Tôn-thất Phan　尊室瀋
Tôn-thất Tiệp　尊室捷
Tôn-thất Tuệ　尊室穗
Tôn-thất Thiệp　尊室涉
Tôn-thất Thuyết　尊室说
Tôn-thất Triệt　尊室澈
Tôn vĩnh Thanh　孙永清
Tôn Võ-tử　孙武子
Tông Xác　宗悫
Tống　宋
Tống hữu Đại　宋有大
Tống phúc Hợp　宋福洽
Tống phúc Khang　宋福康
Tống Phúc Khê　宋福溪
Tống phước Khuông　宋福匡
Tống phước Lương　宋福梁
Tống Thái-tổ　宋太祖
Tống Thần-tông　宋神宗
Tống Vân　宋云
Tống viết Phúc　宋曰福
Tổng-đốc Chu　总督朱
Tú Cao　秀高
Tuần-muội　巡味
Tuần-lễ　循礼
Tùy　隋
Tuy-động　崒洞
Tuyên-quang　宣光
Tuyến Kha　线哥
Tùng-châu　丛州（乡）
Tư-khấu Định　司寇定
Tư-khấu Uy　司寇威
Tư-minh　思明
Tứ-Kỳ　四岐（县）
Từ diên Húc　徐延旭
Từ-dụ　慈裕（太后）
Từ đạo Hạnh　徐道行
Từ Hanh　徐亨
Từ-huấn-lục　《慈训录》
Từ-liêm　慈廉
Từ-Mục　徐穆
Tự-đức　嗣德
Tự-học diễn-ca　《字学演歌》
Tương　锵（贼）
Tượng lâm　象林
Tượng-quận　象郡
Thạch Đái　石戴
Thạch-lâm　石临
Thái Am　蔡愔
Thái-bình　太平
Thái-bình diên-yến　太平筵宴
Thái-bình-dương　太平洋
Thaí-bình thiên-quốc　太平天国
Thái công Triều　蔡公朝
Thái-hòa　太和（殿）
Thái Kinh　蔡京
Thái-Khang　太康
Thái-nguyên　太原
Thái Phúc　蔡福
Thái Tập　蔡袭
Thái-tử Án　太子宴
Thái-tử Hoảng　太子晃
Thái-tử Khâm　太子昑
Thái-tử Mạnh　太子奤
Thái-tử Sam　太子昆
Thanh　清
Thanh Cao-tông（Càn-long）　清高宗（乾隆）
Thanh-đàm　清潭

Thanh Đức-tông（Quang-tự） 清德宗（光绪）
Thanh-hà 青河
Thanh-hóa 清化
Thanh-lang 清朗（乡）
Thanh-lâm 青林
Thanh Mục-tông（Đồng-trị） 清穆宗（同治）
Thanh Nhân-tông（Gia-khánh） 清仁宗（嘉庆）
Thanh-oai 清威
Thanh-quyết-giang 青厥江
Thanh Thánh-tổ（Khang-hi） 清圣祖（康熙）
Thanh Thế-tổ（Thuận-trị） 清世祖（顺治）
Thanh Thế-tông（Ung-chính） 清世宗（雍正）
Thanh thủy 清水
Thanh-trì 清池
Thanh Tuyên-tông（Đạo-quang） 清宣宗（道光）
Thanh Văn-tông（Hàm-phong） 清文宗（咸丰）
Thánh Gióng 柊圣（扶董天王）
Thành 成（山贼）
Thành-cát Tư-hãn 成吉思汗
Thành La-yêm 卢淹城
Thành-Lâm 成林
Thành Kỳ-ôn 丘温城
Thành Tây-đô 西都城
Thành-thái 成泰
Thành-vương 成王
Thang-châu 湯州
Thăng-long 升龙
Thẩm-dương 沈阳
Thẩm Khởi 沈起
Thân Bất-hại 申不害
Thân Duy-Nhạc 申维岳
Thân Lợi 申利
Thân nhân Trung 申仁忠
Thân trọng Huề 申仲僡
Thân văn Quang 申文觥
Thần-nông 神农
Thần-nông thị 神农氏
Thập-điều 《十条》
Thập-nhì Sứ-quan 十二使君
Thất-khê 七溪
Thất-kỳ-giang 七岐江
Thétis “泰蒂斯”号
Thi Giảo 尸佼
Thi-lang 施郎
Thi-lãng 施浪
Thi-Sách 诗索
Thị-dã 柿野
Thị-Kiều 市桥
Thị-nại 尸耐（海口）
Thích-ca Mầu-ni 释迦牟尼
Thiên-cực công-chúa 天极公主
Thiên-chúa 天主
Thiên-địa-hội 天地会
Thiên-đức 天德
Thiên-Kiện 天健（山）
Thiên-hộ Dương 千户杨
Thiên-mụ 天姥（寺）
Thiên-quan 天关
Thiên-sách-vương 天策王
Thiên-tân 天津
Thiên Tộ 天祚
Thiên-trúc 天竺
Thiên-trường 天长
Thiết-mộc-chân 铁木真
Thiệu-trị 绍治
Thọ Hương 寿香
Thọ-xuân 寿春
Thoát Hoan 脱欢

Thổ-phồn 吐蕃
Thôi Tụ 崔聚
Thông 通（寇）
Thuần 偆（太子）
Thuận-an 顺安
Thuận-bài 顺排（屯）
Thuận-châu 顺州
Thuận-hóa 顺化
Thuận-thành-trấn 顺城镇
Thuận-thiên công-chúa 顺天公主
Thủ-dầu-một 守油没
Thục 蜀
Thục An-dương-vương 蜀安阳王
Thục-vương Phán 蜀王泮
Thúy-Kiều（truyện）《翠翘传》
Thủy-đương 水棠（县）
Thủy-vân tùy-bút 《水云随笔》
Thừa-thiên 承天
Thương 商
Thương-ngô 苍梧
Thương Uởng 商鞅
Thượng duy Thăng 尚维升
Thượng-hải 上海
Thượng-hồng 上洪
Thượng-kế 上蓟
Thượng-lang 上琅
Thượng-phúc 上福
Trà-bát 茶八（村）
Trà-hương 茶乡
Trà-khúc 茶曲
Trà-long 茶龙
Trà-Ôn 茶温
Trà-sơn 茶山
Trà Toàn 茶全
Trà-và（Java） 爪哇
Trà-vinh 茶荣
Trang-tử 庄子
Trang Trợ 庄助
Trạng Trình 状〔元〕程
Trấn-biên 镇边
Trấn-biên-dinh（Biên-hòa） 镇边营（边和）
Trấn-định 镇定
Trấn-giang 镇江
Trấn Hạ-sách 下策镇
Trấn-hải 镇海
Trấn-nam 镇南
Trấn-ninh 镇宁
Trấn-tây 镇西
Trấn-tây-thành 镇西城
Trấn-tịnh-phủ 镇靖府
Trấn-vĩnh 镇永
Trần 陈
Trần an Bình 陈安平
Trần Anh-tông 陈英宗
Trần bá Lộc 陈伯禄
Trần bá Tiên 陈霸先
Trần bách Niên 陈百年
Trần bình Trọng 陈平仲
Trần Cảnh 陈煚
Trần Cao 陈暠
Trần Chân 陈真
Trần công Ninh 陈公宁
Trần di Ái 陈遗爱
Trần Dụ-tông 陈裕宗
Trần Duệ-tông 陈睿宗
Trần đình Cẩm 陈廷锦
Trần đình túc 陈廷肃
Trần đức Hòa 陈德和
Trần hi Tăng 陈希曾
Trần Hiến-tông 陈宪宗
Trần Hiệp 陈洽
Trần-Hoảng 陈晃
Trần huy Lâm 陈辉林
Trần huy Phác 陈辉朴

Trần huy Sách 陈辉册
Trần Hoằng 陈弘
Trần Húc 陈旭
Trần Hưng-đạo-vương 陈兴道王
Trần hữu Lượng 陈友谅
Trần ích Tắc 陈益稷
Trần Kiện 陈键
Trần Khang 陈康
Trần khánh Dư 陈庆余
Trần khánh Tiến 陈庆洊
Trần khát Chân 陈渴真
Trần khắc Chung 陈克终
Trần Khâm 陈昑
Trần Lãm 陈览
Trần Lăng 陈陵
Trần Lý 陈李
Trần Liên 陈联
Trần Liễu 陈柳
Trần Lưu 陈榴
Trần Minh-Công 陈明公
Trần Minh-tông 陈明宗
Trần ngọc Hậu 陈玉厚
Trần nguyên Đán 陈元旦
Trần nguyên Đào 陈元 祷
Trần nguyên Hãn 陈元扞
Trần nguyên Hãng 陈元沆
Trần nguyệt Hồ 陈月湖
Trần Nghệ-tông 陈艺宗
Trần Nhạc 陈缶
Trần Nhân-Tông 陈仁宗
Trần nhật Duật 陈日燏
Trần nhật Hiệu 陈日皎
Trần nhật Vĩnh 陈日永
Trần Nhuế 陈芮
Trần Phế-Đế 陈废帝
Trần Phong 陈封
Trần Phu 陈孚
Trần quang Diệu 陈光耀
Trần quang Hoán 陈光浣
Trần Quang-Khải 陈光启
Trần Quí-Khoách 陈季扩
Trần quốc Chân 陈国瑱
Trần Quốc-Toại 陈国遂
Trần quốc Toản 陈国瓒
Trần quốc Tuấn 陈国峻
Trần Tấn 陈瑨
Trần tiễn Thành 陈践诚
Trần Tuấn 陈濬
Trần tú Viên 陈秀媛
Trần Tùng 陈松
Trần tự Khánh 陈嗣庆
Trần Thái-hậu 陈太后
Trần Thái-tông 陈太宗
Trần Thánh-tông 陈圣宗
Trần thế Hưng 陈世兴
Trần Thì 陈辰〔时〕
Trần thiên Bình 陈添平
Trần Thiếu-đế 陈少帝
Trần thủ Độ 陈守度
Trần Thuận-tông 陈顺宗
Trần thúc Nhẫn 陈叔讱
Trần Thuyên 陈烇
Trần Thự 陈曙
Trần Thừa 陈承
Trần thượng Xuyên 陈上川
Trần Trí 陈智
Trần triệu Cơ 陈肇基
Trần Trung 陈忠
Trần trung Tá 陈忠佐
Trần Tuân 陈珣
Trần Trùng-quang 陈重光
Trần văn Chuẩn 陈文准
Trần văn Dự 陈文璵
Trần văn Kỷ 陈文纪

Trần văn Lộng　陈文弄
Trần văn Năng　陈文能
Trần văn Tín　陈文信
Trần văn Tình　陈文情
Trần văn Tha　陈文他
Trần nhật Vĩnh　陈日永
Trần xuân Soạn　陈春撰
Trận 阵（贼）
Tri-huyện Toại　知县遂
Trịnh Bách　郑柏
Trịnh Bảng　郑榜
Trịnh Bồng　郑樬
Trịnh Cán　郑檊
Trịnh Căn　郑根
Trịnh Cối　郑桧
Trịnh công Chứng　郑公证
Trịnh Công-lộ　郑公路
Trịnh Cương　郑棡
Trịnh Doanh　郑楹
Trịnh duy Đại　郑惟岱
Trịnh duy Tuấn　郑惟俊
Trịnh Đỗ　郑杜
Trịnh Gia　郑嘉
Trịnh Giang　郑杠
Trịnh hoài Đức　郑怀德
Trịnh Hưng　郑兴
Trịnh Hựu　郑侑
Trịnh Kỳ　郑旗
Trịnh Kiểm　郑检
Trịnh Kiều　郑桥
Trịnh Khả　郑可
Trịnh Khải　郑楷
Trịnh Lệ　郑棣
Trịnh Nhạc　郑岳
Trịnh quốc Anh　郑国英
Trịnh Sâm　郑森
Trịnh Tạc　郑柞
Trịnh Tế　郑济
Trịnh Toàn　郑樶
Trịnh Tụy　郑倭
Trịnh tự Quyền　郑自权
Trịnh thế Công　郑世功
Trịnh Tráng　郑梉
Trịnh Trượng　郑杖
Trịnh văn Hải　郑文海
Trịnh Xuân　郑椿
Trịnh Yển　郑偃
Trình bằng Phi　程鹏飞
Trình chí Sâm　程志森
Trịnh Cố　呈固
Triều-châu　潮州
Triệu　赵
Triệu Ai-vương　赵哀王
Triệu Ẩu　赵妪
Triệu Dương vương　赵阳王
Triệu Đà　赵佗
Triệu-Khánh　肇庆
Triệu Khuông Dận　赵匡胤
Triệu Minh-vương　赵明王
Triệu nặc Mi　赵诺眉
Triệu-phong　肇丰
Triệu quang Phục　赵光复
Triệu quốc Đạt　赵国达
Triệu Tiết　赵卨
Triệu Túc　赵肃
Triệu Trung　赵忠
Triệu Văn vương　赵文王
Triệu Võ-vương　赵武王
Triệu Việt-vương　赵越王
Triệu Xương　赵昌
Trọng Thỉ　仲始
Trúc　特吕克（领事）
Trúc-Khê　竹溪
Trung-hưng thực lục　《中兴实录》

Trung-Kỳ　中圻
Trung-quân　中军
Trực-lệ Quảng-đức doanh　直隶广德营
Trực Sâm　真森
Trựng Nhị　征贰
Trựng Trắc　征侧
Trương bá Ngọc　张伯玉
Trương bá Nghi　张伯仪
Trương cận Bang　张觐邦
Trương Chu　张舟
Trương đạo Lăng　张道陵
Trương đăng Quế　张登桂
Trương Định　张定
Trương đình Hội　张廷绘
Trương gia Hội　张嘉会
Trương Giác　张角
Trương hán Siêu　张汉超
Trương Hùng　张雄
Trương Khuông　张洭
Truong lập Đạo　张立道
Trương minh Giảng　张明讲
Trương Ngọc　张玉
Trương Phụ　张辅
Trương phúc Du　张福猷
Trương phúc Giáo　张福教
Trương phúc Loan　张福峦
Trương phúc Phượng　张福凤
Trương phúc Tấn　张福濒
Trương quang Đản　张光憻
Trương quang Ngọc　张光玉
Trương quang Thủ　张光首
Trương Quân　张均
Trương quốc Dụng　张国用
Trương sĩ Long　张士龙
Trương sĩ Thành　张士诚
Trương Tân　张津
Trương tiến Bảo　张进保
Trương thủ Tiết　张守节
Trương thụ Thanh　张树声
Trương Trọng　张重
Trương trọng Hoà　张仲和
Trương văn Ban　张文班
Trương văn Đa　张文多
Trương văn Hổ　张文虎
Trương văn Uyên　张文琬
Trương vĩnh Ký　张永记
Trường-an　长安
Trường-dục　长育（垒）
Trường-bạch-bộ　长白部
Trường-Châu　长州
Trường-Sa-vương　长沙王
Trường-sơn　长山
Trường-thi　考场
Trường-giang　长江

U

Uất-lâm　郁林
Ung-châu　邕州
Ưng Lịch　膺壢
Uy　威（司寇）

V

Vannier（Nguyễn Văn Chấn）　瓦尼埃（阮文震）
Vasco de Gama　瓦斯科・达・伽马
Vassoigne　瓦苏瓦涅（少将）
Vạn-Hạnh　万行
Vạn Kiếp　万劫
Vạn-tượng　万象
Vạn-thắng vương　万胜王
Vạn-thọ　万寿
Vạn-xuân　万春
Văn Đình Ức　文廷亿
Văn đức Khuê　文德奎

Văn-giang（đê） 文江（堤）
Văn-hiến-hầu 文献侯
Văn-lang 文郎
Văn-minh（điện） 文明（殿）
Văn-tử 文子
Văn-thân 文绅
Vân-đồn 云屯
Vân-nam 云南
Vân-phong 云峰
Vân-trung（Bảo-lạc） 云中（保乐）
Versailles 凡尔赛（宫）
Verret 韦利
Vệ-sơn 卫山
Vi Lạng 韦亮
Vi Long 渭龙
Vi trọng Tể 韦仲宰
Vi-hoàng 渭潢
Victor Ollivier（Ông Tín） 维克多·乌离为（信先生）
Vientiane 万象
Villeroi 维勒鲁瓦
Viên-minh 园明（园）
Viễn-đông 远东
Vĩnh-lại 永赖
Vĩnh-long 永隆
Vĩnh-tường 永祥
Vĩnh-yên 永安
Việt-minh 越盟
Việt-nam 越南
Việt-sử toàn-thư 《越史全书》
Việt-thác 越柝
Việt-thường 越裳
Việt-trì 越池
Võ-an-châu 武安州
Võ công Tể 武公宰
Võ đình Dung 武廷镕
Võ Đức Cát 武德葛
Võ Đức vương 武德王
Võ-nga-châu 武峨州
Võ Nhân 武仁
Võ phương Đề 武方瑅
Võ tá Giao 武佐瑶
Võ tá-Lý 武佐理
Võ Tính 武性
Võ Thước 武铄
Võ Trác Oánh 武卓莹
Võ trọng Bình 武仲平
Võ văn Giải 武文解
Võ văn Lượng 武文谅
Võ vĩnh Lộc 武永禄
Võ vĩnh Tái 武永再
Võ vĩnh Tiền 武永钱
Võ xuân Cẩn 武春谨
Vọng-các 望阁（曼谷）
Vô-Dật 《无逸（篇）》
Vũ di Nguy 武彝巍
Vũ Duệ 武睿
Vũ duy Ninh 武维宁
Vũ Đái 武带
Vũ-định 武定
Vũ-đường 武堂
Vũ huy Tấn 武辉瑨
Vũ Lương 武良
Vũ-ninh 武宁
Vũ như Tô 武如苏
Vũ như Quế 武如桂
Vũ-quang 雾光
Vũ Quỳnh 武琼
Vũ tá Kiên 武佐坚
Vũ tán Đường 武赞唐
Vũ Tảo 武早
Vũ trần Thiệu 武陈绍
Vũ trọng Bình 武仲平
Vũ văn Dũng 武文勇

Vũ văn Nhậm　武文任
Vũ văn Tiêu　武文镳
Vũ văn Thiêm　武文添
Vũ Vinh　武荣
Vũ-vương　武王
Vua Kiến-Phúc　建福帝
Vua Vũ-đế nhà Lương　梁武帝
Vương an Thạch　王安石
Vương án Quyền　王晏权
Vương Dục　王昱
Vương Hữu　王友
Vương Khoan　王宽
Vương Khôi　王恢
Vương Mãng　王莽
Vương Thông　王通
Vương Thức　王式
Vượng　旺（太子）
Vườn trầu　牛栏

W

Warnel　瓦尔涅（中将）

X

Xa-hổ　车虎
Xạ-Đẩu　乍斗
Xích-quỷ　赤鬼
Xích-thổ　赤土
Xô Si　刍痴
Xuân　椿（恭皇帝）
Xuân-thu　春秋
Xương-Thịnh　昌盛
Xương-giang　昌江

Z

Zant“桑特”号

附录　陈仲金与《越南通史》*

〔越〕陈文正　著　叶少飞　译　郑青青　校　王嘉　审

一

陈仲金的《越南通史》是第一部以拉丁国语字写作、使用新史学方法编撰的通史。陈仲金在负责《东洋杂志》的“学科”栏目时，撰写了小学阶段的“南史”篇章[①]，从1914年3月第43期开始连载，1917年结集为《初学安南史略》(*Sơ học An Nam sử lược*)。[②]1919年10月陈仲金在河内作序，1920年改名《越南通史》出版，该书深入浅出，引人入胜，是陈仲金在越南史学领域的集大成之作。出版至今，一直被视为文献可征、风格鲜明的信

---

* 陈文正(Trần Văn Chánh)，1954年生，越南胡志明市自由学者，从事越南文史研究和写作，曾编撰出版《汉越词典》等。本文为陈文正先生为2015年文学出版社(Nhà xuất bản Văn Học)再版“*Việt Nam sử lược*”作的序“Trần Trọng Kim và Việt Nam sử lược”，经作者同意译为汉语。戴先生因“*Việt Nam sử lược*”直译名《越南史略》与1958年翻译出版的明峥“*Sơ thảo lược sử Việt Nam*”译名《越南史略(初稿)》有所重复，故改称《越南通史》，此篇译文及后文《陈仲金〈越南通史〉与越南近代史学的发展》皆从戴可来先生译名，保留越南语原名，汉语正文及引文皆称《越南通史》。

① “南史”指越南本国史，越南古代称中国史为“北史”。——译者

② 武玉潘:《现代作家》，第二卷，西贡：升龙出版社，1960年，第208页。文下注释写道:“制成书籍并在家出售”，可知此书由作者自印。

史，是越南史学名著。

《越南通史》规模宏大，皇皇六百页，堪称鸿篇巨制，起自上古传说时期的鸿庞氏（公元前2879—前258年），讫于20世纪初法属殖民时期的1902年。全书内容精炼，详略得当，熔数千年历史于一炉。在1949年第3次修订版的最后，陈仲金又增加了一份仅一页多的"暂语"[①]，简略提及了1945年保大退位并移交政权给越盟政府期间越南抗法运动的史事。

在陈仲金之前，已经有几部根据后黎朝和阮朝的汉文编年史籍撰写的越南历史。此外还有张永记的法语著作《安南史记》（Trương Vĩnh Ký, *Cours d'Histoire Annamite*，西贡，1875）、西雷内《安南史纲》（Schreiner, *Abrégé de l'Histoire d'Annam*，西贡，1906）等[②]，这些著作陈仲金均曾参考引用[③]，但都已经不符合时代发展的需要。尽管《越南通史》未臻完美，但瑕不掩瑜，甫一出版，即受到了热烈欢迎。

① 之所以称为"暂语"，是因为陈仲金预定在已有章节之后继续撰述历史，但没有完成，他在"总结"部分的注释做了说明："从前我已准备接续这本书写一部史书，搜集了许多材料。不幸到丙戌年（1946年）末在河内发生战争，我的家被烧，书籍丧失殆尽，只得放弃，而不能再写。"（作者在第451页该注释之后写道："这条注释仅见于1954年3月的第五版，由陈仲金在1953年逝世之前添加。""暂语"为本文作者所称，即指《越南通史》的最后一部分"总结"。——译者）

② 此书由阮文闲（Nguyễn Văn Nhàn）翻译为越南语，题名《大南国略史》，由阿尔弗雷德·西雷内（Alfred Schreiner）在西贡出版并销售。越语序言中写道："西贡，1905年4月25日"，但外封则写道："根据法语第二版翻译为国语，由作者审校。"法语原本《安南史纲》外封则写道："西贡，1906年，第2次印刷。"

③ 两种法语史著的汉语名称及作者译名皆引自戴可来先生汉译本。另外，后文中所引"汉译本"，均为戴可来译《越南通史》（商务印书馆1992年版）。——译者

《越南通史》的"新"并非因其是第一部用国语字写成的通史[①]，最重要的是陈仲金最先参考西方史学的科学性和先进性来撰史，克服了中国传统编年体史书叙事零乱、结构松散的缺点。[②]陈仲金将越南历史根据不同阶段的特点分为相对客观的五个历史时期，前后相因，按照时间顺序将历史事件编撰为一个有机整体。此外，封建时代的史臣只关注帝王将相、皇后官僚的活动，以及皇权更迭、成王败寇之事，"国史"几乎就是权贵阶层的"家史"，完全缺少对人民生活和社会面貌的记载。而《越南通史》除了记述传统史书的内容，还开始注意到与人民实际生活紧密联系的史事，如科举、货币、度量、税收、法律、社会、风俗、信仰等，并写入书中。

在全书内容展开之前，陈仲金特地设置了一章关于越南的总论，介绍国号、位置和面积、地势、种类、起源、越南人、疆域开拓、越南历史等，这相当于一篇简短的引论，有助于读者快速掌握基本知识，更加容易地掌握越南民族的历史。

在撰写史书的过程中，陈仲金在必要的地方加入了一些相关背景知识，以便于读者理解历史事件的前后因果。比如在记述越

① 1913 年黄高启（Hoàng Cao Khải）在《东洋杂志》第 2 期至第 21 期连载《越南史要》（*Việt Nam sử yếu*），总计 159 页，但该书内容浅显，缺乏系统性。（黄高启，1850—1933 年，又名黄文启，字东明，号泰川，今越南河静省德寿县人。《越南史要》为汉语文言文撰写，越南国家图书馆藏 1914 年《越史要》刻本三卷，书中序与各卷均作《越南史要》。查阅 1913 年《东洋杂志》，皆为法语和国语字，并无汉字内容，此处注释可能有误。——译者）

② 陈仲金并非越南首位参考西方史学思想和方法的学者，之前已有吴甲豆《中学越史撮要》（1911 年）、黄高启《越史要》（1914 年）等著作运用部分西方史学理论和观点进行撰述。——译者

南与其他国家的关系时，就需要介绍中国、占城、暹罗、高棉、法国等国家的社会文化和政治背景。关于“北属”时期的历史，他又撰写了“三代和秦朝时的中国社会”（第一卷第三章）和“北属时代的结果”（第二卷第六章）；在记述李朝与宋朝的战争时，又叙述了宋朝王安石政治改革的历史（第三卷第四章）。特别是在第五卷“近今时代”中，撰述了极其重要的“嗣德末期越南的制度和情势”一章，有助于解释越南亡于法国的原因。

陈仲金在每个王朝终结或者一章结束之时，都会进行总结评论，臧否人物，从政治、人心向背、力量对比变化等层面做出分析，探讨历史发展的根源。对陈朝战胜元军、胡朝亡于明军、后黎朝失去王位等重大事件皆有深刻的认识。

《越南通史》在年代记述方面实现了一个创举，在以年、月、日记事的同时，又结合阴历、阳历和年号述史，这种清晰科学的著史方法成为后来者遵行的范本。陈仲金又在引用的史料后面附注汉字原文，人名、地名、官职名称以及需要的内容后面也标注汉字，以确保史事的正确性，且易于研究者检索对比，能够有效使用这些汉字资料。

在第四卷“自主时代”中，因后黎朝北郑南阮的局势极其复杂，陈仲金在撰述“纷争时期（1533—1788年）”的历史之前，在第一章“历朝纪略”中专门列表将同时期的郑、阮诸王、主展示出来，以呈现历代南北王、主的对峙形势，便于读者掌握其中的历史发展和演变过程。他将各家世系表插入书中，又绘制了六幅地图，与全书最后的年表一起，如同“提要”，读者阅读时可以据此提纲挈领，掌握史事，熟悉重要的历史人物和事件。可以肯定地说，因为历史叙述的科学性以及陈仲金卓越的才华，迄今为止仍无哪部著作可以和《越南通史》相提并论。

如陈仲金在序中所言，他在撰史及评史方面，尽量保持客观忠实的态度。他凭借史学家的良知修史，不站在哪个派系的立场上，因此赞扬及批判都很有分寸，并对敏感问题秉笔直书。如一直被阮朝的史家视为“伪西”的西山朝的正当性和正统问题，[①]陈仲金巧妙地寻找方法进行辩白：

> 对于某一时代的某一人物和某种思想，作者力图保持冷静以探究事实。间或有些地方作者把自己的见解商诸读者，例如有关西山朝名号的讨论，这是窃以为历史乃为国人所共有，绝非某家某姓之私，因此才应以公理为标准来评断每一件事情而不缘私情以违背这个公理。（汉译本第 4 页，本书第 5 页）

陈仲金强调：

> 我认为史学家的义务，应做详尽的考察和研究，然后根据事实来说话，不应根据自己的好恶而妄下判断。即使自己所厌恶之人某事做得对，也应赞扬之；而自己所钟爱之人某

① 1884 年后，法国逐渐在越南全境建立保护制度，对南圻、中圻、北圻执行不同的政策，同时保留了阮朝皇室和朝廷，阮朝史臣得以继续修撰史书，越南民间亦继续使用君主年号。直至 1945 年保大帝退位，阮朝才正式灭亡。——译者

事做得不对，则同样应贬谪之。（汉译本第 315 页，本书第 435 页）

在全书开篇描写越南人的时候，陈仲金毫不迟疑地指出了其优点和缺点。对于历代王朝历史中所论的的篡逆、奸恶之辈，若有可称道之处，陈仲金仍予以褒扬。他认为陈守度才干卓绝，胡季犛亦非寻常之人，从莫玉璘的遗言可见其人之忠厚，而后黎朝昭统帝满朝君臣皆是意志薄弱之人。陈仲金认为明命帝既有嘉言懿行，亦有恶迹昭彰，对一位孩童及两位外国人的判罪方式残暴失德。[1]他虽然贬斥尊室说为奸毒宵小，但称赞其二子尊室涉和尊室澹"确乎是少年英雄，庶可遮乃父之丑"（汉译本第 418 页，本书第 573 页）。

对于在国家历史及民族发展过程中发挥过重大作用的君主，陈仲金通常会在相关章节之初表彰其德行，如陈英宗、光中帝，以及阮朝的圣祖（明命）、宪祖（绍治）、翼宗（嗣德）。他的观点清晰明确：无论是身为君王还是国家元首，若才庸德匮就是害国害民！

陈仲金客观的著史态度在词语的运用上面也有所体现。他用词典雅考究，温和沉静，有史学家特有的缜密与审慎，旁观者清。他通常尊称历代君王为阁下（ngài），但对荒淫无度如黎襄翼、暴虐如黎龙铤（卧朝王）者则直呼其名，尽量不以"阁下"称之。

① 此即 1833 年至 1835 年南圻叛乱后，阮朝杀死神父麦商、客人麦进阶以及黎文僡 7 岁幼子之事，见汉译本第 330 页，本书第 455—456 页。——译者

亦因此故，陈仲金在叙述越南军队与法国殖民者的战争时，也站在客观的角度，以军衔职务称法国军官，如某上校、某中将，而不是用某个（tên）上校、一伙儿（bọn）法国殖民者这样的蔑视词语。[①]也许正是因为陈仲金这种"中庸"的态度，使得一些人产生了误解，谴责他是才优德劣的反动者，以致一段时间内他的著作在北方被禁止流传。然而每位仔细阅读《越南通史》的人，都会在严谨的叙述中感受到炽烈的情感，对阮知方、潘清简等清廉官员的钦佩，对黎直、潘廷逢等抗法勇士的奖叹，对为国家慷慨赴死的战士的热烈赞颂。尊室涉尽心竭力保护咸宜帝，为抵抗法国侵略而牺牲，尊室澹因为未能保护咸宜帝周全，致其被擒而自缢殉国，都让人不胜唏嘘。

陈仲金秉承"中庸"、"中立"的撰史方式和"中性"、"科学"的态度，根据客观历史记载修史，不偏不倚，不论其人属于哪个派系，都不以言辞刻意抹杀或过分吹捧。

另一方面，读者还可以感受到陈仲金在《越南通史》中倡导的不同寻常的主旨，以及在编撰考证过程中倾注的心血，激励爱国之心，鼓舞独立意志，期望民族自强，树立和平的精神和信念，因此他主张和平多于主战。这些思想不只在序中清晰表述，还在全书中多次强调。陈仲金在全书开篇的"越南国家"的第八条

---

① 对于"bọn"这个词，《越南通史》也很常用，但很多时候并没有贬义，而是如同古汉语"辈"的意思，如"莫挺之辈"、"旧臣张汉超、阮忠彦辈"。如果要表示贬义，陈仲金往往使用"nó（他、她、它的卑称）"或者"tên"，比如接受法国殖民者贿赂卖主求荣背叛咸宜帝的张光玉（tên Ngọc）。（张光玉事见汉译本第416—417页，本书第571—572页。——译者）

“越南历史”写道：

> 自从越南人立国至今，计有几千年，其间数度受中国人的统治，可是后来却能重建自主基业，并且仍然能够保持住本民族的特性，这就足以证明：我们的力量还不算很弱。虽然我们没有像别人那样建立过光辉的业绩，但是我们希望有朝一日也能建立起一个强盛的国家。
>
> 因此，记载我们祖国已经过去了的那些艰难岁月和变化，并且记述我国人民世世代代已做过的那些事业，使国人人人知之。（汉译本第 10 页，本书第 12—13 页）

在第五卷第十五章第九节“越南人的爱国心”中，陈仲金叙述了抵抗法国殖民者的英勇起义和革命运动，再次歌颂坚强的民族意志和炽热的爱国丹心。在全书最后的“总结”中，他饱蘸心血，对国家和民族的前途充满了忧虑和希望：

> 今天，越南国的命运仍掌握在法国人的手中，将来是好是坏未可卜知。但国人须知：大凡一个国家的生存进化，是在于国内之人的意志、忍耐和努力。因此，我们必须尽力学习，坚定信心，那么将来还是大有希望的。我们越南国曾有过比别人毫不逊色的文化，而且还有一部光荣的历史，然而只因一时之过失而遭衰弱卑下的境遇。假若我们知道利用自己固有的潜力和聪明好学之性以随时世而进化，何以我们不能有朝一日继承祖先之志而编织出一段较前更加美丽的历史呢？

有一点我们应该重新提出的是，我们应保持我们固有的好的东西，抛弃腐败的东西，模仿他人的长处，培育出我们民族的特殊的人格，并且与他人共进而不是混杂其间。欲得如此，我们必须分辨好坏，不追求外表的炫惑，而要同心协力做每件事，使其产生令人满意的效果。

任何一个国家都有交好运和厄运的时候，这是循环往复的规律。自古以来，从未见过哪个国家是永远的盛或永远的衰。当交了厄运的时候，国人仍坚定不移地保持求生存和进化的毅力，则日后无论如何都有振兴之日。我们都是雄貉氏后裔，如果我们懂得坚定心志，毫不动摇，难道我们就不能有朝一日具有光耀世界的地位吗？实现这样的希望是我们全体越南人共同的义务。（汉译本第425—426页，本书第582—583页）

《越南通史》亦有不足之处，此前一些研究者已经清楚指出来了。[①] 大概观点为：关于越南历史的分期有几处混乱而不合理，不应该将阮朝置入“近今时代”，而应列入“自主时代”；参考文献资料不够丰富，主要使用了20种左右的汉文史籍和法语著作，缺少对历史遗迹和文物的考查，也没有参考与历史相关的考古学、古典学、古生物学等学科知识和研究成果；对于后黎朝郑阮纷争和法属殖民时期的历史，很少使用报刊资料，也没有采用游记、

① 请参看武玉潘:《现代作家》，第二卷，第209—215页；范世伍:《越南文化史简约新编》，第三册，国学丛书，西贡，1965年，第288—293页。

回忆录、抄本手稿等资料；而19世纪以来的越南历史，则没有采用欧洲传教士、商人、军人记录的丰富资料，也未参考同期来越南的其他欧洲人的相关文献。

也有人在思想立场方面贬斥陈仲金没有摆脱陈腐的儒家伦理哲学和天命观思想，并以此判断忠逆正伪，在行文中对阮朝曲笔留情，对法国怯懦畏缩。

批评者所质疑的观点和思想在《越南通史》中都可以感受到，然而我们都有正当的理由谅解这些缺点。就天命观而言，很难清楚地判断在国家兴盛存亡过程中天命的因素发挥了多少作用。关于软弱与妥协的态度，我们知道陈仲金原本就是法国教育体系的公职人员[①]，《越南通史》撰写之时越南仍在阮朝封建制度的奴役之下。尽管百年前阮朝的权威在法国侵略之后减弱很多，但根据当时的观念，陈仲金名义上仍然是阮朝臣子。

1954年3月《越南通史》第5次印刷时，形势已经发生了很大的变化，陈仲金在第17页中删掉"大法国"的"大"字，称"法国"；其余的"中将官"、"全权总督官"等法国官员的称谓则删去"官"，或者改称"员"。[②]之前的"软弱"和"妥协"实际是必要的巧妙周旋，所谓"一步进两步退"，这样做实属万不得已！

陈仲金也在序中谦虚地承认该书尚有不足：

---

① 陈仲金自1911年9月从法国默伦师范学校（École Normale de Melun）毕业回国后，直到1921年被法国殖民者任命为北圻小学督查，一直从事教学工作。见范雄嵩：《陈仲金内阁的本质、角色与历史位置》，河内：国家政治出版社，2010年，第171页。——译者

② 越南语习惯在名词前加量词定语，这里的"官"和"员"都是法国人官职前所加的量词定语，"官"是尊称，"员"则为一般称谓。——译者

> 读者也应知道，这本书是本“史略”，只叙述那些重要的事件，以期有助于好学君子，总可谓聊胜于无。至若编出一部非常得体，研究和评论都极其详尽的历史，则要留待日后有才之士做出努力，以对我国的史学工作有所贡献。目前，我们是没有丝衣暂着布服，虽不雅观，却可御寒。（汉译本第4页；本书第5页）

然而正如文学研究专家范世伍所言：“我们这些批评者必须承认，陈仲金先生祈祝的‘丝衣’，直到现在我们仍然没有穿上身。”[①] 文学批评家少山在《批评论稿》中对《越南通史》的优点和缺点进行了恰当的概括：“我国旧史学缺点极多，没有剪裁史料的科学方法，史家修撰也无一定之规，历史著作缺少哲学精神。对于陈先生的《越南通史》，我认为不宜苛责过严，求全责备。其行文古雅劲峭，语言清晰，内容丰富，次序分明，概括曲间幽微，这是《越南通史》突出的优点。我断言在陈先生之后肯定有更多优秀的史家出现，然而现在我认为对这部《越南通史》而言当无出其右者。《越南通史》不仅是一部有价值的历史教科书，也是能够了解我国历史的普及性书籍。”[②]

武玉潘在评价《越南通史》时也有类似的意见：“虽称‘略’[③]，但却记述了我国各历史时期的完备史事，是价值很高的书籍。……

① 范世伍：《越南文化史简约新编》，第三册，国学丛书，第293页。

② 少山：《批评论稿》，南圻，河内，1933年，第34—35页。

③ “略”是根据原名“*Việt Nam sử lược*”《越南史略》而言。——译者

陈仲金的《越南通史》是我国第一部用国语字撰写成的通史，暂时应该是足够使用的。”[①]

二

《越南通史》出版之后，获得了越南国内民众和学者的一致认可，并多次再版，但其命运也十分坎坷。1954 年日内瓦协定之后，以北纬 17 度为界，越南被分成两个部分，因为对一些问题有不同的评论观点，陈仲金本人及《越南通史》受到了猛烈批判，被视为反动书籍，同时禁止在北方流传，只有个别将书藏起来的人偷偷阅读。但在南方，从 1954 年至 1975 年，《越南通史》仍然自由发行，并据以编撰各个层次的学生历史教科书。1975 年后，虽然对《越南通史》的看法较前逐渐客观，但直到 1999 年，即越南统一 24 年之后，《越南通史》才得以再版。可惜的是，或因文献问题意识不足，或因对原书中的汉字理解不够，很多印本出现了差错，内容缺失，实为可惜！

该书曾由中国学者戴可来翻译为汉语，名《越南通史》，1992 年由北京的商务印书馆出版。[②]

下表我们列出一些具有代表性的《越南通史》各版次越南语

① 武玉潘：《现代作家》，西贡：升龙出版社，1942 年首版，1960 年重印，第 209—211 页。

② 戴可来先生在汉译本版权页注明据以翻译的底本为新越出版社 1954 年 3 月的第 5 版（*Việt Nam sử lược*, In lần thứ năm sửa chữa cẩn thận Tân Việt），在“译者的话”末尾写明根据 1971 年版索引编制了译名对照表。——译者

印本，以1975年为界，附带简述各个版本之间补充修订内容的区别，一些由作者在1953年12月去世前修订[①]，还有一些在其身后由出版社完成。根据陈仲金的生平事迹和《越南通史》各版的印刷情况，我们可以肯定，作者只对第3版、第4版、第5版做过修订。自1958年第6次印刷开始，新越出版社对一些段落和小的注释进行了修订和补充，而这已经是作者在大叻逝去5年之后的事情了。

《越南通史》各版次及其特点与区别

版次	出版社	出版地点	出版时间	特点与区别
1	中北新文	河内	1920	分为两册，第一册225页，第二册324页。有陈仲金给总督申仲㩦（Thân Trọng Huề）的赠言。[②]
2	荣成	河内	1926、1928	第一册印于1926年，与第一版相同，有给申仲㩦的赠言；另有版本印于1928年，也写有“第2次印刷，严谨修订”字样。

① 1953年12月陈仲金突然去世，之前尚有机会对新越出版社1951年发行的第四版进行修订，因此可以说1954年3月新越出版社的第五版是可信度最高、最权威的版本，即此次文学出版社再版所据底本。1958年第五版开始增删变动则与陈仲金无关。陈仲金在回忆录中记述，1947年在西贡卸任首相之后才有机会再版旧著：“我在西贡时，收集到我之前的一些书，决定找家出版社重新出版。为此我去拜访陈文文先生，他也曾来探望我。当我在顺化之时，陈先生与胡佐卿供职于经济部，我们早已相识。陈先生知晓我的窘迫情况之后，立刻借给我一大笔钱，并帮助寻找出版社再版了我的一些著作。”（陈仲金：《见闻录：身在风尘中》，西贡：永山出版社，1969年，第181页）

② 赠言位于扉页之后，序页之前，内容如下：“前与公多有接谈，畅论家国历史，我因此多有修订。今《越南通史》书成，敬赠于公，并请赏鉴斧正。”

续表

版次	出版社	出版地点	出版时间	特点与区别
3	河内-新越	在西贡印刷发行	1949.07	印成一册，共588页，有多处修订、补充，汉字有多处印刷错误。
4	河内-新越	在西贡印刷发行	1951.02	印成一册，共588页。第17页的“大法国”改为“法国”，“全权总督官”全部改为“总督”；“北圻”、“中圻”改为“北越”、“中越”；几处“安南”字样改为“越南”；帝王庙号如“圣尊”等改为“圣宗”。①
5	河内-新越	西贡	1954.03	同于第4版，在588页之外，又增加了4页内容介绍。有几处有小的修订②。
6	新越	西贡	1958.04	共588页。第52页的“赵妪”出版社改为“赵夫人（赵氏贞）”，并在第352页的页底解释理由；第352页出版社又增加了2处注释解释“七岐江”和“三埠”两个地名；在第573页的“总结”中，原文为：“越南国的命运仍掌握在法国人的手中，此事……”，出版社改为：“尽管越南国现在已经获得了完全的独立，但……”。

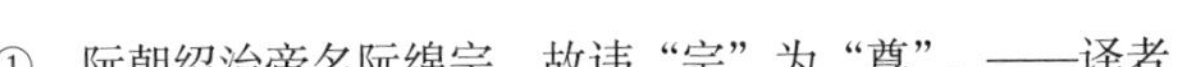

① 阮朝绍治帝名阮绵宗，故讳“宗”为“尊”。——译者

② 比如在第4版572页最后，写道：“这是现在正进行的工作，今后也须尽心竭力，希望每日都有进展”，在第5版则简略为：“这是保护政府的一些工作”；第5版568页页末，为“越盟”增加了四行字的注释。

续表

版次	出版社	出版地点	出版时间	特点与区别
7	新越	西贡	1964.06	共 588 页，同于第 6 版。
8	资料中心	西贡	1971	分为两册，共 682 页。没有称为“五卷”，改称“五部分”，即“第一部分”、“第二部分”；按照新越出版社出版的第 7 版内容印刷，增加了附录和引用书目，印数 80000 套。
9	文化通信	河内	1999	共 620 页。
10	胡志明市综合	胡志明市	2000	分为两册，共 576 页。
11	岘港	岘港	2003	删掉了部分汉字。①
12	胡志明市综合	胡志明市	2005	分为两册，共 576 页。②
13	清化	清化	2006	共 603 页。③
14	通信文化	河内	2006	共 625 页。
15	通信文化	河内	2008	共 625 页。
16	时代	河内	2010	不称“五卷”，称“五部分”，同于 1971 年资料中心的版本。
17	社会科学	河内	2011	共 531 页。④

① 阮文艺（Nguyễn Văn Nghệ）在岘港出版社这一版的序言中说：“此书出版已久，语言陈旧，只符合当时的时代背景。尽管如此，此次再版我们仍以第一版为底本，只在注释中删去现代读者很少使用的汉喃文献部分。”

② 此版删去了所有的汉字人名、地名和注释。——译者

③ 清化出版社这一版从注释、页码都与 1999 年通信文化出版社的《越南通史》内容相同，只是没有后者的“出版社说明”。

④ 此版删去了所有的汉字人名、地名和注释。——译者

续表

版次	出版社	出版地点	出版时间	特点与区别
18	文学	河内	2012	共 648 页。[①]
19	青年	河内	2013	分为两册。
20	黎昇出版社	河内芃市街北城印刷所 133-135 号	1943	分为两册。写有“第 3 次印刷，谨慎修订”、“首先阅读”字样。[②]
21	文学	河内	2015	共 492 页。该本以 1954 年第 5 版为底本，增加陈文正先生《陈仲金与〈越南通史〉》序和出版凡例；书中插入人物图像，附录中插入最早三版书影。
22	金童出版社	河内	2016	陈仲金之女陈氏妙章作序。[③]

① 此版于 2015 年再次重印，印数 1500 册。——译者

② 陈文正先生原文表中无此印本。黎昇出版社此版写明“第 3 次印刷”，但 1949 年新越出版社的印本亦写“第 3 次印刷，谨慎修订”（In lần thứ 3, Sửa chữa cẩn thận）。以陈仲金当时的地位，黎昇出版社当不至于盗印，很可能确实有改动，所以称修订。而 1949 年新越此版则增加了“暂语”，陈仲金认为此本才是真的修订，故亦以此本为“第 3 次印刷”。——译者

③ 原表只到 19，第 20、21 和 22 三种版本为译者加入。第 20 种为译者据汉喃研究院藏本补入，为了保持陈先生原文面貌，故缀于表尾，此版分为两册，上册藏号 Vb.138 未见，译者阅览下册 Vb.139。此本以墨笔书写汉字：“《越南史略》阮主西山阮朝　丽臣陈仲金撰　闲云亭”，钤“闲云亭藏”方印一枚。（Nhà xuất bản Lê Thăng, Nhà in Bắc Thành 133—135, phố Hàng Bông, Tái bản lần thứ 3, Sửa lại cẩn thận.）第 21 种由文学出版社重排印行，陈文正先生序言完成于 2015 年 9 月；第 22 种由陈仲金之女陈氏妙章（Trần Thị Diệu Chương）女士作序。——译者

三

陈仲金撰写了很多有价值的著作，影响深远，是多个学术领域的先驱。他 1914 年在《东洋杂志》负责“学科”栏目时开始其撰述事业，编撰了教科书性质的“南史”以及师范学和伦理学著作，因切近时势而广受欢迎。在《越南通史》之外，陈仲金编印成书的尚有多部著作，根据时间顺序略陈于下：[①]

《初学伦理》，中北新文印行，河内，1914 年；

《师范科要略》，中北新文，1916 年；

《翠翘传》，与裴纪（Bùi Kỷ）共撰，1925 年；

《国文教科书》（3 集，分为童幼、预备、初等）、《伦理教科书》、《史记教科书》三种教科书均由陈仲金与阮文玉（Nguyễn Văn Ngọc）、邓庭福（Đặng Đình Phúc）和杜慎（Đỗ Thận）一起编撰，由南山阮文寿（Nam Sơn Nguyễn Văn Thọ）插图，1926 年出版；

《黎朝四十七条教化》，中北新文，1928 年出版；并将其译为法语 *Les 47 articles du Catéchisme moral de l'Annam d'autrefois*；

《儒教》，1930 年中北新文印行第 1 卷，之后修订本印行于 1932 年，第 2 卷、第 3 卷分别印行于 1932 年和 1933 年；

① 陈文正先生原文所录陈仲金著作信息就已不全。——译者

《越诗》，新越出版，1949 年；

《佛录》，黎昇出版社，河内，1940 年；

《佛录》，新越出版；

《王阳明》，新越出版，1960 年；

《越南文范》，与范维谦（Phạm Duy Khiêm）、裴纪共撰，黎昇出版社，河内，1940 年；

《越南小学文范》，新越出版；

《从前的佛教与当今的佛教》，新越，1953 年出版，序言作于 1952 年 10 月；

《幸蜀歌》，新越出版；

《唐诗》，新越出版，1950 年；

《陵歌经》，新越，1964 年；

回忆录《见闻录：身在风尘中》，1949 年撰成，1969 年在西贡由永山出版社印行。[①]

除了上述印行成书正式出版的著作之外，陈仲金还有关于道教的考证研究，从 1923 年第 67 号开始在《东洋杂志》上登载多期，但未出版成书。其《宇宙大观》和《天文学》二书则未编撰完成，文稿也在 1946 年至 1954 年间的越法战争中遗失。

陈仲金笔名隶臣，1883 年（癸未）生于河静省宜春县丹浦社桥岭村（丹浦即今春浦，前属丹海总）。陈仲金出身的陈氏是丹浦

① 陈荆和先生将《见闻录：身在风尘中》（*Một cơn gió bùi-Kiến văn lục*）（西贡：永山出版社，1969 年）译为日语“风尘のさなかに：见闻录”（《创大アジア研究》第 1—4 期，1980—1983 年）。——译者

（原称“丹铺”，后根据发音改称“丹浦”）的大族，其父陈伯勳（Trần Bá Huân）曾参加勤王运动；其妹陈氏莲（Trần Thị Liên）是1930年加入苏维埃的干部，于1964年去世；陈仲金唯一的女儿陈氏妙章（Trần Thị Diệu Chương）现居于法国。[①] 陈仲金的妻子是文学研究专家裴纪之妹。

陈仲金出身儒教家庭，自幼学习汉字。1897年在南定越法学校学习法语课程，1900年转入通用语言学校，1903年毕业，1904年在宁平省担任通事。

罕有人知陈仲金寒微时的活动如何，《见闻录：身在风尘中》主要记载其晚年之事，早期行踪则阙如，只知其家境贫寒。1906年，陈仲金的同窗好友阮文永（Nguyễn Văn Vĩnh，1882—1936）受法国殖民政府之命，组织越南参加在马赛举办的殖民地博览会（即越南所称的“斗巧”），陈仲金托其得到了镶嵌工匠的参会资格[②]，但真实目的却是争取留在法国继续学习。陈仲金进入里昂商贸学校学习，并获取了法国属地学校的奖学金。1909年陈仲金进入默伦师范学校学习，因所有学生的奖学金被突然停发，遂于1911年7月31日卒业回国，先后在保护中学（俗称柚子中学，Trường Bưởi）[③]、候补学校和男子师范学校任教。

陈仲金是教育界的典范，在社会上有崇高的威信，曾在法属时期的教育系统中担任多个职务：1921年任法越小学督查，1924年又担任小学教科书编撰委员会主席；1931年在师范实践学校任

① 请参看陈文正：《再论陈仲金》，载《义安文化杂志》2009年11月26日。

② 越南以贝类镶嵌于木器的传统工艺，即“螺钿”。——译者

③ 即现在的河内的朱文安高中。

教；1933 年任河内多个男子小学校长。另外他还是“开智进德会”的文学部副部长，北圻人民代表院[①] 的议员。1942 年，年满 60 岁的陈仲金退休。

1943 年，即陈仲金退休一年后，他被卷入了一场自己从来没有意料到的政治风暴之中，人生从而发生了巨大的偏差。20 世纪 40 年代，日本人进入印度支那，企图与法国人争权，因此借机结识陈仲金，并找借口询问一些关于文化、历史的问题。1944 年 1 月 1 日，日本人策划，指使爪牙抓捕了陈仲金和杨伯濯（Dương Bá Trạc，1884—1944），借口保护他们逃离法国密探的窥探和捉拿，送到由其占领的昭南岛（Chiêu Nam Đảo，即新加坡）。此事的发生使陈先生的人生跌入身不由己的旋涡之中，这与他起初的政治立场完全相反。[②]

1945 年 3 月 9 日，日军出乎意料地在在整个印度支那发动对法国殖民政府的政变，宣布“赋予越南独立地位，共建大东亚共荣圈”，建议保大帝宣布独立，并在日本帮助与合作的基础上准备筹划成立新政府。

1945 年 3 月 30 日，日本人安排陈仲金到西贡，告知保大皇帝想邀请他出任首相一职，成立新内阁。

1945 年 4 月 7 日，陈仲金在顺化谒见保大帝。据其回忆录记载，陈仲金极力推脱，称自己年老体衰，也没有党派，不从事政

① 陈先生原文用的是 Viện Dân biểu Bắc kỳ，这个机构又称为：Bắc kỳ Nhân dân Đại biểu viện（法语为：Chambre des Représentants du Peuple du Tonkin）。——译者

② 考查陈仲金的政治生涯，请参看陈文正：《漫谈回忆录中的历史人物陈仲金》，载《发展与研究》杂志 2013 年第 6—7 期，第 108—142 页。

治活动。但陈仲金听保大帝陈述越南问题合乎情理，知其是一个聪明且熟谙时势的人，最终勉强同意。

从历史来看，必须承认 1947 年 4 月 7 日组建的陈仲金内阁是越南第一个现代意义的政府，尽管只是名义上的独立，陈仲金也是越南独立后的第一位首相。陈仲金内阁成员都是声望显赫的知识分子，长于学问，志向高洁，热诚爱国，却没有管理经验，无法应付乱世的时事纷扰和政坛倾轧。

1945 年 5 月 8 日，陈仲金内阁正式举行就职典礼，向全国人民郑重宣告越南从法国 80 年的殖民统治下正式独立，呼吁国民和社会各阶层勠力同心，精诚团结，建设国家。

尽管时局已经万分艰难，但陈仲金内阁还是努力施行益国利民的政策。第二次世界大战结束，日本在受到美国两颗原子弹轰炸之后，向盟军无条件投降，1945 年 8 月 5 日，陈仲金内阁由此辞职。随后在 8 月 30 日，保大帝宣布退位，将政权移交给越盟。

考察当时具体的历史环境和条件，平心而论，陈仲金内阁面临着极为艰巨的困难，但在保大皇帝的领导下仍然取得了一定的成绩，尽管都半途而废未能奏效。内阁在内政和外交方面虽然也有一些很好的政策，但尚未来得及施行，便已迎来了时势的变幻。在这些成绩中，最值得一提且影响后世的，是教育与美术部部长黄春瀚（Hoàng Xuân Hãn，1908—1996）主持制定的《越语教育改革章程》，又称《黄春瀚章程》，尽管制定的过程仅十余日，随即在北部和中部推行，而南部则因为法国重返越南直到 20 世纪 50 年代中期仍然使用法语章程。

1945 年 8 月 23 日，陈仲金与保大帝一起辞去了所有职务。陈仲金在顺化度过了落寞伤感的三个月，等待时机，于 1945 年 11 月底回到了河内。陈仲金心怀坦荡，自认尽职尽责，此时寂寥惆怅，哀叹不已，厌弃功名，不禁自嘲："直如南柯一梦终了。"①

1946 年 5 月底，陈仲金为躲避战火②，从河内由陆路经谅山流亡中国，欲联络保大帝和其他流亡人员。1946 年 3 月，保大帝以临时政府顾问的名义前往中国，对蒋介石政府进行访问，之后前往香港，未再返回越南。

陈仲金在广州和香港生活数月，经济拮据，法国人及旧皇保大又鼓动其成立新政府，安排他于 1947 年 2 月 6 日返回西贡。陈仲金回到西贡后，暂住于律师郑庭草（Trịnh Đình Thảo）家中，他发现法国人的许诺皆是虚假之词，因此拒绝与其合作。

1948 年 3 月初，陈仲金 65 岁，因生活困窘且在之前的政治纷争中身心俱疲，遂决定离开西贡前往柬埔寨的金边和女儿同住，但依旧贫困潦倒。在这段时间里，陈仲金着手整理自己的日记，并写成回忆录《见闻录：身在风尘中》，结尾部分对越盟革命运动的利弊做了评价和分析，足见陈仲金对国家民族的一片丹心赤诚。这本书包括了很多 1945—1949 年间的珍稀资料，也可以看作是对当时陈仲金想续写但未完成的《越南通史》的一个补充。之后不久，陈仲金又返回越南，在河内租屋定居。

1953 年 9 月 6 日，隶属于法属印度支那的越南国家元首保大请陈仲金返回西贡参加国民大会，陈仲金被选举为主席团主席，但只是虚职，并无实际权力。随后陈仲金与家人到大叻修养，但不久即

① 陈仲金：《见闻录：身在风尘中》，西贡：永山出版社，1969 年，第 98 页。

② 陈仲金：《见闻录：身在风尘中》，第 132 页。

在1953年12月2日因血管破裂突然去世，享年71岁，遗体由飞机运回河内，安葬于昭禅寺（chùa Láng）旁。[①]

后世评价陈仲金对20世纪上半叶越南的文化发展和教育事业鞠躬尽瘁，是一位对新学和旧学都有精深研究的学者，也是思想保守的保皇派。正如陈仲金内阁的青年部部长潘英（Phan Anh）曾评价的那样："陈仲金先生是一位爱国者，但不是一位政治家。"这个评价不只适用于陈仲金，同样适用于陈仲金内阁和保大帝。陈仲金作为一个学者，没有足够的手腕去处理繁杂的政治问题，最终以失败收场。

1945年"八月革命"之后，尤其是1954年越南南北分裂，使得陈仲金以及拥有近似情况的阮文永[②]、阮祥三[③]等人，在北方不再被提起，其真实的学术成就也受到影响。陈仲金本人及一代史学名著《越南通史》被陈辉燎（Trần Huy Liệu）、陈文饶（Trần Văn Giàu）等人以殖民傀儡、反民族等激烈言辞进行猛烈批判。之后的历史教科书要么延续已有的认识，要么更加猛烈地批判；或者只简略提及一些必要的小细节。这导致如今的学生甚至一些青年知识分子不知陈仲金为何人，也不知陈仲金内阁在历史上发挥过什么作用。

《越南通史》曾被视为禁书。正统观点认为："史学工作者应

① 陈仲金先生灵骨坛现供奉于胡志明市永严寺。——译者

② 阮文永（Nguyễn Văn Vĩnh，1882—1936），越南近代著名新闻家，曾任《登鼓丛报》、《中北新闻》等报刊主笔。

③ 阮祥三（Nguyễn Tường Tam，1906—1963），越南近代革命家、社会活动家，越南国民党重要成员。

该对殖民时期史学家编撰的历史书中的封建、殖民观点进行批判、剥离，其中的代表就是陈仲金的《越南通史》”[①]，这迫使如陈国旺等大学历史教授也只能暗地收藏阅读。[②]

大概近十多年来，经过时间的洗礼，陈仲金的“罪过”逐渐减轻，人们开始知晓并认识到陈仲金作品的真正价值。《越南通史》多次再版重印，此后如《儒教》、《佛教》、《佛录》也得以再版，陈仲金主持编撰的《国文教科书》和《伦理教科书》也重新出版。2000年，即陈仲金去世47年后，“陈仲金”首次出现在丁春林和张友炯主编的《越南历史人物辞典》中，由教育出版社出版发行。2004年，世界出版社印行了规模宏大的新版《文学辞典》，“陈仲金”郑重收录在辞典中，该条目由文学研究家阮惠之撰写，长达3页，删除了所有攻击性的内容。[③]

梅克应[④]在《陈仲金和〈越南通史〉》专题论文中，集中批评了

① 请参看文造：《越南数十年的历史科学》，载史学院编：《越南史学的发展之路》，河内：社会科学出版社，1981年，第9页。

② 陈国旺（Trần Quốc Vượng，1934—2005），教授，越南著名历史学家、考古学家，著有《越南考古学》（*Khảo cổ học Việt Nam*）、《越南文化基础》（*Cơ sở văn hoá Việt Nam*）等多部著作。——译者

③ 张友炯（Trương Hữu Quýnh，1933—2005），教授，越南著名历史学家，著有《11至18世纪越南土地制度》（*Chế độ ruộng đất Việt Nam thế kỷ XI-XVIII*）等，与丁春林（Đinh Xuân Lâm，1925—2017）合编《越南历史大纲》（*Đại cương lịch sử Việt Nam*）。丁春林，教授，越南著名历史学家，著有《法国在印度支那的殖民主义特点》（*Chuyên đề Đặc điểm của chủ nghĩa thực dân Pháp tại Đông Dương*）等多部越南近代历史研究著作。阮惠之（Nguyễn Huệ Chi, 1938—　），教授，越南著名文学研究专家，主编《李陈诗文》等，著有多部关于越南古典作家研究的著作。——译者

④ 梅克应（Mai Khắc Ứng，1935—2018），越南河静省人，著名历史学家，主要从事阮朝历史研究，著有关于明命帝和京师顺化的多部著作。——译者

教条思想在历史修撰中的弊病以及不尊重史实的行为，并从多个方面列出充足的理由为陈仲金辩护，得出明确结论：

> 在我看来，陈仲金通过《越南通史》，展现出他是一个赤诚爱国的人，一个真正的、忠实的历史学家，一个笔耕不辍、品格高尚的文人，一位优秀的学者，至少为20世纪上半叶的几代人贡献了自己的智慧。陈仲金政府是时代的产物，他努力施行君主立宪体制，要为此后的古典“代议民主”打下基础。陈仲金政府能够预知国家战争前途，是不断忍让、调和的旧知识分子阶层政府。[1]

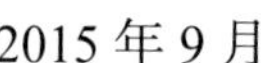

2015年9月

---

① 梅克应：《陈仲金和〈越南通史〉》，载《古今杂志》（*Tạp chí Xưa Nay*）2009年12月第346期。

图书在版编目(CIP)数据

越南通史/(越)陈仲金著;戴可来译. —北京:商务印书馆,2024

(汉译世界学术名著丛书:120年纪念版:珍藏本:增订本)

ISBN 978-7-100-23404-7

Ⅰ.①越… Ⅱ.①陈…②戴… Ⅲ.①越南—历史 Ⅳ.①K333

中国国家版本馆 CIP 数据核字(2024)第 101793 号

汉译世界学术名著丛书
(120 年纪念版·珍藏本·增订本)

越南通史

〔越〕陈仲金 著

戴可来 译

商 务 印 书 馆 出 版
(北京王府井大街 36 号 邮政编码 100710)
商 务 印 书 馆 发 行
北京中科印刷有限公司印刷
ISBN 978-7-100-23404-7

2024 年 5 月第 1 版 开本 710×1000 1/16
2024 年 5 月北京第 1 次印刷 印张 42½

定价:236.00 元